2023
红寺堡年鉴

吴忠市红寺堡区地方志编纂委员会 编

黄河出版传媒集团
宁夏人民出版社

图书在版编目（CIP）数据

红寺堡年鉴．2023 / 吴忠市红寺堡区地方志编纂委员会编．-- 银川：宁夏人民出版社，2023.11
ISBN 978-7-227-07918-7

Ⅰ．①红… Ⅱ．①吴… Ⅲ．①区（城市）- 吴忠 - 2023 - 年鉴 Ⅳ．①Z524.34

中国国家版本馆 CIP 数据核字（2024）第 012829 号

红寺堡年鉴 2023
HONGSIBU NIANJIAN 2023
吴忠市红寺堡区地方志编纂委员会 编

责任编辑 白 雪
责任校对 陈 晶
封面设计 牛少奎
责任印制 侯 俊

黄河出版传媒集团
宁夏人民出版社 出版发行

出 版 人 薛文斌
地　　址 宁夏银川市北京东路 139 号出版大厦（750001）
网　　址 http://www.yrpubm.com
网上书店 http://www.hh-book.com
电子信箱 nxrmcbs@126.com
邮购电话 0951-5052104 5052106
经　　销 全国新华书店
印刷装订 宁夏凤鸣彩印广告有限公司
印刷委托书号（宁）0028476

开本 889 mm×1194 mm 1/16
印张 22.75
字数 600 千字
版次 2023 年 11 月第 1 版
印次 2023 年 11 月第 1 次印刷
书号 ISBN 978-7-227-07918-7
定价 328.00 元

《红寺堡年鉴（2023）》编辑部

《红寺堡年鉴（2023）》撰稿人员

（按姓氏笔画排序）

丁华　丁娟　丁梅花　马宁　马丽　马勇　马艳　马琼
马琰　马静　马小山　马小花　马广录　马文文　马伊莎　马旭升
马红霞　马青福　马佳珍　马玲儿　马晓凤　马海学　马清龙　马慧玲
马德莉　王丽　王进银　王学林　王俊华　王彦斌　王桂梅　牛秀梅
牛瑞晗　方娜　计永雪　尹佳　田颖　田静　田路忠　田慧丽
付方玉　白琼　白小会　包娜　兰正杰　吕晓瑾　朱军弟　任成忠
刘亚　刘敏　刘慧　刘海龙　齐旭旭　安玉书　安靖国　买丰林
苏佩瑜　李旭　李慧　李小博　李玉园　李进虎　李玲玉　李艳萍
李莉莉　李森茂　李雯雯　李婷婷　杨扬　杨萍　杨慧　杨小梅
杨丽花　杨荣荣　杨晓燕　吴娜　吴芝静　宋小玉　宋晓亮　张帆
张鹏　张文文　张会娟　张志科　张芸芸　张丽芬　张国平　张忠福
张桓志　张海通　张娟丽　陈维良　武金才　范荣　虎亚嵘　罗亮
周占元　周鹏鸿　赵静　赵国霞　赵敏学　赵彩艳　郝静　段炼
禹永宏　姚嘉欣　贾佩佩　徐浩　高小菲　海生平　海博洋　黄蕾
崔媛媛　康敏　梁立娟　彭艳秋　葛小莎　惠达彧　黑霞　傅登权
谢春玲　谢瑞峰　靳莹莹　雷芳　潘红波

编辑说明

一、《红寺堡年鉴》以马克思列宁主义、毛泽东思想、邓小平理论、“三个代表”重要思想、科学发展观、习近平新时代中国特色社会主义思想为指导，坚持辩证唯物主义和历史唯物主义的立场观点，坚持党的基本路线、方针、政策，遵循《地方志工作条例》和《地方综合年鉴编纂出版规定》，以红寺堡区委、区政府工作重点和工作目标为中心，坚持为红寺堡区社会经济发展服务。

二、《红寺堡年鉴（2023）》是红寺堡区地方志编纂委员会编纂的政府公报性质的大型资料性工具书，系统记述2022年度红寺堡区在经济建设、政治建设、文化建设、社会建设、生态文明建设中取得的成绩，为社会各界了解红寺堡、宣传红寺堡、推动红寺堡经济社会发展提供服务，具有“存史、资政、育人”的作用。

三、《红寺堡年鉴（2023）》采用分类编辑法，以类目为单元，类目之下为分目，分目之下为条目。全书设特载、大事记、红寺堡区概览、中国共产党红寺堡区委员会、红寺堡区人民代表大会、红寺堡区人民政府、政协红寺堡区委员会、中共红寺堡区纪律检查委员会红寺堡区监察委员会、群众团体、法治、军事、经济管理、农业、水利、工业和园区建设、乡村振兴、交通邮政通信、商贸服务、金融、住房和城乡建设、自然资源管理与环境保护、教育科技、文化旅游体育、卫生健康、社会管理、乡镇、街道、人物荣誉、附录29个类目、145个分目、839个条目。

四、《红寺堡年鉴（2023）》所收录的《2022年红寺堡区国民经济和社会发展统计公报》由吴忠市红寺堡区统计局、红寺堡区经济调查队提供，正文数据由各单位、各部门、各乡镇提供。因统计口径等原因，个别数据与统计资料中的数据不尽一致，引用时请以《2022年红寺堡区国民经济和社会发展统计公报》为准。

五、《红寺堡年鉴（2023）》彩页按美丽红寺堡、政治建设、法治建设、经济建设、东西部协作、文化建设、社会建设、美丽乡村、生态文明建设等专题设置，一部分照片由各供稿单位提供，一部分照片由魏旭平等红寺堡区本土摄影家提供。

六、《红寺堡年鉴（2023）》严格执行《出版物汉字使用管理规定》《出版物上数字用法》《标点符号用法》等规定，力求规范统一。使用自治区、市、县名时，一般写明全称。宁夏回族自治区简称"自治区"或"宁夏"，市指吴忠市，全区、区指红寺堡区。

七、《红寺堡年鉴（2023）》收录的文字资料时间为2022年1月1日至12月31日，所列机关和部门按类目、分目编排，不分先后。

八、《红寺堡年鉴（2023）》中的特载主要收录主流媒体对红寺堡区的报道；人物荣誉主要收录获红寺堡区级及以上奖励的先进个人和先进集体，先进个人和先进集体以各供稿单位提供的资料为准，获奖名录等排序不涉及职务；附录主要收录《红寺堡区组织机构及负责人名录》《中共红寺堡区委常委会工作报告》《政府工作报告》《红寺堡区人才行动"十二项计划"实施方案》《2022年红寺堡区国民经济和社会发展统计公报》；其他部类主要收录各单位、各部门、各乡镇（街道）提供的业务工作。

红寺堡名片

全国最大的易地生态移民扬黄扶贫集中安置区

中国富硒黄花菜明星产区

绿色循环优质高效特色农业促进项目实施县

红寺堡区获评 2022 高质量发展十佳城区

红寺堡区获评中国美丽乡村建设示范县

红寺堡区教育局获评全国第七届中小学生艺术展演活动地（市）、县（市）级优秀组织奖

红寺堡妇联入选 2022 年度妇女宣传舆论阵地建设先进榜

红寺堡区水务局获评节约型机关

红寺堡区税务局获评全国一星级青年文明号

红寺堡区公安分局治安大队获评全国卷烟打假工作先进集体

红寺堡区人民医院获评“千县工程”县医院综合能力提升工作县医院

宁夏移民博物馆入选全国脱贫攻坚、乡村振兴专题实践教学基地

柳泉乡永新村入选第四批全国乡村旅游重点村

红寺堡北海林场获评全国十佳林场

红寺堡区林业和草原局获评全国绿化先进集体

弘德村获评全国民主法治示范村（社区）

红寺堡区新民街道鹏胜社区、新庄集乡红川村获评全国综合减灾示范社区

红寺堡区城东休闲公园工会户外劳动者服务站获评最美工会户外劳动者服务站点

数字红寺堡

总面积：2767 平方千米

平均海拔：1240 —1450 米

年平均气温：11.5℃

年降水量：193.8 毫米

行政村：64 个

城镇社区：8 个

常住人口：20.18 万人

财政总收入：5.87 亿元

财政总支出：37.71 亿元

农林牧渔业总产值：27.27 亿元

农林牧渔业增加值：14 亿元

农作物播种面积：4.45 万公顷

粮食播种面积：2.25 万公顷

粮食总产量：16 万吨

工业增加值：46.62 亿元

规模以上工业企业利润：10.30 亿元

建筑业增加值：7.51 亿元

房地产开发投资：16.98 亿元

批发和零售业增加值：4.18 亿元

社会消费品零售总额：16.46 亿元

税收收入：4.63 亿元

幼儿园：64 所

高级中学：2 所

职业技术学校：1 所

普通中学：5 所

九年一贯制学校：1 所

普通小学：80 所（含教学点 11 个）

专任教师总数：3950 人

图书馆图书报刊总藏量：3.21 万册

图书馆报纸杂志：334 种

各级各类医疗卫生机构：135 所

枸杞种植面积：2.5 万亩

黄花菜种植面积：8.02 万亩

酿酒葡萄种植面积：10.8 万亩

宁夏回族自治区吴忠市红寺堡区地图

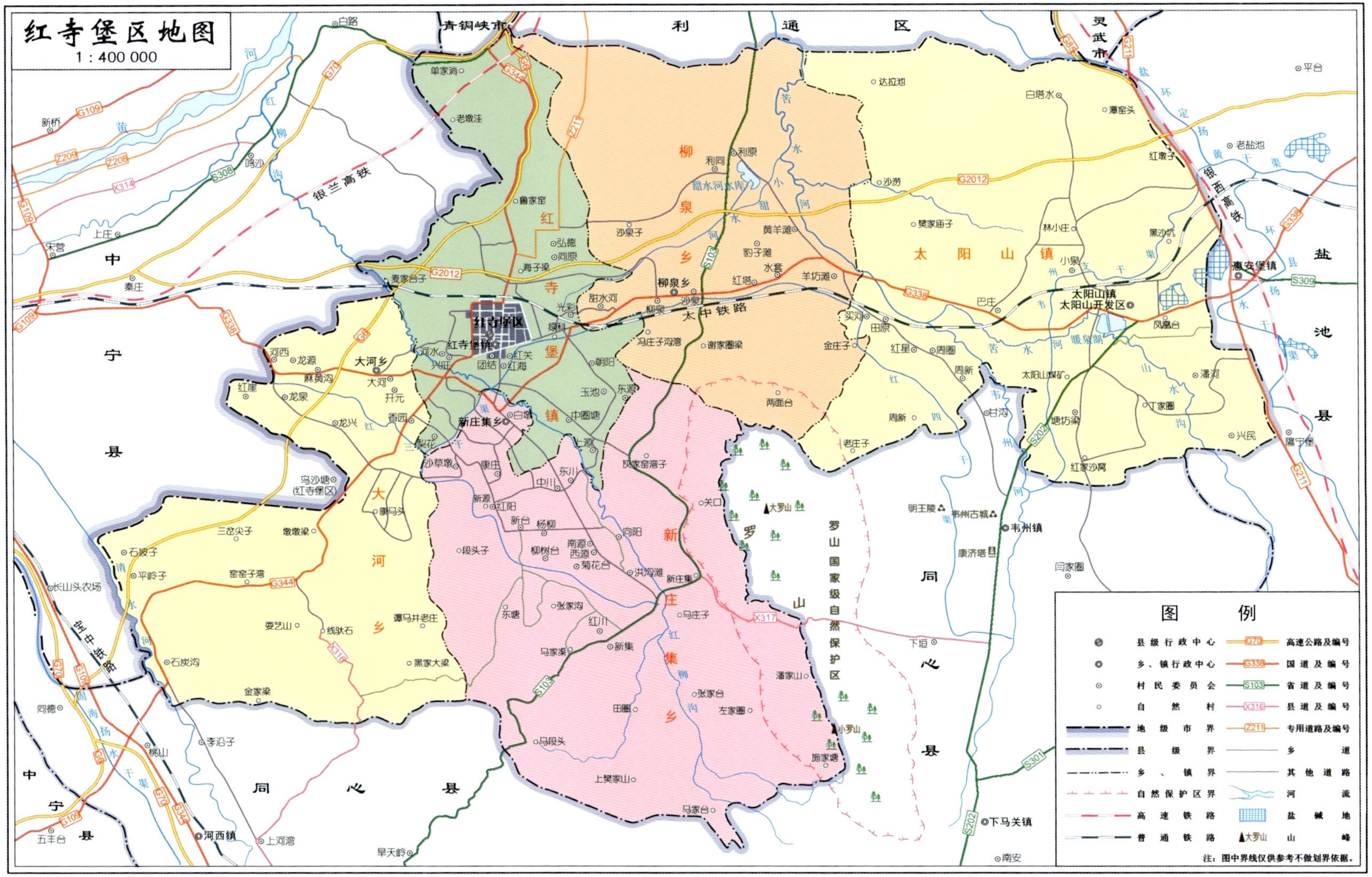

审图号：宁S（2022）第028号

宁夏回族自治区测绘地理信息院 编制

红寺堡城区航拍图（魏旭平 摄）

红寺堡
安民医院
门诊部

红寺堡区柳泉乡沙泉街 （魏旭平 摄）

2022 年 11 月 10 日，中国共产党吴忠市红寺堡区第四届委员会第四次全体会议召开（红寺堡区委办公室提供）

2022 年 12 月 13 日，吴忠市红寺堡区第四届人民代表大会第三次会议第二次全体会议召开（红寺堡区人大常委会办公室提供）

2022年12月12日，中国人民政治协商会议吴忠市红寺堡区第四届委员会第二次会议召开（红寺堡区政协办公室提供）

2022年1月28日，中国共产党吴忠市红寺堡区第四届纪律检查委员会第二次全体会议（第一次大会）召开 （红寺堡区纪委监委提供）

2022年1月24日，红寺堡区召开党史学习教育总结会议（红寺堡区委宣传部提供）

2022年3月5日，红寺堡区召开创建铸牢中华民族共同体意识示范单位安排部署会（红寺堡区委统战部提供）

2022年6月29日，红寺堡区委书记王忠强为新庄集乡村两级干部和群众代表宣讲自治区第十三次党代会精神（红寺堡区委宣传部提供）

2022 年 9 月 1 日，红寺堡区召开安全生产百日专项整治、三项行动推进会暨安全生产专项整治三年行动总结动员会 （红寺堡区应急管理局提供）

2022 年 6 月 10 日，红寺堡区领导干部集中收看中国共产党宁夏回族自治区第十三次代表大会开幕会 （红寺堡区委宣传部提供）

2022 年 3 月 24 日，红寺堡区红寺堡镇创业社区邀请全国人大代表马慧娟宣讲全国两会精神 （红寺堡区新民街道办提供）

2022 年 1 月 29 日，红寺堡区公安工作会议召开 （吴忠市公安局红寺堡区分局提供）

2022 年 8 月 22 日，红寺堡区行政争议协调化解中心正式揭牌成立 （红寺堡区人民法院提供）

2022 年 7 月 14 日，红寺堡区妇联举办清廉家风暨《中华人民共和国家庭教育促进法》专题讲座（红寺堡区妇联提供）

2022 年 9 月 15 日，铸牢中华民族共同体意识主题宣讲进农村（红寺堡区委统战部提供）

2022 年 9 月 5 日，红寺堡区在博大购物广场举行网络安全宣传周启动仪式（红寺堡区委网信办提供）

2022 年 7 月 1 日，吴忠市红寺堡区总工会在工会户外劳动者服务（法律援助）站金水广场站举办“工会班”高三毕业生防诈骗安全知识讲座（红寺堡区总工会提供）

2022 年 6 月 16 日，红寺堡区在时代广场举行“遵守安全生产法 当好第一责任人”安全生产月主题宣讲活动。图为消防员现场讲解救生圈使用方法（红寺堡区应急管理局提供）

2022年5月8日，宁夏第二批重大项目集中开工现场推进会（红寺堡区分会场）在交通物流园举行（红寺堡区发展和改革局提供）

2022年7月15日，红寺堡首届城市消费节在博大家具生活广场启动 （红寺堡区工业信息化和商务局提供）

2022 年 7 月 19 日，红寺堡区第五届产业工人黄花菜采摘技能大赛在柳泉乡柳泉村黄花菜种植基地举行（红寺堡区总工会提供）

红寺堡区红寺堡镇弘德村中烟“飞地”肉牛养殖园区（魏旭平 摄）

红寺堡区现代农业产业园水发浩海（红寺堡区档案史志馆提供）

水发浩海日光温棚（魏旭平 摄）

红寺堡区大河乡红梅杏种植基地 （红寺堡区档案史志馆提供）

红寺堡区大棚小番茄 （王也夫 摄）

红寺堡晓鸣股份有限公司规模化养鸡场 （红寺堡晓鸣股份有限公司提供）

2022 年 2 月 25 日，红寺堡区和福建省泉州市惠安县就业创业及稳岗协作专场招聘会在红寺堡区时代广场举行 （红寺堡区人力资源和社会保障局提供）

2022 年 5 月 11 日，红寺堡区人社局“点对点”输送赴江苏务工人员 （红寺堡区人力资源和社会保障局提供）

闽宁协作特色产业示范村——红寺堡区新庄集乡杨柳村（红寺堡区新庄集乡提供）

2022年4月20日，红寺堡区举行“希望工程·惠红同行”惠安奖学金和助学金发放仪式（红寺堡区教育局提供）

2022年2月25日，福建省泉州市惠安县东南大酒店工作人员向红寺堡应聘者介绍公司情况（红寺堡区人力资源和社会保障局提供）

2022年6月30日，红寺堡区在体育馆东侧广场举办“喜迎二十大 奋进新征程”——庆祝中国共产党成立101周年文艺晚会（红寺堡区委统战部提供）

2022年9月6日，红寺堡区举办2022年“学习强国”达人挑战赛决赛（红寺堡区委宣传部提供）

2022 年 9 月 19 日，红寺堡区举办“喜迎二十大 奋进新征程”——文化惠民戏曲进校园文艺演出（红寺堡区文化旅游体育广电局提供）

2022 年 1 月 29 日，红寺堡区举行第四届“我们身边的好人”发布会（红寺堡区委宣传部提供）

2022 年 7 月 8 日，吴忠市红寺堡区新民街道东方社区新时代文明实践站开展“强国复兴有我”故事汇主题活动 （红寺堡区新民街道办提供）

2022 年 4 月 21 日，红寺堡区在新华书店举办“4·23”世界读书日主题活动暨“阅读阅美·书香红寺堡”文学沙龙分享会 （红寺堡区委宣传部提供）

2022 年 8 月 5 —12 日，全国青少年航空航天模型锦标赛在红寺堡区罗山飞行营地举行。图为遥控空战比赛现场（红寺堡区文化旅游体育广电局提供）

剪纸作品《放飞航天梦》（红寺堡区文化旅游体育广电局提供）

剪纸作品《美丽红寺堡》（红寺堡区文化旅游体育广电局提供）

2022 年5月19日，“中国旅游日”，红寺堡区文化旅游体育广电局在罗山酒庄开展“精彩红寺堡‘游’我做主”采风活动（红寺堡区文化旅游体育广电局提供）

红寺堡区第三中学航模科技室（红寺堡区教育局提供）

中共吴忠市红寺堡区委党校（红寺堡区行政学院）（红寺堡区委党校提供）

红寺堡综合客运站（红寺堡区档案史志馆提供）

2022 年 12 月 26 日，红寺堡区中医医院正式揭牌成立（红寺堡区卫生健康局提供）

红寺堡水务公司鲁家窑水厂二期制水车间（红寺堡区水投公司提供）

2022 年 6 月 30 日，红寺堡区消防救援大队在长燃天然气有限公司开展夜间专项演练 （红寺堡区消防救援大队提供）

柳泉派出所地网指挥平台 （吴忠市公安局红寺堡分局提供）

2022 年 7 月 19 日，红寺堡镇鹏胜社区开展“七彩假期·情暖同心”志愿服务活动 （红寺堡镇提供）

2022 年 7 月 29 日，红寺堡区举办以“促人才培养·筑安全屏障”为主题的建筑工人技能大赛（红寺堡区住房城乡建设和交通局提供）

2022 年 12 月 15 日，红寺堡区妇联在新民街道开展困境妇女儿童慰问活动（红寺堡区妇联提供）

2022 年 1 月 21 日，红寺堡区总工会在弘德村扶贫车间开展“迎新春 送温暖”困难企业慰问活动（红寺堡区总工会提供）

2022 年 7 月 8 日，红寺堡区新民街道鹏胜社区举办“六个先锋”表彰大会（红寺堡区新民街道办提供）

红寺堡区红寺堡镇弘德村花卉园（红寺堡区档案史志馆提供）

红寺堡区红寺堡镇弘德村 （红寺堡区档案史志馆提供）

新庄集乡白墩村 （红寺堡区新庄集乡提供）

红寺堡区柳泉乡永新村 （红寺堡区柳泉乡提供）

红寺堡区柳泉乡永新村智慧民宿 （红寺堡区档案史志馆提供）

太阳山镇塘坊梁村 （红寺堡区太阳山镇提供）

罗山云雾 （王也夫 摄）

清云湖 （红寺堡区融媒体中心提供）

罗山晴雪（蒋建成 摄）

紫光湖 （红寺堡区融媒体中心提供）

红寺堡区北海林场 （红寺堡区档案史志馆提供）

红寺堡区对国家二级保护动物赤麻鸭种群进行实时监测 （红寺堡区自然资源局提供）

目录

特载

大事记

红寺堡区概览

中国共产党红寺堡区委员会

红寺堡区人民代表大会

红寺堡区人民政府

政协红寺堡区委员会

中共红寺堡区纪律检查委员会
红寺堡区监察委员会

群众团体

法　治

军 事

经济管理

农　业

水　利

工业和园区建设

乡村振兴

交通　邮政　通信

商贸服务

金 融

住房和城乡建设

自然资源管理与环境保护

教育　科技

文化　旅游　体育

卫生健康

社会管理

乡 镇

街　道

人物　荣誉

附　录

索　引

CONTENTS

特 载

抓党建促乡村振兴　宁夏红寺堡区打造素质高能力强的基层干部队伍

近年来，宁夏红寺堡区聚焦抓党建促乡村振兴，着力打造政治素质高、工作能力强的基层一线干部队伍，为巩固拓展脱贫攻坚成果接续推进乡村振兴和高质量追赶发展提供坚强组织保证。

据介绍，红寺堡区精准科学选配熟悉乡村产业、新型城镇化、生态环保、乡村治理等方面的优秀干部进入乡镇领导班子。健全从乡镇事业编制人员、优秀村党组织书记、到村任职的选调生、第一书记、驻村工作队队员选拔乡镇领导干部常态化机制，现乡镇领导班子“85后”占比44.7%，“80后”党政正职占比80%。聚焦先行区建设、示范区创建，先后提拔32名干部走上领导岗位，累计选派60余名年轻干部到乡村振兴等一线锤炼筋骨。

在建强村级带头人队伍方面，红寺堡区大力选拔懂发展善治理、有干劲会干事、甘于奉献、敢闯敢拼、能够团结带领群众推进乡村振兴的优秀人才进入村“两委”班子，村党组织书记平均年龄通过换届下降到44.8岁，班子成员中35岁以下占比9.3%，大专以上学历提高至26.4%，村党组织班子整体素质得到提升。

同时，实施村党组织带头人队伍整体优化提升行动，把工作报酬与考核结果相挂钩，出台《村级组织运转经费管理使用制度（试行）》《红寺堡区村干部管理考核办法》，村支部书记年工资最高达9万元，安排80余万元专项经费支持开展村干部学历提升行动，激励乡村干部在推进乡村振兴一线担当作为。

招录70名硕士研究生年轻教师进入科教兴区战略队伍，选派279名具有中级以上职称教师到边远乡村学校支教，选送20人赴上海市第六人民医院等进修学习……红寺堡区聚焦留育引培，建立全产业链实用型人才培养模式，与西北农林科技大学科研团队合作，共建宁夏滩羊实验示范站和滩羊产业复合应用型人才培养基地，培养农业生产经营人才、农村养殖人才、高素质农民等产业人才 1573 名。为高校毕业生在内的各类创业群体发放担保贷款 4869 万元，为高校毕业生群体发放一次性创业补贴 3 万元，全力支持服务各类人才创新创业。

此外，红寺堡区协调对接自治区、吴忠市和本级各机关单位选派 191 名政治素质好、工作能力强、敢于担当、甘于奉献的干部组成 63 个驻村工作队下沉驻村一线。坚持每月召开 1 次工作例会，通过通报工作进展、分析问题不足、安排部署工作。结合走访慰问活动安排 6 万余元经费对 63 个驻村工作队开展慰问，为所有驻村第一书记和工作队经费协调落实工作经费和生活补贴，为驻村干部吃住在村、工作到户提供必要保障。

（原载：《人民日报》客户端宁夏频道，2022 年 6 月 29 日，记者：刘峰、杨婷）

看中国·千家万户的事

宁夏红寺堡区弘德村：黄河水甜在心头　好日子还在后头

6 月，塞上江南，天高云淡；罗山脚下，绿意盎然；黄河岸边，幸福笑脸。

当我们走进习近平总书记考察过的移民新村——吴忠市红寺堡区红寺堡镇弘德村，映入眼帘的是这样一幅美丽乡村的新画卷：宽阔平坦的通村入户路四通八达、崭新别致的农家新居鳞次栉比、现代化牛舍错落有致……

弘德村是“十二五”生态移民村，由吴忠市同心县和固原市原州区的 5 个乡镇 27 个行政村的移民搬迁组成。为了能够脱贫致富，弘德村因地制宜，发展特色产业，移民群众对美好生活的向往正不断变为现实。

2016 年 7 月，习近平总书记在宁夏视察时指出，移民搬迁是脱贫攻坚的一种有效方式。要总结推广典型经验，把移民搬迁脱贫工作做好。要多关心移民搬迁到异地生活的群众，帮助他们解决生产生活困难，帮助他们更好融入当地社会。

红寺堡，位于宁夏中部干旱带上，是全国最大的易地生态移民扶贫集中安置区。上世纪末，黄河水经多级泵站逐级上扬近 300 米，最终流入红寺堡的土地里。整座县城从无到有，平地而起，黄沙地上累计搬迁安置宁夏南部 8 个县区贫困人口共计 23 万人，在红寺堡行走，不时能看到“共产党好、黄河水甜”这几个字。

搬出大山天地宽

“刚骑电动车带孙子去镇上看了个病，最近天热娃娃有点闹肚子。”

“骑电动车就可以去？”

“对，来回 8 公里，方便得很。”

距离 2012 年刘克瑞全家搬迁到弘德村已有整整 10 年，生活方便是刘克瑞最大的感受。

2020 年 6 月 8 日，习近平总书记来到宁夏吴忠市红寺堡区红寺堡镇弘德村考察，了解当地推进脱贫攻坚的情况。总书记走进回族村民刘克瑞家，进厨房、看冰箱，和他拉家常、问收入，了解一家人的生活。

如今，刘克瑞一家住上了宽敞明亮的新房子，摘掉了多年穷苦的帽子，过上了以前想都不敢想的幸福日子。

“之前在老家的时候，去镇上最近的医院都要一个多小时车程，生病了就想着硬扛。路不通、水不畅，地里庄稼十年九旱，日子没法说。”回忆起以前的日子，刘克瑞直摇头。

刘克瑞的老家在宁夏固原市原州区张易镇毛套村，那里地处被称为“苦瘠甲天下”的西海固核心区域，曾被联合国认定为“最不适宜人类居住的地方”。2012年，在“十二五”生态移民政策扶持下，刘克瑞一家告别故土，成为在红寺堡区弘德村安家落户的第一批易地扶贫搬迁户。

“我家2017年就脱贫了，全家年收入10多万元。”谈到现在的生活，刘克瑞幸福满满，掰着手指头算了起来：儿子儿媳都在附近工作，每个月都有固定的工资；家里养的牛，一年净赚一两万；孙子在家门口上学，看病有新农合；村上还有菜市场，蔬菜和肉天天都能吃到新鲜的……

院落里阵阵杏香扑鼻，成熟饱满的大黄杏挂满枝头。从贫瘠的西海固到平坦的红寺堡，刘克瑞的日子一天一个样。习近平总书记的关怀让刘克瑞备受鼓舞：告别旱厕，建成了冲水式厕所，建起茶室，还代卖红寺堡的农特产品，儿媳也有了新工作，去年还向村党支部提交了入党申请书。

幸福生活似蜜甜。“我们是打心底里感到党的政策好，真切感受到共产党亲。”刘克瑞笑得合不拢嘴。

“好日子真的在后头”

“把你的名字签这边就可以。”弘德车间（宁夏）科技有限公司负责人徐玲正在指导王归娃签订劳动合同。

弘德车间（宁夏）科技有限公司前身就是习近平总书记当年考察的闽宁扶贫车间，这是由福建德化一家企业帮扶设立的，是闽宁协作的成果。

2020年6月8日，总书记考察扶贫车间时指出，兴办扶贫车间目的是扶贫，要坚持扶贫性质，向困难群众倾斜，多招收困难群众就业。乡亲们在家门口就业，虽然收入不比进城务工高，但省去了住宿、伙食、交通等费用，还能照顾家庭，一举多得。

“之前，村里有老人没有脱贫，为了让他们从事力所能及的工作，车间雇用年迈体弱的村民，让他们给牛奶包装箱安塑料提手，每个月能有七八百元的收入。”徐玲一直记得习近平总书记的叮嘱。

2020年，包装行业原材料涨价，扶贫车间抗风险能力相对较弱，暂停了部分生产。今年4月，经过慎重考虑，由政府参股，组建并注册了公司，重新进行改造升级。

今年39岁的王归娃由于吃苦耐劳，又是熟练手，成为公司第一批签合同的员工。“我做梦也没想到在家门口扶贫车间上班还能见到总书记！”回想起习近平总书记到闽宁协作扶贫车间同大家亲切交流时的场景，王归娃仍很激动，“没想到有一天我能有一份稳定的工作，还能享受五险二金。”

“现在，我爱人在村里的肉牛养殖场上班，每月保底收入3000元左右。我走路两分钟就到了公司，中午还能回家给婆婆做顿饭。两个孩子都在念书，一家人的日子越过越红火。”王归娃笑着说，“如果有机会再见到总书记，我一定要告诉他，好日子真的在后头，我现在生活得很好、很幸福！”

年轻人成了产业工人，老人们怎么办？面对

转产等各种挑战，徐玲充分结合弘德村特产多、关注度较高的优势转变发展思路。2021 年年初，徐玲将一间厂房用纸板改造成电商车间，为老人搭建“舞台”，带领 9 位老人唱红歌，学跳舞，将他们送上直播间。

“现在日子真是好，坐在凉快的地方跟大家唱唱歌、唠唠嗑，不仅有收入，每天还过得很充实。”弘德村村民郑耀明打心底热爱现在的生活，以至于总是忍不住在直播间“跑题”说道说道。“一定要脚踏实地地干，好日子还在后头呢！”

一起向幸福出发

“乡亲们搬迁后，更好生活还在后头。希望乡亲们百尺竿头、更进一步，发挥自身积极性、主动性、创造性，用自己的双手创造更加美好的新生活。”这是总书记对弘德村的殷殷嘱托，也是这座移民村美好蓝图的新起点。

两年过去，弘德村产业格局不断优化、基础设施逐步健全。村民人均可支配收入由 2020 年的 10686 元增长到 2021 年的 12500 元，增长至 17%，村集体经济收入超过 142 万元。

弘德村党支部书记任军是移民村美好蓝图的见证者也是建设者。最近几天，任军的脸又晒黑了——他正忙着联系专家给村里设计乡村游的路线。“我们希望结合宁夏第十三次党代会提出的打造塞上乡村乐园的目标，盘活‘乡愁资源’，发展乡村旅游。”任军满怀憧憬地说。

不但要发展乡村旅游，弘德村还要让产业不断兴旺。

坐落在弘德村村郊山上的中烟“飞地”肉牛养殖园区，是由国家烟草专卖局分两期援建而成，养殖户来自红寺堡镇弘德村、同原村，因为没建在这两个村地界上，被称为“飞地”养殖。目前，养殖园区共吸纳了 24 个合作社 600 余户群众参股，现存栏肉牛 4500 头，注册了“弘德村”“傲骄哞”“弘牛”等商标，全面提升农特产品市场竞争力。

“出村入园来养殖，空气流动性好，也不用担心对村民居住区造成污染。”任军说，2021 年 6 月 8 日，养殖园区一次性分红 760 万元，让两村入股群众切实尝到了甜头。

除了养殖业，弘德村还利用毗邻弘德工业园区的优势，大力发展务工产业。“和固原老家比，这边的工好打多了！”村民刘克功骑着电动车上班，5 分钟就能到纺织厂。

解决产业、就业问题，大幅提升卫生、教育、医疗等公共服务水平，让移民们牢牢扎根。去年以来，弘德村污水管网、养殖园区二期、主干道路提升改造、村庄绿化、人居环境提升等 22 个项目纷纷落地。

弘德村日新月异的变化，是红寺堡区诸多移民村的生动缩影。任军说，因为党的移民搬迁政策，他们搬离了大山，因为黄河水的滋润，农民发展起了产业，摘掉了穷帽子，与全国人民一道迈向了小康社会，向着更好的日子迈进。现在全村人都憋着劲儿要为更加美好的新生活继续奋斗。

渠中的黄河水静静流淌、田间地头的黄花丰收在望、苍翠的葡萄园映入眼帘，琅琅的读书声从弘德第二小学的教学楼中传来。在红寺堡，这么多年都流传着这样一句话：共产党好，黄河水甜。这不是一句口号，而是移民区 23 万群众对党中央的感恩之情！

（原载：人民网宁夏频道，2022 年 6 月 26 日，记者：秦瑞杰、宽容）

吴忠市红寺堡区：创新“基层社会治理135”工作模式 推进基层社会治理体系和治理能力现代化

全国市域社会治理现代化试点开展以来，宁夏五个地级市在市域治理中有哪些创新性经验？自治区党委政法委联合宁夏法治报社开设《市域社会治理实践》专栏，聚焦各级各部门合力推进市域社会治理现代化的生动实践，充分展示试点工作取得的显著成效。

吴忠市红寺堡区创新“基层社会治理135”工作模式，推进基层社会治理体系和治理能力现代化。

近年来，吴忠市红寺堡区把抓基层社会治理作为长远之计和固本之策，坚持把“五治”作为推进基层治理现代化的基本方式，依托综治中心整合资源，集中力量推行网格化服务管理，推动社会治理重心向乡村、社区下移，治理触角向村民小组、楼栋单元延伸，着力发挥网格化服务管理精细、精准、高效的优势，持续提升基层治理服务能力和水平，推动形成了“构建城乡社会治理‘一张网’，狠抓区、乡、村三级综治中心建设，推进政治引领、法治保障、自治强基、德治教化、智治支撑的‘五治’融合发展”的红寺堡区“基层社会治理135”模式。

创新机制夯实基础，构建城乡治理“一张网”。红寺堡区立足移民区实际，把网格化管理做强、做大、做精、做细，建立广覆盖、无缝隙、零距离的城乡社会治理“一张网”。在“合理组网”上下功夫。坚持以县域治理为重点，以乡镇治理为纽带，以村组（社区）治理为区块，全面推进基层治理“网格化”管理模式。按照“巷道定界、规模适度、无缝覆盖、动态调整”的原则，以社区、行政村为单位划分一级网格，以小区、自然村、村民小组划分二级网格，以小区楼栋、村庄巷道布局划分三级网格，平均每个网格覆盖50—100户群众。在“创新用网”上出实招。实行“网格统一规划、资源统一整合、人员统一配备、信息统一采集、服务统一标准”，将各部门涉及社会治理的基础信息采集工作统一纳入网格，制定网格服务管理事项责任清单，明确党建引领、脱贫攻坚、矛盾纠纷、社会治安、公共安全、民生服务等24大类57项。制定网格长操作指引，进一步明确网格长工作流程和工作标准。层层建立工作群，建立网格工作协调、问题联处联治、民情研判解决、意见征集反馈等四大机制。在“严格管网”上求实效。制定网格化服务管理考核和网格长管理考核办法，把网格化服务管理工作纳入效能目标考核、平安建设考核内容。建立从村集体经济收入中落实二、三级网格长补贴、积分奖金机制，实行网格长履职积分制管理，每季度依据积分兑现奖金，调动工作的积极性和主动性，切实发挥政策法规宣传员、社情民意收集员、社会治安联防员、矛盾纠纷调解员、民主制度监督员、惠民便民服务员“五大员”职责。

整合资源上下联动，推动三级综治中心高效运行。红寺堡区坚持以“指挥中心、协调中心、调解中心、信息中心”为目标，推动区、乡、村三级综治中心规范化建设。坚持实战导向，规范综治中心建设。加强三级综治中心标准化建设，区级综治中心依托综治信息系统和远程监控系统，打造“一站式”平安建设综合服务平台。乡镇综治中心按照“综治中心+N”的模式运行，履行指挥调度、组织协调、治安防控、矛盾调处、法治宣讲、平安创建、群防群治、分析研判等职能。村级综治中心因地制宜采取各功能室单设或多室合一模式，发挥网格政策宣传、矛盾排查、群防群治、便民服务作用。坚持实体运行，推进多元协同共治。完善协作联动机制，强化部门信息资源互联互通、共享共用。建立健全综治中心内部制度，明确排查研判、接待受理、分流归口、调处化解、督查督办五大工作流程，内部管理、协调配合、社会参与、司法确认、稳控处置五大运行机制，经费保障、制度保障、考核保障三大保障措施，确保各项工作有章可循、有效运行。坚持实效为先，打通基层治理“神经末梢”。全面推进“村居上报、乡镇吹哨、部门报到”工作机制，下沉部门力量，明确工作职责。整合村民小组长、社区网格员、人民调解员、警务助理、社区民警等力量，实现矛盾纠纷联调、社会治安联防、重点工作联动、治安问题联治、服务管理联抓、基层平安联创的工作格局。

深化统筹提升效能，实施“五治”。红寺堡区把“五治”作为推进县域治理的有效方式，不断提升基层治理体系整体效能和治理能力。突出政治引领。坚持不懈用习近平新时代中国特色社会主义思想武装头脑，建立健全“不忘初心、牢记使命”制度，教育引导广大党员干部增强“四个意识”、坚定“四个自信”、做到“两个维护”。切实发挥区委总揽全局、协调各方的领导核心作用，将区委的领导落实到基层治理各方面全过程。深入推进“三大三强”行动和“两个带头人”工程，扎实开展软弱涣散基层党组织整顿，建立防范和整治农村涉黑、涉恶、“村霸”及家族宗族宗教势力干扰渗透把持基层党组织和基层政权问题的长效机制。强化法治保障。深入推进依法治区，全面推行“三项制度”，深化“八五”普法，全面推进公共法律服务体系建设，加大对法律服务、法律援助、人民调解等资源的有效整合，建立完善法律顾问、公职律师制度，持续深化司法体制综合配套改革。落实自治区《关于加强法治乡村建设的意见》，推进法治乡村建设与脱贫攻坚、乡村振兴深度融合，发挥法治在乡村建设、乡村治理中的保障作用。注重德治教化。大力弘扬社会主义核心价值观，完善公共文化服务体系，加快新时代文明实践中心建设，深入开展文明村镇、乡贤孝星推选等精神文明创建活动，持续推进移风易俗，巩固提升“一约四会”作用，大操大办、盲目攀比、高额彩礼、厚葬薄养等不良习俗得到常态长效整治。大力发扬“感恩、包容、创新、奋进”的红寺堡干事创业精神，以文化人、以文育人，让核心价值观成为红寺堡区群众“最大公约数”。坚持自治强基。持续深化“55124”村级事务治理模式，总结推广“红袖标”义务巡防、“邻里守望”志愿服务、宗教场所集中代理记账等做法，逐步形成机制健全、程序规范的村务治理和监督机制。推进和规范住宅小区业主大会、业主委员会、物业监督委员会等自治组织建设，推动城乡社区治理、基层公共事务和公益事业广泛实现群众自我管理、自我服务、自我教育、自我监督，让群众成为治理体系的高效“结点”。提升智治支撑。加快推进“智慧红寺堡”建设，构建点线面结合、网上网下结合、人防物防技防结合、打防管控结合的立体化信息化治安防控体系。加快推进“互联网+”矛盾化解、“互联网+”信访化解体系建设，全面建立网上办理、网上流转、网上投诉的信访事项办理程序。加快推进“互联网+”执法司法体系建设，深化智慧检务建设，推广应用“互联网+公安政务服务”，推动服务网上办、马上办，提高效率，节约成本，真正实现“让数据多跑路，让群众少跑路”。

（原载：宁夏政法网，2022年11月10日，编辑：祁晓瑜）

乡村振兴重点工作成效明显的拟激励市、县名单

2022年3月1日，农业农村部、国家乡村振兴局、财政部发布《2021年度促进乡村产业振兴改善农村人居环境等乡村振兴重点工作成效明显的拟激励市、县名单公示》，宁夏回族自治区吴忠市红寺堡区上榜。

2021年，吴忠市开展防止返贫动态监测大排查3次，识别脱贫不稳定户、边缘易致贫户、突发严重困难户三类人员531户2035人，全部落实“一户一策”精准帮扶和兜底保障措施。实行“1领导+1部门+1方案”工作推进机制，市财政筹资1000万元，支持红寺堡区全国易地搬迁移民致富提升示范区建设，扎实推进96个重点移民村建设。加快学前教育普及普惠和义务教育优质均衡发展，全市新增各类学校24所、学位2.5万个。扎实开展“一村一年一事”行动，504件事项全部办结，推动“三农”领域补短板在村庄落地见效。

（原载：《人民日报》客户端宁夏频道，2022年3月2日，编辑：杨婷）

移民致富提升前景阔　乡村全面振兴后劲足

——宁夏吴忠市红寺堡区高质量发展创新举措

吴忠市红寺堡区位于宁夏腹地，是中国共产党带领人民群众历史性解决绝对贫困伟大工程的实践地、彰显社会主义集中力量办大事制度优势的诠释地。1998年开发建设，区域面积2767平方千米，辖2镇3乡1街道65个行政村，累计开发水浇地70余万亩，搬迁安置“贫瘠甲天下”的宁夏南部西海固山区贫困群众23.5万人，是全国最大的易地生态移民扬黄扶贫集中安置区。

两年来，红寺堡各族干部群众紧扣“产业、就业和社会融入”三件事和五个关键、一个重点，不断探索完善移民搬迁扶持政策，推动巩固拓展脱贫攻坚成果同乡村振兴有效衔接，奋力创建全国易地搬迁移民致富提升示范区，移民群众的幸福感、获得感、安全感稳步提升。红寺堡区突出重点全面推进乡村振兴”典型做法被国务院第八次大督查通报表扬。因“促进乡村产业振

兴、改善农村人居环境等乡村振兴重点工作”和“高度重视重大决策部署督查落实工作，在创新优化督查落实方式方法、推动地区经济社会发展等方面”成效明显，被国务院奖励2000万元激励资金，获2022年国务院大督查及专项督查“免督查”。

一、高位谋划，全链条推进增收富民产业

在宁夏回族自治区党委、政府出台《支持红寺堡区创建全国易地搬迁移民致富提升示范区实施方案》，提出推进特色农业提质增效、基础设施改善提升、就业创业富民增收等“十大示范工程”之后，红寺堡区搭建乡村振兴“1+5+N”（1个推进乡村振兴《实施意见》、5个《专项方案》、行业部门结合实际制定多个《工作方案》）“四梁八柱”，制定《乡村振兴战略综合考评方案》，建立56项测评指标，将36个部门纳入考评体系。坚持“一月一促评、一季一主题”，以“四不两直”、电视问政等方式，确保执行不打折扣。

一是精准培育产业链。立足红寺堡因水而建、因水而兴的实际，逐年调整高耗水作物，大力发展高效节水农业，明确葡萄酒、枸杞、黄花菜和肉牛滩羊四大农业特色产业发展目标。打造酿酒葡萄基地10.8万亩，建成酒庄25家、投产23家，年产成品酒1500万瓶；坚持标准化生产，发展枸杞2.5万亩；培育黄花菜示范村14个，种植面积达8.02万亩；打造肉牛高质量发展示范村25个、滩羊高质量发展示范村23个，肉牛滩羊饲养量达14.7万头、103.7万只。因地制宜精准打造的产业链，助力群众增收效果明显：8个全产业链示范村，每年为1.2万农户提供土地流转费2610万元、务工收入1.6亿余元；枸杞、黄花菜采摘期间季节性用工近10万人次，直接收益2.7亿元，特色产业对农民收入贡献率突破70%。2021年全区特色产业产值达19.36亿元，增长15%，占农业总产值比重90%以上。

二是全力提升价值链。红寺堡先后获得“中国葡萄酒第一镇”“中国最具发展潜力葡萄酒产区”“中国富硒黄花菜明星产区”“全国食品安全示范基地”等国字号称谓。红寺堡产区葡萄酒连续5年获布鲁塞尔国际葡萄酒大赛大金奖。建设自治区级现代农业产业园，建成年加工干菜0.6万吨生产线1条、鲜菜加工生产线2条，年加工黄花菜鲜菜1.3万吨，建成牛羊规模化屠宰场1家、深加工企业1家，年屠宰牛、羊分别达1万头、11.3万只。葡萄酒、枸杞、黄花菜、肉牛滩羊全产业链综合产值达29.94亿元，农产品加工转化率达69.5%以上。积极培育农村带货达人，建成农特产品专卖店25家，实现农特产品销售额达7亿元。

三是持续畅通资金链。创新财政投入方式，通过贷款贴息、政企合作、社会化托管等方式，吸引社会资本投向全产业链和三产融合，累计撬动社会投资47.6亿元。开办农业保险品种21个，葡萄、枸杞、黄花菜、肉牛滩羊等特色产业实现全覆盖，农业保险参保农户、风险保障分别达到1.56万户次、2268.4万元。确保群众在产业链上就业增收的同时，红寺堡区还坚持鼓励创业带动一批、劳务协作转移一批、技能培训促进一批、就业服务扶持一批的原则，助力各年龄段移民群众就业创业。

二、稳扎稳打，全方位助力社会融入

红寺堡区汇聚着来自西海固八县（区）以及周边五省区的23万移民，涉及156个乡镇412个行政村。针对历史遗留问题多、乡村规模大、干部编制少、乡村治理难点多等问题，不断加强和创新社会治理，完善社会协调机制，助力不同地域、不同文化、不同习俗交流交融交汇。

一是“菜单式”矛盾纠纷调解机制让城市社区矛盾“不上交”。探索由公安派出所牵头，实行“菜单式”矛盾纠纷调解工作机制，民警主动到基层走访摸排不稳定因素，先进行现场调解；如不成功，则提供一份由国土、司法等多部门工作人员及乡镇干部等组成的调解员“菜单”，供矛盾冲突双方选择共同信任的对象作为调解员。以红寺堡区人员构成最为复杂的城市社区罗山社区为例，该小区下辖的6个小区中仅罗山花园小区住户就超8000人，作为红寺堡区建立最早、规模最大、弱势群体较多的社区，物业与基础设施一度较差，曾因频发矛盾冲突、治安案件而被挂牌整治。自实行“菜单式”矛盾纠纷调解机制以来，社区民警联合多方力量调解婚姻、地界等各类矛盾数百起，调解成功率超过90%。通过调解，矛盾化解在萌芽阶段，有效防止“民转刑”“刑转命”。

二是“55124”治理模式激发农村群众自治活力。“以前对村里的事情不懂，总觉得干部骗我们。现在有事大家一起商量，对村干部自然就信任了，没矛盾了。”玉池村村民安生亮说。村里按照村民居住区域划定范围，每15户推选出1名村民代表参与议事，“55124”模式解决了不少涉及村民自身利益的问题。“55124”村级治理模式，即以投票方式选举出村民代表参与村务研讨，由“提出议案、民主议定、公布告知、组织实施、监督管理”5步工作法组成，每步工作都要建立台账，即“五联记录本”；并由上级管理部门统一提供“1”张“20+X”议事清单，为村级民主议事划定范围；“2”是“乡村二级监督”；“4”是乡镇、县区、地市、自治区四级联动督查。

三是科技“兜底”基层治理。面对人手不足困境，红寺堡区撬动社会资源，在社区、村庄安装摄像头和高空球机，并在数据整合处理上下功夫，用“鼠标站岗，视频巡逻”的智慧监管平台为基层治理兜底。红寺堡区已连续4年被评为宁夏平安县（区），并获得2020年度中国社会治理百佳示范县市等荣誉。

三、接续奋进，全力提升宜居宜业气质

坚持把农村人居环境整治作为实施乡村振兴战略的首场硬仗，实施全域整治、全域推进、全域提升，全方位提升城乡吸引力。

一是提优基础设施。打造青云湖、城东市民休闲公园、紫光湖等公园游园12处，提升城区主次干道、人行步道等城市慢行系统。梯次推进“互联网＋城乡供水”建设，提升改造供水管道769公里，自来水入村、入户率均达到100%。所有建制村实现硬化路、动力电、公交、宽带、标准化卫生室、村级综合文化服务中心全覆盖。先后获评“‘四好农村路’全国示范县”“全国城乡交通运输一体化示范县”。

二是扮优人居环境。累计完成营造林43.73万亩、森林抚育14.5万亩，森林覆盖率由搬迁之初不足5%提高到14.12%；深入推进厕所革命，采取群众自建和政府统建两种模式，累计改造厕所1.4万座，建立“互联网＋厕所运维”模式，开展日常巡查、管护宣传、厕具维修、粪污清运等服务；城郊村、中心村生活污水全部接入污水处理管网；全面推行“户分类、村收集、乡转运、县处理”垃圾处理模式，生活垃圾无害化处理率达到86%以上，建立农村生活垃圾收运处置体系的行政村比例达到100%；3个村先后被评为第三批全国乡村旅游重点村、2021年中国美丽休闲乡村、第十一批全国“一村一品”示范村。

三是做优公共服务。在宁夏率先建立教育扶贫基金，每年筹措教育基金1000万元资助困难学生。加快推进“一校一品”“一校多品”特色学校建设，被教育部认定为全国篮球、足球、书

红寺堡区四通八达的交通网络

法和艺术特色学校17所，建成“互联网+教育”标杆校、示范校5所。借助闽宁、京宁、沪宁帮扶平台，与清华大学第一附院、福建惠安医院、上海六院等区外优势医疗集团开展对口协作，建成远程心电、影像、检验“三大中心”和三级人工智能辅助诊断体系。率先在宁夏推出残疾人康复中心“医康结合”运行模式，建成残疾人康复中心、残疾人创业就业基地。

四、纳智聚才，夯实乡村振兴人才基石

坚持抓党建促乡村振兴，不断推进力量下沉、管理下沉、服务下沉，提升基层党组织服务群众、引领发展的能力，为乡村振兴鼓足后劲。

一是选优配强头雁。在考核择优选拔一批、挖掘培育选用一批的同时，率先在全宁夏范围内，面向农村致富能手、未就业高校毕业生、退役军人等群体选拔村党组织书记。选任人员到位后，迅速进入角色，大胆工作、积极作为，既有效带动本村经济社会不断发展，又激励邻近村干部干事创业、争先创优，持续推动全区基层党组织组织力不断提升。

二是激励关爱并重。“双收入”挂钩激励干事。制定《红寺堡区村干部报酬与“双收入”等挂钩暂行办法》，实行村干部报酬与本村农民人均可支配收入和集体经济收入增长挂钩机制。足额经费保障改善阵地。落实经费投入正常增长机制，加倍提升为民服务资金和村级办公经费。投入资金900余万元，对村级阵地进行了维修。“多条腿”壮大村集体经济。争取和整合各类资金2.1亿余元，先行先试、因地制宜探索多种村集体经济发展模式，跑出了集体经济发展的“加速度”。

三是广纳贤才聚智。出台21条柔性引才政策、推出14条创新驱动发展举措，柔性引进国内外知名行业专家19名，率先面向全国自主招聘事业人员333名。深入实施“壮百强千增万”工程，培养一级致富带头人107人，传帮带二级致富带头人1061人，实现近万人持续增收。推选378名致富带头人进入村“两委”班子，选派220名机关干部到乡村振兴一线锻炼成长。建立党政领导联系服务优秀人才制度，全面提升服务人才水平。

（原载：《环球时报》，2022年8月22日，责编：崔舒飞）

做好易地扶贫搬迁后续扶持工作

——宁夏吴忠市红寺堡区的实践

2020年6月，习近平总书记考察宁夏时强调，要完善移民搬迁扶持政策，确保搬迁群众搬得出、稳得住、能致富，为宁夏做好易地扶贫搬迁后续扶持工作指明了方向。宁夏深入贯彻落实习近平总书记考察宁夏重要讲话精神，聚焦解决好产业、就业、社会融入三件事情，实施百万移民致富、城乡居民收入、基础教育质量、全民健康水平“四大提升行动”，努力实现乡村发展“一年一个样、三年大变样、五年上台阶”。

吴忠市红寺堡区是全国最大的易地生态移民安置区，也是全国唯一的县级建制移民安置区。2021年，宁夏回族自治区党委、政府决定支持红寺堡区创建全国易地搬迁移民致富提升示范区，并专门出台了支持实施的工作方案，推进巩固拓展脱贫攻坚成果同乡村振兴有效衔接。

紧扣乡村振兴聚合力，加强谋划推动落实。红寺堡区把实施“四大提升行动”作为推进乡村振兴的重要抓手，围绕“事该怎么办、钱从哪里来、责任由谁担”的问题，抓机制、强保障、促落实。一是加强统筹谋划。红寺堡区按照部署，细化工作措施，建立目标、任务、责任“三个清单”，确保示范区创建有目标、建设有标准，协调解决产业发展、基础设施、生态建设、公共服务、土地整治、项目资金等实际问题。二是把握关键，干在实处。把项目建设作为开展“四大提升行动”的重要支撑，抢抓国家乡村振兴重点帮扶县、盐同红集中连片区协同发展等机遇，谋划储备项目，加强招商工作，推动资金整合，加强金融支持。深入推进“四权”改革，用足用活补充耕地和新增建设用地指标省域交易政策，缓解资金投入不足问题。三是靠实责任，落在细处。采取台账式管理、项目化实施、节点式推进模式，建立干部群众共谋共建共管共评共享机制，采取电视问政等方式加强监督，督任务、督进度、督成效。

紧盯“两个高于”抓两业，促进群众增收致富。红寺堡区紧紧围绕“农村居民收入增速高于城镇居民、脱贫户收入增速高于农村居民人均水平”的目标，抓产业、带就业、促增收。一是发展壮大特色产业。推行“企业+新型经营主体+基地+农户”的发展模式，因地制宜发展葡萄酒、枸杞、黄花菜、肉牛滩羊、新能源、文化旅游六大特色产业，高效种养业产值占农业总产值60%以上，经营性收入占农民收入35%。二是着力推进就业创业。加强公共就业服务体系建设，强化职业培训、就业服务和权益维护“三位一体”工作机制，采取“企业订单、培训机构列单、培训对象选单、政府买单”模式，通过产业发展吸附一批、招引企业吸收一批、劳务协作转移一批、自主创业带动一批、技能培训促进一批“五个一批”措施，推动劳动力转移就业。

聚焦“两个均衡”提质量，提升公共服

务水平。红寺堡区坚持推动教育均衡发展，打响“学在红寺堡”品牌；扩大优质医疗资源供给，深入推进“健康红寺堡”建设。一是促进基础教育优质均衡发展。深入推进基础教育提升工程，坚持“两个只增不减”（一般公共预算教育支出逐年只增不减，按在校学生人数平均的一般公共预算教育支出逐年只增不减），加大教育投入力度，改善基础教育办学条件，加强教师队伍建设，优化集团化办学模式，构建学校、家庭和社会“三位一体”协同育人机制，推进基础教育由“有学上”向“上好学”转变。二是促进医疗卫生优质均衡发展。突出人才培养、医疗服务提升、医药卫生体制改革重点任务，深入推进全民健康水平提升“十大工程”，优化就医环境，提升医疗服务能力。

瞄准“四美目标”提品质，打造生态宜居乡村。红寺堡区以组建一支工作队伍、实施一批基础项目、突出一批示范带动、创建一批最美庭院、建立一套长效机制的“五个一”工作模式，集中力量推进农村人居环境整治工作，建设生态宜居的美丽乡村。一是规划先行引领环境美。编制城乡国土空间规划、“多规合一”村庄规划，区、乡、村、组四级联动，以弘德等14个村为重点示范村，以点带面、示范引领。二是生态建设激活田园美。坚持绿化美化与林业产业并举，建设环村林、护路林、防风林、经济林，发展红梅杏、枸杞、苹果生态经济林，打造“林在村中、村在林中”的生态乡村。以河长制促河长治，实现“河畅、水清、岸绿、景美”。三是补齐短板打造村庄美。统筹推进城乡交通运输、供水运营、污水处理、垃圾收运一体化建设，扎实推进厕所革命，巩固拓展全国“四好农村路”示范县创建成果，实施“互联网＋城乡供水”工程，加快智慧水利建设。四是文明创建推动庭院美。坚持正向激励与反向约束相结合，推行“红黄绿”三色管理和“红黑榜”通报机制，通过文明积分、村规民约、门前“三包”、“最美庭院”评选等形式，引导群众养成健康文明生活方式，以家居“小美”激活乡村“大美”。

落实“四项措施”促融合，引导移民树立新观念。红寺堡区发挥基层党组织的战斗堡垒作用，扎实开展基层党建“六项行动”和“一抓两整”示范县（乡）创建，切实提升基层治理能力。一是建强组织堡垒。选优配强村党组织书记，加强党支部标准化规范化建设，持续整顿软弱涣散党组织，高质量完成乡村换届，提升基层党组织组织力。开发“村级事务管理”公益岗位。二是加快移民融入。深化新时代文明实践，打造弘德、永新、红川村铸牢中华民族共同体意识文化长廊，创建各级民族团结进步示范单位22个。三是加强社会治理。扎实推进县域社会治理现代化建设，加强村级民主建设，推行“55124”村级治理模式，即采取提出议案、民主议定、公布告知、组织实施、监督管理“五步工作法”和相对应的“五联记录本”，明确一张议事清单，加强乡村二级监督，乡镇、县区、地市、自治区四级联动督查。四是有序推进自发移民户籍转移，为符合迁转条件的居民办理户籍迁转、土地和宅基地确权。

红寺堡区抓住强化基层党组织这一关键，加快产业发展，完善配套基础设施，优化公共服务，改善人居环境，突出抓好产业就业“两业”、教育与医疗基本服务、生态宜居乡村建设、移民社会融入等重点工作，为做好易地扶贫搬迁后续扶持工作探索了路径。

（强国号发布内容，原载《中国民族报》，2022年3月21日，作者：聂君，责任编辑：马永、程艳）

踔厉奋发这 5 年　司法为民结硕果　初心不改谱新篇（节选）

——吴忠市红寺堡区司法行政工作高质量发展纪实

【关键词】依法治区

坚持抓“关键少数”，夯实领导干部法治责任，全面推行党政主要负责人履行法治建设第一责任人述法工作。深化“放管服”改革，动态调整部门权责清单，目前，33 个部门共承接 1374 项政务服务事项，24 个部门进驻市民大厅，全程网办 1065 项，马上办 526 项，一次办 1330 项，就近办 123 项，列出 22 项“一件事一次办”事项清单。不断规范重大行政决策程序，常态化开展领导干部普法学法微课堂，法律顾问参与重大行政决策、法制审核、研究讨论 30 场次，出具《法律意见书》110 余件。全面集中清理行政规范性文件 183 件。深化基层整合审批服务执法力量改革试点工作，组建派驻机构 52 个，形成由乡镇（街道）统一管理使用，主管部门负责业务指导的管理体制。红寺堡区本级 28 个行政执法主体（第一批）均在政务服务网公示了行政许可事项、行政处罚事项、权责清单以及“双随机、一公开”事项清单、依据、程序。全面提升行政执法质量，加大重大执法决定备案审查力度，推行行政执法“三项制度”，重大行政执法决定法制审核率达到 100%。实行行政机关负责人出庭应诉备案制度，提高行政复议公信力。建立健全行政执法事前、事中、事后全流程的闭环式监督链条，不断提升行政执法监督效能，共受理行政应诉案件 49 件，行政复议案件 88 件，回复政府重大行政问题方面的律师意见书 200 件。

【关键词】普法宣传

全面落实“谁执法、谁普法”普法责任制，“七五”普法工作全面完成，“八五”普法工作有力有序推进。严格落实“四清单一办法”，深化“法律八进”活动，开展多层次、多领域法治宣传教育活动，完善考评体系，建立健全各级党政主要领导干部遵守宪法法律常态化机制，将宪法、民法典和党内法规等列入各级党委（党组）中心组主要学习内容，将尊法学法守法用法情况作为考核各级领导班子和领导干部的重要内容。严格落实法律任职资格考试制度，对提请人大任命的干部，集中进行法律法规知识考试，不断提升领导干部法治思维能力，持续推动普法依法治理责任制落实。大力推进“法律明白人”培养工程，累计选拔农村“法律明白人”骨干 210 名、“法律明白人”1300 人，实现了 2021 年各行政村至少培养 2 名农村“法律明白人”骨干、20% 以上农户家庭有“法律明白人”的目标。

结合乡村振兴工作，深入重点村开展法治宣传教育活动，组织开展“12·4”宪法宣传周等各类法治宣传，社会法治意识明显提升。整合法治副校长、基层法律服务工作者、检察官等成立“服务大局普法行”宣讲团，先后深入各机关（单位）、红寺堡区各行政村、社区集中进行宣讲，扩大法治宣传的覆盖面，提升基层法治创建水平。建立律师等以案释法制度，通过以案说法等方式普及法律知识。探索开展庭审直播等普法形式，广泛开展“两法宣传”活动，使法治宣传教育真正入脑入心。实施“互联网+”普法模式，搭建“微平台”、开设“微课堂”、唱好“微型戏”，开展网上法律咨询、普法宣传。各普法单位开通微信公众号，不定期推送宪法、道路交通安全法、劳动法等紧贴群众的常用法律法规和移风易俗事例，建立和推行典型案例定期发布制度，及时发布法律援助和人民调解典型案件。各单位广泛运用网站、抖音、微信等新媒体平台普法，积极开展普法微电影、微视频等普法作品创作，先后推送法治宣传信息2万余条，提升了普法宣传实效。

【关键词】人民调解

持续深化人民调解工作，强化人民调解“四张网”建设，实现64个行政村、8个社区人民调解组织全覆盖，通过在矛盾易发、多发的重点行政村设立人民调解工作室，派驻专职人民调解员开展工作，切实做到矛盾纠纷就地解决、就近解决。深入推进“塞上枫桥”品牌建设，创新建立矛盾纠纷多元化解机制，推动建立“114百事解”矛盾纠纷多元调解中心，化解矛盾纠纷渠道持续拓宽。针对近年来持续上升的农民工工资拖欠及婚姻家庭矛盾纠纷，建立婚姻家庭矛盾纠纷民转刑防范化解机制，推动矛盾纠纷化解制度化。2020年，吴忠市红寺堡区司法局以人民调解案件主人公为原型，拍摄了反映红寺堡区人民调解工作取得成效的微电影《纳进千层布鞋里的暖》，得到了自治区司法厅的充分肯定。5年来，累计调解各类矛盾纠纷5608件，调解成功5589件。

【关键词】社区矫正与安置帮教

持续强化刑事执行能力，创新社区矫正“十化”工作法，推行“四色”分级管理，围绕贯彻落实社区矫正法，深入开展学习宣传活动，编印了通俗易懂的《红寺堡区社区矫正三字经》、社区矫正之歌《温情的陪伴》，被司法部及自治区司法厅有关网站转发，广受好评。

聚焦提升教育矫正质量，进一步树立底线和红线安全意识，确保社区矫正对象不脱管、不漏管和不发生重新犯罪。深入推进部级“智慧矫正中心”建设，发挥“数字法治、智慧司法”信息化体系作用，强化一体化视频指挥调度平台运用，重点加强入矫宣告等举措，不断拓展“双矫四扶”工作模式，持续做好社区矫正重点对象和社区矫正重点区域、重点时段的稳控工作，确保做到可防、可管、可控。

【关键词】公共法律服务

持续提升法律服务质量，全面落实刑事案件律师辩护全覆盖、律师值班参与涉法涉诉信访案件化解等机制。加大法律援助力度，简化受援程序，优化服务流程，让更多群众打得起官司，做到应援尽援。红寺堡区贫困建档立卡户枸杞苗买卖合同纠纷案被司法部选定为法律援助精准脱贫典型案例，该案例系宁夏唯一入选的案例。狠抓公共法律服务体系三个平台建设，实现了法律顾问、“法律明白人”、法律实体平台、法律服务宣传四个全覆盖，开通了农民工讨薪案件“绿色通道”，简化受理程序，有力地维护了社会和谐稳定。持续深入开展公共法律服务信息化建设，推行公共法律服务体系建设“1335 工作模式”，依托宁夏法网等平台，全面推广互联网 + 公共法律服务，64 个行政村、8 个社区全部配备公共法律服务智能化服务一体机，实现群众法律服务咨询智能化、科技化，真正打通群众法律服务最后一公里，公共法律服务更加多元化、均等化。5 年来，共办结法律援助案件 2173 件（含公证案件 927 件），为当事人挽回经济损失 2656 万元。

民惟邦本，本固邦宁。人民安居乐业，国家才能安定有序。吴忠市红寺堡区司法局认真履行“一个统筹、四大职能”工作职责，秉承“服务大局、服务民生”工作理念，以精益求精、务实高效的工作作风奋力推进司法行政治理体系和治理能力现代化，为加快建设更高水平的平安红寺堡和法治红寺堡营造和谐稳定、公平正义、便捷高效的法治环境。

2017 年以来，红寺堡区司法局先后获得全国维护妇女儿童权益先进集体、全国人民调解宣传工作先进集体、全国“七五”普法中期先进集体、全国坚持发展“枫桥经验”实现矛盾不上交试点工作突出集体等荣誉称号，干部队伍多人获得省部级表彰奖励，红寺堡区司法局连续 3 年获评红寺堡区委考核优秀等次。

【关键词】队伍建设

持续深入增强队伍素质，深入开展党史学习教育、政法队伍教育整顿、正风肃纪大整顿、“两学一做”等专项活动，坚持在筑牢政治忠诚上下功夫，丰富学习教育载体，创新学习方式，举办司法行政队伍教育整顿学习教育环节“晨读班”“午读班”“夜读班”，分层级开展集中学习，确保学习时间高效利用，围绕司法行政工作职责定位，在提升便民服务水平上出实招、出硬招，召开司法行政队伍教育整顿座谈会和干部家属恳谈会，研究制定红寺堡区司法局便民利民措施。政法队伍教育整顿期间，局班子成员带头自查自纠，撰写检视材料，深入开展谈心谈话，层层检视问题，围绕 12 项顽瘴痼疾专项整治内容，深入开展自查，制定整改方案，建立台账，列出清单，明确整改要求，分类整治，干部队伍素质不断提升，打造了一支政治坚定、作风优良、纪律严明、业务过硬、执行有力的高素质基层司法行政队伍。

（原载：《宁夏日报》，2022 年 6 月 12 日 15 版专版，责任编辑：樊卓妮、秦文，同日学习强国发布）

红寺堡区获评“2022 高质量发展十佳城区”

日前，第二届中国城市高质量发展与国际合作大会，发布了《2022 中国城市高质量发展评估报告》，吴忠市红寺堡区获评“2022 高质量发展十佳城区”。

在创建全国易地搬迁移民致富提升示范区过程中，红寺堡区扎实推进特色农业提质增效、基础设施改善提升、就业创业富民增收等“十大示范工程”，制定《乡村振兴战略综合考评方案》，建立56项测评指标，将36个部门纳入考评体系。坚持“一月一促评、一季一主题”，以“四不两直”、电视问政等方式，确保执行不打折扣。

红寺堡区汇聚着来自宁南八县（区）以及周边五省区的23万移民，涉及156个乡镇412个行政村。针对历史遗留问题多、乡村规模大、干部编制少、乡村治理难点多等问题，不断加强和创新社会治理，完善社会协调机制，助力不同地域、不同文化、不同习俗交流交融交汇。

红寺堡区坚持抓党建促乡村振兴，不断推进力量下沉、管理下沉、服务下沉，提升基层党组织服务群众、引领发展的能力，为乡村振兴鼓足后劲。

（原载：《宁夏日报》客户端，2022年9月6日，作者：杜晓星，编辑：张国长、韩强，责任编辑：毛文静）

科技力量孕育红寺堡丰收之夏

盛夏的红寺堡正孕育着丰收。连片的玉米地茂密青翠，苞谷棒子已显露出“微胖”的身材；地头上被采摘的西瓜堆积在一起，全部被打开了，露着鲜红的瓜瓤，远远望去，未成熟的西瓜卧满瓜田；稻谷已将沉甸甸的头颅垂向大地，而肥大的黄花菜正向阳怒放，葡萄架上密密匝匝的葡萄串被叶子掩映着，各色小番茄正迫不及待地“变脸”……

然而，这些“高颜值”“高品质”的粮食瓜果背后蕴含的科技力量，同样也很迷人。

7月26日，红寺堡区全国易地搬迁移民致富提升示范区重点产业提质增效集成示范项目现场观摩会举行，共有7个项目集体亮相。宁夏科技厅、宁夏大学、宁夏农科院等相关领导、专家，来到田间地头，感受科技实实在在的推动力。

红寺堡镇弘德村一大片茂盛的谷子在微风中摇曳。这里是水资源优化配置与重点产业高效节水技术集成示范项目谷子种植基地。

“这块示范区有65亩，种了35亩谷子和30亩谷草。通过膜下滴灌节水技术，去年谷子产量达到了亩产325千克，谷草达到了亩产370千克。”宁夏水科院副院长徐利岗介绍，“增产很明显。”

地头还展示着几件科技感十足的农业机械设备：移动式汽油发电机型施肥机、三通道施肥机、物联网与智能灌溉水肥一体化系统。它们是该科研项目的“结晶”，引起了观摩团队的围观。

在弘德村青贮玉米基地，科技特派员符正勇站在地头上，结实的玉米秸秆足足高出他一头。符正勇用数字验证着项目取得的成果：“通过水肥一体化高产高效栽培技术，相比大田种植，用水量可以节约30%左右，化肥用量降低30%左右，人工成本减少60%左右，农民增收超过一倍。”

柳泉乡柳泉肉牛养殖场是肉牛产业种养结合

关键技术集成示范项目基地。“母牛低成本饲养技术主要通过优化日粮结构降低饲养成本，高效繁育技术则实现了母牛一年一胎，缩短产犊间隔，效益非常明显，这样一头牛每年可以增收8000元左右。犊牛培育技术使牛犊断奶后健康成长、肉牛育肥技术可以将成本降低5%左右……”室外，健壮的牛群中时不时发出霸气十足的“哞哞”声。

牛粪处理问题一直是困扰大型养牛场的难题。而柳泉肉牛养殖场通过引进纳米膜发酵技术实现了“变粪为宝”。在操作间，一个被纳米膜覆盖的大型发酵池正在默默地工作，经过15天的发酵，牛粪就会变成有机肥。“通过这个智能化机柜，实现温度、湿度自动监测调整，完成发酵。过程中不用机械来翻堆，而且不受季节限制，工人通过手机联网躺床上就能操作监控，省时省力。”宁夏夏能生物科技有限公司董事长、科技特派员李建军使劲儿“推销”这一粪污处理利用项目。

据悉，为深入推进巩固拓展脱贫攻坚成果同乡村振兴有效衔接，支持红寺堡区建设全国易地搬迁致富提升示范区，自治区科技厅于2021年立项实施自治区重点研发计划“宁夏红寺堡全国易地搬迁移民致富提升示范区重点产业提质增效集成示范”重大项目，围绕红寺堡区葡萄、肉牛、瓜菜、黄花菜、谷子等重点产业，集成示范酿酒葡萄轻简化栽培、肉牛健康高效养殖、瓜菜优质高效栽培、黄花菜与谷子节水高效栽培等先进技术成果，助力红寺堡区产业提质增效。

目前，共开展实施了重点产业提质增效集成示范课题4个，建立核心示范区6个，提升葡萄品质10%—15%，研制低成本肉牛经济日粮配方2—3套，示范瓜菜、谷子新品种8—10个，推广综合配套栽培技术模式7套，示范推广7000亩，突出了技术集成效果，为红寺堡区特色产业高质量发展提供一批可复制、可推广的技术和模式，进一步优化了科技资源区域布局。

（原载：《新消息报》，2021年7月27日，记者：倪会智）

红寺堡区：以“六个先锋”示范引领乡村振兴

2021年以来，红寺堡区以“六个先锋”示范引领行动为抓手，积极发动群众、广泛依靠群众、有效组织群众，广大家庭积极投身评选活动，晒家庭幸福、议家风家训、讲最美故事、展文明风采，涌现出了一批可亲、可敬、可学的“六个先锋”典型，广大群众在评选过程中发现先锋、感悟先锋、学习先锋，“六个先锋”示范引领行动取得了良好的社会效应。

党员带头 铺出勤劳致富路

“六个先锋”评选活动开展以来，红寺堡区把群众认可的党员先锋作为可学可做的活教材，结合“红色微承诺”、党员设岗定责等活动每人联系10到15户群众，面对面传经验、手把手教技术，真正做给群众看、带着群众干，激励群众变“要我参与”为“我要参与”。被评为“勤劳致富”先锋户的小泉村党员李志巧，带头成立太阳山清泉林业专业合作社，每年累计用工 15000 余人次，劳务费支付 320 多万元，有效缓解了村民就业难、外出务工难的问题，帮助脱贫户增收 5 万元以上。

群众参与 唱响先锋协奏曲

红寺堡区还吸纳了红白理事会、道德评议会、禁毒禁赌会、村民议事会等 405 个村民自治组织，成立了 64 个“六个先锋”示范引领行动评议会，通过群众评、评群众，群众学、学群众，引导广大群众在“六个先锋”评选活动中当主角、争先进，用实实在在的变化教育引导群众更加自觉地发展主导产业、改善人居环境、弘扬文明新风，形成了广大群众积极投身乡村振兴的良好氛围。

柳泉村村民刘五奎被评为“遵纪守法”“崇文重教”与“睦邻和谐”先锋示范户。35 年前，弟弟因煤矿事故全身瘫痪，但刘五奎数十年如一日地照顾弟弟，让他的身体状况有所好转，曾经贫穷的家庭也慢慢变得富裕。

强化激励 营造创建新局面

另外，红寺堡区还创新运用“三挂钩”机制，将评议工作结果同“红黑榜”挂钩、同积分超市积分挂钩、同村干部考核挂钩，从乡村两级评选出的 1278 户先锋示范户中，选树红寺堡区级典型示范户 30 个、工作先进村 5 个，对“六个先锋”工作突出的柳泉乡党委给予 10 万元工作经费支持，对 5 个工作先进村给予 2 万元工作经费支持，对 30 个典型示范户给予不高于 30 万元的黄河商业银行基础利率贷款，通过模范带动、以上率下，进一步激发了农村党组织和广大党员群众参与村级治理、助力乡村振兴的内生动力，为创建全国易地搬迁移民致富提升示范区凝聚了强大的精神力量。

（原载：宁夏广播电视台官方网站，2022 年 1 月 18 日，记者：田嘉辉）

大事记

1月

1日　红寺堡区委常委、副区长徐明勇带队检查红寺堡区重点企业、重点场所安全生产工作。

6日　吴忠市公安局红寺堡区分局举行庆祝第二个中国人民警察节暨荣誉颁发仪式。红寺堡区副区长、公安分局局长杨平参加。

9日　红寺堡区教育系统基层党员冬训工作启动。启动会以视频形式召开，广大党员、入党积极分子等在各分会场收看会议实况。

11日　“闽宁山海寄情深·惠红携手暖寒冬”——红寺堡区红十字会爱心物资捐赠仪式在弘德第二小学举行。慈小荣、卢山、杨金花等红寺堡区领导参加仪式。

12日　红寺堡区总工会召开第二届委员会第十二次全体（扩大）会议，传达学习吴忠市总工会第五次代表大会精神等，听取红寺堡区总工会第二届委员会工作报告。红寺堡区政协副主席、总工会主席买廷东出席会议。

14日　自治区交通运输厅综合规划处处长李长军调研红寺堡区“村村通”客车运行情况。

17日　红寺堡区2022年春运工作正式启动。红寺堡区交通运输部门坚守防疫一线，细化服务举措，强化应急保障，用心守好防疫和春运两条“战线”，为旅客提供安全、顺畅、便捷的出行体验。

是日　红寺堡区召开“创建示范区　我要当先锋”暨“六个先锋”示范引领行动推进会。区委书记王忠强、区人大常委会主任苏达志等出席会议。区委副书记、区长候选人杨文福主持会议。

18日　红寺堡区举办处科级领导干部项目投资管理和新能源专业能力培训班及年轻干部政治能力和专业能力提升培训班。红寺堡区委副书记、区长候选人杨文福主持开班仪式。

20日　红寺堡区乡村振兴局联合应急管理局、工业信息化和商务局、民政局举办行政公文写作培训班。邀请自治区政府总值班室副主任、办公厅信息处副处长张海立授课。

是日　红寺堡区教育系统举行退休教师新春座谈会，红寺堡区教育局领导班子成员、各学校校长与退休教师参加。

24日　红寺堡区2022年医疗保障信息管理培训班开班，安排部署城乡居民基本医疗保障工作。

25日　红寺堡区委常委会召开2021年度党史学习教育专题民主生活会，红寺堡区委书记王忠强及其他常委会班子成员参加会议。吴忠市委常委、常务副市长潘建宁，市委党史学习教育第二巡回指导组组长雷金万到会指导并作点评讲话。红寺堡区政协主席张致强、人大常委会副主任王琳列席会议。

是日　吴忠市市场监督管理局红寺堡区分局经前期布控，联合公安局、检察院、农业农村局等部门，在红寺堡镇团结村查获一处羊私屠滥宰销售窝点。

26日　红寺堡区委书记王忠强、区长候选人杨文福、政协主席张致强等，走访慰问人武部、武警中队、消防救援大队，对驻地官兵为地方经济社会发展作出的贡献表示感谢，并向他们送上慰问品和节日祝福。

是日　自治区统战部长电视电话会议召开，总结2021年工作，部署2022年任务。红寺堡区委常委、统战部部长马杰君及各乡镇、各相关部门负责同志在红寺堡分会场收听收看会议实况。

29日　红寺堡区召开2021年党（工）委（党组）书记抓基层党建、落实意识形态工作责任制述评评议考核会。传达学习自治区、吴忠市相关会议精神，安排部署各项工作任务。红寺堡区委书记王忠强主持会议并讲话。区委副书记、区长候选人杨文福等参加会议。

是日　红寺堡区举办第四届“我们身边的好人”发布会，致敬时代好人，弘扬榜样精神，营造向上向善、见贤思齐、德行天下的浓厚氛围，倡导好人好报、德者有得的价值导向，为创建示范区凝聚强大社会正能量。王忠强、苏达志、杨文福、张致强等区领导出席发布会。

是日　红寺堡区公安工作会议召开，回顾总结2021年工作，分析当前形势，安排部署2022年工作。副区长、公安分局局长杨平参加会议。

31日　红寺堡区委书记王忠强、区长候选人杨文福等分别带队检查安全生产工作，彻底排查各类安全隐患，狠抓安全生产责任落实，全力做好春节期间安全生产工作，保障人民群众生命和财产安全。

2月

5日　红寺堡区迎来2022年首场大雪。为减少低温天气对设施农业带来的不利影响，农业农村局农技人员进棚入户，与菜农一起做好防寒保温应对措施，确保设施农业安全。

7—8日　红寺堡区举办领导干部学习班暨区委理论学习中心组2022年第1次理论学习会专题辅导培训班，邀请自治区相关专家授课。区人大常委会主任苏达志、政协主席张致强及其他处级领导、各部门主要负责同志和年轻干部参加学习。红寺堡区委副书记、区长候选人杨文福主持。

8日　红寺堡区大河乡各学校利用假期，组织学生开展阅读活动，让阅读成为“双减”之下的“加法”。

12日　红寺堡区举办经果林春季管理技术培训班，提高各乡镇果农、企业及合作社技术人员技术水平。

18日　红寺堡区召开罗山西麓生态保护修复项目建设启动会，明确责任目标，安排部署相关任务。

是日　红寺堡区“三农”干部“大学习大轮训”培训班结业。红寺堡区委书记王忠强出席仪式并讲话。红寺堡区四套班子其他领导出席。

20日　红寺堡区召开2022年教育工作会议，传达学习全国教育工作会议精神和教育部2022年工作要点，安排部署教育教学、春季开学等工作。红寺堡区副区长杨金花出席会议。

22日　红寺堡区新民街道联合红寺堡区人力资源和社会保障局在鹏胜社区商圈党群服务中心举行劳务服务中心挂牌仪式。

是日　红寺堡区召开交通运输综合执法“五大”专项行动启动会，安排部署交通运输综合执法“五大”专项行动，解决当前运输市场存在的突出问题。副区长杨根枝出席启动会。

是日　红寺堡区召开罗山生态保护修复工作推进会，听取和审议红寺堡区罗山西麓生态保护修复项目建设方案。红寺堡区委书记王忠强主持会议并讲话。红寺堡区委副书记、区长候选人杨文福等参加会议。

24日　农业农村部规划设计院与贺兰山东麓葡萄酒产业园区管委会组成调研组，调研红寺堡区葡萄酒产业发展情况。

24—27日　福建省泉州市惠安县副县长陈剑虹一行到红寺堡区考察调研产业发展、职业教育等方面情况。

25日　“中国体育彩票杯”红寺堡区第五届农民篮球争霸赛落幕。

26日　红寺堡区举行校（园）长、书记治校育人大展示活动。活动以笔试的形式举行，笔试内容有“基础教育质量提升行动”“五项管理”“双减”等，以此提高各校（园）长、书记专业素养。

28日　红寺堡区召开创建全国文明城市工作推进会，传达学习《红寺堡区创城工作督查问责办法》，通报近期暗访各测评点位存在的问题，安排部署创城重点工作。

是日　红寺堡区召开宣传思想文化工作推进会，总结2021年精神文明建设、新时代文明实践、网信、文化旅游体育、媒体融合等工作，安排部署各项任务。区委常委、宣传部部长马青松参加。

3月

1日　自治区卫生健康委主任吕金捍带队调研红寺堡区卫生健康工作。

是日　自治区文明办专职副主任杨柳带领调研组到红寺堡区调研移风易俗工作。

2日　自治区民政厅二级巡视员岳秀霞带领评价组到红寺堡区，评价红寺堡区创建全国未成年人保护示范区工作。

3日　自治区政协副主席郭虎带队督查调研红寺堡区政协工作。

4日　红寺堡区32名外出务工人员登上开往广东省深圳市卓翼电子科技有限公司的大巴，开启从“家门口”直通“厂门口”一站式务工之路。

5日　红寺堡区回民中学举行校名更名及新校名揭牌仪式。红寺堡区回民中学正式更名为红寺堡区第一中学，原红寺堡区第一中学更名为红寺堡中学。

7日　自治区副主席王和山一行调研红寺堡区农业农村与乡村振兴工作。

9日　红寺堡区人大常委会副主任伍洪亮带领人大常委会委员，调研医药卫生体制改革工作。

是日　自治区文联党组书记、副主席黄明旭带队调研红寺堡区文联工作。

13日　红寺堡区委书记王忠强带队调研各乡镇2022年农村人居环境整治工作开展情况，强调要正视问题补短板，凝心聚力促提升，以更高标准、更实举措，全面推进农村人居环境整治工作提档升级。

14日　红寺堡区委书记王忠强主持召开自治区选派到红寺堡区挂职锻炼干部见面会。其他副处级领导出席会议。

是日　吴忠市召开传达贯彻全国两会精神会议，安排部署学习贯彻落实工作。吴忠市市长王学军主持会议并讲话。红寺堡区领导王忠强、苏达志、张致强在红寺堡分会场聆听收看会议实况。

是日　红寺堡区召开传达贯彻全国两会精神会议，安排部署学习贯彻落实工作、招商引资、春耕等相关工作。区委书记王忠强主持会议并讲话。区人大常委会主任苏达志、政协主席张致强等参加会议。

15—17日　红寺堡区综合执法局联合自治区交通运输综合执法监督局吴忠分局开展固定线路非法营运行为治理行动和货物运输车辆超限超载治理行动。

16日　宁夏师范学院附属小学挂牌仪式在红寺堡区弘德希望小学举行，这是宁夏师范学院、红寺堡区政府携手，整体提升区域教育质量的新举措。宁夏师范学院党委委员、副校长钟正平，红寺堡区委副书记徐娟，区委常委、宣传部部长马青松，副区长杨金花出席揭牌仪式。宁夏师范学院相关职能部门负责人、院长，红寺堡区教育局领导班子成员参加仪式。

18日　红寺堡区2022年第一批重大项目集中开工现场推进会在红寺堡产业园举行，年度计划投资115亿元的86个项目同时启动。王忠强、苏达志、张致强、徐娟等红寺堡区领导出席。

是日　红寺堡区举行中医医院建设项目开工仪式。该项目填补了红寺堡区中医医院建设的空白。

22日　红寺堡区召开2022年灌溉工作会议，总结2021年灌溉工作，安排部署2022年灌溉任务。

24日　红寺堡区召开打击治理电信网络新型违法犯罪工作联席会暨反诈人民战争工作部署会，传达学习自治区、吴忠市相关会议精神，安排部署反诈人民战争工作。区委副书记徐娟、副区长杨平参加。

25日　红寺堡区召开医疗卫生和医保领域廉政警示集中教育活动暨廉政警示教育大会，传达学习自治区相关会议精神等，通报相关典型案例，安排部署廉政警示集中教育活动。

30日　红寺堡区应急管理局联合吴忠市公安局红寺堡区公安分局、自然资源局在鹏胜时代广场、新庄集乡南源市场开展森林草原防火宣传活动。

是日　红寺堡区委书记王忠强调研基层党建工作，强调要发挥党建引领作用，着力提高基层党建工作水平，推动党建工作与业务工作深度融合、相互促进，以高质量党建引领高质量发展。

4月

1日　红寺堡区委书记王忠强在全区组织、宣传、统战、政法工作会议上强调，要进一步统一思想认识，聚焦主责主业，开阔思路、担当作为，不断开创组织、宣传、统战、政法工作新局面，为示范区创建提供坚强保障。区长杨文福主持会议，区委副书记徐娟等参加会议。

是日　自治区政协常委、农业和农村委员会分党组书记许兴带领部分政协委员及盐碱地改良专家，到红寺堡区开展功能型党支部“1+X”共建共享活动。

2日　红寺堡区区长杨文福带队开展节前安全生产检查，为人民平安过节筑牢安全防线。红寺堡区领导徐明勇、慈小荣、杨平、杨金花参加。

是日　吴忠市以网络直播方式举行线上招商推介会暨重点项目“云签约”仪式。市委书记徐耀、市人大常委会主任兰德明、市政协主席王天军等在主会场参加会议。红寺堡区领导王忠强、杨文福、苏达志、张致强等在红寺堡分会场参加会议。

9日　红寺堡区在红寺堡镇梨花村开展大豆玉米带状复合种植技术现场指导培训活动，拉开大豆玉米带状复合种植序幕。

10日　红寺堡区以视频的形式召开安（消）委会2022年第二次全体（扩大）会议暨安全生产专项整治三年行动、森林草原防灭火、消防工作推进会，安排部署近期各项工作任务。区长、区安委会主任杨文福出席会议并讲话。

13日　红寺堡区委书记王忠强调研扶贫车间运行情况及安全生产工作，强调要进一步规范提升扶贫车间管理和运营水平，做好就业服务指导，充分发挥好车间辐射带动作用，吸纳更多劳动力就业，让更多群众得实惠。

18日　吴忠市委常委、常务副市长潘建宁一行到红寺堡区调研冬季清洁能源取暖项目建设情况。

是日　红寺堡区举行电子商务进民营企业暨电商直播带货专题培训班开班仪式，培训班由红寺堡区工商业联合会、工业信息化和商务局、职业技术学校联合举办。区政协副主席买廷东出席。

是日　红寺堡区区长杨文福调研巩固拓展脱贫攻坚成果同乡村振兴有效衔接工作，强调要切实增强责任感、使命感和紧迫感，全面落实防返贫动态监测和帮扶机制，坚决守住不发生规模性返贫底线。

19日　红寺堡区委书记王忠强调研“四权”改革工作推进情况，强调要深入贯彻落实习近平总书记视察宁夏重要讲话指示批示精神，把推进“四权”改革作为示范区创建的重要举措，坚持全局谋划、整体推进，聚焦“节水增效、盘活增值、降污增益、植绿增绿”的改革重点，精准发力、靶向突破。

20日　红寺堡区召开2021年度区直机关党组织书记抓党建述职评议暨模范机关创建推进会。区委常委、组织部部长赵军参加。

是日　吴忠市政协主席王天军调研红寺堡区经济社会发展暨政协工作。

是日　自治区财政厅调研组到红寺堡区调研农村综合改革、产业强镇及教育文化工作。

21日　红寺堡区委书记王忠强调研基础教育质量提升行动推进情况，强调要补齐基础教育短板，优化教育资源配置，全力推进基础教育质量提升行动。

是日　红寺堡区卫生健康局组织人民医院中医科专家到柳泉乡新时代文明实践站开展2022年文化、科技、卫生“三下乡”活动。

22日　红寺堡区举办办公室综合能力提升专题培训班。红寺堡区领导徐娟、赵军、浦彦卿出席。

23日　自治区人民医院专家团队联合红寺堡区妇幼保健计划生育服务中心、农工党吴忠市委会科企文支部在红寺堡区妇幼保健院开展义诊活动。

24日　红寺堡区委书记王忠强调研全国文明城市创建工作。

是日　平安红寺堡建设协调小组召开2022年第一次会议，传达学习习近平总书记对政法工作的重要指示等。红寺堡区领导徐娟、杨平参加会议。

28日　红寺堡区委书记王忠强带队调研节前安全生产工作。

29日　弘德车间（宁夏）科技有限公司举行揭牌仪式。红寺堡区委常委、宣传部部长马青松出席。

5月

5日　红寺堡区委书记王忠强主持召开2021年度巩固拓展脱贫攻坚成果同乡村振兴有效衔接考核评估发现问题整改工作部署会议。传达学习国家和自治区有关会议精神，通报考核评估发现的问题，安排部署整改工作。区长杨文福、政协主席张致强等参加会议。

6日　红寺堡区委书记王忠强主持召开区委理论学习中心组2022年第5次理论学习（扩大）会议。邀请自治区党委统战部副部长、自治区政府侨务工作办公室主任柴建国作铸牢中华民族共同体意识专题辅导。区政协主席张致强、区委副书记徐娟等参加学习。

是日　红寺堡区召开优化营商环境工作联席会议，传达学习吴忠市相关会议精神，通报吴忠市2021年优化营商环境评价结果，讨论红寺堡区2022年创优营商环境对标提升举措等，协调推进红寺堡区优化营商环境工作。副区长杨金花参加会议。

8日　2022年宁夏第二批重大项目集中开工现场推进会（红寺堡区分会场）在交通物流园举行，60个重大项目集中开工，年度计划投资51.1亿元。红寺堡区领导王忠强、杨文福、苏达志、张致强、徐娟等出席仪式。

10日　红寺堡区广大青年收听收看庆祝中国共产主义青年团成立100周年大会。

10—12日　红寺堡区应急管理局、卫生健康局、住房城乡建设和交通局、消防救援大队等单位，联合在鹏胜时代广场和东方世纪城小区等地开展以“减轻灾害风险　守护美好家园”为主题的“5·12”全国防灾减灾日宣传活动。

11日　吴忠市政协副主席王金一行到红寺堡区，调研铸牢中华民族共同体意识、推动吴忠市民族工作高质量发展开展情况。

12日　红寺堡区残联组织开展2022年残疾人文化进家庭“五个一”系列活动。

13日　红寺堡区举办换届后乡镇领导班子培训班。区委书记王忠强出席开班仪式并讲话。区委常委、组织部部长赵军主持。

是日　红寺堡区移民文化体验集聚区被吴忠市服务业发展工作领导小组认定为2022年吴忠市现代服务业集聚区。

14日　自治区人大常委会副主任姚爱兴一行到红寺堡区调研基础教育质量提升行动实施情况，并督办自治区十二届人大五次会议提出的《关于进一步推动红寺堡区落实教育“双减”工作的建议》。

15日　福建省泉州市惠安县委书记王春雷、县人大常委会主任蒋向群带领考察团到红寺堡区，就对口帮扶工作进行考察交流。

16日　自治区医疗保障局副局长张斌一行到红寺堡区人民医院调研落实卫生健康领域突出问题专项治理暨组团式帮扶督导工作。

18日　自治区政协常委、人口资源环境委员会主任杜正彬带队调研红寺堡区绿能开发情况。

20日　红寺堡区举办区领导为“四办”工作人员讲“三农”知识培训班。政协副主席浦彦卿以《回顾农业生产发展历程　全面推进乡村振兴战略》为题，为区委办公室、人大常委会办公室、政府办公室、政协办公室工作人员进行授课。

是日　吴忠市“牢记嘱托　感恩奋进”深化习近平总书记视察宁夏重要讲话指示批示精神宣讲培训会在红寺堡区新民街道东方社区新时代文明实践站举办，对习近平新时代中国特色社会主义思想暨习近平总书记视察宁夏重要讲话指示批示精神宣讲工作进行再安排、再部署。吴忠市及红寺堡区领导高建博、马青松参加。

22日　内蒙古自治区河套灌区水利发展中心主任张广明一行到红寺堡区，考察调研高效节水灌溉、生态保护等工作。

23日　红寺堡区召开2021年度巩固拓展脱贫攻坚成果同乡村振兴有效衔接考核评估问题整改工作推进会。吴忠市及红寺堡区领导李玉山、王忠强、苏达志、张致强、徐娟、马玉磊等参加会议。红寺堡区区长杨文福主持会议。

是日　自治区民政厅党组成员、副厅长方仲权带队观摩红寺堡区基层社会治理工作。

24日　红寺堡区2022年葡萄酒产业技术培训班开班。红寺堡区委常委、副区长人选马涛，宁夏贺兰山东麓葡萄酒产业园区管委会副主任文学慧出席开班仪式。

25日　吴忠市公安局红寺堡区分局辅警道东源在西安唐都医院成功捐献造血干细胞，成为宁夏第92例、吴忠市第21例、红寺堡区第2例造血干细胞捐献志愿者。

是日　红寺堡区开展“喜迎二十大·书香润童年”诗词大赛预赛，7所城区小学、5所乡镇中心学校的12支代表队参加活动。

26日　自治区农业农村厅党组成员、总农艺师康波一行到红寺堡区调研农村人居环境整治工作。

27日　红寺堡区政府党组书记、区长杨文福主持召开区人民政府党组2022年第5次（扩大）会议。政府党组副书记马涛、党组成员卢山出席会议。

29日　红寺堡区召开稳经济保增长促发展会议，传达学习全国稳住经济大盘电视电话会议、自治区党委常委会会议和自治区、吴忠市稳经济保增长促发展工作会议精神，通报红寺堡区1—4月经济运行情况，安排部署下一阶段经济重点工作。红寺堡区委书记王忠强主持会议，区领导杨文福、苏达志、张致强、徐娟、马玉磊等参加会议。

30日　红寺堡区团委联合区委统战部、红寺堡区少工委、红寺堡区公益慈善会在宁夏师范学院附属小学举行2022年新队员入队暨“希望工程·助学育人”爱心礼包发放仪式，利用“希望工程·壹圆基金”筹措的帮扶资金和红寺堡区工商业联合会捐赠的资金，为学校配备体育器材一套，给235名学生送上爱心礼包和节日祝福。其间，还为各中队授中队旗，为新中队辅导员颁发聘书。五年级少先队员代表为20名新队员佩戴红领巾，集体聆听铸牢中华民族共同体意识进校园主题宣讲。

是日　红寺堡区召开中长期青年发展规划联席会议第三次全体会议，传达学习习近平总书记在中国人民大学考察调研时对青年工作的重要指示精神和在庆祝中国共产主义青年团成立100周年大会上的重要讲话精神等，安排部署相关工作。区领导慈小荣、杨金花参加。

是日　红寺堡区召开全国未成年人检察工作社会支持体系示范建设推进会，传达学习相关文件精神，安排部署红寺堡区开展全国未成年人检察工作社会支持体系示范建设任务、基层组织儿童监护情况动态监测等工作。

31日　红寺堡区委理论学习中心组召开2022年第6次理论学习（扩大）会。会议由区委书记王忠强主持，区领导杨文福、苏达志、张致强等参加。

是日　红寺堡区举办庆祝“六一”国际儿童节表彰大会暨“喜迎二十大·书香润童心”主题教育读书活动，共同庆祝第72个“六一”国际儿童节，表彰先进典型，发挥榜样作用，凝聚教育高质量发展的雄厚力量。区领导王忠强、杨文福、苏达志、张致强、徐娟等出席活动。活动由区委常委、宣传部部长马青松主持。

6月

1日　红寺堡区召开深化习近平总书记视察宁夏重要讲话指示批示精神宣讲培训会，对深入宣讲习近平总书记视察宁夏重要讲话指示批示精神进行再安排、再部署。

是日　“组团式”帮扶医疗队欢迎仪式在红寺堡区人民医院培训中心举行，“组团式”帮扶医疗队由福建省晋江市安海医院、福建省泉州市惠安县医院、宁夏医科大学总医院组建。

2日　红寺堡区召开学习贯彻习近平总书记在庆祝中国共产主义青年团成立100周年大会上的重要讲话精神座谈会。区委书记王忠强出席会议并讲话。区长杨文福、区人大常委会主任苏达志、区政协主席张致强等参加会议。

5日　红寺堡区委书记王忠强调研督导2022年高考准备工作。

6日　红寺堡区区长杨文福调研督导2022年高考准备工作。

7日　吴忠市人大常委会副主任马国锋一行到红寺堡区调研全市创建铸牢中华民族共同体意识示范市工作进展情况。

是日　红寺堡区委书记王忠强主持召开安全生产工作会议，强调要进一步统一思想，强化责任落实，推动全区安全生产形势持续好转。区领导杨文福、苏达志、张致强等参加会议。

8日　在习近平总书记亲临红寺堡视察两周年的日子，为深入学习贯彻习近平新时代中国特色社会主义思想暨习近平总书记视察宁夏重要讲话指示批示精神，红寺堡区开展深化党史学习教育“牢记嘱托、感恩奋进”主题活动。区委书记王忠强及四套班子其他家领导参加活动。

9日　红寺堡区人民医院外一科在“组团式”对口支援医疗专家任志平的带领下开展全麻下行“输尿管镜检查 +双侧输尿管狭窄扩张术+双侧输尿管支架管植入术+

留置导尿术”。

15日　陕西省咸阳市武功县委书记蒲春侠带领党政考察团到红寺堡区考察葡萄酒和电商产销对接等工作，并签订共建宁夏红寺堡农产品武功前置仓战略合作协议。

16日　红寺堡区召开中小学教师“县管校聘”改革动员部署会。

17日　福建晋江市安海医院妇产科主任医师黄香莲带领红寺堡区人民医院妇产科团队成功开展腹腔镜下子宫全切术。

21日　红寺堡区政府党组书记、区长杨文福主持召开政府党组第6次（扩大）会议暨确保完成“双过半”任务工作推进会，深入学习宣传贯彻自治区第十三次党代会精神，听取全区上半年“双过半”任务完成情况汇报，安排部署相关工作。副区长参加会议。

是日　红寺堡区召开学习宣传贯彻自治区第十三次党代会精神宣讲暨区委理论学习中心组2022年第7次理论学习会，邀请自治区宣讲团成员郝彤宣讲自治区第十三次党代会精神。王忠强、苏达志、张致强、徐娟、马玉磊等区领导到会聆听。

23日　红寺堡区委全面深化改革委员会召开第十五次会议。

24日　红寺堡区召开自治区第十三次党代会精神宣讲备课会，安排部署自治区第十三次党代会精神宣讲工作。

是日　红寺堡区召开医疗保障、卫生健康领域巩固拓展脱贫攻坚成果同乡村振兴有效衔接考核评估问题整改工作暨医保电子凭证激活应用推进会，通报医保电子凭证激活、近期新冠疫苗接种等情况，安排部署相关工作。

26日　以“2022中国有约　点赞美丽新宁夏”为主题的网络采访团走进红寺堡区，央媒、在京外媒、外籍专家、驻华使节等对红寺堡区移民新区建设、产业发展等进行采访报道。

27日　红寺堡区召开2021年度巩固拓展脱贫攻坚成果同乡村振兴有效衔接考核评估问题整改工作推进会。

是日　红寺堡区在职业技术学校举办学习贯彻习近平总书记视察宁夏重要讲话指示批示精神“大学习、大讨论、大宣传、大实践”活动第二季度中青年干部线下竞赛活动，前期线上答题中排名靠后的12个单位进行角逐。

28日　自治区发展改革委在红寺堡区召开宁夏易地扶贫搬迁后续扶持和2022年以工代赈项目推进现场会。实地学习观摩红寺堡区易地扶贫搬迁后续扶持工作和2022

年以工代赈项目建设情况。红寺堡区委书记王忠强致辞。自治区发展改革委地区处处长景兆东对宁夏更好开展相关工作进行政策解读辅导，吴忠市就易地扶贫搬迁后续扶持工作分享经验做法。红寺堡区、西吉县、泾源县分别围绕以工代赈工作促进乡村产业发展、以工代赈项目谋划实施监管、以工代赈项目务工组织和劳动力培训进行经验交流。

是日　红寺堡区与宁夏大学签订校地合作协议，并为宁夏大学新农村发展研究院（红寺堡区研究院）揭牌。宁夏大学党委副书记、校长彭志科与红寺堡区领导王忠强、杨文福、苏达志等出席仪式。仪式由区委副书记徐娟主持。

29日　红寺堡区委书记王忠强为新庄集乡党员干部群众宣讲自治区第十三次党代会精神。

是日　红寺堡区举行农业用水权证颁发仪式暨用水权改革推进会，为64个行政村及2个企业颁发用水权证，对用水权改革工作进行再部署、再推动、再落实。

29日　自治区地方金融监督管理局党组成员、副局长任文斌带队调研红寺堡区金融支持稳经济保增长促发展工作开展情况。

30日　红寺堡区举办“喜迎二十大　奋进新征程”庆祝中国共产党成立101周年文艺晚会。区委书记王忠强、区人大常委会主任苏达志及四套班子其他在家领导与广大干部群众一同观看晚会。

7月

1日　红寺堡区委书记王忠强、区长杨文福、区人大常委会主任苏达志等分别带队，走访慰问部分老党员和困难党员，感谢他们为党的事业和红寺堡经济社会发展作出的贡献，并向全区各行各业、各条战线的共产党员致以节日的祝贺和亲切的问候。

是日　健康吴忠建设领导小组办公室组织各相关业务专家一行8人到红寺堡区政府召开2022年上半年健康红寺堡建设暨全民健康水平提升行动工作督导会，健康红寺堡建设领导小组各成员单位分管领导、各医疗卫生机构负责人等参加会议。

2—4日　福建省泉州市惠安县人大常委会党组成员、原副主任黄少山带领考察团到红寺堡区考察经济社会发展情况。

4日　红寺堡区卫生健康局举行上海复星公益基金会爱心捐赠的九台电脑发放仪式，红寺堡区卫生健康局副局长苏林生及受捐赠村医参加发放仪式。

10日　红寺堡区委书记王忠强带队赴福建省泉州市惠安县考察学习。

11日　红寺堡区住房城乡建设和交通局联合区总工会、团委、人力资源和社会保障局在金水名都A区项目工地举办红寺堡区建筑工人技能大赛。本次比赛设置砌筑工、抹灰工、钢筋工、电工4个比赛工种，红寺堡区23家在建项目施工单位200余名选手参加比赛。

15日　红寺堡区首届城市消费节在博大家居生活广场启动。区委书记王忠强、区长杨文福、区政协主席张致强、区委副书记徐娟等参加启动仪式。

18日　吴忠市委理论学习中心组召开（扩大）学习会，邀请火箭军指挥学院军事战略理论教研室主任、军队外宣专家万惠兰作专题辅导。红寺堡区领导王忠强、苏达志、徐娟、马玉磊等在红寺堡分会场收听收看会议实况。

19日　红寺堡区举办第五届产业工人黄花菜采摘技能大赛，旨在贯彻落实自治区第十三次党代会精神，引导和激励全区广大产业工人积极投身全国易地搬迁移民致富提升示范区创建，充分发挥他们在促进区域经济发展、培育特色优势产业中的主力军作用。区领导徐娟、关保智、杨金花、杨吉林、买廷东出席。

是日　红寺堡区安委会召开第三次全体（扩大）会议暨安全生产专项整治三年行动、百日专项整治行动及消防工作、防汛抗旱工作会议，传达学习相关会议精神，听取2022年上半年安全生产、消防工作及火灾事故的通报，安排部署近期各项工作。

是日　红寺堡区召开2022年创建全国文明城市工作推进会。区委书记王忠强出席会议并讲话，会议由区长杨文福主持，区委副书记徐娟、马玉磊等参加。

是日　红寺堡区委书记、区委全面依法治区委员会主任王忠强主持召开区委全面依法治区委员会第七次会议暨行政应诉突出问题专项治理部署会。区长杨文福、区委副书记马玉磊等参加。

21日　全国妇联党组书记、副主席黄晓薇一行到红寺堡区考察调研妇联工作。

25日　红寺堡区"求示"讲堂第二课邀请中华书局编审、深圳大学国学院经典教育研究中心主任祝安顺作国学经典专题讲座，引导广大师生在继承和发扬国学文化中坚定文化自信、在学习和体会国学文化中厚植家国情怀、在捍卫和创新国学文化中凝聚奋进合力。区委书记王忠强、区委副书记徐娟聆听讲座。

30日　红寺堡区委书记王忠强带队调研生态修复和文旅融合工作。

31日　红寺堡区召开2022年中学教育教学质量分析会，区委书记王忠强出席会议并讲话，区委副书记徐娟主持会议，区委常委、副区长慈小荣参加。

8月

1日　红寺堡区职业技术学校举办2022年夏季校园就业招聘会暨捐资助学活动。红寺堡区退役军人事务局联合人武部、中国建设银行红寺堡支行举行"崇军行动"合作单位揭牌仪式。中国建设银行红寺堡支行还走访慰问人武部、退役军人事务局工作人员及部分退役军人。

2日　吴忠市委理论学习中心组召开（扩大）学习视频会，邀请自治区党委宣传部副部长、自治区文旅厅党组书记、厅长刘军，为党员领导干部作学习贯彻自治区第十三次党代会精神、推动全市文化旅游高质量发展专题辅导。市委书记徐耀主持会议，市长王学军、市人大常委会主任兰德明在主会场参加会议。红寺堡区领导王忠强、杨文福、苏达志、徐娟等在红寺堡分会场参加学习。

是日　2022年全国航空航天模型锦标赛暨全国青少年航空航天模型锦标赛媒体见面会在银川举行，来自全国30多家新闻媒体参加。

是日　在西藏自治区举办的宁夏回族自治区司法所所长培训班上，红寺堡区司法局局长杨国文代表宁夏就红寺堡区司法行政工作作交流发言。

3日　吴忠市人大常委会副主任陈克安、魏建荣、沙莉、蒋文军带队调研红寺堡区实施移民致富提升行动，强调移民后续扶持工作进展情况。

4日　红寺堡区“法院+工会”诉调衔接工作室揭牌成立。区政协副主席、总工会主席买廷东，区人民法院党组书记陈秀霞出席仪式。

是日　吴忠市人大常委会副主任沙莉带队调研红寺堡区全民健康水平提升行动进展情况。

5日　自治区工商联举办“送政策进商会”暨同心县、红寺堡区“万企兴万村”行动村企、银企对接大会。通过村企、银企对接等方式，搭建村企沟通平台，动员企业积极参与“万企兴万村”行动，助力乡村全面振兴样板区建设。自治区工商联党组书记周兆川、自治区工商联主席何晓勇及红寺堡区领导杨吉林出席。

9日　红寺堡区2022年闽宁协作农村电商职业技能培训班开班，红寺堡区返乡创业青年、农民、村干部等参加培训。

是日　位于罗山脚下的新庄集乡集贸市场开业，将惠及全乡4.29万名村民。

10日　自治区人大常委会立法调研组到红寺堡区，调研《宁夏回族自治区土地管理条例》《宁夏回族自治区爱国卫生工作条例》修订案执行情况。

15日　中国社会科学院农村发展研究所调研组到红寺堡区，开展巩固拓展脱贫攻坚成果同乡村振兴有效衔接下的县域产业布局与创新发展研究课题调研。

15—17日　中国日报社新时代斯诺工作室采访团到红寺堡区采访移民新区建设、乡村振兴等工作。

17日　自治区红十字会副会长刘雁平带队到红寺堡区，调研红十字会组织体系建设、应急救护培训等工作。

18日　红寺堡区2022年精神文明建设指导委员会第一次会议召开，研究部署全区移风易俗工作，动员全区上下准确把握政策，统一思想认识，持续用力、久久为功，为创建全国易地搬迁移民致富提升示范区营造良好社会环境。区领导马青松、张瑞峰、马杰君、赵军、马涛、伍洪亮参加。

是日　吴忠市政协副主席杨玉洲带队到红寺堡区调研农村人居环境整治、建设美丽宜居乡村工作。

19日　红寺堡区召开工业用水权确权颁证仪式暨用水权改革推进会，对全区工业用水权进行全面确权。

是日　宁夏晋商商会会长李凯带领考察团到红寺堡区，考察乡村振兴、万企兴万村、特色产业发展等情况。

21日　红寺堡区委书记王忠强主持召开区委党的建设工作领导小组2022年第2次会议，听取各乡镇关于“一抓两整”示范县乡创建和软弱涣散村整顿、自治区督查及基层党建工作述职评议考核反馈问题整改落实、为马六九同志发放党员关爱基金等工作的汇报，听取“让党中央放心、让人民群众满意”模范机关创建情况的汇报，审定2021年度模范机关命名单位。区领导杨文福、张致强、徐娟、马玉磊等参加。

23日　红寺堡区2022年下半年应征入伍青年体检工作在区人民医院进行。吴忠军分区司令员杨青林到红寺堡区指导征兵体检工作。

是日　自治区民委党组副书记、主任陈建龙到红寺堡区调研铸牢中华民族共同体意识工作开展情况。

23—24日　宁夏葡萄酒与防沙治沙职业技术学院副院长王金成带领调研组到红寺堡区，调研葡萄酒产业、行业、企业发展现状及趋势，企业用人标准、学生就业满意度等工作。

24日　红寺堡区委书记王忠强主持召开全区生态环境、安全生产、社会稳定风险隐患排查整治工作部署会，贯彻落实自治区、吴忠市有关会议精神，安排部署红寺堡区风险隐患排查整治工作。

24—25日　红寺堡区举办第一期学习贯彻自治区第十三次党代会精神集中轮训班，通过领导带头讲、专家辅导、学员交流等形式，对事业单位科级干部及主要负责人进行培训。区委常委、组织部部长赵军，副区长杨吉林，自治区党校经济学教研部教授王娟作专题辅导。

25日　红寺堡区区长杨文福带队调研国土整治及储煤项目情况。

是日　自治区民族事务委员会离退休干部调研红寺堡区铸牢中华民族共同体意识工作和民营经济发展情况。

26日　吴忠市公安局红寺堡区分局在文化体育广场举行“闽宁协作　惠安援助”警务装备发放仪式。区委常委、副区长卢山，副区长、公安分局局长丁朝炜出席。

是日　“组团式”帮扶教育人才来到红寺堡区，红寺堡区委常委、副区长卢山主持召开教育人才“组团式”帮扶红寺堡区见面会，红寺堡区委组织部、教育局相关人员，“组团式”帮扶人员，罗山中学、职业中学校长和书记参加会议。

29日　红寺堡区区长杨文福调研城市更新改造工作，强调要始终坚持以人民为中心的发展思想，高标准、高质量、高效率抓好城市更新改造工作，改善群众生活质量。

是日　吴忠市创城督查组通过实地看、查资料、现场问等方式，对红寺堡区创建全国文明城市工作进行督查指导。

30日　红寺堡区人大常委会主任苏达志主持召开区四届人大常委会第六次会议。区人大常委会副主任伍洪亮、马锦花、王琳出席会议。区领导张瑞峰、马涛、段立栓、浦彦卿及法检“两长”列席会议。

是日　自治区交通运输厅党委委员、副厅长、邮政管理局局长孙猛调研红寺堡区客货邮商融合发展工作。

31日　红寺堡区区长杨文福主持召开“政企同心、聚力同行”企业家座谈会，面对面倾听企业家对红寺堡区经济社会发展的意见建议，协商解决企业生产运营过程中存在的困难和问题。区领导马涛、伍洪亮、浦彦卿参加。

9月

1日　红寺堡区在柳泉乡举行新时代文明实践积分超市签约和揭授牌仪式。

是日　红寺堡区区长杨文福主持召开四届区人民政府第17次常务会议，传达学习《习近平生态文明思想学习纲要》部分篇目等；听取红寺堡区国企改革三年行动工作开展情况等的汇报；研究红寺堡镇兴旺村、河水村高效节水灌溉工程建设遗留问题等；审议《红寺堡区行政审批事项划转实施方案（送审稿）》等。

2日　自治区人大常委会在太阳山镇田原村开展“走进脱贫村　感受新变化”联合主题党日活动，进一步密切党群干群关系，助力乡村振兴。区人大常委会副主任马锦花参加。

4日　闽商考察团到红寺堡区考察特色产业发展情况。

5日　红寺堡区举办以“喜迎二十大　奋进新宁夏　同心跟党走”为主题的2022年民族团结进步月启动仪式暨文艺会演，这既是深入贯彻落实习近平总书记视察宁夏重要讲话指示批示精神的具体行动，也是积极践行自治区加快建设铸牢中华民族共同体意识示范区的目标要求。

6日　银川市永宁县政协主席郑进选带领考察组到红寺堡区，考察学习政协提案工作的成功经验。

是日　“把爱带回家”——留守儿童AI公益行在红寺堡区第三小学举行，中国妇女报社牵手科大讯飞股份有限公司为该校捐赠智能教育前沿教学软件设备和人工智能课程等，让同学们感受人工智能技术的最新成果，享受科技进步带来的快乐。中国妇女报社党委书记孙钱斌，科大讯飞高级副总裁杜兰，吴忠市及红寺堡区领导高建博、苏达志等参加。

是日　红寺堡区举行2022年美酒美食节开幕式，以文艺展演、品鉴美酒、乐购美食的形式展开。区领导杨文福、苏达志、张致强等出席开幕式。

7日　民盟宁夏区委会副主委文琦带队到红寺堡区调研扶贫车间发展现状及优化提升策略等工作。

8日　自治区政协副主席、民建宁夏区委会主委杨培君带领调研组到红寺堡区，专题调研“双碳”“双控”背景下宁夏高水平建设国家新能源综合示范区情况。

是日　红寺堡区委宣传部举办以“我们的节日·中秋——喜迎二十大　奋进新征程”为主题的道德模范茶话会，为“最美红寺堡人”“红寺堡好人”送去关心、关爱和节日的祝福，引导更多人行好事、做好人，为创建全国易地搬迁移民致富提升示范区凝聚精神力量。区委常委、人武部政委高长祯出席。

9日　红寺堡区召开第38个教师节表彰会。动员全区上下持之以恒大抓教育、抓大教育、抓高质量教育，不断唱响“学在红寺堡”教育品牌，持续开创红寺堡区教育事业发展新局面。区委书记王忠强、区人大常委会主任苏达志、政协主席张致强等出席会议。会议由区长杨文福主持。

是日　红寺堡区召开产业工人队伍建设改革工作推进会，传达学习相关会议精神，通报红寺堡区产业工人队伍建设改革工作开展情况。

13日　红寺堡区人大常委会主任苏达志带领区人大常委会副主任及部分人大代表调研区四届人大代表议案、建议办理情况。

是日　量道（厦门）新能源科技有限公司总裁郝卫峰一行到红寺堡区，调研新能源产业发展情况。

14日　红寺堡区12名援琼医护人员圆满完成任务，在进行7天医学隔离观察后，从吴忠市隔离点乘车返回红寺堡。区委常委、副区长慈小荣出席欢迎仪式。

15日　红寺堡区召开巩固拓展脱贫攻坚成果同乡村振兴有效衔接考核评估反馈问题整改工作推进会，通报2021年度巩固拓展脱贫攻坚成果同乡村振兴有效衔接考核评估反馈问题整改进展情况，安排部署相关工作。

是日　上海烟草专卖局、上汽集团、宁夏烟草专卖局领导到红寺堡区调研经济社会发展情况。

16日　自治区政协副主席洪洋带队到红寺堡区，调研加强专门协商机构建设、完善协商内容、丰富协商形式、提升协商效能的创新做法。

19日　铭扬工程设计集团有限公司董事长高霞一行到红寺堡区，调研城东园区规划建设、产业发展规划等情况。

20日　红寺堡区司法局成功创建自治区健康机关。

10月

1日　红寺堡区向宁夏大学、宁夏师范学院捐赠萝卜、韭菜、鸡蛋等113吨抗疫生活物资。副区长杨金花、杨吉林出席发车仪式。

9日　宁夏伊利乳业有限责任公司为红寺堡区捐赠1000提牛奶。吴忠市及红寺堡区领导王天军、王忠强、王琳、浦彦卿出席捐赠仪式。

12日　红寺堡区区长杨文福主持召开2022年双拥工作领导小组会议，听取2022年双拥工作开展情况的汇报，安排部署双拥模范城中期考评工作。

16日　中国共产党第二十次全国代表大会在北京隆重开幕。红寺堡区各级各部门、各行各业党员干部群众通过电视、广播、互联网等多种渠道，认真收听收看党的二十大开幕会盛况。

18日　吴忠市副市长李玉山带队调研红寺堡区农田水利基本建设进展情况。

19日　红寺堡区委书记王忠强带队调研各乡镇农业农村和巩固拓展脱贫攻坚成果同乡村振兴有效衔接后评估反馈问题整改工作。

20日　红寺堡区召开2022年度闽宁协作迎检工作动员部署会。

21日　红寺堡区委农村工作领导小组2022年第6次会议召开，传达学习相关会议精神，安排部署乡村振兴战略实绩考评、巩固拓展脱贫攻坚成果同乡村振兴有效衔接考核迎检工作。区委书记、区委农村工作领导小组组长王忠强出席会议并讲话。区长杨文福主持会议。区领导苏达志、徐娟和马玉磊等参加。

25日　红寺堡区召开传达学习贯彻党的二十大精神会议，深入学习贯彻党的二十大精神，安排部署学习宣传贯彻工作。会议由红寺堡区委书记王忠强主持，区长杨文福、区人大常委会主任苏达志、区政协主席张致强、区委副书记徐娟、区委副书记马玉磊等参加。

26日　红寺堡区人大常委会党组召开会议，传达学习党的二十大精神。会议由区人大常委会党组书记、主任苏达志主持，人大常委会副主任关保智、伍洪亮、马锦花、王琳及其他党组成员参加会议。

26—27日　红寺堡区副区长、挂职福建省泉州市惠安县副县长谢二亮，带领泉州塞上情商贸有限公司、泉州禾丰园农业开发有限公司负责人，到红寺堡区考察土地集中流转、设施农业发展、农特产品销售等情况。

27日　红寺堡区召开2023年度城乡居民基本医疗保险参保征缴工作推进会，通报2023年城乡居民基本医疗保险参保征缴情况和2022年1—9月患病群众就医情况，安排部署相关工作。

28日　红寺堡区委书记王忠强主持召开区委全面深化改革委员会第十六次会议暨“六权”改革推进会，传达学习中央全面深化改革委员会第二十七次会议、自治区党委全面深化改革委员会第十九次会议和自治区“六权”改革推进会精神等；审议《关于贯彻落实自治区第十三次党代会精神 继续推进全面深化改革的实施方案（送审稿）》等；通报“四权”改革进展情况，安排部署重点工作。区委副书记徐娟、马玉磊及其他常委出席会议。区人大常委会主任苏达志、政协主席张致强等列席会议。

是日　红寺堡区委书记、区级总河长王忠强主持召开总河长第六次会议，强调要深入学习宣传贯彻党的二十大精神，准确把握党的二十大对加强河流治理保护的新部署、新要求，持之以恒抓好巡河护河、生态保护工作任务，担当使命，履职尽责，治山理水，不断提升美丽红寺堡的颜值。区人大常委会主任苏达志、区政协主席张致强、区委副书记徐娟等参加会议。

11月

1日　红寺堡区委书记王忠强主持召开区委理论学习中心组2022年第11次理论学习（扩大）会，集中学习党的二十大精神。红寺堡区人大常委会主任苏达志、区政协主席张致强、区委副书记徐娟等参加。

3日　吴忠市委常委、副市长周义和到红寺堡区调研国烟资金帮扶项目进展情况。

5日　红寺堡区召开冬春季大气污染防治攻坚行动启动会暨环保督察反馈问题整改推进会。传达学习自治区、吴忠市相关会议精神；通报红寺堡区大气污染防治形势和环保督察反馈问题整改情况，安排部署各项工作。

10日　红寺堡区在人民法院举办“奋进新征程　答好新考卷”—学习宣传贯彻党的二十大精神知识竞赛。人民法院代理院长陈秀霞、检察院检察长杨红霞观看比赛。

11日　学习贯彻党的二十大精神中央宣讲团报告会在银川举行。中央宣讲团成员、自治区党委书记、人大常委会主任梁言顺作专题宣讲报告。自治区主席张雨浦主持报告会。红寺堡区领导苏达志、张致强、马玉磊及其他副处级领导，各乡镇、各部门负责同志在红寺堡分会场聆听报告。

是日　四届区委第三轮巡察工作动员部署会召开，安排部署四届区委第三轮巡察工作。区领导张瑞峰、赵军参加。

12日　自治区党的二十大精神宣讲动员备课会以视频形式召开，对全区集中宣讲工作进行动员部署。自治区党委常委、宣传部部长李金科出席会议并讲话。红寺堡区领导马青松及党的二十大精神宣讲团成员在红寺堡分会场聆听收看会议实况。

16日　红寺堡区副区长、吴忠市公安局红寺堡区分局局长丁朝炜为广大公安干警宣讲党的二十大精神，引导大家擦亮忠诚底色，凝聚奋进力量，为公安工作高质量发展提供思想保证。

是日　自治区卫生健康委专家组到红寺堡区复核评价“优质服务基层行”创建工作，红寺堡区卫生健康局领导参加复核评价。

17日　红寺堡区召开县域共青团基层组织改革动员部署会，深入学习贯彻党的二十大精神，全面落实习近平总书记关于共青团改革的重要指示精神和党中央决策部署，统一思想认识，细化工作举措，确保各项改革举措落地见效。

是日　红寺堡区召开《红寺堡区扶贫志》编纂工作推进会，深入贯彻落实习近平总书记关于扶贫工作的重要论述，安排部署各项工作。

是日　红寺堡区新民街道组织辖区社区党支部书记、新时代文明实践站负责人等分别走进7个社区的新时代文明实践站开展互观互学活动，进一步促进交流学习，共同提升阵地服务能力。

24日　农工党宁夏区委会主委、自治区医保局局长杨淑丽一行到红寺堡区调研深化医药卫生体制改革推进情况和公立医院高质量发展进程中存在的问题，红寺堡区委书记王忠强、区委常委慈小荣、卫健局局长张淑艳、医保局局长李虎参加调研。

12月

7日　国家烟草专卖局党组成员、副局长徐一行到红寺堡区，调研定点帮扶工作开展情况。

8日　吴忠市考核组到红寺堡区考核2022年秋冬季农田水利基本建设工作。

是日　自治区发改委调研组看望慰问新庄集乡红川村驻村工作队员，并调研指导红寺堡区乡村振兴工作。

9日　红寺堡区邀请自治区发改委党组成员、副主任杨瑞军为党员领导干部宣讲党的二十大精神。红寺堡区领导苏达志、张致强、徐娟、马玉磊等到会聆听。

是日　红寺堡区综合客运站迎来恢复通车后的首批乘客。

11日　红寺堡区第四届人民代表大会第三次会议召开党员大会。动员广大党员进一步统一思想、明确任务，发挥好党员先锋模范作用，积极完成会议预定的各项任务，确保两会取得圆满成功。红寺堡区委书记王忠强、区长杨文福、人大常委会主任苏达志、政协主席张致强、区委副书记马玉磊、区四套班子其他领导、人武部部长、法检“两长”、太阳山开发区红寺堡产业园主要负责同志参加会议。

12日　红寺堡区召开2022年干部人才“组团式”帮扶工作专题会议。传达学习全国、全区干部人才“组团式”帮扶国家乡村振兴重点帮扶县工作推进会精神，听取“组团式”帮扶工作开展情况的汇报。红寺堡区委书记王忠强出席会议并讲话。区领导徐娟、慈小荣、赵军、卢山、马涛等参加会议。

13日　在第9个南京大屠杀死难者国家公祭日，为沉痛悼念南京大屠杀遇难同胞，深刻缅怀为中国人民抗日战争胜利献出生命的革命先烈和民族英雄，红寺堡区组织开展一系列主题纪念活动，号召红寺堡区人民勿忘国耻、铭记历史，坚定信念、砥砺前行。

14日　红寺堡区残疾人联合会第三次代表大会在罗山宾馆召开。红寺堡区委常委、副区长慈小荣，吴忠市残联副理事长马克忠，红寺堡区人大常委会副主任伍洪亮、政协副主席买廷东出席会议。会议由红寺堡区副区长、区残工委主任杨金花主持。

16日　吴忠市检查组到红寺堡区抽查复验文明单位创建工作。

20日　红寺堡区将青云湖公园东北角区域打造成为民法典主题公园并投入使用。

21日　宁夏各省商会会长到红寺堡区考察农业、葡萄酒、新能源等产业发展情况。

24日　红寺堡区举办集中办学推进会，听取集中办学工作方案、弘德希望小学基本情况的汇报，安排部署相关工作。区委书记王忠强出席会议并讲话。区政协主席张致强及区领导马青松、王琳、杨金花参加会议。

26日　红寺堡区中医医院正式揭牌成立。红寺堡区四套班子在家领导及自治区卫健委相关处室负责同志到会祝贺，并为中医医院揭牌。

2022年12月26日，红寺堡区中医医院正式揭牌成立

放消费券，提振消费信心。

是日　为全面落实自治区“稳经济保民生百日行动”总体部署，加强政府救助与慈善帮扶的有效衔接，统筹爱心企业的捐赠资金，善行宁夏行动“三色暖心包”吴忠市捐赠暨物资发放仪式在红寺堡区创业社区举行。

28日　红寺堡区委党的建设工作领导小组召开2022年第3次会议，区委书记王忠强主持。会议听取2022年发展党员、“一抓两整”示范县乡创建、2022年区直机关党建工作等情况的汇报，审议2022年农村党建工作示范村和示范乡镇创建、《关于贯彻落实〈深入推进城市基层党建引领基层治理的具体措施〉的任务分工方案（送审稿）》等有关事宜。区领导徐娟、马青松、张瑞峰、赵军参加。

是日　红寺堡镇弘德村被司法部、民政部评为全国第九批民主法治示范村，弘德村法治文化广场被列为第二批自治区法治宣传教育基地。

29日　红寺堡区委农村工作领导小组召开2022年第8次会议。区委副书记、区长杨文福主持，区委副书记马玉磊等参加。

美丽乡村·弘德村

红寺堡区概览

地理人文

【地形地貌】

红寺堡区西有烟筒山，东南有大罗山，北有牛首山，红寺堡区位于三山之间，沿大罗山分布于山间盆地区域。地势南高北低，平均海拔 1240—1450 米，南北海拔相差 70—140 米，处于山区与川区的过渡带。苦水河和红柳沟（洪沟）过境。地下水储水构造属新生界储水盆地，埋藏深。有灰钙土、新积土、风沙土和盐土 4 种土壤类型，以灰钙土为主，其次是风沙土，新积土、盐土面积较小，仅占 0.5%。

【气候特点】

红寺堡区地处祖国西北内陆，具有大陆性气候特征：四季分明，气候干燥，蒸发强烈，降水集中，大气透明度好，云量少，日照充分，热量丰富，气温日较差和年较差大，无霜期短，风沙较多。红寺堡区年平均气温 11.5℃，平均无霜期为 155 天，年日照时数达 3036.4 小时，日照时间长，光热资源丰富。昼夜温差大，平均相差 14℃。最高月平均气温 33.9℃，极端最高气温 38.8℃，出现在 2017 年 7 月 12 日；最低月平均气温 -16.1℃，极端最低气温 -22.5℃。冬季漫长、气温低，春季升温快，夏秋季时间短、降温快。湿度及日照条件可以满足各种农作物生长需要。红寺堡区属半干旱气候区，境内降水量少而集中，年平均降水量为 193.8 毫米，集中于 6—9 月。年平均蒸发量 2387 毫米，约为年平均降水量的 12 倍，年平均相对湿度在 46% 左右。降水由东南向西北递减，风沙危害严重。红寺堡区风向主要为西北风，年均大风天数 11 天，其中春季风速最大。

【气候监测】

2022 年，红寺堡区平均气温为 11.6℃，年最高气温 38.5℃，出现在 8 月 6 日；最低气温 -20.0℃，出现在 12 月 17 日。年平均气压为 866.9 百帕；平均湿度为 44.2%，最小相对湿度为 3%，出现在 4 月 20 日；平均风速为 2.2 米 / 秒。年内主要降水天气集中于 6—9 月，其中 7 月累计降水量为 62.8 毫米，8 月累计降水量为 37.4 毫米。2022 年气候条件总体有利于酿酒葡萄、枸杞和小麦生长，但因夏季高温少雨，对玉米生长非常不利。7 月降水较多，植被长势较好，植被指数较 2021 年同期高；8 月降水较少，植被长势较差，植被指数略低于 2021 年同期。

【自然资源】

红寺堡境内有丰富的煤炭、白云岩、石灰石、石膏、冶镁白云岩、石英砂、石油、煤层气、铜矿、陶土等矿产资源，主要分布在太阳山开发区等地。太阳山矿区煤炭储量 127 亿吨，白云岩储量约 18 亿吨，石灰石的远景储量约 49 亿吨，石膏的探明储量 7994 万吨。金属矿产主要分布于罗山、小罗山、太阳山一带。红寺堡光能、风能资源丰富，年平均气温 11.5℃，日温差 13.7℃，全年大于 10℃积温可达 3200℃以上，全年日照时数 2900—3550 小时，年太阳辐射总量 143.9 千卡 / 平方厘米，是我国太阳能较丰富的地区之一。年平均风速 2.9 米 / 秒—3.7 米 / 秒，大风日数 25 天。建有嘉泽风电、大唐风电等风电场。

【历史沿革】

红寺堡历史悠久，早在 4000 多年前就有人类从事农牧业生产活动。“红寺堡”一名始于明朝，为屯军牧马之地，时属三边总制宁夏灵州千户所管辖，后经历代多次变迁，分属不同（州）县。新中国成立后，东南大部分地区属同心县，西北分属中宁、利通县（区），东北分属灵武、盐池等县（市）。1998 年 9 月 5 日，宁夏回族自治区党委决定成立红寺堡开发区；2009 年 9 月 30 日，国务院批准设立红寺堡区，成为全国最大的单体易地生态移民安置区。

【地理位置】

红寺堡区地处宁夏回族自治区中部，地跨东经 105°43'45"—106°42'50"，北纬 37°28'08"—37°37'23"。北临吴忠市利通区、青铜峡市、灵武市，南至同心县，东至盐池县，西北与中宁县接壤。北距首府银川市 127 千米，南距固原市 220 千米，西距甘肃省兰州市 360 千米。区政府驻地红寺堡镇，是红寺堡区政治、经济、文化中心。

【行政区划】

红寺堡区总面积 2767 平方千米，耕地面积 4.07 万公顷，辖红寺堡镇、太阳山镇、大河乡、柳泉乡、新庄集乡 2 个镇、3 个乡和新民街道办事处，有行政村 64 个、城镇社区 8 个。

【人口结构】

2022 年末，红寺堡区常住人口为 20.18 万人，其中男性 10.54 万人，女性 9.64 万人。总户数 5.65 万户，家庭人口数 3.57 人 / 户。城镇人口 8.25 万人，乡村人口 11.93 万人，城镇化率 40.9%。汉族人口 6.92 万人，占比 34.29%；少数民族人口 13.26 万人，占比 65.71%。出生人口 0.31 万人，人口出生率 15.4‰；死亡人口 0.12 万人，人口死亡率 5.9‰；自然增长人口 0.19 万人，人口自然增长率 9.5‰。

（牛秀梅）

政治建设

【政府效能】

2022 年，红寺堡区严守政治纪律和政治规矩，坚决贯彻落实自治区、吴忠市党委、政府决策部署，全面精准落实区委工作要求，开展党的二十大和习近平总书记视察宁夏重要讲话指示批示精神“大学习、大讨论、大宣传、大实践”活动、“四转变四提升”活动等，“四个意识”更加牢固、“四个自信”更加坚定、“两个维护”更加自觉。深入推进违规收送红包礼金和不当收益及违规借转贷或高额放贷专项整治。大力弘扬“严细深实勤俭廉 + 快”的工作作风，推动基层减负落到实处，会议精简20%以上。规范梳理“互联网+监管”事项577项，聘任政务公开义务监督员22名，开展“政府开放日”活动25次，《政策公开讲》栏目被自治区通报表扬。在全区率先开展村务公开试点工作。“12345”政务服务水平、区长信箱办理能力稳步提升，办理来信来件6127件，按期办结率达100%，群众满意率达96.1%。建立政府常务会议研究解决疑难杂症制度，化解弘德骨科医院烂尾楼等历史遗留问题11个。重视重大决策部署督查落实，创新优化督查落实方式方法、推动地区经济社会发展等方面工作成效显著，红寺堡区是宁夏唯一获国务院大督查及专项督查“免督查”的县区。

【政治引领】

2022年，红寺堡区坚持以习近平新时代中国特色社会主义思想为指导，深入学习宣传贯彻党的二十大精神、自治区第十三次党代会和吴忠市第六次党代会精神，在自治区、吴忠市党委、政府和区委的坚强领导下，在区人大、政协的监督支持下，严格落实“疫情要防住、经济要稳住、发展要安全”的要求，以创建全国易地搬迁移民致富提升示范区为统揽，积极应对挑战，务实笃行担当，全力攻坚克难，圆满完成四届人大一次会议确定的各项目标任务，经济社会高质量发展实现新突破、迈上新台阶。

经济建设

【经济实力】

2022年，红寺堡区实现地区生产总值（含太阳山开发区）100.05亿元，增长5.8%。其中：第一产业实现增加值13.72亿元，增长9.1%；第二产业实现增加值54.13亿元，增长5.7%；第三产业实现增加值32.20亿元，增长4.8%。规模以上工业增加值增长6.2%，全社会固定资产投资96.94亿元，增长15.8%，社会消费品零售总额16.46亿元。城镇和农村居民人均可支配收入分别达到28586元、12942元，增长4.9%和7.9%。本级一般公共预算收入2.3亿元，为年度预算的115.15%，增长21.3%。其中税收收入完成1.57亿元，非税收入完成0.73亿元。全年一般公共预算支出34.03亿元。全年政府性基金收入3.57亿元，完成年初预算的119.09%，比上年增长18.2%；全年政府性基金支出3.68亿元，比上年增长34.93%。

【产业发展】

2022年，红寺堡区粮食播种面积34.05万亩，总产量16.06万吨。黄花菜种植面积8.02万亩，综合产值达3.6亿元；新增酿酒葡萄1260.82亩，酿酒葡萄累计种植面积达10.8万亩。全年销售葡萄酒1480吨，销售额达8600万元。肉牛、滩羊饲养量达15万头、105万只，新建规模化养殖场4家、滩羊养殖示范村4个。

【产业结构】

2022年，红寺堡区立足区位条件、资源禀赋、发展基础，大力发展“六新六特六优”产业，先后被评为全国食品安全示范基地、中国葡萄酒第一镇、中国富硒黄花菜明星产区、宁夏中部干旱带高效节水示范试验及实训基地。连续多年承办全国青少年航空航天模型锦标赛，罗山航模基地成为“国字号”航空运动营地。清洁能源装机总量达4.78吉瓦（其中光伏1.78吉瓦），占宁夏清洁能源装机总量的近六分之一。

文化建设

【文化惠民】

2022年，红寺堡区组织开展“5·19”中国旅游日、“移民之声”秦腔大赛、“送戏下乡”、戏曲进校园、戏曲进乡村文化惠民演出活动86场次，举办“魅力红寺堡”广场文艺演出、红寺堡区美酒美食节文艺演出等大型文艺演出活动12场次。参加自治区文化和旅游厅组织的“喜迎二十大 奋进新时代”全区广场舞大赛，获吴忠复赛优秀组织奖、舞蹈二等奖，获全区舞蹈决赛优秀奖。举办红寺堡区2022年“童心闪耀 魅力暑假”青少年儿童公益艺术培训班、“红色小小讲解员”培训班和“童心闪耀 魅力暑假”红色研学游公益活动，丰富少年儿童校外文化生化，提高少年儿童综合文化素养。

【艺术创作】

2022年，红寺堡区与宁夏交通广播协作创作三集广播剧《黄河水甜》，讲述西海固移民脱贫致富的时代传奇。拍摄的短视频《悬崖上的赔偿金》《文明城市从心开始》《红寺堡一家人——我的孩子为啥不回家》获自治区“凝聚正能量”优秀作品展播，微视频《归途》获吴忠市禁毒宣传二等奖。组织摄影家拍摄《堆土墙》《航模开幕式》《放飞航天梦》《雪中背影》《沙漠起高楼 荒漠变绿洲》《夜光》等作品。编发文学刊物《罗山》4期，刊发各类文学作品50余万字。本土作家马慧娟、张治乾、胡静分别出版新书《出路》《罗山脚下的枪声》《黄河水浇灌的荒原》，创作《我要入党》《打开幸福门》等文艺作品。

【公共文化服务】

2022年，红寺堡区送戏下乡演出服务3924人次，戏曲进乡村演出服务9390人次，戏曲进校园演出服务933人次，总计14247人次。举办“魅力红寺堡”广场文艺演出、红寺堡区美酒美食节文艺演出等大型文艺演出活动。

【非遗保护】

2022年，红寺堡区文化馆组织开展第三批吴忠市红寺堡区级非物质文化遗产代表性传承人申报评审工作，制作非遗申报片2部，申报吴忠市

2022年全国青少年航空航天模型锦标赛看台

级第七批非物质文化遗产代表性传承人 4 人。组织开展 2022 年红寺堡区“喜迎二十大 奋进新征程”文化和自然遗产日主题宣传活动。协助自治区文物考古研究所对小罗山进行考古调查研究。完成博物馆馆藏文物的定级备案工作，完善可移动文物和不可移动文物档案的调整、补充、完善和核对工作。

社会建设

【民生福祉】

2022 年，红寺堡区全面改善办学条件，各级各类学校达到 145 所，大班额、大校额得到化解，率先在宁夏设立教育扶贫基金，国家义务教育基本均衡和自治区普高通过评估验收，教育教学质量位居全市及山区九县前列。设立宁夏大学、自治区考试院函授、自考教学站，填补无高等学历教育的空白。建成区、乡、村各类医疗卫生机构 135 家，加大远程医疗协作，建成胸痛中心、卒中中心和远程心电、影像、检验中心，建成残疾人康复中心、残疾人创业就业基地，在全区首推残疾人康复中心“医康结合”运行模式。

【改革创新】

2022 年，红寺堡区坚持以要素市场化配置改革为重点，土地转型盘活增值收益高达 4385.05 万元，荒地、闲置地、废弃地整治和土地指标交易先行先试，首批 4253.75 亩国有山林资源实现确权。推行“一窗受理、集成服务”政务服务模式，全程电子化登记网办率达 87.2%，“四级四同”事项进驻率达 92.57%，镇村两级民生服务中心和代办点全部达到基层便民服务标准。设立葡萄产业博士工作站，建成葡萄与葡萄酒（吴忠）技术创新中心、宁夏滩羊育种工程技术研究中心等科研平台，培育各类科技型企业 27 家。

【社会事业】

2022 年，红寺堡区投入 1.2 亿元，新建罗山中学风雨操场等办学条件提升项目 10 个。探索学前教育集团化办学模式，加快义务教育优质均衡发展。深化与惠安县、会宁县互动交流。健全家庭、学校、社会协同育人机制，推进教育评价改革，稳妥推进中高考改革，巩固“双减”“县管校聘”改革成果。深入开展爱国卫生运动，推动人民医院三级乙等医院创建。建成中医医院，持续完善乡村医疗卫生服务体系，促进医疗资源提质扩容和区域均衡布局。加强突发公共卫生事件应急和重大疾病防控能力建设。促进文化、旅游、体育事业全面发展，实施文化惠民工程，续建红色文化旅游复合廊道等文旅项目，打造城乡一体化的“10 分钟健身圈”，承办自治区第七届农民篮球争霸赛，申办 2023 年全国航空航天模型锦标赛。

【社会大局】

2022 年，红寺堡区把铸牢中华民族共同体意识贯穿民族工作始终，民族团结、宗教和顺局面持续巩固。深化“平安红寺堡”建设，社区治理智慧防控水平明显提升，建成“地网工程”示范居民小区 28 个。常态化开展扫黑除恶斗争，重拳打击电信网络诈骗等违法犯罪行为，破获刑事案件 254 起，查处治安案件 648 起，挽回经济损失 975.1 万元。推进“八五”普法，坚持和发展新时代“枫桥经验”，创新建立“114 百事解”矛盾纠纷多元调解中心，化解信访积案、重复信访件 31 件。拓展新时代文明实践中心建设，打造红寺堡“好人馆”，实施志愿服务“365 行动”。安全生产专项整治三年行动圆满收官。统筹发展和安全，防范化解政府债务、食品安全、金融等领域风险，食品药品安全区和国家示范城市“双创双建”有序推进。

【惠民活动】

2022 年，红寺堡区促进文化、旅游、体育事业融合发展，完善图书馆、文化馆服务功能，开展各类文体惠民活动 1200 余场次，打造罗山航模飞行营地、关口移民旧址、吴家沟文旅融合示范点，举办 2022 年全国青少年航空航天模型锦标赛。农民作家马慧娟自传体长篇小说《出路》入选国家“优秀现实题材和历史题材网络文学出版工程”。

【城乡一体化发展】

2022 年，红寺堡区坚持规划引领，城乡建设一体化推进，划定城镇开发边界 44.6129 平方千米，城市建成区面积达 12.68 平方千米，城镇化率 40.5%。优化人居环境，城市绿地率、城市绿化覆盖率、人均公共绿地面积分别达到 40%、42%、17.38 平方米。积极融入银川都市圈交通网，加快完善内畅外联交通网，境内有京藏高速、银昆高速、盐中高速、定武高速、滚桃高速等 5 条高速公路和 G338、G344 等 2 条国道，太中银铁路、银西高铁、银兰高铁等 3 条铁路穿境而过，东距银川河东机场、西距中卫香山机场均不超过 120 千米。全面构建承东启西、接南转北的宁夏中部交通枢纽，并获评“2022 高质量发展十佳城区”。

生态文明建设

【生态环境】

2022 年，红寺堡区牢固树立绿水青山就是金山银山的理念，持续打好蓝天、碧水、净土三大保卫战，划定高污染燃料禁燃区。清水河、苦水河、红柳沟 3 条辖区内黄河二级支流过境断面稳定保持在地表水Ⅳ类以上水质。完成罗山西麓生态廊道建设、沙旱生态经济林种植、退林抚育提升、原生草原保护修复等工程 10 余万亩，罗山西麓“杏花岭”“桃花湾”“酸枣沟”等品牌林地初步建成，罗山水源涵养能力、水土保持能力逐年提升。

【美丽乡村建设】

2022 年，红寺堡区继续把公共基础设施建设重点放在农村，投入 3.2 亿元实施农村人饮、公路改造提升等项目 50 个，改造人饮入户管道 1800 户、农村公路 49 千米以上，改造户厕 1000 户、冬季清洁取暖 1 万多户，铺设农田渠系 10 千米、田间生产路 130 千米以上，开挖排碱沟 15 千米以上。打造乡村振兴示范村 5 个、人居环境整治示范村 20 个、闽宁协作示范村 4 个。

【生态治理】

2022 年，红寺堡区完成第二轮中央及自治区、吴忠市环保督察 65 项反馈问题整改，完成冬季清洁取暖改造 1.8 万户。加快黄草墩等 3 个蓄水池和罗山经果林供水工程建设，全区集中式饮用水源地水质达到Ⅲ类，清水河、苦水河、红柳沟流域水质稳定达到Ⅳ类。实施罗山西麓生态保护修复工程，完成国土绿化 5.57 万亩，草原生态保护修复 21.69 万亩，森林湿地资源管护 5.3 万亩，森林覆盖率、草原植被覆盖度分别达 14.57%、52.69%，人均公共绿地面积达 17.38 平方米以上。

中国共产党红寺堡区委员会

综　述

【经济指标】

2022年，红寺堡区实现地区生产总值（含太阳山开发区）100.05亿元，按可比价计算，增长5.8%。分产业看，第一产业实现增加值13.72亿元，增长9.1%；第二产业实现增加值54.13亿元，增长5.7%；第三产业实现增加值32.20亿元，增长4.8%。三次产业构成比由上年的12.4∶52.1∶35.5调整为13.7∶54.1∶32.2。全区人均地区生产总值49799元，比上年增长4.8%。

【特色产业】

2022年，红寺堡区推动“六新六特六优”产业加快发展，建设高标准农田1.1万亩，粮食产量16.6万吨，新增酿酒葡萄1260亩，改造提升低质低效葡萄园3941亩，打造5个黄花菜高效示范点、13个千亩以上绿色示范点、4个百座日光温室基地，新改建规模化养殖园区7个，特色产业产值达16.24亿元，特色产业对农民收入贡献率突破70%。构建以绿色食品加工、烟包印刷、轻工纺织、清洁能源和装备制造为主的工业体系，培育规模以上企业7家、“专精特新”中小企业2家，赛马水泥获评自治区智能工厂、绿色工厂。加快清洁能源产业一体化配套发展，330千伏升压站、800兆瓦光伏发电基地、储能电站等项目顺利实施，采日储能产线项目一期投产，清洁能源产业成为新的经济增长极。坚持优化结构、集聚发展、融合互动，城市消费节、红酒美食节等促销活动成效显著，电子商务、现代物流、金融服务、餐服商贸等现代服务业健康发展，房地产对三产贡献率达到18.8%。全面推进“旅游+”战略，举办2022年全国青少年航空航天模型锦标赛，永新村入选全国乡村旅游重点村名录，星星故乡、乡村民宿等文旅品牌影响力不断扩大。

【新型工业】

2022年，红寺堡区实施“全面深化改革攻坚年”行动，经济、科技、农业等12个领域551项改革任务深入推进。实现土地增值收益1.16亿元，新交易水量936万立方米、584万元。持续加大科研投入，备案国家、自治区级科技型中小企业19家，兴民纺织等3家企业获批国家级高新技术企业。开展招商推介活动42次，实施项目24个，到位资金44亿元。建立处级领导包抓企业制度，为企业减税降费2.4亿元，落实强工惠企扶持资金2293万元。

【民生事业】

2022年，红寺堡区完成14个方面57条问题123项具体措施的整改落实，巩固拓展脱贫攻坚成果同乡村振兴有效衔接有力推进。加大闽宁协作、中央单位定点帮扶力度，累计争取各类社会帮扶资金1.08亿元，解决群众关心关切问题240余件。设立乡村振兴基金，实行“一行一乡”结对帮扶，解决中小微企业及“三农”主体融资难题。

【民主法治】

2022年，红寺堡区自觉践行全过程人民民主，支持人大依法建立规范性文件备案审查制度，推动“一府一委两院”备案审查全覆盖。支持政协发挥专门协商机构作用，出台《关于进一步明确政协协商于党委政府决策之前和决策实施之中有关事项的实施意见》，推动发扬民主和增进团结相互贯通、建言资政和凝聚共识同步发展。健全完善大统战工作格局，支持各民主党派、工商联和无党派人士参政议政。坚持党管武装，深化“双拥”共建，加强国防动员和后备力量建设。支持法院和检察院依法独立公正行使审判权和检察权，未成年人检察工作经验在全区推广。坚持党建带群建，群团组织桥梁纽带作用充分发挥，红寺堡区被团中央确定为全国青年发展型县域试点县。

【依法治区】

2022年，红寺堡区深化行政执法体制改革，重大行政执法决定法制审核率达100%。严格落实行政机关负责人出庭应诉制度，探索建立首诉法人制和败诉核查机制，职责明确、依法行政的治理体系更加完善。推进“八五”普法，开展法律“八进”活动，“一村（社区）一法律顾问”实现全面覆盖。强化矛盾纠纷多元调解中心效能，矛盾纠纷调解成功率达98%以上。全面落实公共法律服务“1335”工作模式。弘德村入选全国第九批民主法治示范村。

【基层治理】

2022年，红寺堡区推进全国市域社会治理现代化试点工作，常态化推进政法队伍教育整顿，持续巩固扫黑除恶斗争成果，扎实开展打击整治养老诈骗专项行动，持续提升群众安全感。开展安全生产风险隐患治理和防灾减灾救灾工作，推进食品药品安全区和国家食品示范城市“双创双建”工作，全区安全生产形势总体平稳，全年未发生较大及以上生产安全事故。鹏胜社区、红川村获评全国综合减灾示范社区。

【人居环境】

2022年，红寺堡区深入开展乡村建设行动，编制完成50个村庄规划，实施人居环境整治项目15个，打造人居环境整治示范村20个、闽宁协作示范村4个，建设红川、中圈塘、白墩3个乡村振兴示范村和弘德、中圈塘、永新、杨柳4个美丽宜居村庄，加快建设大河乡重点小城镇、新庄集精品富硒农业小镇。坚持改厕建网同步推进，建成污水管网102.4千米，完成农村户厕改造5120户，农村污水治理率提升至15.6%。试点推行“户分类、村收集、乡转运、县处理”的垃圾治理模式，农村生活垃圾治理率达95%以上。

（刘　慧）

重要会议

【中共红寺堡区委四届三次全体会议】

2022年1月13日召开，红寺堡区委书记王忠强主持。会上，王忠强同志代表区委常委会向全会报告工作；区委常委会向全会报告2021年党的建设工作情况（书面）；审议推荐党的二十大代表候选人初步人选和吴忠市出席自治区第十三次党代会代表候选人推荐人选。

【中共红寺堡区委四届四次全体会议】

2022年11月10日召开，红寺堡区委书记王忠强主持。学习讨论党的二十大精神，审议《中共吴忠市红寺堡区委员会关于学习宣传贯彻党的二十大精神的实施意见》，安排部署学习宣传贯彻工作。

【中共红寺堡区委四届五次全体会议】

2022年12月9日召开，红寺堡区委书记王忠强主持。听取和讨论区委常委会2022年工作报告，审议《中共吴忠市红寺堡区委常委会2023年工作要点》《中共吴忠市红寺堡区第四届委员会第五次全体会议决议》。

【四届区委2022年第2次常委会会议】

2022年1月11日召开，红寺堡区委书记王忠强主持。传达学习习近平总书记在中央政治局专题民主生活会上的重要讲话精神；传达学习《关于新形势下党内政治生活的若干准则》《中国共产党党内监督条例》和《县以上党和国家机关党员领导干部民主生活会若干规定》；听取区人大常委会党组、政府党组、政协党组、法院党组、检察院党组工作汇报；听取群团部门2021年工作汇报和2022年工作思路。

【四届区委2022年第4次常委会会议】

2022年1月27日召开，红寺堡区委书记王忠强主持。传达学习中国共产党第十九届中央纪律检查委员会第六次全体会议精神，研究召开区纪委四届二次全会有关事宜；传达学习习近平总书记在省部级主要领导干部学习贯彻党的十九届六中全会精神专题研讨班开班式上的重要讲话精神，研究贯彻落实意见；传达学习《关于加强和改进新时代市县政协工作的意见》和《关于认真学习贯彻〈关于加强和改进新时代市县政协工作的意见〉的通知》精神，研究贯彻落实意见；传达学习自治区两会精神，研究贯彻落实意见；听取红寺堡依法治区情况汇报；审议《自治区2021年巩固脱贫成果后评估反馈问题整改方案》《吴忠市委涉粮问题专项巡察反馈问题整改方案》《吴忠市红寺堡区2022年国土绿化及重点工程建设方案》《红寺堡区干部人事调动管理暂行规定》和农村发展党员违规违纪问题整顿处理意见。

【四届区委2022年第5次常委会会议】

2022年2月16日召开，红寺堡区委书记王忠强主持。传达学习习近平总书记在中央政治局第三十六次集体学习、赴山西看望慰问基层干部群众、同党外人士共迎新春时的重要讲话精神；传达学习习近平总书记对政法工作的重要指示精神和中央政法工作会议、自治区党委政法工作会议精神，研究贯彻意见；传达学习全国宣传部长会议、“扫黄打非”工作电视电话会议和自治区、吴忠市宣传部长会议精神，研究贯彻意见；传达学习自治区新材料产业高质量发展现场会会议精神，研究贯彻意见；传达学习自治区党委人才工作会议精神，研究贯彻意见；研究召开红寺堡区第四届人民代表大会第二次会议有关事宜。

【四届区委2022年第6次常委会会议】

2022年2月22日召开，红寺堡区委书记王忠强主持。传达学习习近平总书记关于未成年人保护工作的重要指示批示精神和《中华人民共和国未成年人保护法》，传达学习全国民委主任会议、全区统战部长会议精神，审议《中共吴忠市红寺堡区委员会关于以铸牢中华民族共同体意识为主线 推进新时代党的民族工作高质量发展的实施方案》《红寺堡区2022年统一战线工作要点》，审议红寺堡区2022年巩固拓展脱贫攻坚成果同乡村振兴有效衔接项目库。

【四届区委2022年第7次常委会会议】

2022年2月23日召开，红寺堡区委书记王忠强主持。传达学习全国和自治区生态环境保护工作会议精神，研究贯彻意见；听取各单位履行推进法治建设第一责任人职责情况汇报；审议《红寺堡区委巡察工作规划（2022—2026年）》。

【四届区委2022年第9次常委会会议】

2022年3月16日召开，红寺堡区委书记王忠强主持。传达学习习近平总书记在中央党校（国家行政学院）中青年干部培训班开班式上的重要讲话精神，研究贯彻意见；传达学习习近平总书记关于粮食安全的重要论述以及《中共中央办公厅、国务院办公厅关于印发〈地方党委和政府领导班子及其成员粮食安全责任制规定〉的通知》，研究贯彻意见；传达学习全国两会精神，研究贯彻意见；传达学习全国、全区组织部长会议及全市组织工作推进会议精神，研究贯彻意见；听取县域社会治理现代化试点工作进展情况汇报，审议有关文件；听取红寺堡区直机关工委2021年度党建工作情况汇报；审议《中共吴忠市红寺堡区委常委会2022年工作要点》《红寺堡区2022年实施百万移民致富提升行动工作方案》《红寺堡区2022年实施城乡居民收入提升行动工作方案》《红寺堡区2022年实施基础教育质量提升行动工作方案》《红寺堡区2022年实施全民健康水平提升行动工作方案》《红寺堡区鼓励大学生参军入伍实施办法》《红寺堡区罗山西麓生态保护修复项目建设方案》《红寺堡区2022年农业特色优势产业扶持政策措施》《2022年“红寺堡区领导干部廉政警示教育周”活动方案》。

【四届区委2022年第10次常委会会议】

2022年3月25日召开，红寺堡区委书记王忠强主持。传达学习习近平总书记在中共中央政治局常委会会议上、在参加内蒙古代表团审议时的重要讲话精神；传达学习中央办公厅《关于加强巡视整改和成果运用的意见》，研究贯彻意见；传达学习《中国共产党纪律检查委员会工作条例》，自治区纪委十二届六次全会、吴忠市纪委六届二次全会精神，自治区、吴忠市工程建设、政府采购等重点领域突出问题专项治理工作领导小组会议精神，研究贯彻意见；传达学习雷东生同志在全区党内法规工作会议上的讲话精神和自治区保密、机要密码和电子政务内网工作会议精神，以及自治区《关于印发〈自治区党委党内法规规范性文件制定规范〉的通知》，研究贯彻意见；审议《2022年红寺堡区全面从严治党党风廉政建设和反腐败工作主要任务分工方案》。

【四届区委2022年第11次常委会会议】

2022年4月15日召开，红寺堡区委书记王忠强主持。传达学习习近平总书记在参加首都义务植树时、在北京冬奥会冬残奥会总结表彰大会上、在海南省考察调研时的重要讲话精神；传达学习《信访工作条例》，听取2022年第一季度信访维稳工作情况汇报；传达学习中央第四生态环境保护督察组督察宁夏情况反馈会会议精神，研究贯彻意见；传达学习梁言顺、咸辉、杨东同志关于红寺堡区大河乡一辆搭载7名小学生的电动三轮车与一辆小轿车相撞致2人重伤的批示精神，听取全区近期安全生产工作汇报；听取红寺堡区2021年法治政府建设情况汇报；听取自治区、红寺堡区2021年度效能目标管理考核结果汇报；审议《关于清廉红寺堡建设的实施方案》《吴忠市红寺堡区矿产资源总体规划（2021—2025年）》《红寺堡区公开选任村级事务管理人员的实施方案》。

【四届区委2022年第12次常委会会议】

2022年5月10日召开，红寺堡区委书记王忠强主持。传达学习习近平总书记在庆祝中国共产主义青年团成立100周年大会上的重要讲话，在博鳌亚洲论坛2022年年会开幕式上的主旨演讲，青蒿素问世50周年暨助力共建人类卫生健康共同体国际论坛上的贺信，在中国人民大学考察时的重要讲话，对湖南长沙居民自建房倒塌事故的重要指示，在中央政治局会议、中央财经委员会第十一次会议、中央全面深化改革委员会第二十五次会议上的重要讲话精神；传达学习李克强总理在讨论政府工作报告并听取有关方面建议时的讲话精神，研究贯彻意见；传达学习赵乐际同志和杨晓渡同志在全国巡视工作会议暨十九届中央第九轮巡视动员部署会上的讲话精神，研究贯彻意见；传达学习自治区党委书记梁言顺调研吴忠经济社会发展情况时的讲话精神，研究贯彻意见；传达学习雷东生同志在全区保密专题课上的讲话精神，研究贯彻意见；传达学习全区扶持壮大村级集体经济暨驻村帮扶工作会议精神，研究贯彻意见；传达学习国家、自治区2021年度巩固拓展脱贫攻坚成果同乡村振兴有效衔接考核评估发现问题整改工作会议精神；审议《红寺堡区巩固拓展脱贫攻坚成果同乡村振兴有效衔接考核评估反馈问题整改方案》《国家乡村振兴重点帮扶县红寺堡区巩固拓展脱贫攻坚成果同乡村振兴有效衔接实施方案》《2022年红寺堡区创建全国易地搬迁移民致富提升示范区实施方案》《中共红寺堡区委关于全面加强新时代少先队工作的实施意见》《红寺堡区青年发展型县域试点实施方案》《红寺堡区开展全国未成年人检察工作社会支持体系示范建议工作方案》。

【四届区委2022年第13次常委会会议】

2022年5月24日召开，红寺堡区委书记王忠强主持。传达学习《习近平关于档案工作、历史学习与研究、文化遗产保护重要论述摘编》，研究贯彻意见；传达学习自治区党委督查室《关于贯彻落实中央和自治区党委政协工作会议精神情况的督查调研通报》，研究贯彻意见；审议《政协吴忠市红寺堡区委员会协商成果采纳、落实和反馈工作制度》《关于构建现代环境治理体系的实施意见》《吴忠市红寺堡区2022年自主公开招聘高层次人才工作实施方案》《红寺堡区稳就业促增收教育保障工作方案（试行）》《红寺堡区拓展新时代文明实践中心建设实施方案》《红寺堡区新时代文明实践示范基金实施方案》《关于新时代加强和改进思想政治工作的实施方案》。

【四届区委2022年第14次常委会会议】

2022年6月16日召开，红寺堡区委书记王忠强主持。传达学习习近平总书记在中共中央政治局第三十九次集体学习会议上和在四川考察时的重要讲话精神；传达学习中国共产党宁夏回族自治区第十三次代表大会精神，安排部署学习宣传贯彻工作；传达学习全国稳住经济大盘电视电话会议和自治区、吴忠市稳经济保增长促发展工作会议精神，研究贯彻意见；传达学习《关于在全区政法机关实施“3331工程”加强优秀年轻干部培养选拔工作的意见》，研究贯彻意见。

【四届区委2022年第15次常委会会议】

2022年6月23日召开，红寺堡区委书记王忠强主持。传达学习习近平总书记在中央政治局第四十次集体学习时的重要讲话精神；传达学习《关于徐庆严重违纪违法案件的通报》，研究贯彻意见；审议《吴忠市红寺堡区就业创业政策促进乡村振兴实施方案》《吴忠市红寺堡区事业单位管理岗位职员等级晋升制度工作实施方案》。

【四届区委 2022 年第 16 次常委会会议】

2022 年 7 月 1 日召开，红寺堡区委书记王忠强主持。传达学习习近平总书记在湖北武汉考察时的重要讲话精神；传达学习自治区党委常委会会议精神，听取政府党组关于全区上半年“双过半”工作情况汇报，研究部署下一步工作；研究成立区委人才工作领导小组事宜；审议《红寺堡区贯彻落实自治区第十三次党代会报告主要内容工作方案》《红寺堡区党政领导干部安全生产责任制实施办法》《红寺堡区党政领导干部安全生产责任和工作清单》；研究红寺堡区大河乡乌沙塘园区日光温室 2022 年以工代赈推广项目审批事宜。

【四届区委 2022 年第 17 次常委会会议】

2022 年 7 月 15 日召开，红寺堡区委书记王忠强主持。传达学习习近平总书记在庆祝香港回归祖国 25 周年大会暨香港特别行政区第六届政府就职典礼上的重要讲话精神；听取区委巡察办关于四届区委第一轮巡察综合情况的报告、区委国安办 2022 年上半年工作汇报、政府党组关于红寺堡区全域创建“食品药品安全区”暨创建国家食品安全示范城市工作开展情况的汇报；审议《红寺堡区新时代文明实践“示范基金”实施方案》；研究吴忠市红寺堡区预算单位申请资金有关事宜。

【四届区委 2022 年第 18 次常委会会议】

2022 年8 月2 日召开，红寺堡区委书记王忠强主持。传达学习习近平总书记在新疆考察时、在十九届中共中央政治局第四十一次集体学习会上、在省部级主要领导干部专题研讨班上的重要讲话精神；传达学习中央统战工作会议精神，研究贯彻意见；传达学习《中国共产党政治协商工作条例》，研究贯彻意见；传达学习自治区纪委《关于钱克孝违纪违法案件的通报》，研究贯彻意见；传达学习《关于印发〈集中开展化解信访突出问题“百日攻坚”专项行动方案〉的通知》精神，听取第二季度信访维稳工作情况汇报，安排部署下阶段工作；听取政府党组关于红寺堡区 2022 年 1—6 月安全生产工作情况的汇报；听取政府党组关于宁夏吴忠市黄河国家文化公园红寺堡段新时期红色文化旅游复合廊道建设项目审批事宜的汇报；审议《2022 年全国青少年航空航天模型锦标赛、2022 年全国航空航天模型锦标赛实施方案》。

【四届区委 2022 年第 19 次常委会会议】

2022 年 8 月 21 日召开，红寺堡区委书记王忠强主持。传达学习习近平总书记在辽宁考察时的重要讲话精神；传达学习自治区党委办公厅《关于加强和改进新时代市县政协工作的实施意见》，研究贯彻意见；传达学习自治区党委全面深化改革委员会第十九次会议、全区全面深化改革推进落实会议精神，研究贯彻意见；听取红寺堡区 2022 年上半年意识形态工作责任制落实情况汇报；审议《关于广泛开展习近平总书记视察宁夏重要讲话指示批示精神“大学习、大讨论、大宣传、大实践”活动的实施方案》《红寺堡区残联、乡镇（街道）残联换届工作实施方案》；研究追授马六九、陈海文两名同志红寺堡区优秀共产党员有关事宜。

【四届区委 2022 年第 20 次常委会会议】

2022 年 9 月 9 日召开，红寺堡区委书记王忠强主持。会议传达学习《宁夏回族自治区安全生产条例》，研究贯彻意见；听取政府党组关于吴忠市红寺堡区农村学校“光热＋光伏”清洁取暖项目审批事宜的汇报。

【四届区委 2022 年第 21 次常委会会议】

2022 年 10 月 11 日召开，红寺堡区委书记王忠强主持。传达学习习近平总书记 9 月 9 日在中央政治局会议上、在参观“奋进新时代”主题成就展时的重要讲话精神；传达学习全国县域共青团基层组织改革动员部署会、全区县域共青团基层组织改革动员现场部署推进会精神，审议《红寺堡区共青团基层组织改革工作方案》；传达学习全区巡视工作会议暨十三届自治区党委第一轮巡视动员部署会议精神，研究贯彻意见；审议《吴忠市红寺堡区供销合作社联合社组建工作方案》《吴忠市红寺堡区供销合作社联合社组建工作方案》《吴忠市红寺堡区行政审批事项划转实施方案》《吴忠市红寺堡区贯彻落实第二轮中央生态环境保护督察报告整改方案》《2022 年度红寺堡区效能目标管理考核方案》《吴忠市红寺堡区总工会第三次代表大会工作方案》《共青团吴忠市红寺堡区第三次代表大会工作方案》《吴忠市红寺堡区妇女第二次代表大会工作方案》《〈红寺堡区扶贫志〉编纂工作实施方案》。

【四届区委 2022 年第 22 次常委会会议】

2022 年 10 月 28 日召开，红寺堡区委书记王忠强主持。传达学习党的二十大精神；传达学习自治区党委、吴忠市委传达贯彻党的二十大精神会议和自治区党委常委会、吴忠市委常委会会议精神，研究贯彻意见；听取四届区委第二轮巡察综合情况报告；听取红寺堡区 1—9 月安全生产工作情况汇报。

【四届区委 2022 年第 23 次常委会会议】

2022 年 11 月 9 日召开，红寺堡区委书记王忠强主持。传达学习习近平总书记在二十届中央政治局第一次集体学习时的讲话精神和在陕西延安、河南安阳考察时的重要讲话精神；传达学习中共宁夏回族自治区第十三届委员会第二次全体会议和中共吴忠市第六届委员会第五次全体会议精神，研究贯彻意见；审议红寺堡区 2023 年度巩固拓展脱贫攻坚成果同乡村振兴有效衔接项目库、《红寺堡区党的二十大精神宣讲工作方案》、《中共吴忠市红寺堡区委员会关于学习宣传贯彻党的二十大精神的实施意见》。

【四届区委 2022 年第 24 次常委会会议】

2022 年 11 月 25 日召开，红寺堡区委书记王忠强主持。传达学习习近平总书记在中共中央政治局常委会会议上的重要讲话精神；传达学习自治区党委统战工作会议、全区宗教工作会议精神，研究贯彻意见；审议《中共吴忠市红寺堡区委常委会 2023 年工作要点》；听取吴忠市红寺堡区第四届人民代表大会第三次会议和政协吴忠市红寺堡区第四届委员会第二次会议筹备情况的汇报；审议《政府工作报告》《吴忠市红寺堡区第四届人民代表大会第一次会议代表议案建议办理情况的报告》《吴忠市红寺堡区 2022 年国民经济和社会发展计划执行情况与 2023 年国民经济和社会发展计划草案的报告》《吴忠市红寺堡区 2022 年财政预算执行情况和 2023 年财政预算的报告》《吴忠市红寺堡区人民法院工作报告》《吴忠市红寺堡区人民检察院工作报告》。

【四届区委 2022 年第 26 次常委会会议】

2022 年 12 月 21 日召开，红寺堡区委书记王忠强主持。传达学习中央经济工作会议精神；传达学习《党的十九大以来中央巡视工作总结报告》精神，研究贯彻意见；传达学习全国、全区干部人才“组团式”帮扶工作会议精神，研究贯彻意见；传达学习全区实施基层党组织建设提质增效工程工作会议精神，研究贯彻意见；听取处级领导包抓村“一抓两整”示范县乡创建行动和软弱涣散村党组织整顿提升工作情况汇报；听取红寺堡区软弱涣散村和后进村整顿提升工作情况汇报。

【区委全面深化改革委员会第十四次会议】

2022年3月16日召开，红寺堡区委书记王忠强主持。传达学习中央全面深化改革委员会第二十四次会议精神、自治区党委全面深化改革委员会第十六次和第十七次会议精神和吴忠市委全面深化改革委员会第十五次会议精神；听取各改革专项小组2021年改革任务完成情况暨2022年工作思路汇报；审议《区委全面深化改革委员会2021年工作总结报告》《红寺堡区2022年“四权”改革重点任务清单》《红寺堡区“全面深化改革攻坚年”实施方案》。

【区委全面深化改革委员会第十五次会议】

2022年6月23日召开，红寺堡区委书记王忠强主持。传达学习中央全面深化改革委员会第二十五次、第二十六次会议和自治区党委全面深化改革委员会第十八次会议精神；审议《红寺堡区紧密型医共体实体化运行实施方案》《红寺堡区深入推广福建省三明市医改经验 进一步深化医药卫生体制改革的实施方案》《红寺堡区推动公立医院高质量发展实施方案》；审议《红寺堡区中小学教师“县管校聘”改革工作实施方案》；听取“四权”改革工作情况汇报。

【区委全面深化改革委员会第十六次会议】

2022年10月28日召开，红寺堡区委书记王忠强主持。传达学习中央全面深化改革委员会第二十七次会议、自治区党委全面深化改革委员会第十九次会议和自治区“六权”改革推进会精神；审议《关于贯彻落实自治区第十三次党代会精神 继续推进全面深化改革的实施方案》《关于贯彻落实自治区改革先行试点工作实施方案的任务分工方案》；听取“六权”改革进展情况汇报。

（徐　浩）

综合政务

【综合服务】

2022年，红寺堡区委办公室贯彻落实中央、自治区、吴忠市及区委关于改进工作作风、密切联系群众“八项规定”，压缩会议，精简文稿，提高办文办会质量。规范公文传阅，保证公文运转安全、高效。多次合并召开全局性会议，控制会议时间，压缩会议发言时间。全年共组织制发正式文件460余份，接收上级文件1327余份。

【督查工作】

2022年，红寺堡区委办公室坚持问题导向，运用实地暗访、随机抽查等方式，围绕红寺堡区确定的重点工作、重要事项、重大项目和区委、区政府决策部署，以及领导关注、群众关心的热点难点问题，开展督查考核事项。开展各类决策督查和专项督查39次，下发督查通报39期，协调并督促反馈问题整改80余期。

【保密工作】

2022年，红寺堡区强化保密检查，落实周自查、月检查、季通报制度。落实保密工作责任制，加强对红寺堡区涉密计算机和非涉密计算机、党政部门涉密人员、信息网络的保密指导管理。做好党政内网视频会议和电子政务文件传输工作，确保网上公文交换全程畅通和数据安全。坚持实行24小时值班制度，定期测试加密设备。全年举办保密培训班2次，办理密码电报80余份、其他密级文件630余件。

【理论学习】

2022年，红寺堡区委办公室开展党史学习教育，在每周一例会集中学习，开展交流研讨，观看警示教育片。坚持集中学习与个人自学相结合，组织党员干部学习党章党规、党的二十大精神、习近平总书记系列重要讲话精神，以及自治区第十三次党代会精神，打牢转变作风的思想基础，提高办公室工作人员工作能力和水平。

【队伍建设】

2022 年，红寺堡区委办公室提拔任用正科级干部 1 名、副科级干部 2 名，招录西部计划志愿者 1 名、“三支一扶”工作者 5 名，借调基层干部 6 人。培养年轻干部，利用各种机会，分批次组织干部参加培训锻炼，学习掌握业务工作技能。

（徐　浩）

组织工作

【概　况】

2022 年，红寺堡区委组织部坚持以习近平新时代中国特色社会主义思想为指导，全面贯彻新时代党的建设总要求和新时代党的组织路线，认真落实全国、全区组织部长会议和全市组织工作推进会议精神，着力深化党的创新理论武装。组织集中理论培训 500 余场次，锻造过硬干部队伍，组织干部能力专题培训 15 期 600 余人次，夯实基层战斗堡垒。发展党员 118 名，培养 20 余名高端产业人才，为创建全国易地搬迁移民致富提升示范区提供了坚强组织保证。

【思想政治建设】

2022 年，红寺堡区实施“习近平新时代中国特色社会主义思想教育培训计划”，引导广大党员干部深入研学《习近平谈治国理政》第四卷、《中国共产党的一百年》等重点书目，组织各级党员干部开展各类集体学习、交流研讨、主题宣讲 500 余场次。结合党的二十大精神和习近平总书记视察宁夏重要讲话指示批示精神“大学习、大讨论、大宣传、大实践”活动，邀请清华大学知

2022 年 6 月 27 日，红寺堡区举办“大学习、大讨论、大宣传、大实践”第二季度中青年干部线下竞赛

名教授举办“求示”讲堂2期。开展处（科）级领导干部专题培训班，乡镇领导班子、村党组织书记和驻村第一书记等专题培训班5期，参加培训600余人次，举办年轻干部政治能力和专业能力提升培训班10期，300余人参加培训。组织中青年干部“学理论、明政策、懂业务、促提升”大比武4次。组织5批次200余名年轻干部开展“行万里路”活动，先后到湖南韶山等红色革命圣地，宁东能源化工基地、石嘴山市等发展先行区参观学习。推进“我为群众办实事”实践活动，引导各级党组织和党员干部帮助群众解决问题700余件。

【干部队伍建设】

2022年，红寺堡区组织开展换届后乡镇领导班子运行情况调研，组建3个由区委领导任组长的考察工作组，对全区5个乡镇领导班子和科级领导干部全覆盖调研，考察政治品格，检验工作成效，注重在推进急难险重工作中考察识别干部。结合软弱涣散村整顿提升、乡村振兴深入实施等重点工作发现识别优秀干部，建设选人用人储备库。2022年，红寺堡区提拔任用、晋升职级的干部中有54.3%的人才来自疫情防控、乡村振兴、项目建设等重点工作任务一线。实施“上挂下墩”计划，推选20名优秀年轻干部到自治区和本级区直部门挂职锻炼，争取12名自治区厅局、清华大学优秀年轻干部到红寺堡挂职助力，激活干部队伍干事创业活力。抽调130余名优秀年轻干部组建12个专项工作组，下派到城市更新改造一线、乡镇发展薄弱村关键岗位历练。注重选拔优秀年轻干部，全年提拔任用的科级领导干部中，“85后”干部16人，占比84.2%；4名年轻干部担任党政主要负责人，9名表现优秀的“90后”干部进入乡镇、部门领导班子。完善干部日常监督管理机制，开展干部近亲属经商办企业情况起底摸排，对全区各单位主要负责人和政法系统干部及其亲属2330余人经商办企业情况进行逐一核查。不定期暗访领导干部和退出领导岗位干部在职履职情况，督促干部恪尽职守、敬业奉献。与红寺堡区纪委监委、公安、司法等部门建立信息共享机制，加强干部政治监督、履职监督和日常监督。

（田路忠）

【基层党组织建设】

2022年，红寺堡区创建农村党建工作示范村43个、示范乡镇2个，打造白墩村、中圈塘村、红塔村等一批党建引领发展样板村。压实“四个一”工作机制（严格落实1名县级领导班子成员联村、1名乡镇领导班子成员包村、1名第一书记驻村、1个县以上机关单位结对），整顿转化4个软弱涣散村、后进村。面向全区大学毕业生、退役军人等群体公开选任村级事务管理人员82人，村干部大专以上学历占比从26.2%上升至34%，平均年龄从44.8岁下降至43.3岁，村干部队伍结构不断优化。培育村级后备力量178名、致富带头人752名，53名导师帮带45名乡村干部、15个党组织实现能力提升。建立村级优秀人才联系培养制度，培养入党积极分子559名，发展党员118名，2022年实现每个村（社区）至少发展1名党员。加强驻村工作队管理，调整角色转换慢、工作成效不明显的驻村干部46名，开展工作成效互观互检和业务能力大比武2期，提升整体工作质效。探索村集体经济多种经营模式，95%的村集体经济收益超过20万元。整合基层服务管理资源，将825个村级网格划分为412个网格，构筑起“村党支部、网格党小组、党员联系户”三级组织体系，将党的工作延伸到基层治理一线。开展“六个先锋”（勤劳致富先锋示范户、美丽庭院先锋示范户、睦邻和谐先锋示范户、崇文重教先锋示范户、遵纪守法先锋示范户、移风易俗先锋示范户）示范引领行动，累计评定先锋示范户3015户、典型示范户100户，对获评的示范户每户给予2000元物质鼓励和30万元基础利率授信贷款额度，激发广大党员群众参与乡村振兴的内生动力。2022年，红寺堡区实施城市党建“五联五化”机制（联动责任，推进领导体制一体化；联建组织，推进城市党建区域化；联创和谐，推进党建引领基层治理和公共服务精细化；联搭平台，推进党务政务信息化；联享资源，推进基础保障规范化），打造邻里港湾、党群服务驿站6个，“红色物业”红色元素覆盖率达到100%。深化社区“联合党委”平战转换，全区56个机关单位2600余名党员干部职工下沉55个小区。开展“一支部一品牌”创建活动，打造红寺堡区税务局“罗山先锋”、财政局“铁算盘”等一批党建品牌，模范机关创建比例达到52%。建成鹏胜时代广场示范街（区），两新组织（新经济组织和新社会组织）覆盖率分别达到86.7%和82.9%。

（兰正杰）

人才队伍建设

【人才管理机制健全】

2022年，红寺堡区坚持党管人才，成立区委人才工作领导小组，召开区委人才工作领导小组会议，研究制定领导小组工作规则和领导小组办公室工作细则，细化各相关部门（单位）任务目标33条，并将人才工作目标责任考核纳入区委、区政府年度效能目标考核。出台《红寺堡区人才公寓保障暂行办法》，配套建成人才公寓301套，对急需紧缺人才分类执行免费、减半、优惠入住的“人才安居”政策。将招才引智融入招商引资，开展“双招双引”行动，引进晓鸣股份有限公司等企业投资项目11个，吸引20余名高端产业人才同步驻红创新创业。

【人才引进项目增加】

2022年，红寺堡区实施人才引进工程、开展校地合作，与清华大学共建研究生社会实践基地，通过“深耕计划”（清华大学“深耕计划”项目于2017年正式实施，旨在面向国家党政部门、国际组织、共建“一带一路”国家等培养、输送高层次、复合型人才，服务党和国家事业发展）选派年轻教师和9名研究生到红寺堡挂职。与宁夏大学建立“1+N”（1个校地合作总体框架协议、N个合作项目）全方位合作模式，成立宁夏大学新农村发展研究院（红寺堡区研究院），围绕创建示范区、促进社会融入、稳定和扩大就业等方面深入合作，谋划合作项目36个。

【人才培养方式完善】

2022年，红寺堡区围绕产业链拓展人才链，建成葡萄与葡萄酒（吴忠）技术创新中心、宁夏滩羊育种工程技术研究中心等9个平台，实施人才及科技创新项目21个，集聚国内知名行业专家16名，培育各类科技型企业27家。研究出台《红寺堡区人才行动“十二项计划”实施方案》，围绕特色产业等实施人才培养行动。开展教育、医疗“组团式”帮扶（2022年开始，中组部牵头开展教育、医疗干部人才“组团式”帮扶和科技特派团帮扶工作，福建泉州第一中学、泉州华侨职业中专学校、晋江市安海医院等单位教育、医疗和农业科技干部人才来红帮扶），柔性引进3个帮扶团队32名专家，结对培养本土人才。设立教育医疗人才培养基金2000万元，柔性引进69名医疗专家开展坐诊服务，选派200余名医务工作者外出研修学习。围绕滩羊新品系研发培育、枸杞新品种优化配置等领域，建立专家服务团5个、科普惠农服务站5个，累计培养产业创新人才253人，完成5712人实用技术培训。

（兰正杰）

非公有制经济组织和社会组织

【“两个覆盖率”】

2022年，红寺堡区推进符合条件的2家非公企业建立党的基层组织；对现有的13家非公企业，推动单独建立党组织11个，联合建立党组织2个；对正常注册运营的47家社会组织，单独建立党支部3个，挂靠联建党支部37个，“两个覆盖率”分别达到84.62%和82.98%。撤销运营异常、公司注销的3家非公企业党组织。推行“双向进入、交叉任职”（党组织书记与企业管理层“双向进入、交叉任职”），占比达到80%以上，选配39名党建工作指导员通过先行建立工会、共青团、妇联和挂靠建立功能型党组织等方式，推动纳入统计的“两新”组织党的工作全覆盖。创建红寺堡区党建示范点2个，指导成立“小个专”（小微企业、个体工商户、专业市场）综合党委，打造时代广场商圈党群活动服务中心1个、“小个专”示范街区1个。

【先锋模范选树】

2022年，红寺堡区整合资金60余万元，新建标准化党员活动阵地2个，打造集党建工作、创业孵化于一体的电商孵化园1个。从生产一线工人、技术能手、青年职工中培养入党积极分子11名，发展党员1名，对14名党组织书记和15名党务工作者进行全员轮训，推进党员职工素质整体提升，助推企业发展。通过设立党员先锋岗、党员责任区、党员突击队等，先后动员150余名志愿者参与保供物资生产，号召捐资捐物30余万元，扩大党在新兴领域的号召力、凝聚力、影响力。

（兰正杰）

宣传工作

【理论武装】

2022年，红寺堡区委宣传部坚持把学习宣

2022年9月6日，红寺堡区举办“学习强国”达人挑战赛决赛

传贯彻习近平新时代中国特色社会主义思想作为首要政治任务，为区委理论学习中心组及时配发《习近平谈治国理政》第四卷等必修教材，召开区委理论学习中心组学习会12次，邀请专家讲课7人次，巡听旁听6个党委（党组）中心组。推动2022年“我为群众办实事”101项“百姓难事、基层难题、发展难点”全面完成。开展“党的精神谱系我来讲”主题微宣讲，录制拍摄发布“遵义会议精神”“长征精神”等宣讲视频15期。在“喜迎二十大 奋进新征程”吴忠市第三届“学习强国”达人挑战赛中获得“宣传推广先进集体”。

【意识形态工作】

2022年，红寺堡区实施意识形态工作责任制半年督查、专项检查、年终考核与定期报告制度，对全区42个党委（党组）进行专项督查。召开意识形态风险研判会4次，开展工作培训1次。审核备案论坛、讲座等活动25场次。开展扫黄打非工作，6月专项检查行动信息被国家“扫黄打非”办采用选编。

【宣传报道】

2022年，红寺堡区坚持中央和地方媒体上下联动、线上线下同步的方针，对接新华社、人民网等媒体，全面解读“十六条”（土地权、用水权、山林权、排污权、百万移民致富提升、基础教育质量提升、城乡居民收入提升、全民健康水平提升、产业、就业、社会融入、人才工作、种业发展、粮食安全、交通、国资公司），跟进报道《宁夏红寺堡区：村民当起“甩手掌柜”，牛产业让群众生活“牛起来”》《宁夏易地搬迁移民：守住稳稳幸福 迈上康庄大道》等50余篇有关示范创建的生活场景。在市级及以上媒体刊播新闻稿件2121篇，其中国家级媒体750篇，自治区级媒体958篇，吴忠市级媒体413篇。其中《宁夏红寺堡：激活人才引擎 赋能乡村振兴》《马慧娟代表：向世界讲述移民搬迁的中国故事》《春天里的中国——她向世界讲述移民搬迁的中国故事》等稿件在新华网浏览过百万。《民生故事》栏目在新媒体平台首发《红寺堡一家人》，围绕防溺水、防诈骗等主题拍摄宣教短视频、H5等19期，累计时长1400分钟，浏览量3000万余人次。

【主题活动】

2022年，红寺堡区统筹开展“牢记嘱托 感恩奋进”主题党日活动暨“今昔对比感党恩”座谈会、“2022中国有约”国际媒体走进弘德村、“新时代斯诺工作室”走进红寺堡等主题活动，以全国视角、国际视野传播共同富裕的中国方案、宁夏经验、移民心声。印发《关于2022年全区理论宣讲工作安排的通知》等4个专题宣讲方案，累计开展各类宣讲活动414场次，受众6万余人次。

【典型选树】

2022年，红寺堡区打造新时代文明实践中心“好人馆”，使之成为党员干部廉政教育、家风家教、青少年思政课校外实践基地，面向社会免费开放，接待参观230余场、1.3万人次。举办“我们的节日·中秋——喜迎二十大 奋进新征程”道德模范茶话会，学思践悟习近平总书记给“中国好人”李培生、胡晓春的重要回信，让“崇尚好人、争当好人”成为新风尚。组建公共文化、助学支教、法律援助等17支志愿服务队伍，开展“365”志愿服务活动380余场次，服务群众2.7万人次。做好典型人物选树工作，返乡创业青年刘鹏鑫、“电商达人”王航弟、热心公益乔国强等新一批典型示范带动效果明显。推荐“宁夏好人”1人、“吴忠好人”6人、“红寺堡好人”16人，推荐吴忠市级新时代好少年5人、红寺堡区级新时代好少年 15 人。

【新时代文明实践样板打造】

2022 年，红寺堡区在全区推动实施“6 所、72 站、1 中心”新时代文明实践工作，解决范围不明、职责不清、配合不畅等问题。完善《红寺堡区新时代文明实践积分管理参考标准》。依托“红寺堡视线”抖音、快手、视频号、微信公众号等新媒体平台，开设《新时代文明实践》栏目，发布新时代文明实践新闻报道及新媒体作品 400 余条。

【移风易俗成效显著】

2022 年，红寺堡出台《关于深化婚丧习俗改革 推进移风易俗 建设文明乡风实施方案》，修订完善“一约四会”（一约，即村民公约；四会，即红白理事会、村民议事会、禁毒禁赌会、道德评议会），指导各行政村出台村规民约，将移风易俗工作纳入乡村文明实践积分标准，推动形成婚事“三新”（明确彩礼定义、严控彩礼上限、限制随礼金额）、丧事“四简”（公墓集中安葬、生态节地安葬、文明节俭办丧、安全低碳祭扫）、余事“两不”（其他事宜不办宴席、办宴席不收礼）的局面。

【旅游线路打造】

2022 年，红寺堡区挖掘红色资源，修缮移民旧址、“1236”工程总指挥部等遗址，申报列入自治区“十四五”规划和红色经典旅游线路。统筹打造鲁家窑军事教育、宁夏扶贫扬黄灌溉工程教育等研学教育基地，实施黄河文化公园红寺堡段新时期红色文化旅游复合廊道项目，完善弘德村、星星故乡·罗山生态度假区等精品红色旅游线路。持续开展重走移民路主题活动，融合国防教育、民族团结教育等，开展“红色小小讲解员”等主题实践活动，传承和弘扬红色基因，厚植爱国情怀。2022 年累计接待游客 22.4 万人次，旅游综合收入 2079.5 万元。

（彭艳秋）

统战工作

【统一战线工作】

2022 年，红寺堡区印发《红寺堡区委统一战线工作领导小组工作规则》等文件，召开区委统一战线工作领导小组会 3 次、创建铸牢中华民族共同体意识示范区推进会 2 次、宗教工作联席专题会 5 次，推动形成党委统一领导、政府依法管理、统战部门牵头协调、各部门通力合作、全社会共同参与的新时代党的统战工作格局。坚持将习近平总书记关于做好新时代党的统一战线工作的重要思想，以及中央统战工作会议、中央民族工作会议、全国宗教工作会议等会议精神纳入干部教育和培训计划、宣传思想文化工作计划，提升工作质效。完成 12 名无党派人士的认定，摸排出 9 名自由职业人员，推荐 9 名无党派人士、2 名自由职业人员、4 名新媒体从业人员为吴忠市第三届党外知识分子联谊会会员人选。完成自治区级 2 名政协委员推荐。

【民族团结工作】

2022 年，红寺堡区开展铸牢中华民族共同体意识大宣讲活动，累计培训 30 余场次、1.2 万余人次。制作《红寺堡区铸牢中华民族共同体意识 推进新时代党的民族工作高质量发展》《弘德村》等微视频，在宁夏电视台经济频道、今日头条等客户端进行宣传。2022 年打造自治区级民族团结示范单位 3 个。闽宁协作资金支持 376.4 万元，打造金水广场铸牢中华民族共同体意识主题广场、青云湖铸牢中华民族共同体意识主题公园，通过主题浮雕壁画展现 23.5 万移民群众共同团结奋斗、共同繁荣发展的壮美画卷。开展

2022 年 9 月 7 日，红寺堡区举办铸牢中华民族共同体意识专题讲座

铸牢中华民族共同体意识“七进”（进机关、学校、社区、乡村、企业、新经济组织、宗教活动场所）活动文化等活动，设立创业社区基层统战工作联络站。组织开展 2022 年民族团结进步月“十个一”（即举行一次全区民族团结进步月启动仪式，开展一次铸牢中华民族共同体意识专题学习活动，开展一次铸牢中华民族共同体意识专题培训，开展一次铸牢中华民族共同体意识集中宣介活动，开展一次铸牢中华民族共同体意识第一课活动，开展一次“庆佳节、增共识、促交融”活动，开展一次铸牢中华民族共同体意识网上知识竞答活动，开展一次铸牢中华民族共同体意识演讲比赛，开展一次铸牢中华民族共同体意识暨科技大篷车“五进”活动，举办一次全区少数民族文艺专场汇报演出）活动，引导全区各族干部群众自觉增强民族团结意识，全面构筑共有精神家园。2022 年争取到少数民族发展任务资金 1724 万元，实施红寺堡镇东源村养殖园区基础设施改造等 9 个项目。

（杨　慧）

政策研究

【以文辅政】

2022 年，红寺堡区开展“抓重点、补短板、强弱项”大调研活动，围绕示范区创建、四大提升行动、“四权”改革等重点工作制定 2022 年调研课题，明确关于用水权改革进展情况、葡萄酒产业发展、土地权改革进展情况等调研课题 13 项，完成《关于深化用水权改革的对策和建议》《关于推进土地权改革的调查与思考》《关于红寺堡区城镇失业情况的调查报告》《关于异地户籍最低生活保障政策落实情况的调查报告》等调研报告 6 篇，提出可行性意见建议 30 余条。《农村宅基地超面积使用的调查思考》等入选自治区优秀调研报告。配合自治区、吴忠市开展“四权”改革、项目建设情况、肉牛肉羊产业发展情况的督查调研 8 次。形成《做足以地生金文章　挖掘乡村振兴“富矿”》《坚持人民至上　为民办好事》《深入学习贯彻自治区第十三次党代会精神 奋力创建全国易地搬迁移民致富提升示范区》等理论文章，并在《宁夏工作研究》《吴忠工作研究》发表。牵头起草全国乡村振兴激励县申报材料、《红寺堡区落实自治区第十三次党代会报告主要任务工作方案》、《中共吴忠市红寺堡区委员会关于学习宣传贯彻党的二十大精神的实施意见》等重要文稿，编发《调研与参考》6期。

【深化改革】

2022年，红寺堡区推行"344"工作机制。制定印发《红寺堡区"全面深化改革攻坚年"实施方案》《红寺堡区贯彻落实2022年自治区区直部门重点改革任务清单》《2022年"四权"改革重点任务清单》，建立年度总任务台账、月推进台账。筹备召开深改会3次，举办土地权、用水权培训1次，督查"四权"改革、重点改革工作2次。编印《改革动态》10期，各类媒体宣传报道改革工作50多次。以"四权"改革带动全局突破，红寺堡区列入国务院办公厅督查激励20个乡村振兴重点工作成效明显市县，被确定为全国青年发展型县域试点；政务服务中心住房公积金窗口获评全国住房公积金"跨省通办"表现突出窗口；"生态防护林+经果林""以林养林"模式得到自治区副主席刘可为的充分肯定；2家企业入选自治区林业经济示范基地和特色经济林优质基地。创新推行的"乡村地网"工程建设经验在全区改革和加强派出所工作推进会上作交流发言。

【助力经济】

2022年，红寺堡区发挥财经办职能，助力经济发展，提前谋划筹备财经会，传达学习全国稳住经济大盘电视电话会议、自治区党委常委会会议和区市、红寺堡区稳经济保增长促发展工作会议精神。制定印发贯彻落实《自治区党委办公厅 人民政府办公厅〈落实中央财经委员会第十次会议有关任务工作方案〉任务清单》，细化任务39项，确保各项任务落实。联合吴忠市开展项目建设、肉牛肉羊产业发展情况的调研，了解红寺堡区经济运行情况。深化校地合作，做好与宁夏大学校地合作框架协议起草、合作项目征求等工作，共同推动经济高质量发展。

（白小会）

党史研究

【理论学习】

2022年，红寺堡区委党史研究室深入学习习近平新时代中国特色社会主义思想、党的二十大精神、党的十九大及十九届历次全会精神以及习近平总书记视察宁夏重要讲话指示批示精神，组织党员干部集中收听收看中国共产党第二十次全国代表大会、自治区第十三次党代会开幕会。加强党员干部日常培训教育，坚持集中学习和个人自学相结合，通过集中理论学习、讲党课、专题研讨交流、学习测试等方式，抓好干部理想信念教育。全年开展党的二十大精神集中学习4次、自治区第十三次党代会集中学习1次，党课1次、专题研讨学习1次。

【理论研究】

2022年，红寺堡区委党史研究室常态化开展理论研究工作，在《美丽红寺堡》地情刊物中刊登党史理论研究文章6篇。开展4次以"共产党好、黄河水甜"为主题的红寺堡开发建设脱贫史专题讲座，累计200余人参加。

（刘　慧）

区直机关党的建设工作

【政治引领】

2022年，红寺堡区探索建立常态化测基本理论、测业务知识、以考促学、以测促行“双测双促”机制，重点围绕党的二十大精神、党规党纪、党史等基本理论和业务知识，依托“三会一课”、主题党日等活动，开展经常性日常测试，开展机关工委测评1次，各党组织考核基层党员干部4次、700余人次，提升党员干部政治能力和专业能力。压实社区“联合党委”成员单位职责，响应“平战转换”机制，先后向各社区提供帮扶物资30余万元，慰问困难群众81户，认领微心愿201个，协助社区完成创城满意度测评2000余户。打造政研室“智库中枢·改革先锋”等党建品牌，模范机关比例达到82%。

【建强基层堡垒】

2022年，红寺堡区贯彻落实《中国共产党党和国家机关基层组织工作条例》，优化组织设置，规范设立6个临时党支部，指导14个支部完成支部书记、委员补选工作，24个支部完成换届选举工作，新成立1个党总支、4个党支部。所属57个党组织中，三星级以上党组织占比56.14%。培养入党积极分子79名，接收预备党员25名，按期转正32名。选树表彰各级先进个人28名、优秀共产党员23名、先进集体及先进基层党组织18个，慰问生活困难党员、老党员38名。建立线上“定时统计+日常抽查”与线下“定期调研+专项督导”协同推动机制，开展2020年以来党务规范排查工作。下发月指导清单12次，开展党建、党风廉政建设、意识形态、干部在岗情况等专项督查3次，提升机关各党支部党建工作水平。

（王彩玲）

网络安全和信息化

【网络宣传】

2022年，红寺堡区委网信办坚持以习近平新时代中国特色社会主义思想特别是习近平总书记关于网络强国的重要思想为指导，深入学习《习近平关于网络强国论述摘编》，做好习近平新时代中国特色社会主义思想和党的二十大精神网上宣传，广泛弘扬社会主义核心价值观，把牢政治方向。组织开展“点赞美丽新宁夏　走好新的长征路”“网络文明大家谈自媒体人士主题沙龙”“中国有约　点赞美丽新宁夏”等主题活动，3次邀请120多名网络大V到红寺堡采风，宣传推介红寺堡。

【信息化建设】

2022年，红寺堡区委网信办完成10所“互联网+教育”智慧校园星级认定工作，提高信息化在教育领域创新应用水平。持续推进“互联网+医疗健康”，与宁夏互联网医院等平台对接，推动医疗卫生数据互联互通，实现红寺堡区人民医院与自治区卫生云平台对接。持续推进“互联网+电商”，以短视频营销、直播带货等形式开展网上年货节、双品网购节等电商促销活动，助力地方经济发展。

【网络安全】

2022年，红寺堡区委网信办突出“网络安全为人民　网络安全靠人民”主题，分类举办了启动日、校园日、电信日、法治日、金融日、青少年日及个人信息保护日等7个主题活动，累计发放各类宣传品2万余份，参与人数3万余人。举办线上答题活动，参与人数5000余人次，营造浓厚网络安全氛围。

（马慧玲）

机构编制

【基层管理体制改革】

2022年，红寺堡区实施基层整合审批服务执法力量改革，撤销乡镇（街道）及涉改部门派驻的事业单位，新组建乡镇（街道）党政机构和事业单位52个。通过“减上补下”方式划转人员编制61名，推动人力资源向基层下沉。改革后，乡镇（街道）人员编制312名，增幅为24.3%。制定印发《红寺堡区推进基层整合审批服务执法力量改革实施方案》等18项配套政策措施，建立健全乡镇（街道）赋权清单等5个清单，将123项直接面向人民群众的权力事项交由乡镇（街道）行使。对6个乡镇（街道）进行改革评估验收。推动跨领域跨部门综合行政执法改革，在市辖区综合执法改革试点的基础上，推进更大范围的跨领域跨部门综合执法改革。制定《红寺堡区深化跨领域跨部门综合执法改革实施方案》，整合文化旅游等13个部门959项行政执法事项，统一归并到综合执法部门，累计划转涉改部门行政事业编制52名，充实综合执法力量，整合规范执法主体。

【机构编制法治化建设】

2022年，红寺堡区统筹机构设置，增设红寺堡区社区矫正管理局、红寺堡区密码管理局、红寺堡区老年大学等组织机构，研究人员调动140余人次。争取自治区党委编办下达中小学教职工编制109名，保障义务教育用编需求。面向全国自主公开招聘25名教育系统高层次人才。调整规范乡村振兴工作机构，充实人员编制力量，围绕葡萄、黄花菜、枸杞、肉牛等特色产业，调整设置乡村振兴服务、经济发展服务等机构，设立经济发展服务中心等事业单位，推动经济社会事业健康发展。通过收回空编、连人带编等方式，对涉改部门64人进行调整，将编制资源向民生领域倾斜。

【机构职能体系完善】

2022年，红寺堡区推动权力清单标准化、规范化建设，梳理红寺堡区政府各部门承担的行政许可、行政处罚等10类行政权力事项。会同司法部门根据法律法规的“立改废释”等情况，及时调整职权名称、基本编码、权力类型、职权依据、行使内容等要素。梳理职责边界清单958项。完善“政府各部门认领补充、编办和司法部门复核审定”的工作机制，明确行政职权事项增加、取消、下放和调整的程序，保障清单管理的协同性。截至2022年底，红寺堡区列入权力清单编制范围的区级政府部门（单位）22个，共梳理权力清单2623项。其中行政许可135项、行政处罚1929项、行政强制94项、行政征收15项、行政给付43项、行政检查152项、行政确认39项、行政奖励60项、行政裁决9项、其他类147项。

【机构编制法治化推进】

2022年，红寺堡区贯彻执行编委会工作规则和编办工作细则，规范机构编制制度体系，根据自治区党委编委《第二次全区机构编制核查实施方案》要求，按照不低于全区单位总数50%的比例，对辖区内25个党政群机关和事业单位的机构设置、编制核定、领导职数配备、实有人员和编外用人等情况进行监督检查、实地核查，推进机构编制监督检查由查违规向查质效转变。增强机构编制法治意识，加大违规违纪违法行为查处力度，维护机构编制工作的权威性和严肃性。

（杨　萍）

巡察工作

【巡察全覆盖】

2022年，红寺堡区委巡察办共完成3轮对3

个乡镇、9个部门（单位）和38个村级党组织的巡察工作，发现并反馈问题382条，移交问题线索7件。3轮巡察期间共张贴巡察公告200余份，走访群众800余户，开展现场调研70余次，制作巡察宣传片《巡民情、察民意、解民忧》。共接到群众信访反映27件，收集各类问题180余条。

【巡察整改】

2022年2月，红寺堡区委巡察办组建2个督导检查组，对自治区党委巡视反馈问题和三届区委巡察反馈问题整改情况开展了回头检查，完成整改788条。2022年11月上旬，抽调业务骨干组建2个督查评估组，通过查阅资料、现场查看整改成效、整改成效量化评分、扫码满意度测评等方式对第一轮巡察的大河乡、新庄集乡及所辖29个村级党组织整改情况开展督查评估，完成整改260条。

（安玉书）

档案管理

【档案业务指导】

2022年，红寺堡区研究制定了“十四五”档案事业发展规划并贯彻落实。将档案工作纳入红寺堡区年终效能目标考核，并制定下发日常督查细则，整理印发《档案法律法规资料选编》，依法管档用档。印发《红寺堡区2022年档案工作集中攻坚行动方案》，对涉及民生、经济等领域的30家立档单位文书档案规范化整理移交工作进行集中指导。全年开展集中业务指导培训5次，全覆盖调研1次，集中督查4次。

【档案安全检查】

2022年，红寺堡区档案史志馆组织档案工作人员签订岗位安全承诺书及保密承诺书。执行一周一小查、半月一大查、节假日前必查的安全检查制度，实行双人入库制度，填写出入档案库登记及安全检查记录本，确保设备运行及人员安

档案安全检查

全。将自治区档案局印发的档案馆安全风险自查情况表作为日常安全管理对照表，确保档案实体和信息的安全。实行涉密电脑、硬盘等专人专管专用，杜绝将手机等连接到涉密设备，确保档案信息资源安全。

【档案收集归档】

2022 年，红寺堡区完成脱贫攻坚和民生档案的移交进馆和数字化工作，建立专题数据库，为查档利用奠定基础。全年共接收文书档案 12 万余件、婚姻档案 21401 卷、移民档案 3644 卷、党史学习教育档案 1711 件、数码照片档案近 1T、视频档案 500 余件、实物档案 16 件，馆藏档案数字化率达 92.3%，全部挂接档案管理系统。开展“异地查档、跨馆服务”工作，与全区 27 家综合档案馆签订馆际共享协议，开展预约查档、电话查档、信函查档。全年共接待查档 60 人次，提供利用档案复制件 290 件。

【档案开发利用】

2022 年，红寺堡区成立档案鉴定工作领导小组，对馆藏档案进行开放鉴定 700 余件，共鉴定开放档案 400 余件。挖掘利用馆藏照片档案，完成离任领导纪念册及纪念短视频的制作。挖掘研究移民档案及红寺堡各行各业历年编纂的图书资料，丰富档案资料。

【档案业务培训】

2022 年，红寺堡区档案史志馆对各立档单位档案人员开展培训，有 3 个立档单位 12 名干部完成为期一个月的跟班学习，开展集中培训 5 次，受训人数达 500 人。组织干部参加自治区、吴忠市组织的各类业务培训班 4 次。开展“6·9”国际档案日系列宣传活动。1 名档案干部被评为全国青年档案业务骨干。

（康玲琳）

党校工作

【理论学习】

2022 年 6 月 8 日，红寺堡区委党校揭牌成立。坚持把学习宣传贯彻习近平总书记在中央

2022 年 6 月 8 日，红寺堡区委党校揭牌成立

党校建校90周年庆祝大会暨2023年春季学期开学典礼上的讲话与学习贯彻习近平新时代中国特色社会主义思想、党的二十大精神、自治区第十三次党代会精神和红寺堡区中心工作融合，并列入各类培训班。采取线上与线下相融合教学方式，推动干部提高理论素养。

【培训工作】

2022年，红寺堡区委党校打造红色校园、文化校园、智慧校园、温馨校园、易地移民示范校园建设，按照区委要求和组织部安排部署，设置中青年干部培训班、新提拔干部进修班、学习贯彻习近平新时代中国特色社会主义思想专题班30期。联合自治区党校开展大调研活动，启动“宁夏红寺堡区移民致富创新实践课题研究”。打造宁夏移民博物馆、弘德村红色教育基地等13个现场教学点、实训地，开发“共产党好、黄河水甜”——宁夏扬黄灌溉工程生动实践、“真心感恩跟党走，共建移民新家园”等6个主题的红寺堡特色课程。启动编纂《口述红寺堡移民史》乡土教材。

（朱冠先）

老干部工作

【关爱服务】

2022年，红寺堡区征订《中国共产党宣传工作简史》等学习资料200余册，组织离退休干部开展集体学习、交流研讨30余场次。贯彻落实《关于加强新时代离退休干部党的建设工作的意见》，制定学习计划和任务清单，推动各党支部组织退休干部规范开展“三会一课”“主题党日”等活动。每月发放离退休干部党支部书记工作补贴200元，累计慰问退休干部75人次，发放慰问金5.75万元。举办“防范养老诈骗 守好‘钱袋子’”主题宣讲活动，开展“情暖桑榆”志愿服务活动，为21名老党员线上送温暖，帮助居家老干部运送生活物资。

【组织活动】

2022年，红寺堡区邀请退休干部参加区委全会和区政府工作报告意见征集会，组织开展“建言二十大”“我看中国特色社会主义新时代”专题调研活动，3名退休干部参与党的政策宣讲，2名有医疗健康特长的退休干部开展健康义诊活动。开展“春风化雨三十载 一生描绘教育梦”退休教师座谈活动，组织参加全区“喜迎二十大 建功新时代”主题征文，撰写《共产党好 黄河水甜》等10余篇文章，2名退休干部的作品获奖。

（宋晓亮）

红寺堡区人民代表大会

综　述

【概　况】

2022年，红寺堡区人大常委会坚持以习近平新时代中国特色社会主义思想为指导，深入学习贯彻落实党的十九大、十九届历次全会、中央人大工作会议、党的二十大、习近平总书记视察宁夏重要讲话指示批示精神及自治区第十三次党代会精神，坚持党的领导、人民当家作主、依法治国有机统一，紧扣区委决策部署，自觉把人大工作摆到区委中心工作和红寺堡发展大局中思考谋划推进。全年召开常委会会议8次、主任会议12次，听取和审议“一府一委两院”专项工作报告15项，开展视察、调查和执法检查13次。2022年，共办理议案1件、建议24件，推动在产业发展、民生保障等方面一批实际问题得到解决。

【财政监督】

2022年，红寺堡区人大常委会加大对国民经济和社会发展计划执行情况的监督力度，听取审议预算工作报告，批准2021年本级决算，就2022年本级预算调整方案作出决议，督促区人民政府及相关部门加强经济运行分析，强化收入征管，保障重点支出，规范预决算编制，提高预算管理水平。专项听取本级预算执行及其他财务收支情况的审计报告，督促区人民政府及相关部门抓好审计发现问题的整改落实，提高财政资金绩效管理水平。听取国有资产管理工作情况的报告，发挥好国有资产守护人作用。

【法律监督】

2022年，红寺堡区人大常委会对区人民政府贯彻执行《红寺堡区人大常委会关于第八个五年法治宣传教育的决议》落实情况进行跟踪督导，对《中华人民共和国乡村振兴促进法》贯彻落实情况开展执法检查。开展法律知识培训和测试，提高人大常委会组成人员、区乡两级人大代表法律意识。主动向自治区、吴忠市人大提出《宁夏回族自治区实施〈中华人民共和国村民委员会组织法〉办法》(简称《办法》)法律建议案，联合区民政部举办了《办法》线上线下专题培训班，被吴忠市人大常委会确立为唯一一个县级人大常委会基层立法联系点。完成自治区人大、妇联、市人大立法调研 4 次。

【人事任免】

2022 年，红寺堡区人大常委会坚持依法行使权利，通过法定程序体现区委要求和人民意愿，坚持党管干部与人大依法任命有机统一，正确行使民主权利，严格任免程序，严把法律知识考试、个人供职、审议票决、向宪法宣誓等关键环节，严肃人事任免选举和任后监督工作。2022 年，依法任免国家机关工作人员 59 人次。

（任成忠）

重要会议

【红寺堡区四届人大二次会议】

2022 年 10 月 26—28 日召开，会议由红寺堡区人大常委会主任苏达志主持。会议补选杨文福为红寺堡区人民政府区长。

【红寺堡区四届人大三次会议】

2022 年 12 月 11—13 日召开，会议由红寺堡区人大常委会主任苏达志主持。会议补选陈秀霞为红寺堡区人民法院院长，马广步、王成虎、姚一凡为红寺堡区第四届人民代表大会常务委员会委员。

【红寺堡区四届人大常委会第三次会议】

2022 年 2 月 18 日召开，会议由红寺堡区人大常委会主任苏达志主持。会议听取和审议区监察委员会廉政教育开展情况的报告，听取和审议关于召开区四届人大二次会议有关事宜。

【红寺堡区四届人大常委会第四次会议】

2022 年 5 月 11 日召开，会议由红寺堡区人大常委会主任苏达志主持。会议听取和审议区人民政府关于医药卫生体制改革工作的报告、区人大常委会关于医药卫生体制改革工作的调查报告、区人民政府关于基层治理工作情况的报告、区人大常委会关于基层治理工作情况的调查报告、区人民政府关于环境状况和环境保护目标完成情况审议意见办理情况的报告、区人民法院关于教育整顿工作情况的报告、区人民检察院关于教育整顿工作情况的报告、区人大常委会代表资格审查委员会关于区四届人民代表大会代表变动及补选代表的代表资格审查情况的报告。会议审议有关制度，审议有关免职议案，免去王宁区监察委员会副主任职务。

【红寺堡区四届人大常委会第五次会议】

2022 年 6 月 27 日召开，会议由红寺堡区人大常委会主任苏达志主持。会议听取和审议区人民政府关于国有资产管理情况的报告、区人大常委会执法检查组关于《中华人民共和国乡村振兴促进法》贯彻落实情况的执法检查报告、区人大常委会督查组关于《红寺堡区人大常委会关于深入开展第八个五年法治宣传教育的决议》贯彻执行情况的督查报告；听取和审议有关人事任免议案，会议表决通过红寺堡区人民政府和红寺堡区检察院人事任免议案，免去张宏志红寺堡区人民政府副区长职务，免去王亮红寺堡区人民政府副区长职务（挂职），免去徐明勇红寺堡区人民政府副区长职务（兼职），免去杨根枝红寺堡区人民政府副区长职务，免去杨平红寺堡区人民政府副区长职务，任命赵薛刚为红寺堡区人民政府副区长（挂职期两年），马涛为红寺堡区人民政府副区长，丁朝炜为红寺堡区人民政府副区长，慈小荣为红寺堡区人民政府副区长（兼职），杨吉林为红寺堡区人民政府副区长，任命马晓燕、杨永刚为吴忠市红寺堡区人民检察院检察员；审议通过有关备案事项。

【红寺堡区四届人大常委会第六次会议】

2022年8月30日召开，会议由红寺堡区人大常委会主任苏达志主持。会议听取和审议区人民政府关于2022年上半年国民经济和社会发展计划执行情况的报告、区人大常委会调查组关于红寺堡区2022年上半年国民经济和社会发展计划执行情况的调查报、区人民政府关于2021年红寺堡区财政决算草案和2022年上半年预算执行情况的报告、区人大常委会调查组关于红寺堡区2021年财政决算草案和2022年上半年预算执行情况的调查报告、区人民政府关于2021年度财政预算执行及其他财政财务收支审计情况的报告、区人民政府关于环境状况和环境保护目标完成情况的报告、区人民政府关于2022年红寺堡区预算调整方案（草案）的报告、区人大常委会农财委关于2022年红寺堡区预算调整方案的审查报告、关于红寺堡区人民代表大会常务委员会规范性文件备案审查办法（试行）；会议审议有关人事任免议案，会议表决通过红寺堡区人大常委会、红寺堡区人民政府、红寺堡区监察委员会人事任免议案，免去马晓莲区人大常委会代表联络与选举工作委员会主任职务，免去李宗贤区住房城乡建设和交通局局长职务，免去韩明区工业信息化和商务局局长职务，免去黄国民区政府办公室主任职务，免去何明区民政局局长职务，免去李军保区发展和改革局局长职务，免去王少奇区自然资源局局长职务，免去蔡金玉区审批服务管理局局长职务，任命牛海萍为区人大常委会代表联络与选举工作委员会主任，任命陈秀霞为吴忠市红寺堡区人民法院审判员、审判委员会委员、副院长，任命段立栓为区发展和改革局局长，任命李宗贤为区工业信息化和商务局局长，任命韩明为区民政局局长，任命黄国民为区自然资源局局长，任命何明为区住房城乡建设和交通局局长，任命马金平为区审批服务管理局局长，任命刘辉为红寺堡区监察委员会副主任；审议通过有关备案事项。

【红寺堡区四届人大常委会第七次会议】

2022年10月28日召开，会议由红寺堡区人大常委会主任苏达志主持。会议听取和审议区人民政府关于用水权改革工作情况的报告、区人民政府关于2022年红寺堡区预算调整方案（草案）的报告、区人大常委会农财委关于2022年红寺堡区预算调整方案的审查报告；会议审议有关人事任免议案，会议表决通过红寺堡区人大常委会和红寺堡区人民政府人事任免议案，任命杨飞鹏为区人民政府办公室主任，免去金鑫吴忠市红寺堡区人民法院执行局局长、审判委员会委员、审判员职务，免去梁莹吴忠市红寺堡区人民法院立案庭庭长、审判员职务，任命梁堂为吴忠市红寺堡区人民检察检察员，免去计永慧吴忠市红寺堡区人民检察院检察员职务；审议通过有关备案事项。

【红寺堡区四届人大常委会第八次会议】

2022年12月2日召开，会议由红寺堡区人大常委会主任苏达志主持。会议听取和审议区人民政府关于代表议案建议办理情况的报告、关于补选白小军等6名同志为吴忠市第六届人民代表大会代表的议案、红寺堡区第四届人民代表大会代表资格审查委员会关于代表变动及补选代表的代表资格审查情况的报告（草案）、关于召开红寺堡区第四届人民代表大会第三次会议时间的决定（草案）、红寺堡区第四届人民代表大会第三次会议有关事宜。

代表工作

【履职平台建设】

2022年，红寺堡区筹措资金30万元，建设人大代表联络站2个、代表小组活动室27个，落实三级代表补贴经费12.4万元。依托人大代表网络履职平台，推进“智慧人大”建设，扎实做好信息收集、整理工作，完成175名区级人大代表信息录入。用好“红寺堡区人大代表之家”线上平台，逐步实现人大代表线上学习和手机网上履职。

【代表活动】

2022年，红寺堡区人大常委会组织110名人大代表参加培训学习、考察交流。开展监督法、代表法、组织法、人民代表大会的制度设计与人大代表依法履行职责、“当好人大代表”等专题学习培训，征订《习近平谈治国理政》第四卷、《中国人大》、《人民代表报》，丰富学习内容，提高履职素养。组织代表与选民面对面述职，述职评议30人次，增强代表服务选民的责任意识。邀请代表参加区委、人大、政府重大会议活动和法检两院庭审会122人次。

【履职能力提升】

2022年，红寺堡区人大常委会组织开展“法律法规学习提升年”活动，使代表会履职、能履职、履好职，推进全过程人民民主走深走实。将乡镇人大代表活动经费纳入同级财政预算，强化代表履职经费保障。确保每位代表任期内至少参加履职培训、专题学习各1次。

【自身建设】

2022年，红寺堡区人大常委会坚持把党建工作与人大工作、机关建设、作风纪律、为民办实事相融合，加强机关党员干部日常教育和管理。规范档案文件管理，向档案史志馆移交2009—2021年区人大常委会机关档案资料4000余件。开展党员进社区、创建全国文明城市等志愿服务活动。2022年共编发《人代会资料汇编》2期、《常委会公报》6期、《人大工作》43期。

专门委员会

【财经农业教科文卫工作委员会】

2022年，财经农业教科文卫工作委员会围绕重点工作开展监督，调查2022年度国民经济计划和社会发展计划、财政预算执行等情况。听取审议预算工作报告，批准2021年本级决算，就2022年本级预算调整方案作出决议，督促区人民政府及相关部门加强经济运行分析，规范预决算编制，提高预算管理水平。专项听取本级预算执行及其他财政财务收支情况的审计报告，督促区人民政府及相关部门抓好审计发现问题的整改落实，提高财政资金绩效管理水平。听取和审议区人民政府关于环境状况和环境保护目标完成情况的报告、关于用水权改革情况的工作报告、关于基层治理工作情况的报告。联合检察院对基层治理进行延伸调查，推动基层治理体系和治理能力现代化建设。按照红寺堡区人大常委会2022年度工作计划和监督重点，对农业农村局进行了民主评议。

【民族宗教法制工作委员会】

2022年，民族宗教法制工作委员会对区人民政府贯彻执行《红寺堡区人大常委会关于第八个五年法治宣传教育的决议》落实情况进行跟踪督导，对《中华人民共和国乡村振兴促进法》贯彻落实情况开展执法检查，开展“法律法规学习提升年”活动。强化法律监督，主动向自治区、吴忠市人大提出《宁夏回族自治区实施〈中华人民共和国村民委员会组织法〉办法》（简称《办法》）法律建议案，联合区民政部门举办了《办法》线上线下专题培训班，被吴忠市人大常委会确立为唯一一个县级人大常委会基层立法联系点。在自治区范围内率先制定出台了《红寺堡区人大常委会规范性文件备案审查办法（试行）》，完善规范性文件电子备案审查系统，建立区人大常委会法律顾问聘用制度。对"一府一委两院"关于《吴忠市红寺堡区临时救助实施细则》《关于规范红寺堡区农村宅基地审批管理确权登记工作的实施意见》等 19 个规范性文件进行备案审查，实现规范性文件备案审查全覆盖。修订完善《吴忠市红寺堡区人民代表大会常务委员会拟任命人员任前法律知识考试办法》，全面推行区人大常委会拟任命干部任前法律知识闭卷考试制度，增强领导干部法治意识和依法行政能力。

【代表联络选举工作委员会】

2022 年，代表联络选举工作委员会组织代表赴扬州、昆明等地参加履职能力提升培训。修订完善《红寺堡区人大代表履职制度》和《红寺堡区人大代表履职公示制度》。围绕如何提高代表履职能力开展调查研究，印发《关于加强和改进新时代人大代表工作的实施方案》《关于在红寺堡区人大代表中深入开展"五带头三联系一述评"活动的实施方案》，推动代表联系群众制度化。组织代表与选民面对面述职，述职评议 30 人次，提高代表服务选民的责任意识。筹措资金 30 万元，建设人大代表联络站 2 个、代表小组活动室 27 个，落实三级代表补贴经费 12.4 万元。完成 175 名区级人大代表信息录入。

（任成忠）

红寺堡区人民政府

综　述

【特色农业】

2022年，红寺堡区守牢粮食安全底线，全年粮食播种面积34.05万亩，总产量达16.6万吨，均超额完成目标任务。发展壮大特色产业，实施特色产业补助、玉米套种大豆补贴等项目69个，兑付补贴资金2.18亿元。建设高标准农田1.1万亩，新增酿酒葡萄1260亩，打造黄花菜高质量发展示范点5个、千亩以上绿色示范点13个。改造提升乌沙塘、玉池等4个百座以上农业园区，新增设施农业1265亩，蔬菜产量达1.75万吨，增长19.5%。新改建红川等“出村入场”养殖园区7个，肉牛、滩羊饲养量分别达15万头、105万只。千红裕葡萄酒在世界最大规模葡萄酒赛事上斩获金奖。索米亚生态农业科技有限公司被评为自治区四星级绿色食品加工企业、荣登全国亚麻籽油加工企业十强。预计全年实现农业总产值23.2亿元，增长5%。

【新型工业】

2022年，红寺堡区以绿色食品加工、烟包印刷、轻工纺织、清洁能源和装备制造为主攻方向，推动产业集群发展，轻、重工业增加值增速实现双增长。实施光伏电站等清洁能源综合利用示范项目12个，清洁能源累计建成并网458万千瓦。新增自治区“专精特新”中小企业2家、规上企业7家。实施工业企业技术改造项目14个，完成技改投资21亿元，赛马水泥获评自治区智能工厂、绿色工厂。

【现代服务业】

2022年，红寺堡区发挥刺激消费倍增效应，举办房产、汽车、家电、农特产品等促销活动13场次，发放消费券433万元，带动参与人数10.2万人次，实现销售额2.9亿元。改造升级电商公共服务中心完成，建成区外农特产品专卖店37家，线上线下销售农特产品1.2亿元。房地产市场平稳健康发展，预计全年房地产销售额9.9亿元，增长10%。培育形成市级移民文化体验集聚区，打造红色研学等4条经典旅游路线，全年旅游接待人数26.1万人次，实现旅游综合收入2630万元。

【城乡建设】

2022 年，红寺堡区完成国土空间规划和 50 个行政村“多规合一”实用性村庄规划。投入 1.67 亿元，实施第二污水处理厂（二期）、新民片区配套等市政基础设施项目 14 个。分期划片启动朝阳片区、兴盛片区等城市更新改造项目，完成拆迁 192 户，腾退城市可开发土地 205 亩。投入 2.26 亿元，实施村庄绿化、基础设施提升改造等项目 126 个，改造农村户厕 5120 座、冬季清洁取暖 1.8 万余户，改建农房及抗震宜居房 211 户，敷设供水管网 15 千米，新改建农村公路 43 千米、污水管网及配套设施 62.8 千米。农村生活垃圾治理率达 95%。打造乡村振兴示范村 3 个、高质量美丽宜居村庄 4 个、闽宁协作示范村 4 个、人居环境整治示范村 20 个。

【生态建设】

2022 年，红寺堡区融入黄河流域生态保护和高质量发展先行区建设，完成高污染燃料禁燃区、声功能区划定，抓好环保督察反馈问题整改落实，清洁煤配送中心建成投运，$PM_{2.5}$、PM_{10} 平均浓度分别控制在 26μg/m³、58μg/m³ 以内，优良天数比例稳定在 85% 以上。严格落实河长制，治理水土流失面积 26.4 平方千米，加固防洪堤 12 千米，完成第二污水处理厂尾水水质提升、柳泉乡污水处理站提标改造，新庄集乡污水处理站建成投运，清水河、苦水河、红柳沟流域水质稳定达Ⅳ类，集中式饮用水源地水质达Ⅲ类。投入 4.54 亿元，实施罗山西麓生态保护修复项目，完成生态修复 11 万亩，敷设生态供水管网 188 千米，种植杏树、桃树等生态经济林 5100 亩。完成国土绿化 5.57 万亩、草原生态保护修复 21.69 万亩、森林湿地资源管护 5.3 万亩、沙化土地封禁保护 15 万亩。实施森林资源管护工程，完成滚新路等 12 个林木管护区森林抚育 1.5 万亩。森林覆盖率、草原综合植被盖度分别达 14.57% 和 52.69%。

【社会事业】

2022 年，红寺堡区完成罗山中学风雨操场等办学条件提升项目 10 个，探索学前教育集团化办学模式，加快义务教育优质均衡发展。健全家庭学校社会协同育人机制，深入推进教育评价改革。提升卫生健康服务能力，深入开展爱国卫生运动，提高全民健康水平，深化人民医院三级乙等医院创建，建成中医医院，持续完善乡村医疗卫生服务体系。加强突发公共卫生事件应急和重大疾病防控能力建设，不断提高群众防护意识和能力。促进文化旅游体育事业全面发展，推进公共文化服务数字化，实施文化惠民工程，续建红色文化旅游复合廊道等文旅项目，打造城乡一体化出门就健身的“10 分钟健身圈”，承办自治区第七届农民篮球争霸赛，申办 2023 年全国航空航天模型锦标赛。

【民主法治】

2022 年，红寺堡区规范行政决策程序，严格执行“三重一大”集体决策制度，主动接受人大法律监督、政协民主监督、纪委监委专责监督和社会舆论监督，让各项决策更符实际、更合民意。深化行政执法体制改革，完善行政执法程序，确保公正文明执法。提升财政、审计、统计监督效力。推进数字政府建设，提升政务公开实效。

【深化改革】

2022 年，红寺堡区以经济体制改革为牵引，深化要素市场化配置改革和税收征管、金融体制等领域改革，加快融入全国统一大市场。深入推进“六权”改革，提高农村宅基地、集体林地、国有农用地确权比例，积极开展用水权、土地权、排污权、山林权、用能权和碳排放权市场化交易，加快构建资源有偿、使用有价、交易有市、节约有效的制度机制。深化“放管服”改革，全力推进“跨省通办”“一网通办”，不断创新行政管理和服务方式，全面优化营商环境。坚持先行先试，持续推进青年发展型县域、农业社会化服务创新等改革试点，积极创建全国婚丧习俗改革试点县区。

（马伊莎）

重要会议

【四届政府第一次全体（扩大）会议暨廉政工作会议】

2022 年 3 月 22 日召开，红寺堡区人民政府区长杨文福主持。会议书面传达学习全国两会精神；书面传达学习十九届中央纪委六次全会、自治区纪委十二届六次全会、吴忠市纪委五届六次全体会议、红寺堡区纪委三届六次全体会议精神；书面传达学习自治区人民政府第六次全体（扩大）会议和吴忠市六届人民政府第一次全体（扩大）会议精神；交办人大代表议案建议、政协委员提案；签订党风廉政建设和反腐败工作责任书。

【红寺堡区政府第 4 次常务会议】

2022 年 1 月 18 日召开，红寺堡区人民政府区长杨文福主持。会议传达学习习近平总书记关于党史学习教育的重要指示和党史学习教育总结会议精神、中央和自治区党委及吴忠市委经济工作会议精神；传达学习中央农村工作、自治区党委农村工作会议精神，研究贯彻落实意见；传达学习全国、全区应急管理工作会议和《自治区安委会办公室关于履行安全生产责任情况列入党政领导班子和领导干部年度考核述职内容的通知》精神；听取吴忠市红寺堡区2021 年安全生产工作情况的汇报；审议《吴忠市红寺堡区服务业发展“十四五”规划（送审稿）》《吴忠市红寺堡区“十四五”新能源发展规划（送审稿）》《自治区 2021 年巩固脱贫成果后评估反馈问题整改方案（送审稿）》；研究吴忠市红寺堡区肖家窑葡萄种植基地人饮工程等 3 宗农用地手续办理有关事宜。

【红寺堡区政府第 5 次常务会议】

2022 年 2 月 13 日召开，红寺堡区人民政府区长杨文福主持。会议传达学习习近平总书记关于统计工作重要讲话指示批示精神，以及全国、全区统计工作会议、《关于更加有效发挥统计监督职能作用的意见》等文件精神，研究贯彻落实意见；传达学习全国及自治区粮食和物资储备工作会议精神；传达学习全国、全区科技工作会议精神，研究贯彻落实意见；传达学习全国和自治区生态环境保护工作会议、自治区十二届人大五次会议、自治区政协十一届五次会议、自治区人民政府第六次全体（扩大）会议、自治区新材料产业高质量发展电视电话会议精神；听取红寺堡区 2021 年深入实施“四大提升行动”目标任务落实情况及 2022 年度工作计划的汇报；审议《红寺堡区 2022 年实施百万移民致富提升行动工作方案（送审稿）》《红寺堡区 2022 年实施城乡居民收入提升行动工作方案（送审稿）》《红寺堡区 2022 年实施基础教育质量提升行动工作方案（送审稿）》《红寺堡区 2022 年实施全民健康水平提升行动工作方案（送审稿）》《关于规范红寺堡区农村宅基地审批管理及确权登记工作的实施意见（送审稿）》。

【红寺堡区政府第 6 次常务会议】

2022 年 2 月 27 日召开，红寺堡区人民政府区长杨文福主持。会议传达学习习近平总书记在十九届中央纪委六次全会上的要讲话精神、习近平总书记关于审计工作的重要指示批示、李克强总理讲话精神，以及全国、自治区审计工作会议精神，研究贯彻落实意见；传达学习自治区信访工作联席会议办公室、信访局关于深入学习贯彻习近平总书记重要指示精神的通知、全国和自治区信访局长会议精神、《河南郑州“7·20”特大暴雨灾害调查报告》等，研究贯彻落实意见；听取红寺堡区 2021 年度污染防治攻坚战年度目标任务落实情况及 2022 年度工作计划的汇报；审议《吴忠市红寺堡区关于深化“证照分离”改革 进一步激发市场主体发展活力实施方案（送审稿）》等有关文件；研究解决博大社区居民住宅遗留问题、太阳山镇蔡庄子集中养殖产业智慧孵化园蓄水池程设施农用地手续办理等有关事宜。

【红寺堡区政府第 7 次常务会议】

2022 年 4 月 1 日召开，红寺堡区人民政府区长杨文福主持。会议传达学习全国两会精神、《中华人民共和国法律援助法》，传达学习中央第四生态环境保护督察组向宁夏回族自治区反馈督察情况等会议精神，研究贯彻落实意见；审议《红寺堡区（乌沙塘）高效节水生态农业示范园区整顿盘活工作实施方案（送审稿）》《红寺堡区新民街道朝阳片区征收改造工作方案（送审稿）》等文件；研究红寺堡区城东园区、红寺堡区 2022 年度城乡建设用地增减挂钩项目、红寺堡区新庄集乡洪沟滩幼儿园项目供地等有关事宜。

【红寺堡区政府第 8 次常务会议】

2022 年 4 月 22 日召开，红寺堡区人民政府区长杨文福主持。会议传达学习 2022 年全国、自治区、吴忠市市场监管工作会议，全国知识产权局局长会议、全区市场监管工作会议，全区药品监管暨党风廉政建设工作会议，全国、全区卫生健康工作会议精神，研究贯彻落实意见；听取 2022 年一季度全区经济运行情况汇报，分析当前经济形势，研究部署下一步工作；审议《红寺堡区推进一村（社区）一法律顾问实施方案（送审稿）》《吴忠市红寺堡区巩固拓展脱贫攻坚成果同乡村振兴有效衔接实施方案（送审稿）》《红寺堡区粮食应急预案（送审稿）》；研究红寺堡区城市更新朝阳片区项目招商引资协议书、红寺堡区 9 宗国有建设用地收回供应等有关事宜。

【红寺堡区政府第 9 次常务会议】

2022 年 5 月 5 日召开，红寺堡区人民政府区长杨文福主持。会议传达学习李克强总理在国务院廉政工作会议上的重要讲话、咸辉同志在自治区人民政府廉政工作会议上的讲话精神，传达学习梁言顺调研吴忠市社会经济发展工作讲话精神，传达学习自治区专项治理工作领导小组第三次、吴忠市专项治理工作领导小组第四次会议精神等；审议《关于构建现代环境治理体系的实施意见（送审稿）》；听取红寺堡区 2022 年一季度安全生产工作情况汇报、《吴忠市红寺堡区安全生产“十四五”规划（2021—2025）》《吴忠市红寺堡区突发事件总体应急预案（送审稿）》《吴忠市红寺堡区火灾事故应急预案（送审稿）》《吴忠市红寺堡区危险化学品事故应急救援预案（送审稿）》《吴忠市红寺堡区烟花爆竹事故应急预案（送审稿）》《红寺堡区新民街道兴盛片区征收改造工作方案（送审稿）》；研究组建成立弘德车间（宁夏）科技有限公司有关事宜等；研究收回红寺堡区文化街（太阳山路—东环路）项目用地重新划拨、续聘人民政府法律等有关事宜。

【红寺堡区政府第 10 次常务会议】

2022 年 5 月 18 日召开，红寺堡区人民政府区长杨文福主持。会议书面传达学习习近平总书记在庆祝中国共产主义青年团成立100周年大会上的讲话精神，传达学习李克强总理关于促进粮食生产稳定发展提高粮食安全保障能力的讲话精神、自治区党委涉粮问题专项巡视情况反馈会议精神及《粮食流通管理条例》；审议《吴忠市红寺堡区综合防灾减灾救灾“十四五”规划（2021—2025年）》（送审稿）、《红寺堡区安全生产行政责任规定（送审稿）》、《吴忠市红寺堡区重要河道采砂管理规划（送审稿）》等；听取红寺堡区2022年高考各项工作准备情况的汇报；研究红寺堡区国有林地确权有关事宜、红寺堡区南源综合文化站等6宗建设用地供地事宜等。

【红寺堡区政府第11次常务会议】

2022年6月15日召开，红寺堡区人民政府区长杨文福主持。会前专题学习《中华人民共和国地方各级人民代表大会和地方各级人民政府组织法》。会议传达学习习近平总书记关于统计工作重要讲话和指示批示精神，第九次全国信访工作会议、自治区第十三次党代会等相关会议精神，传达学习《防范和惩治统计造假弄虚作假重要文件选编》《关于深化统计管理体制改革提高统计数据真实性的意见》等；研究调整红寺堡区人民政府领导工作分工事宜、红寺堡区段头子养殖园区人畜供水工程设施农用地手续办理等事宜；审议《2022年红寺堡区预算调整方案（草案）》《2021年度国有资产管理情况综合报告（送审稿）》《2021年度企业国有资产（不含金融企业）专项报告（送审稿）》等；听取关于全域创建“食品药品安全区”暨国家食品安全示范城市创建工作开展情况汇报。

【红寺堡区政府第12次常务会议】

2022年6月23日召开，红寺堡区人民政府区长杨文福主持。会前专题学习《中华人民共和国环境保护法》。会议传达学习张雨浦同志在自治区政府第七次全体（扩大）会议和防汛救灾视频调度会上的讲话精神等，审议《红寺堡区2022年农村户厕改造项目实施方案（送审稿）》等，研究红寺堡区大河乡中心小学综合教学楼等建设项目审批事宜，研究搬迁增设社区卫生服务站等事宜。

【红寺堡区政府第13次常务会议】

2022年7月8日召开，红寺堡区人民政府区长杨文福主持。会议传达学习习近平在庆祝香港回归祖国25周年大会暨香港特别行政区第六届政府就职典礼上的讲话精神、自治区党委书记梁言顺调研全区经济运行情况时的讲话精神，学习《宁夏回族自治区政府投资管理办法》，听取红寺堡区2022年上半年安全生产工作情况汇报，审议《2022年红寺堡区预算调整方案（草案）》《吴忠市红寺堡区突发环境事件应急预案（送审稿）》；研究红寺堡区4宗建设用地供地事宜；研究柳泉乡水套村集中养殖场蓄水池工程设施农用地手续办理事宜。

【红寺堡区政府第14次常务会议】

2022年7月24日召开，红寺堡区人民政府区长杨文福主持。会前专题学习《中华人民共和国乡村振兴促进法》。会议传达学习习近平总书记在新疆考察时的重要讲话精神；审议《吴忠市红寺堡区推进气象事业高质量发展的实施方案（送审稿）》《2022年全国青少年航空航天模型锦标赛、2022年全国航空航天模型锦标赛实施方案（送审稿）》、《吴忠市红寺堡区自然灾害救灾应急预案（送审稿）》《红寺堡区防汛抗旱应急救援预案（送审稿）》《吴忠市红寺堡区机关事务服务中心公务用车驾驶员行车安全绩效奖励办法（试行）》（送审稿）等；研究宁夏吴忠市黄河国家文化公园红寺堡段新时期红色文化旅游复合廊道等建设项目审批事宜等。

【红寺堡区政府第15次常务会议】

2022年8月7日召开，红寺堡区人民政府区长杨文福主持。会议传达学习中央统战工作会议精神；审议《吴忠市红寺堡区2022年上半年国民经济和社会发展计划执行情况（草案）的报告（送审稿）》、审议《吴忠市红寺堡区2021年财政决算（草案）和2022年上半年财政预算执行情况（送审稿）》《吴忠市红寺堡区2021年度本级预算执行及其他财政财务收支情况的审计工作报告（送审稿）》，研究红寺堡区财政局采购第三方机构对2022年及以前年度政府投资工程项目进行工程结算审核工作事宜。听取红寺堡区2022年上半年生态环境保护工作的汇报、听取红寺堡区上半年经济运行情况汇报。

【红寺堡区政府第16次常务会议】

2022年8月22日召开，红寺堡区人民政府区长杨文福主持。会议传达学习习近平总书记在7月28日中央政治局会议上的重要讲话精神，7月21日、29日国务院常务会议精神，自治区党委常委会会议、政府第128次常务会议精神；传达学习习近平总书记在四川、辽宁考察时的重要讲话、李克强总理关于安全生产重要批示精神，研究贯彻落实意见；听取吴忠市安委会督查红寺堡区安全生产“百日专项整治”等重点工作情况汇报，安排部署下一步工作；听取红寺堡区1—7月信访维稳工作开展情况汇报、2022年人大代表议案建议和政协委员提案办理情况的汇报；审议《吴忠市红寺堡区农村人居环境整治提升五年行动实施方案（2021—2025年）》（送审稿）等；研究解决弘德骨科医院遗留问题有关事宜等。

【红寺堡区政府第17次常务会议】

2022年9月1日召开，红寺堡区人民政府区长杨文福主持。会议学习《习近平生态文明思想学习纲要》《宁夏回族自治区安全生产条例》等；听取红寺堡区国企改革三年行动工作开展情况的汇报、听取关于红寺堡区2023年项目谋划情况的汇报、听取吴忠市红寺堡区中小学教师“县管校聘”改革推进情况的汇报等；审议《红寺堡区行政审批事项划转实施方案（送审稿）》；研究吴忠市红寺堡区农村学校“光热+光伏”清洁取暖项目审批等其他事宜。

【红寺堡区政府第18次常务会议】

2022年9月16日召开，红寺堡区人民政府区长杨文福主持。会上套开红寺堡区安全生产委员会2022年第五次全体（扩大）会议。会议传达学习习近平总书记对青海重大山洪灾害和当前防汛抗旱抢险救灾工作重要指示、李克强总理批示、习近平总书记对四川甘孜泸定县6.8级地震作出的重要指示、李克强总理批示精神，研究贯彻落实意见等。审议《吴忠市红寺堡区贯彻落实第二轮中央生态环境保护督察报告整改方案（送审稿）》；研究晓鸣股份有限公司红寺堡智慧农业产业示范园青年鸡种业基地（一期）项目用地手续办理等事宜。

【红寺堡区政府第19次常务会议】

2022年10月12日召开，红寺堡区人民政府区长杨文福主持。会议传达学习《中共中央办公厅关于浙江省嘉兴市违规改扩建南湖宾馆问题查处情况的通报》，传达学习梁言顺书记视频督导调度全区安全生产工作的讲话精神等，研究红寺堡区农业开发用地手续未完善相关事宜，听取红寺堡区9月部门项目资金支出进度情况通报等事宜。

【红寺堡区政府第 20 次常务会议】

2022 年 10 月 25 日召开，红寺堡区人民政府区长杨文福主持。会议传达学习党的二十大精神；专题学习《中华人民共和国审计法》；审议《红寺堡区行政许可事项清单（2022 年版）》（送审稿）、《红寺堡区综合解决自发移民问题工作方案（送审稿）》；听取红寺堡区 2022 年优化营商环境工作开展情况的通报，安排部署工作；听取红寺堡区开展行政规范性文件清理工作的汇报。

【红寺堡区政府第 21 次常务会议】

2022 年 11 月 24 日召开，红寺堡区人民政府区长杨文福主持。会议传达学习习近平总书记对河南安阳市凯信达商贸有限公司火灾事故作出重要指示精神，传达学习梁言顺、张雨浦同志在自治区传达贯彻党的二十大精神会议上的传达提纲及讲话精神、《自治区财政厅关于坚决遏制新增隐性债务从严落实化债计划的通知》精神；审议《政府工作报告（送审稿）》《吴忠市红寺堡区第四届人民代表大会第一次会议代表议案建议办理情况的报告（送审稿）》；听取吴忠市红寺堡区乡村振兴重点帮扶县相关政策落实和资金审计问题整改情况汇报等。

【红寺堡区政府第 22 次常务会议】

2022 年 12 月 22 日召开，红寺堡区人民政府区长杨文福主持。会议传达学习习近平总书记在《生物多样性公约》第十五次缔约方大会第二阶段高级别会议开幕会上的讲话精神、吴忠市第六届人民代表大会第二次会议和中国人民政治协商会议第六届吴忠市委员会第二次会议精神；听取红寺堡区 2022 年食品药品安全工作开展情况的汇报等；审议《吴忠市红寺堡区教育质量提升行动实施方案（送审稿）》《吴忠市红寺堡区“十四五”学前教育发展提升行动计划实施方案（送审稿）》《红寺堡区第二批稳就业促增收教育保障工作实施方案（送审稿）》；听取红寺堡区中央、自治区生态环境保护督察反馈问题整改进展情况汇报。

（马伊莎）

综合政务

【督查督办】

2022 年，红寺堡区政府督查室创新督查方式，把督查工作深入基层一线。全年围绕经济发展、民生改善、生态保护、创城创卫等开展各类专项督查 120 余次，下发政务督查通报 12 期、督办单 13 期，推动区委、区政府决策部署和政策措施落地生效。

【政务信息公开】

2022 年，红寺堡区在政务服务大厅院内专门打造政务信息公开长廊，以一个事项、一个二维码的形式将红寺堡区各部门承接的政务服务事项在长廊中公示，群众扫二维码便可查看办理相应事项所需资料、办事时间及流程，减少群众办事来回跑的次数，节省群众的办事时间。

【数字政府建设】

2022 年，红寺堡区加快推进数字政府建设进程，拓展“互联网 + 政务”应用，推动应用“宁政通”“得力 e+ 工作平台”“我的宁夏”App 等政务协同平台，提高工作效率。截至 2022 年底，红寺堡区协同办公平台应用单位 165 个（包括部分事业单位、驻红单位、学校），使用人数 1732 人。加强“互联网 + 监管”应用，实现各单位监管系统数据与“互联网 + 监管”系统一体化。全年监管行为覆盖率为 58.07%。通过红寺堡区人民政府网、各单位微信公众号和视频号宣传推广宁夏政务服务网等网上办事系统，引导群众、企业线上办理参保、缴费、电子社保卡领取等业务，打造“大数据＋人工智能＋信息比对线下服务”待遇资格认证模式。实现“全地域、全天候、全流程”办理不动产登记、“智慧法院诉讼”、掌上办税、简易注销、免填单服务、全程电子化、不见面审批等系列惠民惠企新模式，推动各项改革措施到实处。

（马伊莎）

信访工作

【群众来访】

2022 年，红寺堡区信访总量 289 批次 910 人次（其中初信初访 160 批次 483 人次，重复访 129 批次 427 人次），与 2021 年同期相比批次下降 21.25%、人次下降 9.72%。按信访问题类别划分，农业农村类占比 22.49%，城乡建设类占比 23.18%，政法类占比 15.22%，自然资源类占比 14.53%，劳动和社会保障类占比 9.34%，民政类占比 6.23%，其他类占比 9.01%。

【积案化解】

2022 年，红寺堡区严格落实领导包案，明确化解时限，加强督导、通报等工作机制，于 7 月 20 日前对中央信联办交办的 15 件信访件全部化解，上报化解率、审核化解率均达到 100%。自治区信联办交办 7 件，化解 7 件，化解率 100%；吴忠市信联办交办 7 件，化解 7 件，化解率 100%；化解本级自排 1 件，化解率 100%。全年网上受理信访事项 250 件。

【信访制度改革】

2022 年，红寺堡区推动信访工作体系和机制落地见效，加强督促指导，加快各类信访件提质提速流程，缩短办理时限，提高办理质效。全年网上办理的 250 件投诉件，平均办理时限由 2021 年的 21.3 天提升至 22.1 天。借助自治区视频会议系统，开展两次信访业务智能辅助系统培训。宣传推广红寺堡信访微信公众号，引导来访群众通过网上投诉反映诉求。围绕受理、转送、交办、督办、审核、回访等各个环节，严格审核把关，加大督查督办力度，确保一般性信访问题一次性办结。2022 年，红寺堡区信访局电话督办 113 余次、网上督办 62 次。

【分析研判】

2022 年，红寺堡区信访局坚持定期分析研判和信息通报预警机制，确保各类影响社会稳定的突出问题早发现、稳控到位、处置及时。严格执行信息报送、请示报告制度，做到重要动态随时掌握、重要情况随时上报、重要问题随时处置。截至年底，预警责任单位重点访 30 余次，重点督办 80 余次，季度分析研判报告 4 次，月度分析研判报告 9 次，周动态 33 次，信息快报 16 次。

（王桂梅）

政务服务

【服务事项】

2022 年，红寺堡区审批服务管理局梳理承接“四级四同”（国家、省、市、区政务服务事项名称、事项编码、事项类型、设定依据四统一）政务服务事项 1336 项，进驻政务大厅事项 1239 项，进驻率达 92.7%，其中网办事项 1158 项，网办率达 86.68%；即办事项 567 项，即办率达 42.44%。编制红寺堡区行政许可事项清单，清单共涉及 24 个部门 240 项事项。各窗口单位实行容缺受理先期办、告知承诺制，解决企业群众因材料不齐多次跑等问题。根据大厅设施布局和办事需求调整窗口分布，设有公安服务区、项目审批服务区、不动产服务区、公共服务区等8个服务区。税务、人社、不动产、综合代办实现一窗受理。可实现跨省通办事项85项，区内通办89项，零材料72项和“一证（照）通办”政务服务事项69项。持续推进“互联网+政务服务”创新应用，建立电子证照库，将各单位在办理证照后的电子证照采集、汇总。完善政务服务“好差评”制度体系，共采购78台评价设备并上线运行，推进网上大厅办事一事一评、线下窗口办事一次一评。

【营商环境优化】

2022年，红寺堡区审批服务管理局推进行政审批制度改革，持续打造一流营商环境，召开3次联席会议。形成优化营商环境专题调研报告2篇、“放管服”改革专题调研报告1篇。开展深化“放管服”改革、优化营商环境专项督查2次，开展优化营商测评工作，实地指导填报技巧2次，完成2022年度宁夏营商环境评价工作。在2022年营商环境评价中，红寺堡区综合得分83.72分，在市辖区中排第四，比2021年上升两位，其中企业评排名第一，执行合同指标居全区第一。

【基层便民审批服务改革】

2022年，红寺堡区审批服务管理局规范6个乡镇（街道）便民服务中心和72个村（社区）便民服务站标准化建设，设置“综合受理”窗口，配备窗口电子屏、岗位标牌、工作人员公示牌、事项公示牌等基本服务标识，标准化率达100%。推进117项政务服务事项下沉，围绕就业服务、社会保障、医疗保障、社会救助等群众重点关注的事项在乡镇便民服务中心和村级便民服务站办理，解决基层审批服务“最后一千米”问题。截至年底，乡镇办件55290件，不见面办件28251件，不见面办理率51.1%，村级代办1689件，基本实现让群众足不出村、足不出乡镇办事。

2022年5月6日，吴忠市红寺堡区优化营商环境工作联席会议在政府第二会议室召开

【"12345"服务热线】

2022年，红寺堡区审批服务管理局持续优化"12345"便民服务热线功能，对"12345"便民服务热线进行督办，推行首接负责制，建立督办台账，实行定期通报制度，引导承办单位自我联办。全年共接到"12345"便民服务热线14467件，转办诉求6316件，办结件6316件，办结率100%，群众满意率达到96.80%。

【行政审批事项】

2022年，红寺堡区审批服务管理局依据集中划转审批服务事项和审批改革要求，将区委统战部、区委编办、民政局、卫生健康局4个部门的53项政务服务事项划转至审批服务管理局，推行一窗受理、集成服务。11—12月，共受理7件事项，办结7件，办结率为100%，实际节省17个工作日，提升了行政审批效率，降低了审批成本。

（丁梅花）

地方志编纂

【史志编纂】

2022年，红寺堡区出版发行《红寺堡年鉴（2021）》。完成《红寺堡年鉴（2022）》资料征集、初稿编纂工作。编发刊印3期《美丽红寺堡》地情刊物，完成《宁夏年鉴（2022）》《吴忠年鉴（2022）》红寺堡内容报送工作。启动《吴忠市红寺堡区扶贫志》编纂工作，成立以区委书记王忠强、区长杨文福为组长，区委副书记徐娟为第一副组长，区委常委、宣传部部长马青松和副区长马涛、杨吉林为副组长，各承编单位主要负责人为成员的《吴忠市红寺堡区扶贫志》编纂工作指导小组，下设办公室，办公室设在档案史志馆，区委办主任李海福、档案史志馆馆长柯强任办公室主任。

【服务社会】

2022年，红寺堡区常态化开展地方志"六

红寺堡区地方史志类图书等

2022年5月18日，红寺堡区档案史志馆联合振兴社区开展“5·18”地方志宣传日活动

进”工作，将《红寺堡移民史》《红寺堡史话》《红寺堡年鉴》《美丽红寺堡》等地情史志送到机关、农村、社区、校园、企业、军营。共赠送志书2000余册，帮助红寺堡区移民群众了解当地的发展变化。

【方志宣传】

2022年5月18日，红寺堡区档案史志馆联合振兴社区开展“5·18”地方志宣传日活动。讲好红寺堡故事，宣传好红寺堡形象，加强方志文化与社区百姓互动交流，让方志文化成果走出馆藏，走下书架，走进千家万户。本次活动捐赠的书籍种类较多，有《红寺堡区志》《红寺堡史话》，有反映红寺堡区移民历史的《红寺堡移民史》。本次活动推动了社区文化建设，帮助居民了解红寺堡、认识红寺堡，增强文化认同，推动地方志工作更好地为经济社会发展服务。

（康玲琳）

政协红寺堡区委员会

综　述

【理论学习】

2022年，政协红寺堡区委员会自觉用党的创新理论武装头脑，深入学习贯彻习近平新时代中国特色社会主义思想和习近平总书记关于加强和改进人民政协工作的重要思想、党的十九大及十九届历次全会精神、自治区第十三次党代会精神等内容，定期开展党组理论学习中心组学习、常委会学习、主席会议集体学习及干部理论学习。2022年前三季度开展党组理论学习中心组学习10次、主席会学习10次、干部理论学习12次，各功能型党支部开展理论学习3次。围绕“政协是什么、干什么、怎么干”“强化责任担当、做合格政协委员”“正确使用履职通、提升委员履职能力”等内容集中开展委员培训2次。

【民主协商】

2022年，政协红寺堡区委员会围绕中心工作履职尽责，自觉将建言资政与凝聚共识双向发力作为履职目标要求，融入履职全过程、各方面。紧扣做好“创业、就业、社会融入”三件事和奋力创建全国易地搬迁移民致富提升示范区，围绕优化营商环境、农业面源污染、就业创业、教育等方面分别开展常委会会议协商、专题协商、对口协商、界别协商。2022年区委会同政府、政协制定年度协商议题5个，完成5个，向区委报送调研报告5份。开展“红寺堡区现代设施农业高质量发展”专题协商，对红寺堡区设施农业发展现状及未来预期进行分析研判。召开“有事好商量”协商座谈会，与正红集团公司、帮扶车间、葡萄酒企业负责人及农业农村局、工业信息化和商务局进行充分沟通协商，达成22家葡萄酒企业同意预付帮扶车间160万元的共识。争取农业农村局补贴资金100余万元，使帮扶车间恢复正常生产，共接包装箱订单82.8万个，总金额419.6万元。全年开展委员大讲堂活动6次。

【凝聚共识】

2022年，政协红寺堡区委员会设立委员会客室1家、界别委员工作室4家。何嘉委员会客室邀请技术团队服务红寺堡区枸杞产业发展。医药卫生界别委员工作室组织政协委员利用人民医院健康体检车进乡村、进社区、进学校对群众进行健康宣教，举办义诊活动。针对辖区农村妇女进行“两癌”筛查，2022年筛查宫颈癌5000余人次、乳腺癌5000余人次。教育界别委员工作室协商反映在高级中学和职业学校建设文化墙的建议，得到区委、区政府的高度重视，安排教育局立项建设，项目投资118.27万元。

【制度完善】

2022年，政协红寺堡区委员会修订完善《中共吴忠市红寺堡区政协党组工作规则》《政协吴忠市红寺堡区委员会主席会议工作规则》《政协吴忠市红寺堡区委员会专题协商会议规则》等43项规章制度。制定出台《关于进一步明确政协协商于党委政府决策之前和决策实施之中有关事项的实施意见》《政协吴忠市红寺堡区委员会协商成果采纳、落实和反馈工作制度》等制度。围绕6个方面80条梳理出需要落实的37条工作任务，建立台账，明确责任分工、完成时限。加强政协信息化建设工作，强化“履职通”使用。编发关于宣讲、学习、调研活动、委员大讲堂、委员读书活动等内容信息简报60余期，其中《华兴时报》刊登6篇、人民政协网刊登1篇、《人民政协报》刊登2篇。开展巩固拓展脱贫攻坚成果同乡村振兴有效衔接、创建全国文明城市、精神文明创建、普法、民族团结进步、禁毒、网信等工作，制定工作措施，抓好各项任务落实。

（马红霞）

重要会议

【红寺堡区政协四届二次会议】

2022年12月10—12日召开，中国人民政治协商会议吴忠市红寺堡区第四届委员会第二次会议召开，会议应出席委员152人，实到109人。大会开幕会由红寺堡区政协副主席浦彦卿主持。红寺堡区委、人大、政府领导和区人武部、人民法院、人民检察院、红寺堡产业园、罗山管理局、水投分公司的在家领导到会祝贺。红寺堡区政协主席张致强、副主席买廷东代表四届常委会分别作《中国人民政治协商会议吴忠市红寺堡区第四届委员会常务委员会工作报告》和《中国人民政治协商会议吴忠市红寺堡区第四届委员会常务委员会关于四届一次会议以来提案工作情况的报告》。会议通过了红寺堡区政协第四届委员会常务委员会第二次会议工作报告、提案工作报告、区政协2023年协商工作计划和四届二次会议提案审查情况的报告，听取并讨论红寺堡区人民政府区长杨文福所作的《红寺堡区政府工作报告》及其他报告，大会补选了政协吴忠市红寺堡区第四届委员会秘书长、常务委员。

【红寺堡区政协四届常委会第二次会议】

2022年5月7日召开，政协主席张致强主持，应到常委26人，实到常委18人。会议期间，现场观摩红寺堡区现代农业产业园、富阳公司节水灌溉、新庄集乡白墩村乡村振兴示范村建设情况。会上传达学习中国人民政治协商会议第十三届全国委员会第五次会议精神、全国统战部长会议精神、习近平总书记在海南省考察调研时的重要讲话精神、习近平致首届全民阅读大会的贺信；审议通过有关制度、规则，审议红寺堡区农业面源污染防治情况调研报告，审议人事有关事项。

【红寺堡区政协四届常委会第三次会议】

2022年10月31日召开，政协主席张致强主持，应到常委26人，实到常委21人。会上，传达学习党的二十大精神、自治区第十三次党代会精神、《中国共产党政治协商工作条例》、中央统战工作会议精神、《关于红寺堡区现代设施农业高质量发展相关建议的报告》《自治区、吴忠市违规收送红包礼金和不当收益及违规转借贷或高额放贷专项整治工作推进会议精神传达提纲》，围绕“学习中央统战工作会议精神”交流研讨，听取红寺堡区人民政府 2022 年 1—9 月经济指标和重点项目完成情况的通报，审议《关于进一步优化营商环境的调研报告》，研究人事事宜。

【红寺堡区政协四届常委会第四次会议】

2022 年 12 月 10 日召开，红寺堡区政协主席张致强主持，应到常委 26 人，实到 20 人。会上，集中学习《中共中央关于认真学习宣传贯彻党的二十大精神的决定》、中国共产党宁夏回族自治区第十三届委员会第二次会议公报、中国共产党吴忠市第六届委员会第五次全体会议公报、《中共红寺堡区委员会关于学习宣传贯彻党的二十大精神实施意见》、中共吴忠市红寺堡区第四届委员会第四次全体会议公报；审议人事有关事项；审议通过《关于召开政协红寺堡区第四届委员会第二次会议的决定（草案）》；听取关于政协吴忠市红寺堡区第四届委员会第二次会议筹备情况的汇报；审议通过政协吴忠市红寺堡区第四届委员会第二次会议有关文件（草案）及各项建议名单。

【红寺堡区政协四届常委会第五次会议】

2022 年 12 月 12 日召开，红寺堡区政协主席张致强主持，应到常委 26 人，实到 20 人。会上，听取各组讨论情况的汇报；审议补选政协吴忠市红寺堡区第四届委员会秘书长、常务委员建议名单，确定正式候选人名单，审议政协吴忠市红寺堡区第四届委员会第二次会议选举办法（草案）；审议通过总监票人、监票人建议名单，指定计票工作人员；审议政协吴忠市红寺堡区第四届委员会 2023 年协商工作计划（草案）；审议政协吴忠市红寺堡区第四届委员会第二次会议提案审查情况的报告（草案）；审议通过政协吴忠市红寺堡区第四届委员会第二次会议政治决议（草案）、政协吴忠市红寺堡区第四届委员会第二次会议关于四届委员会常务委员会工作报告的决议（草案）、政协吴忠市红寺堡区第四届委员会常务委员会第二次会议关于四届一次会议以来提案工作情况的报告的决议（草案）。

【红寺堡区政协四届常委会第六次会议】

2022 年 12 月 12 日召开，红寺堡区政协主席张致强主持，应到常委 26 人，实到 20 人。会上，听取大会总监票人关于选举情况的汇报，决定向大会宣布。

（马红霞）

重要活动

【专题协商调研】

2022 年 3 月 10 日，吴忠市政协副主席王永福一行围绕“加快全市重点移民村后续发展，深入推进百万移民致富提升行动”调研红寺堡区工作，红寺堡区政协主席张致强、副主席浦彦卿参与调研。调研组先后前往现代农业产业园、兴民纺织科技有限公司、新庄集乡红川村枸杞种植基地、洪沟滩村、大河乡红崖村、大河乡龙源村等进行实地调研。5 月 11 日，吴忠市政协副主席王金一行到红寺堡区围绕“铸牢中华民族共同体意识、推动吴忠市民族工作高质量发展”开展调研，红寺堡区政协主席张致强、副主席买廷东参与调研。调研组先后前往红寺堡区农业企业、乡镇村庄、街道社区及机关单位实地调研。

【专题调研】

2022年5月11—12日，自治区政协副主席许宁带领自治区政协文化文史和学习委员会负责人、部分自治区政协委员，围绕“从铸牢中华民族共同体意识，看当代移民对宁夏的历史作用和所形成的历史经验”主题对红寺堡区开展调研，吴忠市政协副主席蒋耀强、红寺堡区政协主席张致强参与调研。调研组先后到晓鸣股份有限公司红寺堡智慧农业产业示范园父母代种业基地项目建设、水发（浩海）现代农业产业园、弘德村、新民街道办事处创业社区、第三中学，宁夏移民博物馆进行实地调研。

（马红霞）

专门委员会

【提案和委员联络委员会】

2022年，提案和委员联络委员会共提交提案130件，立案35件（并案31件）。政治建设方面，提案4件，占11.43%；经济建设方面，提案5件，占14.29%；民生改善方面，提案11件，占31.43%；文化建设方面，提案6件，占17.14%；社会事业方面，提案4件，占11.43%；生态建设方面，提案5件，占14.29%。举办政协委员履职能力培训班和学习贯彻自治区第十三次党代会精神培训班。围绕严控农业面源污染，加快养殖业出村入园、出户入场。围绕农村“生活秀美、人居环境”进行专题调研，形成调研报告。

【经济委员会】

2022年，经济委员会组织委员开展协商议政活动4次，设立何嘉委员会客室并指导活动4次，设立农业界别工作室并指导开展“有事好商量”活动1次。围绕“全民参保、人才队伍建设、设施农业”等形成调研报告4篇，形成多项调研成果，两篇报告被红寺堡区委书记批示，多条意见和建议被区政府采纳。协助配合自治区政协、吴忠市政协开展调研活动8次。

【教科文卫体委员会】

2022年，教科文卫体委员会组织委员开展调研、送医下乡等各类活动8次，设立教育、医药卫生界别委员工作室。围绕“优化办学模式，叫响‘学在红寺堡’教育品牌，推动教育事业高质量发展”开展对口协商，形成协商报告，提出意见建议供区委、区政府参考。协助配合自治区政协、吴忠市政协开展调研活动7次。

【社会治理委员会】

2022年，社会治理委员会组织委员开展调研等各类活动6次。围绕优化营商环境，坚持问题导向、效果导向，建立专班闭环服务、联动服务、精准服务体系，让企业安心顺心发展创业等开展专题调研，形成调研报告。认真分析存在的问题，提出意见建议供区委、区政府参考。协助配合自治区政协、吴忠市政协开展调研活动6次。

（马红霞）

中共红寺堡区纪律检查委员会 红寺堡区监察委员会

综　述

【责任落实】

2022 年，红寺堡区纪委监委自觉把政治监督放在经济社会发展大局中思考谋划、全力推进，开展监督检查 18 次，推进政治监督具体化、常态化。在推荐表彰、评优选先、提拔任用过程中联审党风廉政意见 2584 人次，建立完善全区领导班子主体责任清单 411 条、党委（党组）书记主体责任清单 330 条、班子成员“一岗双责”清单 722 条，落实整改问题 243 条。针对乡村振兴履责不到位等问题开展提醒谈话 40 人次，各级党组织主要负责人和班子成员逐级开展党内廉政谈话 262 人次，对提拔任用的 173 名科级干部开展任前廉政谈话。督促经济社会发展工作 18 批次，下发通报 27 期，现场反馈并督促整改问题 130 条，提醒约谈包村及分管领导干部 19 人。

【问题整治】

2022 年，红寺堡区纪委监委针对政策落实、项目推进情况进行监督，督促完成 15 类 836 条问题整改。针对惠民惠农政策落实、干部作风等情况开展跟踪监督，督促整改乡村干部作风不实问题 36 个，下发通报 9 期。围绕国有产权交易、国有建设用地使用权出让、矿业权交易和卫生健康领域，对 2018 年至 2021 年受理的问题线索进行全面筛查，共起底问题线索 20 件，给予党纪政务处分 9 人，组织处理 6 人。提级办理柳泉乡永新村互助资金管理、大河乡乌沙塘村土地流转费、红寺堡镇红关村非法使用村集体资金等问题线索，给予党纪处分 1 人，组织处理 5 人，下发监察建议书 1 份。公布专项整治成果 2 期。推广基层小微权力监督“一点通”平台，梳理权力清单 29 项，在线公开 465 条信息，办结群众投诉 69 件。

【腐败惩治】

2022 年，红寺堡区纪委监委受理信访举报 123 件，处置问题线索 112 件，立案 54 件，党纪政务处分 60 人，涉及科级干部 8 人。聚焦权力集中、资金密集、资源富集的领域，查处项目审批、公共资源交易和基础设施、乡村振兴、“六大提升行动”中的腐败和作风问题，给予诫勉谈话等组织处理4人，给予党纪政务处分5人，营造风清气正的发展环境。统筹运用党性教育、政策感召、纪法威慑，准确运用监督执纪“四种形态”批评教育帮助和处理共132人次，分别占比53.79%、34.01%、6.06%、6.06%。坚持严管厚爱结合、激励约束并重，为2名受到失实举报干部澄清正名，教育回访受处理处分干部44人次。针对案件暴露出的思想教育、权力监管、制度规范、体制机制等问题，发出纪检监察建议书9份，督促教育、自然资源等部门完善制度15项。注重用身边事教育身边人，依托信息化平台，曝光、转发典型案例36起，组织领导干部旁听涉嫌受贿案两批120人次。

（王进银）

重要活动

【红寺堡区纪委四届二次全体会议】

2022年1月28日召开，出席会议纪委委员13人，列席32人。会议以习近平新时代中国特色社会主义思想为指导，深入贯彻党的十九大和十九届历次全会精神、十九届中央纪委六次全会和自治区党委十二届十四次全会、自治区纪委十二届六次全会、吴忠市第六次党代会、吴忠市委六届二次全会、吴忠市纪委六届二次全会以及红寺堡区第四次党代会、区委四届三次全会精神，回顾总结红寺堡区2021年纪检监察工作，安排部署2022年任务。审议通过纪委书记张瑞峰代表红寺堡区纪委常委会所作的《把握运用百年经验 保持自我革命定力 为创建全国易地搬迁移民致富提升示范区提供坚强纪律保障》工作报告。会议由红寺堡区纪律检查委员会常务委员会主持。红寺堡区委书记王忠强出席会议并讲话，区四套班子领导出席会议。

【“红寺堡区领导干部廉政警示教育周”活动】

2022年3月21日，红寺堡区委组织召开“红寺堡区领导干部廉政警示教育周”活动启动会暨全区领导干部廉政警示教育大会，向全区领导干部及各级党组织发放了《习近平关于坚持和完善党和国家监督体系论述摘编》《违反中央八项规定精神典型案例汇编》《警示录》等，教育引导全体党员干部认真学习习近平总书记重要讲话精神，对照违纪违法典型案例深入查找自身问题，进一步增强党员领导干部廉洁自律意识，推动党员干部的初心使命更加坚定，汇聚创建全国易地搬迁移民致富提升示范区的强大合力。区委常委、纪委书记、监委主任张瑞峰安排部署廉政警示教育活动。区委副书记徐娟讲话。

【监督检查联动模式】

2022年，红寺堡区持续完善、运用“党风政风监督室+监督检查室+派驻机构+乡镇（街道）纪委”协作区监督模式，促进全系统条块结合、上下联动，“室组”联动监督检查7次，“室组地”联合办理重要案件12件。注重纪检监察监督信息化建设水平，高质量完成审核、录入区管领导干部及监察对象廉政档案信息1552份。各派驻纪检监察组列席所驻部门“三重一大”会议80余次，反馈意见35条，联动审计部门，对历年来各级审计发现问题整改落实情况开展监督检查，共完成整改问题821个，联动监督格局初步形成。深化巩固工程建设政府采购等重点领域突出问题专项治理，发现、整改销号问题3848个，追回超付工程款165.81万元，收缴违纪违法资金289.58万元，批评教育10人次，提醒谈话9人次，单位内部通报19人次，移交行政监督部门处理问题45件。坚决查处粮食购销领域腐败案件，给予党纪政务处分并移送司法机关 1 人，收缴违纪违法资金 270 万余元。

（王进银）

巡视巡察

【巡察工作】

2022 年，红寺堡区强化政治巡察定位，全年完成对 3 个乡镇及所辖 35 个村级党组织、4 个部门和 5 个群团组织的常规巡察工作，发现并反馈问题 802 条，移交问题线索 7 件。始终坚持以人民为中心的价值取向，3 轮巡察共走访群众 670 余户，开展现场调研 50 余次。拍摄《巡民情 察民意 解民忧》宣传片，以巡察微故事讲述巡察工作，不断提高群众对巡察工作的知晓率和认可度。贯彻落实中央办公厅《关于加强巡视整改和成果运用的意见》，对自治区党委巡视反馈问题和三届区委巡察反馈问题整改情况开展“回头看”，督促整改问题 783 条。自查整改问题 25 个，健全完善各类巡察制度 33 项。对 6 个部门进行联动巡察，建立巡察机构与组织、宣传、审计、财政、信访等部门协作配合机制。强化巡察干部队伍建设，落实《红寺堡区新提拔任职的科级干部参与巡察工作制度》《红寺堡区优秀中青年干部到巡察岗位锻炼工作制度》，把巡察岗位打造成发现、培养、锻炼干部的重要平台。

【廉政教育】

2022 年，红寺堡区纪委监委查处违反中央八项规定精神问题线索 3 件 3 人。深入开展违规收送红包礼金和不当收益及违规借转贷或高额放贷专项整治，全区 66 名干部主动上缴红包礼金及不当收益 20.26 万元，全面起底问题线索 23 个，对查处的 3 个典型案例在全区范围内进行通报批评。围绕作风建设 10 项重点内容印发通知、转发典型案例 8 期，点对点下发督查通报 11 份，编发廉洁提醒短信 1.6 万条。严肃查处党员干部、公职人员酒驾醉驾及背后“四风”问题，通报典型案例 3 起。组织各级党组织参观廉政警示教育基地 2137 人次，观看《零容忍》

2022 年 11 月 14 日，红寺堡区委第二巡察组巡察区农业农村局党组工作动员会召开

系列纪录片200多场次，发放廉政家信71封，全方位构筑拒腐防线。细化清廉建设任务清单33项162条，打造廉政警示教育基地3个。分层分类深入开展“廉政警示教育周”活动，全区各级党组织共开展学习交流研讨46场次，参观“好人馆”、廉政警示教育基地1000余人次，排查廉政风险点218个，制定防控措施252条。从本地优秀移民文化资源中挖掘廉洁事迹和廉政文化，构建形成廉洁文化教育矩阵，吸引全区近3万人次接受教育熏陶。

（王进银）

自身建设

【政治建设】

2022年，红寺堡区纪委监委加强政治建设，淬炼对党绝对忠诚队伍。坚持把政治建设放在首位，强化纪检监察干部全员培训，举办红寺堡区纪检监察系统党性修养和业务理论培训班，邀请上级纪委监委业务骨干授课6人次，系统内业务骨干交流分享业务党课15堂，组织参加区委、区政府各类培训46人次，开展红色革命现场教学、重走移民路特色廉政教育，引导全体纪检监察干部坚定理想信念，传承红色基因。

【能力建设】

2022年，红寺堡区纪委监委探索“学纪法、重实战”学习机制，组织各科室、派驻纪检监察组负责人围绕党纪法规、监督执纪、审查调查等方面讲实务、讲方法、讲技巧24次。实行全员信息报送制度，信息数量、质量连续两个季度位列吴忠市之首，先后被中央纪委国家监委网站采用，推广经验做法2条，自治区纪委监委网站采用65篇。加大干部培养、选拔任用和交流轮岗力度，推荐3名业务骨干参与查办上级纪委重大要案。选派4人参与区委巡察工作，干部队伍综合素质和能力水平不断提升。

【作风建设】

2022年，红寺堡区纪委监委持续强化自身作风建设，坚决杜绝作风散漫、纪律松弛和在岗不尽责等问题。严格执行监督执纪工作规则、监督执法工作规定，严格落实办案安全制度，依规依纪依法文明办案，持续保持审查调查“双安全”“零事故”。动态完善纪检监察干部廉政档案35份，逐级家访68人次，实现个别谈话、集体座谈全覆盖。

（王进银）

群众团体

红寺堡区总工会

【概　况】

2022年，红寺堡区总工会紧扣区委、区政府及上级工会的决策部署，新建工会组织17家，发展工会会员887人。工会组织换届、补选33家。积极推进职工之家“会、站、家”一体化建设，推荐鹏胜建设工程有限责任公司申报吴忠市“会站家”一体化项目，推荐供暖公司、纪委、检察院申报吴忠市职工之家建设项目，推荐博大社区和红寺堡区非公企业服务中心申报自治区级职工服务阵地示范点。开展“乐享生活·嗨购红寺堡”会员普惠活动，与8家单位达成14项具体普惠项目，惠及工会会员近万人。

【典型选树】

2022年，红寺堡区总工会把理论学习搬到工厂车间、生产一线，线上线下开展宣讲28场次。推荐马桂芹、杨占江劳模创新工作室申报吴忠市劳模创新工作室；推荐宁夏东方裕兴酒庄有限责任公司首席酿酒师吴秀勇参评自治区五一劳动奖章；组建红寺堡区劳模志愿服务分队，参与劳模人数70人；开展劳模聚服务5场次，受益900余人。通过拍摄劳模先进事迹宣传片、在微信公众号开设《致敬最美劳动者》专栏等多种形式，广泛宣传模范人物和一线劳动者事迹。推荐歌曲《向往》参加吴忠市“喜迎二十大 建功新时代”庆五一国际劳动节职工文艺比赛；推荐20余幅摄影作品参加吴忠市总工会举办的摄影大赛，其中《佼佼者》获评三等奖；选派参加2022年全区职工诵读演说大赛获评三等奖；参加吴忠市“强国复兴有我、实干尽显担当”微宣讲比赛获评三等奖、优秀奖各1个。

【服务民生】

2022年，红寺堡区总工会国有及控股企事业单位厂务公开、职代会建制率动态保持在90%以上，非公企业建制率动态保持在85%以上。开展“聚合力、促发展”优秀提案征集，推荐上报优秀职工代表提案3件。举办“春风行动”线上、线下招聘会7场次，50余家企业参加，涉及岗位4600余个，参与人数近5000人次，达成求职意向300余人。在微信公众号上开设《工会就业直通车》专栏，及时推送招聘、培训、就业咨

2022 年 3 月 8 日，红寺堡区总工会在红寺堡市政和环卫服务中心开展电信网络诈骗法律知识讲座

询等服务信息。筹措资金 32 万元，慰问企业 27 家，困难职工 520 余人、全国劳模 2 人，发放爱心大礼包 320 份。医疗互助参保 3664 人 173200 元，医疗互助、大病救助 65 人 149885 万元。组织 15 名总工会机关职工、28 名劳模开展健康体检。“12351”维权服务热线上的 3 件受理诉求全部办结。

【业务培训】

2022 年，红寺堡区总工会注重引领职工在助力乡村振兴战略中建功立业，开展技能大比武、大练兵，举办“安康杯”知识竞赛，枸杞、黄花菜采摘大赛各 1 场。开展“比技术、赛技能、当能手”职工技能竞赛 5 场次，参与职工 500 余人。组队参加第二届吴忠市职工技术创新大赛，宁夏弘德包装材料有限公司 1 项技术创新成果获得三等奖，吴忠赛马新型建材有限公司 3 项技术创新成果、宁夏水投红寺堡水务有限公司 1 项技术创新成果获得优秀奖，红寺堡区总工会获得优秀组织奖。采取理论与实操相结合的方式，在宁夏汇川爱德服装有限公司举办为期 15 天的服装缝纫培训班，举办为期 3 天的工会干部业务培训班，50 余人参加。开展“尊法守法·携手筑梦”服务农民工法律服务行动，深入企业、社区、新就业形态劳动者中开展法律宣讲讲座 6 场次。召开工资集体协商“集中要约”行动 3 场次，开展专题培训 2 场次，模拟演练 1 场次。

（杨晓燕）

共青团红寺堡区委员会

【思想引领】

2022 年，红寺堡区团委开展诗朗诵、唱红歌、参观研学等活动 260 余场，主题团队日活动 400 余场次，坚持团队干部带头、组织化学习、分众化引导开展专题学习 1087 场次，引导青少年培育和践行社会主义核心价值观。组织“青年大学习”网上主题团课28 期，超 10 万人次参与，全年参学率全区第三。组织入团、入队、成人礼等活动 70 场次。邀请清华大学实践团队作“强国复

红寺堡青少年活动中心

兴有我：青春相遇·共同成长”励志教育分享报告会。开展铸牢中华民族共同体意识进校园等主题宣讲 10 场次，把铸牢中华民族共同体意识纳入团队干部培训班教育内容。公众号发布信息 830 余篇。组织青年干部读书分享交流 10 场，制作《共产党好、黄河水甜》《我的青春战“疫”日记》等宣传视频 7 个。财政局团支部获自治区“五四红旗团支部”，1 名青年参加全国青马工程培训。

【青春建功】

2022 年，红寺堡区团委申报青联希望小屋 1 个、“小平实验室”援建支持项目 1 个、宁夏青少年科技创新项目 3 个，2 名老师获第八届 TCL 烛光奖。成立青年电商创业协会，开展电子商务技能和高素质农民经营服务能力提升培训 6 场，惠及青年 100 余人。开展“就业援助月”“春风行动”等招聘会 28 次，累计提供岗位 10513 个，达成就业意向 494 人。组织 108 名高校毕业生到机关事业单位、企业实习。组建新能源项目青年突击队 2 支。“两助两帮”凝聚青年投身示范区项目被自治区团委评为年度优秀项目。实施生态优先青春建功行动，筹措资金 3.6 万元实施同原村乡村绿化项目。打造青少年生态文明教育体验基地 2 个，组织青少年参与国土绿化和净滩活动 5 次。开展法治宣传教育进校园活动 15 次，开展心理健康辅导等 40 余次。开展“爱在社区”“七彩假期”“阳光助残”等活动 20 次，青年志愿服务工作在自治区作交流。招募储备疫情防控志愿者 919 名，累计上岗 784 名，筹措资金 90.6 万元，慰问疫情防控一线医护人员 1280 名。

【青年发展型县域试点】

2022 年，红寺堡区团委制定出台《红寺堡区青年发展型县域试点实施方案》，细化任务清单，整合各部门力量出台维护妇女权益、残疾人保障、就业创业等政策。打造“希望工程·壹圆基金”项目品牌，累计募集资金 321 万元，实施惠安奖助学金、东润启航等项目，受助学生 4500 余名。实施中高考心理减压辅导、核桃编程等项目，受益青少年 1.6 万人。实施

"青农贷"项目，为17名创业青年发放贷款228万元。组织"青春有约、缘在红寺堡"联谊活动5场，服务未婚青年280余人次。点亮微心愿认领50个。争取到宁夏青少年视力健康工程项目，为1500名学生免费配镜。开展2场"青耘中国·青春助农 爱在弘德"助农直播带货活动，累计销售146单，销售额7894.7元。为2500余名在银川、固原等地的红寺堡籍学子配送衣物包裹，节省邮费4万余元，被自治区团委在全区推广。

【共青团基层组织改革】

2022年，红寺堡区团委印发《红寺堡区共青团基层组织改革工作实施方案》《中共红寺堡区委关于全面加强新时代少先队工作的实施意见》，分岗分类定责任，落实区委分管负责同志担任少工委名誉主任，高位推动。拓宽骨干渠道，以"1+1+N"（即1名专职副书记、1名挂职副书记、N名兼职副书记），充实乡镇（街道）工作力量30人、村（社区）工作力量72人、其他工作力量6人。搭建红色教育、社会实践、电商孵化园三大平台，加强青年思想政治教育、社会主义核心价值观培育，创新创业能力，累计开展活动100余次。制定《红寺堡共青团推优入党工作实施办法》，落实团教协作机制，开展团队干部业务能力提升专题培训5场次，红寺堡区人民检察院第三检察部负责人马蓉获得2022年度全国优秀少先队辅导员，红寺堡区第四小学李馨懿同学获得2022年度全国优秀少先队员、团结小学四（1）中队获得2022年度全国优秀少先队集体。

【全面从严治团】

2022年，红寺堡区团委着力提升基层团组织建设，整顿0人团支部29个、超50人团支部73个。完成"两新"领域团组织11个，团支部"对标定级"覆盖率100%，开展基层团组织规范化建设行动，全领域覆盖检查3次。打造校外少先队实践教育基地16个。规范完成乡镇（街道）团组织换届选举，团干部配备率、在岗率稳定在100%。完成2022年新发展团员640人，学社衔接率稳定在99%以上。开展入团志愿书填写不规范、"智慧团建"系统录入不规范等问题整顿工作2次。

（张忠福）

红寺堡区妇女联合会

【巾帼引领行动】

2022年，红寺堡区妇联强化政治担当，凝聚思想共识。召开"感党恩、话心声、争创业、喜迎党的二十大"、"三八"国际妇女节纪念大会，为巾帼英雄模范、行业典型、最美家庭等英雄和榜样披红赠花。组织各机关企事业单位妇委会、乡村妇联广泛开展形式多样的主题庆祝活动100余场，全区2万余名妇女参与。迎接全国妇联党组书记、副主席、书记处第一书记黄晓薇，中国妇女报社总编孙钱斌，区市省内外各级领导到红寺堡调研、考察、捐赠。宁夏移民博物馆成功申报全国妇女爱国教育基地。组织撰写《红寺堡妇女赋》《"攒劲"的力量之美》等文章，《中国妇女报》、《宁夏女儿》、宁夏新闻网等多家媒体刊发文稿、音频视频10余篇（个）。开展党的二十大精神宣讲、"巾帼心向党·喜迎二十大"群众性主题宣传教育活动、巾帼大宣讲等37场。代表宁夏参加全国"我奋斗·家国美"故事线上分享会，制作女性奋斗宣传专题5个，马慧娟、李耀梅、马灵雁3位女性奋斗故事在全国妇联微信公众号展播，并入选全国百名奋斗故事评选。徐海侠获评全国三八红旗手，马慧娟、马桂芹获评自治区三八红旗手，卫生健康局获"三八红旗集体"。联合"红寺堡视线"推出

《妈妈的拿手菜》栏目，录制并网上推送 5 期。徐海侠参加自治区妇联《妈妈的家常菜》录制，全方位展示女性风采，弘扬时代主旋律，凝聚巾帼正能量。

【巾帼建功行动】

2022 年，红寺堡区妇联聚焦工作重点，推进妇女发展。创新担保、审批机制，新争取担保基金 968 万元，发放贷款 50 个村 1655 户 17122.7 万元。培育特色产业、商贸、电商等新经营主体，特色产业对农民收入贡献率突破 70%。延伸助力电商 37 家，线上销售 1.2 亿元；打造整村推进示范村 26 个，培养年收入 20 万元以上致富典型 300 余名。开展育婴、养老、电商等技能培训，421 人参加培训。打造“好宁嫂·红寺堡”巾帼家政实训基地、巾帼直播间 13 个，共建“好宁嫂”家政服务品牌，40% 以上参训妇女稳定增收，60% 以上灵活就业。鼓励发展托幼托育、社区养老服务，新增 362 个创业个体。开展“美丽庭院”星级评定工作，创建环境卫生示范村 26 个，筹资 26 万元，对评选出的一、二星级 3800 户，三星级 1666 户进行授牌奖励。补充“@家积分超市”物资 10 万元。

【巾帼关爱行动】

2022 年，红寺堡区妇联强化权益保障，关心关爱妇儿童。宣传贯彻《中华人民共和国家庭教育促进法》，推动完善家校社协同育人机制建设。举办亲子阅读、亲子健身、“把爱带回家”寒暑假关爱服务活动、十万家庭学礼仪等活动 16 场，550 人次参加，举办青少年心理健康讲座 7 场，32000 人次参加。组织单亲家庭、留守儿童观摩红色教育基地，开展亲子活动。开展青少年走基层暑期实践活动，近万名少年走进田间地头体验生活。落实自治区“全民健康水平提升行动”，推广健康家庭标准，创建 8 个自治区健康家庭示范户，完成 120 户健康家

全国人大代表马慧娟在红寺堡区新华书店开展妇女能力提升讲座

庭推荐储备工作，辐射带动更多家庭健康生活。争取2023年家庭文明建设资金100万元。签约心理咨询师、维权律师，线上推广宣传“妇联在你身边”维权小程序和“12338”维权热线，“12338”热线及实地受访信访件16起，排查化解婚姻矛盾纠纷24起。争取家庭矛盾专项经费9万元，关爱困难家庭妇女126人。创建妇女儿童发展规划示范县，制定《红寺堡区妇女儿童两规划目标任务分解书》，将妇女儿童发展规划目标分解到责任单位并纳入目标管理考核体系。向检察院移交妇女儿童救助线索5条，帮助申请司法救助金4.2万元。排查困境妇女儿童1427人，关爱慰问困难妇女儿童619人5.46万元，爱心捐赠5万元。加强“两癌”救助政策和关爱女性健康保险宣传，动员机关、企事业单位女职工及创业贷款女性购买保险，救助17人17万元，购买关爱女性健康保险1333份，保险理赔4人28.5万元。

【深化改革】

2022年，红寺堡区妇联深化妇联改革，提升履职能力。实施“提升基层妇女参政议政能力和妇联组织力”项目，新增香园村、创业社区等6个项目实施点，通过购买社会组织服务延长妇联工作手臂，打造集学习、服务、关爱于一体的“妇女之家”。结合自治区妇联改革任务清单，拟定红寺堡区妇联改革任务清单，将男女平等基本国策教育纳入党校培训内容。筹资20万元，完成60%以上执委培训，提高基层妇联组织服务女性发展的能力。设立40个企事业单位及两新组织妇委会，把有能力的社区大妈、邻家大姐、企业女当家全部纳入妇联组织，打造宁夏妇联三级执委之家、果优美姐妹微家等示范组织，让能人带领妇女创业致富。培养巾帼新农人和优秀女当家25人、致富带头人463人。孵化中小企业16家，巾帼创业示范基地（直播间）13个，带动妇女就业2800余人。开发女性公益性岗位4155个，帮助困难妇女就业稳定。

（刘　敏）

红寺堡区科学技术协会

【科普宣传】

2022年，红寺堡科协开展科普宣传，提升全民科学素质。通过科普大篷车、新媒体公众号运用、朋友圈转发等方式转载宣传疫情防控科普知识。发挥科普中国社区e站、乡村e站、校园e站等24个科普e站的宣传作用，实现科普内容的精准推送。

【科普培训】

2022年，红寺堡科协鼓励大众下载科普中国App，开展健康、禁毒等知识宣传71场次，受众达2万人次。以科技活动周、科技三下乡等活动为契机，组织各成员单位开展节能、环保、健康、安全、卫生等各类科技咨询活动，大力普及科技知识。组织开展未成年人、农民、领导干部和公务员、城镇劳动力、社区居民五大重点人群科学素质行动，全面提升重点人群科学素质。

（罗　亮）

红寺堡区工商联

【非公经济人士思想教育】

2022年，红寺堡区工商联坚持以强化政治引领为工作主线，深化民营经济人士理想信念教育，宣传引导会员和会员企业听党话、感党恩、跟党走。全年组织开展理论学习21次、党组中心组理论学习8次、各种研讨交流会议9次，撰写相关信息、心得体会18篇。举办铸牢中华民族共同体意识专题讲座和民营企业家能力提升培训班 7 场次，落实联谊交友和谈心谈话等制度，密切关注民营经济人士思想动态，教育引导民营企业和所属协（商）会，提高政治站位，坚定发展信心，切实做好凝聚非公经济人士思想共识工作。

【交流平台搭建】

2022 年，红寺堡区工商联把服务企业作为主要工作职责，为企业用工和劳动力就业搭建交流平台，联合相关部门开展“吴忠市红寺堡区 2022 年民营企业招聘月直播带岗专场招聘会”活动。与惠安县工商联结成友好工商联，并与福建惠安闽惠宁山海商贸有限公司、厦门金钰盛典文化发展有限公司达成供货协议，销售宁夏加禾农业科技食品有限公司、宁夏臻麓酒庄、宁夏平头羊冷鲜肉有限责任公司等 16 家红寺堡区域内民营企业各类农特产品 90 余种，累计销售额达 70 万元。联合红寺堡区马家明律师事务所，开展法治宣讲进企业活动 3 次。引导工商联界别中的人大代表和政协委员参政议政，累计提案 11 件。

【民营企业服务】

2022 年，红寺堡区工商联实地走访调研红寺堡区域内民营企业 28 家，详细了解各企业经营现状并就项目实施进行讨论研究。对接福建省大型民营企业 12 家，发动红寺堡区民营企业 13 家与 25 个行政村形成结对帮扶机制。争取各种项目资金 420 万元，完成大河乡麻黄沟村精饲料加工车间、柳泉乡沙泉村日光温室、红寺堡区农村电子商务全域化、红寺堡农特产品展销中心等项目建设，全年电商销售收入 109 万元。累计遴选企业、个体户 1100 余家，完成酒店餐饮协会、汽车销售与维修协会、房地产协会的筹备工作。开展“携手民企献爱心、迎春送暖走基层”慰问活动，捐资 3.6 万元，为敬老院、残疾人托养服务中心送去滩羊、水果、牛奶等慰问品。号召宁夏华弘砼业有限公司、宁夏建成房地产开发有限公司、宁夏鑫泉和房地产开发有限公司捐资 5 万元，联合区团委开展“希望工程·助学育人”爱心礼包发放仪式，为 1000 名学子发放爱心礼包。召开房地产、枸杞、葡萄酒行业高质量发展研讨会，引导民营企业积极融入新发展格局。组织民营企业家赴福建惠安县、青铜峡市、盐池县考察学习。完成宁夏福建总商会、吴忠福建商会到红寺堡考察接待任务，联系调动各行各业民营企业家到红寺堡投资置业。

（罗　娜）

红寺堡区文联

【采风活动】

2022 年，红寺堡区文联组织开展各类采风创作活动，邀请吴忠市文联各协会成员到红寺堡观看产业、体验变化。开展“述说罗山”宣传宣讲活动，拍摄第 29 期“吴忠文明大讲堂”，邀请本土作家张治乾讲述罗山及周边的历史变迁，罗山管理局工作人员讲述罗山发展现状及保护成就。与宁夏交通广播协作创作三集广播剧《黄河水甜》，深刻讲述西海固移民脱贫致富的时代传奇。

【作品创作】

2022 年，红寺堡区文联组织各协会积极创作，戏剧家协会在红寺堡区各乡镇安排演出经典秦腔剧目 20 余场；影视家协会围绕热点话题，组织拍摄短视频，其中《悬崖上的赔偿金》《文明城市从心开始》《红寺堡一家人——我的孩子为啥不回家》获自治区凝聚正能量优秀作品展播，微视频《归途》获吴忠市禁毒宣传二等奖。摄影家协会积极参加“吴忠市‘喜迎党的二十大 秀出吴忠新变化’暨第二届摄影艺术展”活动，高秀珍的作品《堆土墙》《航模开幕式》，海小玲的作品《放飞航天梦》，代永江的作品《雪中背影》，魏旭平的作品《沙漠起高楼 荒漠变绿洲》《夜光》初评入围，其中魏旭平、代永江的作品入展。红寺堡作协协助文联编辑文联会刊《罗山》4期，刊发各类文学作品50余万字，区文联作家马慧娟、张治乾、胡静分别出版发行新书《出路》《罗山脚下的枪声》《黄河水浇灌的荒原》，创作《我要入党》《打开幸福门》等文艺作品。

（王　丽）

红寺堡区残疾人联合会

【概　况】

2022年，红寺堡区有持证残疾人5997人，其中一级571人、二级2339人、三级1593人、四级1494人；视力残疾800人、听力残疾477人、言语残疾96人、肢体残疾3271人、智力残疾531人、精神残疾420人、多重残疾402人。红寺堡区共有村（社区）残疾人协会72个，覆盖率达到100%，打造了新庄集乡残联和红川村残协。各乡镇（街道）残联均已建成，有乡镇（道）残疾人专职委员6人，村（社区）联络员72人，已构建红寺堡区、乡镇（街道）、村（社区）三级服务残疾人档案和信息网络。

【康复工作】

2022年，红寺堡区残联依托残疾人康复中心，为辖区98名0—6岁残疾儿童提供康复服务，同时为不能到机构做康复的6名0—6岁残疾儿童开展送健康上门服务，为33名7—14岁残疾儿童提供康复治疗培训服务。康复治疗各类残疾人和患者79人次，有6名残疾儿童顺利进入幼儿园就读。为286名有需求的残疾人适配辅助器具，为行动不便的重度残疾人上门适配电动轮椅、康复床等辅助器具。开展精神障碍残疾人医疗工作，共为663人次精神残疾人免费发放药品救助13.36万元，为5676名残疾人提供家庭医生签约服务。在红寺堡区新民街道办成立绿苑社区康复站、博大社区康复站，推动医康教一体化建设。

【无障碍改造】

2022年，红寺堡区残联投入100万元对有改造需求的201户困难残疾人家庭和重度残疾、多重残疾或一户多残家庭实施无障碍改造，切实解决红寺堡区困难残疾人家庭实际困难，消除困难残疾人居家障碍，改善困难残疾人居家生活环境，提高困难残疾人生活品质。

【残联干部帮扶机制】

2022年，红寺堡区残联扎实抓好残联系统防止返贫致贫监测预警和动态帮扶机制工作，印发《吴忠市红寺堡区残疾人联合会关于建立防止返贫致贫监测预警和动态帮扶机制的实施方案》，排查重点监测残疾人70户82人，实行残联干部帮扶机制，随时掌握残疾人的生活现状，逐户核实走访，现场解决存在的问题与困难。做好特殊困难残疾人家庭访视工作，领导班子成员每人每年实地走访不少于10户特殊困难残疾人家庭，其他干部每年实地走访不少于5户特殊困难残疾人家庭。重点访视社会救助、医疗康复、教育、就业、社会保险等各项惠残政策落实情况，在助残日，对本单位干部结对帮扶访视的残疾人进行慰问、入户宣传政策。

【社会保障】

2022年，红寺区残联严格按照办理程序配合民政局完成1—12月困难残疾人生活补贴和重度残疾人护理补贴的发放工作，共发放两项补贴742.847万元。投入64050元为1281名新增符合条件的残疾人购买意外伤害保险，为 286 名符合条件的困难智力、精神残疾人发放残疾评定补贴 42900 元。

【残疾学生帮扶】

2022 年，红寺堡区残联对接教育部门摸底红寺堡区适龄残疾儿童人数，并优先考虑康复中心 7—14 周岁适龄残疾儿童入学。向高考取得好成绩的视力二级残疾考生提供志愿填报、录取院校争取等服务工作。实施扶残助学工程，为 2022 年被大专院校录取的 20 名残疾学生争取助学帮扶，给予 7 万元救助。

【残疾人就业创业】

2022 年，红寺堡区残联开展残疾人就业政策宣传与宣讲，举办残疾人（线上 + 线下）专场招聘会 3 场，参加人数 170 余人。全年共征收残疾人保障金 131.32 万元。了解摸底 2022 年毕业的 8 名高校毕业生就业需求和就业情况，分析高校残疾学生的情况和专业，提前谋划就业援助措施，8 名高校毕业生就业率达到 100%。推动残疾人就业基地建设，培育扶贫龙头企业（新庄集乡红川村番茄种植基地）、扶贫产业合作社（红关甘草产业专业合作社）、发展致富带头人（红寺堡区鹏翔养殖场、润泽惠民种植专业合作社），根据残疾人残疾程度及类别，为每位残疾职工安排力所能及的工作，辐射带动共 116 名残疾人家庭就业增收。争取残疾人就业创业扶持资金，投入 45.2 万元扶持 208 名残疾人自主创业、灵活就业，发挥典型引领作用，全面提升残疾人就业能力。

【宣传活动】

2022 年 3 月 3 日，红寺堡区残联在罗山花园小广场开展形式多样的“爱耳日”宣传咨询服务活动，共计发放宣传品、宣传资料 200 份，通过宣传服务，将党的各项惠民政策宣传到千家万户。5 月 12 日，组织全区 400 名残疾人及家属开展文化进家庭“五个一”活动。5 月 15 日，在体育馆东侧广场开展第 32 次全国助残日文艺会演及宣传服务活动，残联干部职工在各乡镇（街道）开展宣传、走访慰问、上门发放辅助器具等。6 月 1 日，与残疾人康复中心共同举办“童心筑梦、情暖六一”——六一儿童节文艺会演。7 月 20 日，在全区范围内组织开展主题为“特奥赋能你我同行”系列活动，营造了第十六次“全国特奥日”浓厚氛围。8 月 25 日，组织开展全国第六次“残疾预防日”宣传教育活动。先后在罗山社区、绿苑社区、鹏胜社区振兴社区开展“文化进社区”活动，向辖区内残疾人发放书籍、话筒、体育用品等。

（吴　娜）

红寺堡区红十字会

【基层组织建设】

2022 年，红寺堡区红十字会共发展机关单位团体会员 56 家，个人会员 450 人，发展志愿者 169 人。成立基层组织 30 个，其中乡镇（街道）6 个，社区（村委）14 个，卫健系统 8 个，教育系统 2 个。各基层红十字会由同级党组织任命或选举产生理事长、会长、秘书长。乡镇（街道）实施阵地化推进、志愿化服务，在民生服务中心设置办公接待窗口，安排专职工作人员开展日常工作，同时各基层红十字会成立由 15 人组成的志愿服务队。

【应急救护知识培训】

2022 年，红寺堡区推进红十字救护培训进社区、进农村、进学校、进企业、进机关。针对社区群众、在校师生、干部职工及企业员工，开设心肺复苏、创伤包扎等应急救护技能培训班及救护员培训班共 22 期，累计培训合格人数 1013 人。

其中取得心肺复苏（CPR+AED）培训证书831人，取得红十字救护员证182人，开设应急救护技能普及性讲座21期，累计受益2088人。

【人道救灾救助】

2022年，红寺堡区红十字会向社会各界发起公开募捐，共筹集募捐款物价值1720047元（其中物资价值205325元，资金1514722元），并将物资全部交给疫情防控指挥部统一调配。响应自治区、吴忠市关于疫情期间开展献血活动的号召，动员广大群众、干部职工及企业员工进行无偿献血、造血干细胞捐献和遗体器官捐献志愿登记，其中无偿献血661人，共采集血量245700毫升；采集造血干细胞样品49例，成功捐献1例；登记人体器官捐献志愿者73人。2022年，帮助6名白血病患儿、6名心脏病患儿向中国红十字会申请天使阳光基金资助。通过“博爱送万家”活动，发放20余万元爱心慰问物资，对因病纳入并录入国家防返贫动态监测系统且未消除风险的农村脱贫不稳定户、边缘易致贫户以及因病因灾意外事故等医疗费用支出较大导致基本生活出现严重困难的人员给予救助，在对医保局和民政局已报销和已补助金额进行核减后，交由红十字会进行审核，并按比例支付救助资金。

【结对帮扶】

2022年，红寺堡区红十字会积极联系福建省惠安县红十字会，开展“闽宁情深、惠红共建”救助活动，共接收衣物11000件，分配给各乡镇、社区红十字会基层组织，用于开展救助活动。向受助困难群众、困难学生发放冬季衣物8417件。采购羽绒服2300件，面向环卫工人、护林员、公益岗保洁人员等户外工作人员及老年人、残疾人等发放。

【宣传活动】

2022年，红寺堡区红十字会利用世界急救日、“9·9”公益日、“5·8”世界红十字日等重要节日，通过多种形式大力传播“人道、博爱、奉献”的红十字精神，形成全社会踊跃参加红十字事业的浓厚氛围。利用展牌、宣传册及借助微信、融媒体等网络平台，对群众进行应急救护、疾病防御、防灾减灾等知识的宣传，不断扩大红十字会的社会影响力。

【公益项目】

2022年，红寺堡区红十字会设立闽宁协作社会帮扶基金，计划每年接收福建社会捐赠资金1000余万元，主要用于非营利公益事业项目。截至年底，共接收资金1430万元（其中2021年接收1330万元，2022年接收100万元），通过行业部门申请，共审核拨付公益项目资金849.872万元，用于红寺堡区新时代文明实践、社会治理、乡村振兴、贫困助学、红十字会基层组织建设等。联系红寺堡区教育局参与设立教育扶贫基金，用于初中、中职、高中及大学困难学生的教育扶贫奖助学金，计划每年资助300万元。参与设立红寺堡区新时代文明实践“示范基金”，用社会主义核心价值观教育人、培育人。对接湖南中烟工业有限责任公司开展结对帮扶工作，向太阳山镇周新村捐助资金80万元，用于该村乡村振兴基础设施公益项目。通过“5·8”募捐活动，借助腾讯公益平台，实施“圆梦助学”等项目，共募集善款54236.95元。开展“9·9”公益日募捐活动，用于“一家一个急救包”公益项目，共募集资金9887.14元。

（马旭升）

法　治

政法委与综合治理

【市域社会治理现代化试点工作】

2022 年，红寺堡区以全国市域社会治理现代化试点创建为契机，结合移民地区社会治理实践，制定实施方案和任务清单，细化 274 项任务，建立联席会议、督导考核、通报问责等机制，定期召开工作例会，形成督导指导、任务落实、成效评估全流程闭环管理。电信网络诈骗案件立案 119 起，破案 78 起，挽损 136.4 万余元，抓获犯罪嫌疑人 138 人。先后成功破获“12·23”红寺堡团结村王某系列诈骗案等一批民生案件，侦破区级挂牌督办案件 3 件、市级挂牌督办案件 1 件。探索“党建 + 治理”模式，成立红色物业党支部 5 个、业主委员会党支部 5 个、网格党支部 9 个、网格党小组 28 个。实施公民道德建设工程，村规民约、市民公约实现全覆盖。开展移风易俗，引导广大群众自觉抵制铺张浪费、高额彩礼、厚葬薄养等陈规陋习。推行“135”基层治理模式，不断规范网格管理，强化区乡村三级综治中心实战化运行。推行“55124”村级治理模式，被农业农村部确定为 20 个乡村治理典型案例之一。依法加强宗教事务管理，确保宗教事务依法治理落实落细。落实三级书记主抓禁毒工作机制，建成 5 个乡镇社区戒毒康复中心、1 个毒品综合检查站、1 个禁毒教育基地、1 个禁毒文化长廊和 48 个涉毒村（社区）戒毒康复工作站。红寺堡镇、新庄集乡被命名为自治区社区戒毒社区康复工作示范点。

【扫黑除恶工作】

2022 年，红寺堡区组织召开常态化扫黑除恶斗争推进会 1 次，提请区委常委会召开扫黑除恶斗争领导小组 1 次会议。制定印发《吴忠市红寺堡区扫黑除恶斗争 2022 年工作要点》，将《中华人民共和国反有组织犯罪法》宣传工作纳入各级领导干部学法重点。2022 年共接收各类线索 28 条，其中：自治区扫黑办转办 2 条，办结 2 条；市扫黑办转办 3 条，办结 2 条，未到期 1 条，成案 1 条；本级接收 6 条，办结 2 条，未到期 4 条；案件线索 17 条，红寺堡区承办 1 条，办结 1 条，上报市扫黑办 16 条，到期线索办结率 100%。

【养老诈骗专项行动】

2022 年，红寺堡区委常委会、平安红寺堡建设协调小组及办公室先后召开12次工作会议、2次线索研判会议，及时传达学习有关会议、文件精神。利用网站、微信公众号、短视频号等新媒体平台传播优势，构建多维度传播矩阵、多平台开展网上宣传，采取适合老年人特点、群众喜闻乐见、行之有效的方式方法，引导老年人提高识骗防骗能力。组织全区61家政务新媒体累计转载发布1000余条养老诈骗相关信息，组织网宣队伍转发5万余次，受众4.6万人次，针对老年群体发送防养老诈骗短信2.6万余条。各乡镇（街道）、各成员单位结合传统节日及宣传节日开展养老诈骗集中宣传130余次，共设计宣传展板150余块，展架26个，悬挂、张贴标语（横幅）1700余条，发放宣传资料等2.7万余份，出动工作人员500人次，为5000余名群众及300余家商户现场普及并讲解6类养老诈骗典型案例。全年共收到线索3条（其中：摸排线索2条，举报线索1条；查否1条，行政立案1条，已办结刑事立案1条）。

（买丰林）

法治政府建设

【依法治区】

2022年，红寺堡区健全完善区委全面依法治区委员会工作制度及运行机制，发挥委员会及办公室统筹协调、督查落实作用。2022年，召开区委全面依法治区委员会会议3次，召开区委全面依法治区委员会办公室会议1次，召开区委全面依法治区委员会执法协调小组、守法普法小组及司法协调小组会议各1次。将法治政府建设纳入区委、区政府年度工作要点和区委年度督查检查考核工作计划，做到法治政府建设与经济社会发展同部署、同推进。落实《党政主要负责人履行推进法治建设第一责任人职责规定》，将党政主要负责人履行推进法治建设第一责任人职责情况

红寺堡区委、区政府借助“红寺堡公安”“斌Sir说警事”新媒体平台在博大购物广场进行线上直播，向群众宣传交通安全知识

列入年终述职内容，组织党政主要负责人及领导班子开展年度专题述法。

【依法行政】

2022 年，红寺堡区深入推进“放管服”改革，构建权责一致、运转高效、依法保障的权责清单管理体系。完成“四级四同”政务服务事项梳理，办理时限压减 63.4%。持续优化法治化营商环境，持续深化“数字政府”建设，积极推进政务服务“好差评”，收到评价 32578 条，评价率达 99.37%，便民服务满意率达 99.99%。及时公开重大行政决策目录，严格执行重大行政决策公众参与、专家论证、风险评估、合法性审查、集体讨论决定制定程序。加强行政规范性文件监督管理，区政府制定的 7 件行政规范性文件报备率、及时率、规范率均达 100%。开展行政规范性文件清理，对区政府制定的 33 件行政规范性文件进行清理，其中保留 17 件，废止 14 件，宣布失效 2 件。充分发挥法律顾问作用，坚持法律顾问列席政府常务会议制度，2022 年各乡镇（街道）、部门实现法律顾问全覆盖。

【行政争议解决】

2022 年，红寺堡区深化行政复议体制改革，成立行政复议委员会和咨询委员会，收到行政复议案件 12 件，受理 9 件，均已审理结束。开展行政应诉突出问题专项治理，成立红寺堡区行政应诉突出问题专项治理领导小组，领导小组办公室设在依法治区办，办公室下设问题查纠、数据报送、诉源治理、执法监督 4 个小组。2022 年，区政府应诉案件 46 件，行政机关负责人出庭应诉率为 93.8%；各部门应诉案件 44 件，行政机关负责人出庭应诉率为 94.1%。成立红寺堡区行政争议协调化解中心，成立以区长为组长，各分管副区长为副组长的行政争议协调化解领导小组，力争把矛盾纠纷化解在基层，解决在萌芽状态。举办行政应诉专题培训班，提高行政应诉能力。

【行政执法】

2022 年，红寺堡区深入推进基层整合审批服务执法力量改革，新组建乡镇（街道）党政机构和事业单位 52 个，乡镇人员编制达 312 名，增幅为 24.3%。深化跨领域跨部门综合行政执法改革，将红寺堡区 13 个部门 959 项行政执法事项交由综合执法局集中行使。强化行政执法监督，落实证明事项告知承诺制及证明事项清单制，为 28 个执法主体换发证件 231 个，组织行政执法案卷集中评查，推进严格规范公正文明执法。加强重点领域执法力度，检查食品销售环节 1276 次，检查药械经营使用单位 195 次，检查特种设备使用单位 35 次。

（买丰林）

公　安

【队伍管理】

2022 年，红寺堡区公安分局坚持深化红色励志、蓝色筑梦、黑色律己“三色教育”，举办全警政治轮训 2 期、专题辅导讲座 24 场，夯实全警对党忠诚思想根基。组建业余文化团体和兴趣爱好小组 9 个，培养民警辅警健康生活情趣。开展最小作战单元现场处置和实战演练 64 场次、“喜迎二十大、忠诚保平安”主题实践活动 38 场次，9 个集体、16 名民警辅警受到上级表彰奖励，选树先进典型 14 人。开展督察检查 160 余次，编发通报 26 期，受理问题线索 47 件，问责处理 27 人次。

【安保维稳】

2022 年，红寺堡区公安分局围绕党的二十

2022 年春节期间，公安民警在重点行业场所巡逻

大安保维稳主线，在全域发展治安积极分子。联合统战、网信等部门定期召开联席会议，碰撞交流特殊领域价值线索，构建协同作战、合力攻坚的维护国家政治安全工作格局。运用“菜单式”矛盾纠纷调解机制化解各类矛盾纠纷 2504 起，未发生民转刑、刑转命案事件。深入开展“减量控大”工作，围绕国省道车流量大、交通事故突出的特点，部署开展道路交通秩序整治，严查各类交通违法行为 10.3 万起，未发生较大以上交通事故。

【打击犯罪】

2022 年，红寺堡区公安分局推进常态化扫黑除恶斗争，接收有效线索 3 条，办结 3 条，办结率 100%，起诉九类涉恶人员 11 人。开展打击整治养老诈骗、“清源断流”、“云剑”等专项行动。破获刑事案件 273 起，抓获犯罪嫌疑人 363 人；破获电诈案件 95 起，抓获犯罪嫌疑人 153 人；严打黄赌毒违法行为，查处黄赌案件 182 起，打击处理 480 人，收缴赌资 35 万余元；查获吸毒人员 8 人，移送起诉 9 人。

【公安改革】

2022 年，红寺堡区公安分局结合实际推行派出所班子成员包抓社区警务、社区民警“朝九晚五”弹性作息两项工作机制，被《人民日报》刊发推广。出台《红寺堡区公安分局派出所勤务运行模式实施细则》，优化警务运行模式，要求每日值班警力不少于 2 班 6 人，按照“有警出警、无警巡逻”的原则，1 班值守值班，另 1 班警力屯警街面，开展治安整治、交通治理等工作。发挥合成作战室和派出所综合指挥室牵引作用，加强情报信息汇聚，分级分类预警推送，确保各类情报线索、预警信息和作战指令精准落地、查实管控。

【政务服务】

2022 年，红寺堡区公安分局深化政务服务改革，推进公安政务服务标准化规范化便民化。落实“365×24 小时”政务服务和窗口首席代表机制，最大限度推动户籍、车驾管、出入境业务“一窗通办”“就近办”“跨区办”“马上办”。依法打击侵权假冒等违法犯罪，保护企业创新创造积极性，落实执行公安厅出台的28项便民利企服务举措，全力保障经济社会高质量发展。

【科技强警】

2022年，红寺堡区公安分局聚焦社会治安形势变化，推进一体化实战化运行机制改革，分级分类预警推送、跟踪处置。运用车载定位功能动态掌握警力分布，遇有重大突发警情第一时间调度周边警力支援处置，构建全面精准、快速反应、实时高效的指挥调度体系。加强社会面技防设施建设，投入400余万元，升级改造老旧视频监控460路，新建视频图像智能化前端设备100路。立足监测预警、打击犯罪、治安防控等实战需求，加大“天网”“地网”和社会视频资源数据整合，不断扩充构建符合实战需求的数据资源和应用体系。

【创新服务】

2022年，红寺堡区公安分局不断推动社区警务前移，建立社区民警辅警朝九晚五作息机制。最大限度将警力下沉社区，先后下沉警力516人次。走访2.3万户6.6万人，接受安全防范宣传4.4万人，推广安装国家反诈中心App3707人，帮助群众解决急难愁盼问题257件，成功阻止104起电信网络诈骗案件发生，挽回潜在损失312.3万元，发案同比下降31.4%。建立党委班子成员“一对一”定点包抓派出所、派出所班子成员“一对一”定点包抓警务区机制，厘清包抓帮扶职责任务，形成“一把手”所长全面抓、分管所领导事事督促、“每日自行理、每周集中查、每月回头看”的包抓帮扶责任体系，形成基层工作“有人抓、有人管、有人帮”的局面。

（张　鹏）

检　察

【刑事检察】

2022年来，红寺堡区人民检察院围绕打好防范化解重大风险攻坚战，为经济社会发展创造良好法治环境。全面履行批捕、起诉检察职能，共依法批捕32人，提起公诉133人，保障人民安居乐业、社会安定有序。突出惩治重点，起诉故意杀人、抢劫、强奸、绑架等严重暴力犯罪5人，“两抢一盗”等多发性侵财犯罪16人。批捕涉黑涉恶案件1件12人，提起公诉1件12人，法院作有罪判决1件12人。依法办理沈某某、叶某等人开设赌场、寻衅滋事、催收非法债务等涉恶团伙犯罪案件。移送案件线索17条，引导公安机关查冻扣500余万元。开展涉黑恶案件财产执行监督，对生效已满三个月恶势力案件财产刑依法进行监督，制发检察建议3件，监督执行到位罚金22万余元。针对贷款监管缺位、企业设立监管缺位等行业监管漏洞提出检察建议3件，推进行业领域突出问题专项整治。

【民事检察】

2022年来，红寺堡区人民检察院综合运用支持起诉、检察建议等方式，推进构建多元化民事行政监督新格局。共办理民事监督案件48件，向法院提出审判、执行监督检察建议37件，采纳率均为100%。依法支持起诉18件，帮助农民工等弱势群体追回劳动报酬110万余元。

【行政检察】

2022年来，红寺堡区人民检察院办理行政监督案件20件，向行政机关和法院提出检察建议19件，采纳率为100%。推进行政争议实质性化解专项工作，参与化解3件。

【公益诉讼】

2022年来，红寺堡区人民检察院共立案行政公益诉讼案件94件、刑事附带民事公益诉讼案件1件，提出诉前检察建议52件，磋商41件，行政机关均采纳整改。加大生态环境和自然资源保护力度，建立《罗山跨区域生态环境保护检察公益诉讼协作机制的意见》，形成保护罗山工作合力。联合开展野生动物保护宣传、巡查、违章建筑拆除等活动6次，摸排公益诉讼线索5件。督促相关行政部门恢复草地植被20亩，督促拆除偷牧、放牧羊圈12处约530平方米。督促清除违法堆放生活垃圾2处，清运建筑垃圾210立方米，清理混凝土残渣3处，恢复占地面积885.2平方米，助力打赢蓝天、碧水、净土保卫战。开展“保障千家万户舌尖上的安全”“公益诉讼守护美好生活”专项活动，提出检察建议1件，磋商解决2件，督促行政机关没收违法经营的羊胴体10只，罚款7000元，确保人民群众舌尖上的安全。参与辖区保健品行业联合清理整顿专项行动及养老诈骗专项行动，督促行政机关对违法行为依法罚款10万元，维护保健品领域社会公共利益，共同构筑红寺堡区保健品市场安全网。

【未成年人监督】

2022年来，红寺堡区人民检察院以创建“全国未成年人保护工作示范区”和“全国未成年人检察工作社会支持体系示范区”为抓手，探索推行“123456”工作总体思路，推动专业化办案与社会化保护相衔接，着力打造未成年人检察工作红寺堡样板。制定《创建全国未成年人保护示范区实施意见》《红寺堡区开展全国未成年人检察工作社会支持体系示范区建设工作方案》等系列文件，加强顶层设计，压实责任。组建10支法治宣讲团队，开展《中华人民共和国未成年人保护法》《中华人民共和国预防未成年人犯罪法》《中华人民共和国家庭教育促进法》宣传33场次，广泛宣传未成年人保护法等政策法规。加强对困境儿童等特殊群体的关爱帮助，办理抚养权、撤销（变更）监护权案件5件，发出督促监护令4件，观护帮教案件27件，办理未成年人公益诉讼案件17件，未成年人检察工作经验在全宁夏推广。关注校园周边交通秩序、食品安全和文化环境等问题，向有关行政部门提出检察建议20件。严格监督落实教职员工入职查询制度，定期对教职员工开展性侵害违法犯罪记录查询4296人。

【矛盾化解】

2022年来，红寺堡区人民检察院完善12309检察服务功能，为群众提供服务。常态化做好社会维稳工作，加强信访积案清理和矛盾纠纷化解，落实检察长接待日、首办责任制，做好刑事和解、检调对接、以案释法和律师代理涉法涉诉案件工作，引导群众依法理性表达诉求。妥善化解涉法涉诉案件5件，受理来信来访82件，7日内程序性回复率和3个月内办理过程或结果答复率均为100%。

【打击犯罪】

2022年来，红寺堡区人民检察院严厉打击非法吸收公众存款、组织领导传销、电信网络诈骗等新型犯罪和涉众型经济犯罪，起诉9件16人。

【法治宣传】

2022年来，红寺堡区人民检察院组织开展各类思想教育培训活动34场次。组建舆情防控工作小组，常态化开展舆情监测和引导，完成网评任务726期，排查宣传领域信息1478条，纠正、删除各类错误信息 21 条，排查意识形态领域风险隐患 11 项，及时消除隐患，维护意识形态领域安全。

【队伍建设】

2022 年来，红寺堡区人民检察院开展履职尽责、纪律作风督察 23 次，修订完善各项制度 10 项。开展岗位练兵、业务实训等活动 12 场次。成功举办“市域检察论坛”。先后在《检察日报》《宁夏日报》《宁夏法治报》等主流媒体发表新闻 100 余篇。在《宁夏检察》等刊物发表调研文章 10 余篇，多篇文章在全国、全区获奖。成功创建自治区精神文明单位。

（安靖国）

法　院

【案件受理】

2022 年，红寺堡区人民法院共受理各类案件 6412 件，结案 6148 件，同比减少 518 件。结案率为 95.88%，同比增长 2.78%。法定审限内结案率为 97.06%，同比增长 3.16%。

【刑事审判】

2022 年，红寺堡区人民法院共受理刑事案件 139 件，审结 133 件，结案率 95.34%。依法严厉打击涉黑涉恶犯罪，严惩危害公共安全犯罪，审结被告人沈某某等 12 人开设赌场、寻衅滋事、催收非法债务、妨害作证、伪证一案。审结危险驾驶、交通肇事、寻衅滋事、毒品犯罪等案件 57 件。审结盗窃、诈骗、故意伤害等案件 36 件，涉恶案件 1 件。审结非法经营、电信诈骗、组织传销等案件 21 件。审结吴忠市生态环境局原党组书记、局长杨晓明受贿案，吴忠市红寺堡区粮食购销公司原经理李成林受贿、贪污案等 3 件贪污受贿、渎职案件。

【民事审判】

2022 年，红寺堡区人民法院坚持公正司法，妥善处理民商事纠纷，受理民事案件 3887 件，结案 3780 件，未结 107 件，结案率 97.17%，结案平均用时 52.18 天。防范金融风险，加强对合同纠纷的审查力度，审结金融借款、民间借贷等案件 868 件。对接涉民生领域司法需求，依法妥善审理劳动争议、房屋买卖、损害赔偿、征收补偿、土地流转、建筑工程施工等案件。探索家事审判新模式、顺应新要求、新理念，成立家事审判法庭，发挥家事审判的诊断、修复和治疗作用，审结婚姻家庭案件 567 件。

【行政审判】

2022 年，红寺堡区人民法院妥善化解行政争议，促进法治政府建设，主动加强与政府行政执法部门沟通联系，推动在吴忠市成立首家基层法院行政争议协调化解中心，全链条、类型化开展行政争议实质性化解，共移交行政争议协调化解中心调解案件 2 件，化解 2 件，化解率 100%。全年共受理各类行政案件 65 件，其中行政诉讼案件 40 件，行政非诉执行审查案件 15 件，行政赔偿案件 10 件，审结 62 件，结案率 95.4%，无一例发改案件。在已结行政诉讼类案件中经协调原告撤诉 4 件，裁定不予立案 3 件，裁定驳回起诉 2 件，判决结案 28 件，行政机关败诉 11 件，行政机关负责人出庭应诉率 97%。

【案件执行】

2022 年，红寺堡区人民法院执行局共受理各类执行案件 2306 件，执结 2158 件，有财产可供执行案件法定审限内执结率为 97.50%，无财产可供执行案件终本合格率为 100%，执行信访办结率为 100%，执行案件执结率为 93.58%，执行标的到位金额为 1.85 亿元。办理全国各地法院委托执行事项 151 件，办理财产保全类案件 36 件。评估拍卖共上架拍品45件，成交19件，总成交额1112万元。救助案件当事人35人，发放救助款54万元。全年共限制高消费1419人，纳入失信名单172人，拘留16人，公布失信被执行人名单10期248人，发出执行悬赏公告6期21人，向公安机关移交拒执罪线索1件。

【法治宣传】

2022年，红寺堡区人民法院深入学习宣传贯彻《中华人民共和国反有组织犯罪法》，大力开展反诈人民战争和打击养老诈骗专项整治行动，印制扫黑除恶、养老诈骗等宣传手册5000册、宣传海报200张、宣传彩页1500份，制作宣传视频5个、宣传展板9块、宣传横幅12条。通过院微信公众号发布各类信息381篇，被各级各类媒体转刊发85篇，其中宁夏法治报客户端62篇，宁夏新闻网7篇，累计阅读量达9万人次。开展“八五”普法工作，31名干警当选“法治副校长”，到学校、机关、乡村讲法治课39场次。6次邀请130余名代表委员和各界群众走进法庭零距离接受普法教育。

【智慧法院】

2022年，红寺堡区人民法院共实现网上立案902件，跨域立案19件，协助推送20件，上门立案2件，网上申请诉前保全7件，运用互联网开庭审理案件310件。配备24小时自助诉讼服务终端和法院材料智能云柜，开辟非接触式诉讼服务新途径，实现全时段、智能化诉讼服务。

（李进虎）

司法行政

【普法宣传】

2022年，红寺堡区深入推进“八五”普法工作，广泛开展以《中华人民共和国宪法》《中华人民共和国民法典》学习宣传为主的法治宣传教育活动。全面落实“谁执法谁普法”普法责任制，印发《红寺堡区领导干部学法制度清单（试行）》《2022年红寺堡区普法依法治理工作要点》等文件，举办习近平法治思想专题培训班，对各单位行政执法人员、普法骨干等100余人进行专题辅导。依托乡镇（街道）现有基础设施，建成弘德村法治文化广场等一批乡镇法治文化教育基地，基层法治建设亮点纷呈。紧抓“互联网+”线上普法新手段，搭建“微平台”，开设“微课堂”，创作普法微视频，联合融媒体中心打造特色品牌栏目，2022年共拍摄普法宣传视频35条。

【法律服务】

2022年，红寺堡区全面落实刑事案件律师辩护全覆盖、律师值班参与涉法涉诉信访案件化解等机制，加大法律援助力度，法律援助典型案例在宁夏日报客户端多次报道。实现法律顾问、法律明白人、公共法律服务实体平台、法治服务宣传四个全覆盖。开通农民工讨薪案件“绿色通道”，简化受理程序。持续开展公共法律服务信息化建设，依托宁夏法网等平台，全面推广“互联网+公共法律服务”，为全区64个行政村、8个社区全部配备公共法律服务智能化服务一体机，实现群众法律服务咨询智能化、科技化。2022年，红寺堡区公共法律服务中心共受理指派及当事人申请各类援助案件226件，为困难群众节省律师费用110余万元，挽回经济损失450余万元。

【矛盾化解】

2022年，红寺堡区实现64个行政村、8个社区人民调解组织全覆盖，通过在矛盾纠纷易发、多发的重点行政村设立矛盾纠纷调解工作室，派驻专职人民调解员开展工作，做到矛盾纠纷就地解决、就近解决。健全矛盾纠纷多元化解机制，打造红寺堡区“114 百事解”矛盾纠纷多元调解中心，建立“一中心统筹 + 多部门联合 + 抓基层预防”的矛盾纠纷多元调解智慧化服务模式，化解矛盾纠纷渠道持续拓宽。2022 年共排查矛盾纠纷 1055 件，化解矛盾纠纷 1053 件，调处成功率达 99.7%，挽回损失 1655.44 万元。

【社区矫正】

2022 年，红寺堡区社区矫正管理局实施“一所一品牌”工程，在“三段六步式”教育模式（即入矫、矫中、解矫三教育环节和身份意识教育、法治意识教育、思想道德教育、劳动意识教育、劳动技能培训和警示教育）的基础上，创新社区矫正“十化”工作法（资料规范化、学习专题化、思想汇报制度化、公益劳动特色化、矫正管理个性化、奖惩考核公开化、社会力量广泛参与化、德育矫正常态化、人文关怀经常化、社区矫正工作智能化），精细化推进“四扶四到位”工作（“扶志”思想工作到位，“扶技”就业服务到位，“扶策”发展指导到位；四是“扶资”协调帮扶到位）措施，确保社区矫正对象不脱管、不漏管和不发生重新犯罪。推进部级智慧矫正中心建设，发挥“数字法治、智慧司法”信息化体系作用，依托社区矫正一体化平台，实现矫正对象自助报到及登记、自助信息采集、管理审批流程线上办理等。截至 2022 年底，红寺堡区累计接收社区矫正对象 694 人，累计解除社区矫正对象 634 人、在册社区矫正对象 60 人。

（田慧丽　马　静）

仲裁工作

【群众接访】

2022 年，红寺堡区劳动人事争议仲裁院共接待来访群众 726 人，详细询问来访群众诉求，耐心疏导，解答其在法律上的困惑，引导来访者依法理性表达合理诉求，化解心中郁结。

【案件受理】

2022 年，红寺堡区劳动人事争议仲裁院立案受理争议案件 72 起，结案 70 起。从受理情况看，涉及社会保险类案件 36 起，劳动报酬类案件 16 起，解除终止劳动合同类案件 11 起，确认劳动关系类案件 9 起，分别占比 50%、22.22%、15.28%、12.50%。从办结情况看，仲裁调解 45 起，仲裁裁决 25 起，中止 5 起，涉及劳动者 128 人，涉案金额 307.94 万元，结案率达 90.9%。

【调解组织】

2022 年，红寺堡区持续推进辖区金牌调解组织的构建工作，加大劳动争议案件的调解力度。持续推进金牌调解组织创建工作，在 5 个乡镇、1 个街道办、18 家企业成立劳动争议调解委员会，聘任 57 名兼职调解员分别负责各辖区内的劳动争议调解工作，指导各调委会建立健全劳动争议调解工作制度。各调解组织借助“互联网 + 调解”服务平台共受理案件 19 起，已全部结案，仲裁调解结案 45 起，调解率达 71.9%。

（马　艳）

综合执法

【案件受理】

2022 年，红寺堡区综合执法局聚焦政治能力建设、综合执法体系建设、行政执法、城市精细化管理等重点工作，共立案查处土地管理、市容环境卫生等行政违法案件 1466 起，罚款共计 334.85 万元，腾退土地 120 亩。其中一般行政处罚案件 210 起，罚款 328 万余元；简易程序1256起，罚款6.65万元。行政复议案件1起、行政诉讼案件15起、强制执行案件5起、行政非诉执行案件13起。通过宁夏行政执法监督管理平台办理行政执法案件301起，发挥了综合执法在城乡治理中的重要作用。

【机构改革】

2022年，红寺堡区综合执法局持续推进自然资源等9个部门700余项行政执法权整合工作。会同市委编办，完成拟移交执法事项上会讨论、意见征求、合法性审核及人员划转等工作。编制完成《红寺堡区综合执法局执法事项职责边界清单》，为深化城乡一体化综合执法改革打下坚实基础。以提升执法办案水平为重点，全面运用行政执法监督网络平台办案，实现执法案件线上办理。推动综合执法与行政执法权力移交部门的配合协作，强化行政执法和刑事司法有效衔接，推进信息共享机制化、案件移送标准化和程序化，构建权责清晰、运转顺畅、保障有力、廉洁高效的行政执法机制。

【城市治理】

2022年，红寺堡区综合执法局依托网格化治理模式，按照三定（定岗、定人、定责）工作方式，开展标识标牌、车辆停放、渣土车辆管理、餐饮油烟摸排等市容环境整治行动，改善城区市容环境。规范车辆停放8000余次，施划机动车位4527个、非机动车位9475米。审批新安装门头匾212家，清理违规、破损广告65处。督促落实“门前三包”2000余次，立案查处店外经营、占道经营案件448起，罚款28195元。摸排检查城区内443家餐饮店，督促未安装油烟净化设施等问题的25家店铺完成整改。开展2022年“文明商户”评选活动，评选文明商户40家。

【制度建设】

2022年，红寺堡区综合执法局严格落实“三项制度”（行政执法公示制度、行政执法全过程记录制度、重大执法决定法制审核制度），重大行政执法决定案件实行执法人员、执法队负责人、法制审核人等层级负责制。聘请法律顾问，参与案件审核、行政诉讼及行政复议，对重大案件提出法律意见。组织开展重大案件集体讨论会18期，开展案卷评查通报12次，组织听证会6期。“双公示”（公示处罚信息、行政许可证）系统录入执法信息201条，录入率达到100%。所有案卷办理全过程记录，并将光盘附卷保存。持续推进综合执法调度、信访、12345便民服务等平台建设，实现综合执法工作监控资源共享、反应及时、处置高效。

【队伍建设】

2022年，红寺堡区综合执法局持续加强执法人员日常执法工作管理，严格执行“721”工作法（70%的问题用服务手段解决，20%的问题用管理手段解决，10%的问题用执法手段解决），严格落实持证上岗、亮证执法、执法全过程记录等制度。严格实行每周干部职工集中学习制，先后组织岗前培训、法律知识夜间课堂、254项行政执法权力清单等学习培训12场次，组织法律法规知识考试13场次，系统学习《中华人民共和国行政处罚法》等法律法规及典型执法案例。组织开展综合执法大练兵8次，每季度开展业务技能大比武、演讲比赛、以案释法等活动。加强日常督查管理，压实工作责任，规范执法行为，共开展执法督查25次，下发督查通报12次，通报批评执法人员（协管人员）42人次，着力打造“严格执法、公正执法、文明执法”的良好执法形象。

【生态保护】

2022年，红寺堡区综合执法局持续开展罗山大道生态修复工作，加强生态环境治理，依法拆除罗山大道西麓区域违法建筑70处，对东源村62户760亩耕地压砂地进行清理。积极落实河长制、禁牧封育、渣土车辆综合治理等工作，严厉打击侵占沟河道、非法采砂、渣土车辆扬尘等破坏生态环境行为。立案查处非法盗采矿产资源7起，罚款10.8万元；查处非法放牧74起，罚款金额共计10.33万元；逐一核查清理整治河道“四乱”问题，落实河长督办单1起。

（杨丽花）

罗山生态修复

军　事

红寺堡区人民武装部

【概　况】

2022 年，红寺堡区人武部坚决贯彻宁夏军区、军分区党委的决策部署，聚焦练兵备战，突出主责主业，夯实基础保稳定。完成重点企业潜力核查任务，研究出台《红寺堡区“十四五”时期民兵建设发展计划》，按计划组织开展民兵组织整顿和民兵基地化轮训任务。完成年度兵员征集任务，实现“零退兵”目标，国防动员开启新格局。高质量落实党管武装各项制度，积极参与衔接支持乡村振兴工作。

【国防教育】

2022 年，红寺堡区人武部邀请国防大学教授韩旭东到红寺堡区开展国防教育形势报告。积极推进红寺堡区第一中学校园国防教育阵地建设，用军营文化熏陶青少年，用红色教育培塑爱国主义精神。

【民兵整组点验】

2022 年，红寺堡区人武部组织学习军委国防动员部《民兵组织整顿工作实施办法（试行）》，学习借鉴利通区经验做法，采取调研摸底、科学编组的方法，区分应急力量、支援力量两个类型，按照民兵组织整顿部署要求，先后完成民兵体格检查、政治考核以及民兵整组点验，完成民兵分队编建任务。

【民兵基地化轮训】

2022 年，红寺堡区人武部组织民兵应急连开展民兵基地化轮训，先后完成单兵战术基础、防暴装备器材操作使用、动员集结、机动开展、警戒防卫、卫生与救护等科目训练，并组织开展实枪实弹射击训练，提高民兵军事训练水平和应急应战处突能力。组织民兵专业分队在营区开展集中轮训，严密组织供电设施抢修、无人机航拍侦搜、气象观测报知、通信线路故障排除等专业技能训练，提高民兵专业化救援应急应战能力水平。

【征兵工作】

2022 年，红寺堡区人武部利用电视、广播、融媒体等平台，全年累计发放宣传手册5000余份，张贴宣传海报126处，走访大学生家庭483户，发送征兵宣传短信4万余条，开展征兵宣讲活动6次。完成应征入伍青年的乡镇初检、上站体检和政治考核，组织筛选合格人员参加役前训练。

【乡村振兴工作】

2022年，红寺堡区人武部主动融入红寺堡区创建全国易地搬迁移民致富提升示范区建设，持续指导麻黄沟村对精饲料加工厂的管理升级，协调政府为麻黄沟村饲料加工厂增设饲料储藏库1间。组织看望慰问一线执行任务官兵家属，为立功受奖官兵送上喜报和慰问金，推动全社会形成崇军拥军的良好氛围。

（惠达彧）

红寺堡区武警中队

【政治教育】

2022年，红寺堡区武警中队合理统筹安排、创新教育模式、科学开展思想政治教育。主题教育开始前，坚持专人谈话，摸清官兵教育薄弱环节和喜欢的活动，正、副书记认真准备授课，扎实组织课后讨论，组织对规定的书目进行集中学习，定期进行笔记展评，确保活动顺利开展。利用强军故事会、演讲比赛、群体讨论等活动，提高官兵参与热情，激发爱岗敬业和履职尽责的精神动力。注重发挥影视教育的作用，组织官兵观看《建国大业》《高山下的花环》等优秀主旋律影片，提高教育效果。带领官兵原文学习《习近平论强军兴军（二）》、《习近平谈治国理政》第三卷、《习近平强军思想学习纲要》、《习近平新时代中国特色社会主义思想学习纲要》等书籍，坚定理想信念。组织官兵及时开展敏感时段形势任务教育，结合百日安全活动竞赛，扎实搞好枪弹安全教育、防疫教育和隐患排查，引导官兵清醒看待形势。开展以心理健康、法纪和“四反”教育为重点的政治教育，深化官兵思想认识。

【军事训练】

2022年，红寺堡区武警中队持续推行“军事训练一票否决”和立功受奖70%用于练兵备战的指标，开展军事训练表彰奖励，激发官兵训练热情，营造浓厚的训练氛围，树立正确的训练导向。定期组织对军事体育通用五项和专项训练进行摸底测试，对测试成绩张榜公示，既解决偏训、漏训、粗训的问题，又调动训练热情。在指挥训练上重点解决好协同配合，每月开展“军事教学日”活动，组织开展编组作业。立足任务进行战术训练，让班长和新改转士官进行捆绑起来练教学组训，并利用军职教育平台，丰富教学方法，促进教练员教学组水平提升。

【战备工作】

2022年，红寺堡区武警中队坚持任务牵引，结合“学规定、查隐患、补漏洞、保安全”活动，及时完善各类战备预案，充实战备物资，落实战备制度，扎实做好两会等重大节日和敏感期的战备工作，同时结合当前国际国内形势进行形势任务、职责使命和敌社情教育，铸牢官兵“险情就在身边，战斗随时打响”的忧患意识。针对天气实际加强战备演练，严密组织开展抗洪抢险演练，不断增强中队执行多样化任务的能力。结合每周支队勤务交班讲评以及中队每日勤务晚交班讲评中发现的执勤问题，及时加以纠治，提升勤务质量。2022年圆满完成区政府国庆升旗、烈士陵园敬献花篮、敏感时期联勤武装巡逻等任务。

2022 年 12 月 2 日，红寺堡区武警中队组织官兵学习党的二十大精神

【政治建设】

2022 年，红寺堡区武警中队坚持贯彻依法从严的理念，不断强化官兵法治思维。按照条令规范部队建设，围绕礼节礼貌、内务设置、营区管理等方面纠治自身存在的问题，坚持每周进行军容风纪检查、内务卫生评比，评选优秀班级并颁发流动奖牌。随时保证民主渠道通畅，开展谈心活动，及时解决官兵困难，检修空调、暖气，改造卫生间、淋浴间，反馈伙食意见建议，为战士提供舒适生活环境。加强手机网络使用管理。开展针对性教育，提升安全意识。严格在外人员管理。

【后勤建设】

2022 年，红寺堡区武警中队结合后勤岗位大练兵活动，指导后勤人员针对自己专业制订个人学习计划，并加大对炊事员的培训，提高后勤人员专业素质和炊事水平，增强服务意识，提升服务保障能力。每周征求官兵对伙食的意见建议，搞好伙食调剂，确保官兵饮食营养健康。每周对营区进行消毒，扎实做好卫生防疫工作，先后对营房、浴室、厕所等设施进行改造升级，对空调、热水器等各类生活设施进行全面检修，并及时为每个哨位配备当季药品，给官兵创造干净、舒适的工作和生活环境。

（张海通）

经济管理

宏观经济管理

【主要经济指标】

2022年，红寺堡区实现地区生产总值100.05亿元，增长5.8%（其中：第一产业实现增加值13.72亿元，增长9.1%；第二产业实现增加值54.13亿元，增长5.7%；第三产业实现增加值32.20亿元，增长4.8%）。完成地方一般公共预算收入2.30亿元，同口径增长26.9%；一般公共预算支出34.03亿元，增长13.2%；完成固定资产投资96.94亿元，增长15.8%；实现社会消费品零售总额16.46亿元，与2021年持平；城镇居民人均可支配收入28586元，增长4.9%；农村居民人均可支配收入12942元，增长7.9%。

【重点项目】

2022年，红寺堡区按照一季度抓开工、二季度抓协调、三季度抓进度、四季度抓冲刺的要求，压茬推进重点项目建设。120个计划实施项目全部开工，年度计划投资102亿元，全年完成固定资产投资96.94亿元，增长15.8%，增速高于全区5.6个百分点，高于吴忠市5.5个百分点。截至年底，五凌储能产线项目、罗山飞行营地、晓鸣股份有限公司智慧农业产业示范园等77个项目建成投产，800兆瓦光伏电站、黄河文化公园复合廊道、黄草墩蓄水池等43个项目按时序加快推进。审批政府投资项目225个，总投资18.63亿元；备案社会投资项目89个，总投资103.33亿元。加大项目谋划储备力度，紧盯中央、区市政策取向、投资导向和资金投向，重点围绕“六新六特六优”产业、基础设施、生态保护、民生保障、社会事业等方面，储备2023年各类项目203个，总投资418亿元，其中计划实施项目123个，年度计划投资115亿元。2022年，红寺堡区共落实上争资金项目224个，到位资金25.9亿元，超额完成年度目标任务。

【服务业】

2022年，红寺堡区用足用好自治区推动服务业纾困扶持政策，印发《红寺堡区关于自治区促进服务业领域困难行业恢复发展重点任务分工方案》，兑付服务业引导资金140万元。紧盯自治区服务业集聚区支持导向，成功打造以葡萄红酒游、现代农业游、移民文化游、航空体验游为主题的市级移民文化体验集聚区。全力扩内需促消费，开展农特产品促销等专项促销行动，累计发放各类消费券 9.2 万张，实现销售额 1134 万余元。举办首届城市消费节活动，通过“政府奖补 + 企业补贴 + 补中带奖”的方式，销售商品房 437 套，销售额 2.7 亿元；销售汽车 39 辆，销售额 509.74 万元。

【清洁能源产业】

2022 年，红寺堡区争取竞配光伏发电项目 7 个，装机容量 80 万千瓦。中车低碳循环智能装备产业项目、800 兆瓦光伏电站等清洁能源项目有序推进。330 千伏升压站项目、五凌储能产线项目等建成投运，优化本地电网结构，有效增加清洁能源送出通道，增强清洁能源发电的稳定性和可靠性。深化整县屋顶分布式光伏试点建设，全面完成党政机关、学校、医院、村委会等公共建筑屋顶分布式光伏安装。截至年底，清洁能源累计建成并网 478 万千瓦，占自治区总容量的六分之一，成为红寺堡区新的经济增长极。

【粮食安全】

2022 年，红寺堡区粮食局完成粮食购销领域专项整治各级巡察和督导反馈及自查自纠 41 个问题的整改。全面落实 2000 吨原粮临时储备及 1000 吨应急成品粮储备任务，申请财政资金 276 万元，落实新增 600 吨应急成品粮粮权。红寺堡区地方储备粮仓储及配套设施项目开工建设，建成一期仓容 4200 吨的原粮平房仓及附属工程。常态化开展米面油等 46 种重要民生商品市场价格监测工作，在公众号、政府网站公布价格监测信息 20 余次。

【以工代赈】

2022 年，红寺堡区粮食局争取以工代赈项目 10 个，涵盖产业发展、农村基础设施建设、农村人居环境整治等方面。争取中央资金 5940

红寺堡光伏电站

万元，撬动地方财政和社会投资 4955 万元，吸纳务工群众 1145 人，发放劳务报酬 1235 万元，7 个产业类项目交付使用后预计折股量化形成集体资产 4150 万元。

【能耗“双控”】

2022 年，红寺堡区推动用能权改革，编制《红寺堡区节能中长期专项规划》，为实现用能优化指明方向、提供支持。对影响能耗双控、碳排放等情况的项目深入论证，不符合产业政策、产能置换等要求的项目坚决做到不引进落地。紧盯区域及行业能耗“双控”目标任务，切实加大对重点耗能企业的用能和节能情况监督检查和监测力度，督促赛马水泥严格执行错峰生产。

【社会信用体系建设】

2022 年，红寺堡区推进各领域信用建设，加强信用信息归集力度，全年向信用吴忠网站推送各类信息及政策法规 1961 条，向宁夏公示系统推送双公示信息 3209 条，其中，行政许可信息 2115 条，行政处罚信息 1094 条。2022 年，红寺堡区人民法院公开曝光失信被执行人 8 期 203 人次，发布悬赏公告 6 期 24 人，采取限制高消费令强制措施 1165 人次。57 名失信被执行人迫于压力主动履行案件义务后从失信被执行人名录库中删除，解除限制高消费令强制措施 368 人次。全年开展电信网络诈骗防范治理、互联网虚假信息和造谣传谣专项治理、涉金融领域失信问题专项治理、无证行医和非法医疗问题专项治理、假药问题专项治理、拖欠工资问题专项治理、交通运输失信问题专项治理和非法社会组织专项治理等 8 个领域专项治理。

（丁　华）

财　政

【概　况】

2022 年，红寺堡区地方一般公共预算收入 23029 万元，为年度预算的 115.15%，增长 21.3%，其中：税收收入 15712 万元，为年度预算的 130.93%；非税收入 7317 万元，为年度预算的 91.46%。一般公共预算支出 340305 万元，完成变动预算数的 87.2%，增长 13.18%。政府性基金收入 35727 万元，较 2021 年增加 5501 万元，增长 18.20%。政府性基金支出 36799 万元，较 2021 年增加 9526 万元，增长 34.93%。2022 年，社会保险基金收入 20174 万元，其中，当期收入 18436 万元。补缴 2021 年度养老保险 1738 万元，社会保险基金支出 7540 万元，当期收支结余 12634 万元，年末滚存结余 58918 万元。

【转移支付资金管理】

2022 年，红寺堡区争取上级一般公共预算转移支付资金 278670 万元，比 2021 年增长 5.5%。共争取债券资金 44000 万元，其中一般债 26000 万元、专项债 18000 万元。自治区财政厅下达的各级衔接资金共计 58232 万元，分配率 100%，实际支出 58076.22 万元，支付率 99.73%。其中中央财政衔接资金 40921 万元，支付率 99.75%；自治区财政衔接资金 10211 万元，支付率 99.96%。自治区下达闽宁协作资金 7100 万元，实际支出 7051.5 万元，支付率 99.32%。争取农村综合改革资金 1 亿元，增长 128.57%。

【专项资金收支】

2022 年，红寺堡区收到自治区财政厅下达经建专项资金 24379.2 万元，拨付 22826.4 万元。其中：下达基本建设资金 22383.2 万元，拨付 20832.7 万元；招商引资资金 429.8 万元，拨付429.8万元；其他补助资金1566.2万元，拨付1563.9万元。下达自然资源及环境保护资金共16204.2万元，拨付14559.4万元。

【减税退税降费政策】

2022年，红寺堡区全面落实大规模组合式减税退税降费政策，累计办理退税21191万元，其中增值税留抵退税17877万元，惠及63家企业；“六税两费”（资源税、城市维护建设税、房产税、城镇土地使用税、印花税、耕地占用税，教育费附加、地方教育附加）退税128.58万元，惠及128家企业；享受制造业中小微企业缓缴税费1038万元，惠及117家企业，新增减税降费3637.76万元。切实减轻市场主体负担，激发企业发展活力。

【融资担保】

2022年，红寺堡区担保贷款9743.9万元，其中农户335笔1933.4万元，企业24笔7810.5万元，缓解了中小微企业、合作社、家庭农场及种植养殖大户融资难、贷款难、担保难的问题。壮大担保基金规模，整合全民创业、妇女创业、产业担保、风险补偿等各类基金23500.05万元。12月在保余额14070.4万元。其中支持9个重点产业融资担保业务26笔7372万元，支持中小企业35笔10649.5万元。开展活体抵押担保业务，满足红寺堡区养殖企业融资需求，全年累计利用肉牛活体抵押担保贷款6200万元。受疫情影响较大的企业和农户完成展期担保贷款和无还本续贷担保贷款共计3658.5万元。免收脱贫户担保费，一般农户年担保费率降至0.8%，企业年担保费率降至0.9%，平均担保费率不超过1%。深化政银企对接服务，优化辖区金融服务体系，提升服务实体经济质效。推进银担合作，在促进就业和居民收入增长、促进税收等方面不断取得突破，成效显著。下调、减免担保费率，降低企业融资成本。为受疫情影响出现暂时生产经营困难的中小微企业提供续保服务；对受疫情影响较大的企业，到期还款确有困难且银行提供展期或续贷的，继续提供担保；对与疫情防控相关的中小微企业，积极协调银行金融机构给予大力支持；为与疫情防控相关的担保项目开通绿色通道，取消反担保要求，为企业提供优质快捷高效的金融服务。

【民生保障】

2022年，红寺堡区各项民生支出303178万元，增长10.91%，占一般公共预算支出的89.09%。提高社会兜底保障水平，共投入资金11737万元，确保辖区1.73万城乡低保对象基本生活补助每月及时足额发放到位，提升人民群众获得感、幸福感。落实特殊群众保障政策，投入资金1086.43万元，确保困难残疾人生活补贴和重度残疾人护理补贴等救助金按时足额发放。

【助力乡村振兴】

2022年，红寺堡区在巩固拓展脱贫攻坚成果同乡村振兴有效衔接方面，共投入资金133446万元，其中中央衔接资金40921万元、自治区衔接资金10211万元、闽宁协作资金7100万元、乡村振兴地方债10000万元、农村综合改革转移支付资金9400万元、壮大村集体经济建设资金600万元、农业生产发展等专项资金27086万元、教育资金14000万元、乡村基础设施建设资金14128万元。实施各类项目405个，主要用于产业发展、农村基础设施建设、稳岗就业、乡村建设行动等重点领域。

【保障教育文化事业】

2022年，红寺堡区共投入教育资金69064

2022年4月2日，红寺堡区财政局支部委员会开展"植树造林添新绿、党员先行践初心"义务植树主题党日活动

万元，主要用于保障教师工资、教育成果奖励、校长（书记）班主任津贴、三级骨干教师工作补贴、名师工作室、教师培训费等；投入文化和旅游资金4098万元，主要用于公共图书馆、文化馆、博物馆、社区和乡镇文化站等公共文化服务体系建设；投入资金2010万元，主要用于基层科普行动计划、RD项目、科技扶贫等，集中财力提升创新能力，加快农业科技成果转化应用，提高农业科技含量，推动农民收入增加。

【深化"放管服"改革】

2022年，红寺堡区全面深化"放管服"改革，提高政府采购透明度和采购效率，持续优化政府采购营商环境。全年在宁夏政府采购网公开采购意向86条，涉及采购单位25家。红寺堡区政府采购贫困地区农副产品政策执行情况中，预留采购总额为146.14万元，相比2021年增加92.5万元。截至年底，采购193.29万元，超额完成全年预留采购任务。依托全国代理记账机构管理系统进行在线审批，改变以往"审核资料跑一趟，拿证跑一趟"的情况，简化办事流程，推进全程网办，实现代理记账机构从申请到拿证"最多跑一趟"。

【政府投资项目结算审核】

2022年，红寺堡区持续规范政府投资项目工程结算审核，全年送审政府投资项目212个，送审金额73501.97万元，审定金额67279.69万元，审减金额6222.28万元，审减率达8.47%，政府投资项目监督管理水平不断提升，财政资金使用效益不断提高。

【国有资产监管】

2022年，红寺堡区组织开展行政事业性国有资产管理领域专项整治行动，盘活闲置资产，完善低效运转、闲置资产，提高资产使用率和使用效益。将所有行政事业单位全部纳入资产管理信息系统，辖区国有资产总额790144.25万元，其中流动资产56151.2万元，固定资产、在建工程等非流动资产733993.05万元。

（李 慧）

税 务

【税收收入】

2022年，红寺堡区税务局共组织收入122241万元，增收71583万元。其中税收收入完成46297万元，非税收入完成16017万元，社保费完成31448万元，较好地完成了税收任务。

【征收管理】

2022年，红寺堡区税务局加强征管质量5C监控评价系统结果跟踪和分析整改，核实整改疑点数据25条。推进增值税专用发票电子化工作，全年核定电子专用发票的新办纳税人共134户，首次接收电子专票纳税人94户，发行税务Ukey1581个，核定电子专用发票271户。全面摸排辖区未办税户实际经营和解决就业状况，完成摸底核查工作1609户，完成率100%。全年行政处罚120条，一般行政处罚32条，简易行政处罚88条。按照“首违不罚”清单，依法处理29户涉及逾期未申报、逾期未抄报税控设备的纳税人。加强金税三期数据监控，监测出123户未达起征点个体户存在实际开票金额大于起征点金额，经过核查，92户个体户需补缴增值税，累计补缴增值税66.47万元。

【税费减免】

2022年，红寺堡区税务局落实优惠政策，通过多种渠道向符合条件的纳税人、缴费人精准推送政策。全年累计办理退库21456万元，其中留抵退税17876万元、个税汇算清缴退税248万元、风力发电即征即退1943万元、“六税两费”减免退库128万元。

【便民办税“春风行动”】

2022年，红寺堡区税务局以“便民办税春风行动”工作为抓手，细化129项重点工作责任。完成财产行为税“十税”合并申报及增值税、消费税、附加税费整合申报改革，简化了办税流程。多渠道向纳税人公告233项“非接触式”办税缴费事项清单，全年纳税人通过电子税务局办理无须预审涉税业务41807笔，通过电子税务局办理预审涉税业务2925笔，通过自助办税终端办理发票领用业务4422笔，通过手机开具发票4349张，较2021年有了显著提升。开展“走流程、听建议”活动4次，收集并落实人大代表意见建议、政协委员提案4条。组织“千人进万户”纳税人需求实地调查大走访活动，全年走访纳税人1363户，走访率100%。吸纳辖区企业、中介机构、工商联工作人员组成税收志愿服务团队，开展税收宣传活动12场次，开展涉税培训两场次，发放税收宣传品6000余份。

（崔媛媛）

审计工作

【红寺堡区委审计委员会工作】

2022年，红寺堡区委审计委员会召开两次会议，传达学习习近平总书记关于审计工作的重要讲话指示批示精神、中央审计委员会及区市党委审计委员会会议精神，研究审议年度审计项目计划、本级预算执行及其他财政支出审计工作报告等重大事项12项，制定《中共吴忠市红寺堡区委审计委员会关于建立健全审计查出问题整改长效机制的实施意见》《中共吴忠市红寺堡区委审计委员会审计监督重大事项督察督办办法》等5项制度，指导全区审计工作高质量发展。上报重大事项5次，涉及内容13项。上报审计信息30余篇，被采用15篇。

【研究型审计】

2022年，红寺堡区审计局坚持审前提前谋划，整合审计资源。在审前充分研究的基础上，要求各审计组在项目安排和审计内容上做到同步规划、同步实施、相互补充、互为支撑，提高审计工作成效。审后成果共享，提高审计效能。将预算执行审计与经济责任审计相结合，达到“一审多果”，发挥审计在宏观决策方面的建设性作用，将经济责任审计情况进行整合提炼，揭示出带有普遍性和苗头性的问题，在预算执行审计报告中反映。红寺堡区太阳山镇原党委书记经济责任审计获2022年自治区县级优秀审计项目三等奖。

【审计项目完成】

2022年，红寺堡区审计局共完成审计项目22个，其中，预算执行及财政财务收支审计3个，经济责任审计4个，专项审计调查8个，政府投资审计7个。审计发现问题95项，涉及资金14630.08万元。提出审计建议37条，涉及违规资金1.38万元、不规范资金14628.70万元。

【审计整改】

2022年，红寺堡区审计局共梳理历年审计发现问题941个，其中上级审计机关审计发现问题96个，区本级审计发现问题845个。联合纪委监委、区委、区政府督查室共开展审计整改“回头看”督查7次。

（吴芝静）

统计工作

【专项治理】

2022年，红寺堡区统计局全面推进专项治理工作，召开全区统计领域突出问题专项治理工作动员部署会议，印发《红寺堡区统计领域突出问题专项治理工作实施方案》，明确各部门在治理工作中的任务及时间节点，按时序要求，完成专项治理各项任务。全面清理纠正违反统计法律法规文件和做法工作的决策部署，开展文件清理工作。要求各相关部门清理纠正违反统计法律法规的文件和做法，开展统计调查项目排查，收集违反统计法律法规文件和做法清理纠正情况表15份，无违反统计法律法规文件和做法。

【统计服务】

2022年，红寺堡区统计局做好全区重要经济指标和重点投资项目的统计工作，及时掌握经济运行中的苗头性、倾向性问题，开展专题研究，提出针对性对策和建议。全年撰写统计简要分析33篇、统计专报10篇、统计监测快报13篇、简报信息192篇。有2篇统计专报获区委书记批示、2篇统计分析获副区长批示、9篇统计分析和65条信息被自治区统计局内网采用。围绕服务业、设施农业及时开展调研，形成调研报告6篇。

【常规业务】

2022年，红寺堡区统计局按时完成农业、工业、固定资产投资、商贸业、服务业、房地产、劳动工资、能耗、科研等专业的月报、季报、数据审核评估及全区经济运行情况的发布工作，按期、按量完成各项统计任务。制作统计服务手册、红寺堡区2022年调查单位名录、2020—2022年主要经济指标折页和农牧业生产统计台账等各类统计产品共计11类1000余册，运用统计产品，反映经济数据指标及发展情况。在红寺堡区政府网、统计外网公布主要指标完成情况，向区委、区政府领导及相关部门领导推送信息，并通过图的方式解读2021年和2022年各季度经济数据5期，编印发布2021年红寺堡区国民经济和社会发展统计公报，及时发布人口数据信息，满足社会各界对数据的需求。

【三级统计联动机制】

2022年，红寺堡区统计局推进基层统计网格智治工作，制定《吴忠市红寺堡区统计网格化管理实施方案》，建立区、乡、村三级统计联动机制，解决基层数据数出多门、指标填错、逻辑不通等问题，做到数出有源、数出有据。建立《红寺堡区统计局关于局领导干部包抓联系乡镇（街道）部门统计工作制度》，领导深入包抓乡镇，干部下沉行政村，摸清园林水果、蔬菜和经济作物种植情况，真实、准确反映全国易地搬迁移民致富提升示范区创建成效。

【依法统计】

2022年，红寺堡区统计局扎实开展数据质量核查和统计执法检查，制定《红寺堡区统计局2022年统计数据质量核查和执法检查计划》，配合吴忠市和本级执法检查企业18家，累计核查企业106家，其中工业和服务业核查单位实现全覆盖。开展入退库专项检查，检查企业72家，其中检查入库企业40家、退库企业32家。制定《红寺堡区统计局2022年统计法治宣传教育工作计划》，发放统计法律法规知识问答和统计法律法规资料汇编1400余份。

【人口抽样变动调查】

2022年，红寺堡区统计局扎实开展2022年人口抽样变动调查统计工作，根据抽样变动调查任务，在疫情防控的严峻形势下，线上组织开展人口抽样变动调查培训工作，并向调查员配备调查物资，购买保险，细化调查任务，圆满完成抽样调查任务。

（黑　霞）

市场监管

【食品监管】

2022年，红寺堡区市场监督管理局共出动执法人员160余人次，检查食品生产环节243家次、销售环节1276家次、餐饮环节685家次、网络平台提供者2家次、入网商家及线下门店64家次、校园食堂149家次、校园周边食品经营者309家次、农村食品经营单位391家次。全年办理食品类案件8件，罚没款11.7万元。对39家食品获证企业和202家食品小作坊开展风险分级评定和监督检查。完成“一品一码”系统注册34家，10家企业对447种产品进行赋码。完成大中型超市、批发部进销货电子台账系统注册39家，5家大中型超市、批发部在系统中备案食品梳理227个。持续抓好餐饮单位“明厨亮灶”和4D厨房管理、学校食堂“互联网+明厨亮灶”、网络订餐监管和量化分级管理。组织餐饮单位参加线上培训，累计有409家企业参加培训。加强网络订餐监管，加大对入网商户的检查力度，对美团外卖配送人员进行“食安封签”培训并要求严格按照规定落实封签制度。加强高速公路服务区、国道沿线食品安全监管，共检查餐饮服务单位3家、食品超市3家，并将两家高速公路服务区餐饮纳入“互联网+明厨亮灶”智慧监管系统。加强学校食堂及周边食品安全监管，共检查辖区中小学幼儿园食堂127家、校园周边经营单位57家、小饭桌5家、0—3岁婴幼儿照护机构1家。通过“互联网+明厨亮灶”智慧监管系统对127所学校幼儿园食堂实行线上监管。

【市场监管】

2022年，红寺堡区市场监督管理局推进

公平竞争审查工作，制定印发《关于红寺堡区2022年公平竞争审查工作的通知》，召开2022年红寺堡区公平竞争审查工作联席会议和公平竞争审查业务培训会，加强公平竞争审查工作的协调指导，组织开展公平竞争审查自查和抽查工作。制定2022年“双随机、一公开”工作方案和随机抽查事项清单及工作计划，统筹推进2022年市场监管领域部门联合“双随机、一公开”监管工作。联合区委督查室，对红寺堡区市场监管领域“双随机、一公开”监管联席会议成员单位工作开展情况进行督查。召开知识产权保护工作联席会议暨“双打”工作推进会，印发《红寺堡区关于强化知识产权保护的若干措施》《红寺堡区知识产权保护联席会议制度》《2022年打击侵犯知识产权和制售假冒伪劣商品工作的通知》。印发《2022年红寺堡区质量强区建设工作要点》，召开2022年红寺堡区质量强区建设工作推进会，安排部署质量强区重点工作。第二届中国城市高质量发展与国际合作大会上发布的《2022中国城市高质量发展评估报告》，红寺堡区获评“2022年高质量发展十佳城区”。对辖区内获得工业产品生产许可证的4家企业开展专项检查，开展车用柴汽油、电气产品、农资、学生用品等10类产商品质量专项抽检，共抽检86批次，合格82批次，不合格4批次。检查燃气灶具及配件经营户18户次，查扣未标识厂名厂址、警示说明的燃气灶具3台。开展2022年度检验检测机构专项整治行动，组织辖区检验检测机构认真开展自查整改。

【特种设备监管】

2022年，红寺堡区市场监督管理局开展超期未检特种设备专项整治，共检查特种设备使用单位40家次，下达特种设备安全监察指令书25份，责令使用单位限期整改。开展特种设备超期未检专项整治、城镇燃气安全专项整治、安全生产百日专项行动等5个专项整治行动，检查气瓶充装单位7家次，下达特种设备安全监察指令书6份。成立红寺堡区市场监管领域燃气安全专项整治工作领导小组，制定印发专项整治实施方案，及时召开部署会，要求各气瓶充装单位落实安全生产主体责任。扎实开展安全生产宣传教育，组织开展应急救援演练3场次，切实提高企业应急处置救援能力。截至年底，查处特种设备经营使用违法违规行为5起，罚没款27.37万元。

【商事制度改革】

2022年，红寺堡区市场监督管理局提高企业开办“一网通办”平台使用率，全面实施“证照分离”改革任务，制定印发《吴忠市红寺堡区关于深化“证照分离”改革 进一步激发市场主体发展活力实施方案》，全面推行简易注销登记，线下实行“即来即办”、线上实行“一网通办”，为企业提供便利。全年注册各类市场主体13766户，其中企业2322家、合作社642家、个体户10802户。

【知识产权保护】

2022年，红寺堡区市场监督管理局召开知识产权保护工作联席会议，印发《红寺堡区关于强化知识产权保护的若干措施》《红寺堡区知识产权保护联席会议制度》《2022年打击侵犯知识产权和制售假冒伪劣商品工作的通知》，开展中宁枸杞、盐池滩羊等地理标志专用权保护专项治理及打击整治恶意抢注商标违法行为，检查市场主体72家次，立案查处1起恶意抢注商标案，罚没款3000元。

【价格监管】

2022年，红寺堡区市场监督管理局联合吴忠

2022 年 8 月 9 日，红寺堡区综合执法局联合市场监督管理局对辖区食品市场开展专项检查

市市场监督管理局开展教育收费专项检查，检查学校 2 所，责令退费 7.1 万元，罚没款 5 万元。开展煤炭市场价格行为专项检查，检查煤炭经营户 23 家次，发放价格政策提醒告诫书 8 份。开展市场价格专项检查，检查市场主体 126 家次，发放价格行为提醒告诫书 16 份。开展粮食市场秩序专项整治工作，检查粮食收购、粮油加工企业 11 家，下达责令整改通知书 9 份。

【药品安全专项整治】

2022 年，红寺堡区市场监督管理局开展药品安全专项整治，检查药械经营使用单位 195 家次，查办 6 起药械违法案件，移交公安机关 1 起，罚没款 1.58 万元。推进“阳光药店”工程建设，将 82 家零售药店纳入“阳光药店”系统管理，纳入率 100%，68 家零售药店被评定为“阳光药店”，创建率 81.9%。

（计永雪）

农　业

综　述

【概　况】

2022年，红寺堡区农业总产值达27.26亿元，同比增长9.4%。农村居民人均可支配收入达12942.5元，同比增长7.9%。制定出台《红寺堡区农业特色优势产业扶持政策措施》等扶持农业产业发展的政策性文件。全区粮食播种面积34.05万亩，总产量16.6万吨。推进特色产业高质量发展，肉牛、滩羊饲养量分别达15万头、105万只，新建规模化养殖场4家、滩羊养殖示范村4个。新增酿酒葡萄1260.82亩，酿酒葡萄种植面积达10.8万亩。全年销售葡萄酒1480吨，销售额达8600万元。打造5个高效黄花菜种植示范点，全区黄花菜种植面积稳定在3.8万亩，干菜产量达7500吨。完成高标准农田建设0.5万亩，改造完成农村卫生厕所5373座。

【农村工作】

2022年，红寺堡区坚持把农村人居环境整治作为实施乡村振兴战略的首要任务，大力开展“厕所革命”，累计完成改厕任务5000座，农村卫生厕所普及率达到54%。结合乡村振兴、产业发展和农村人居环境等方面的规划，因地制宜在柳泉乡沙泉村，新庄集乡南源村，红寺堡镇红关、红海、团结村实施完整下水道式厕所5000户。为补齐农村短板弱项，持续开展“一年一村一事”行动，办理“一村一年一事”事项64件。逐步完善乡村治理体系，建设农业综合服务中心2个、乡村治理中心2个，提升乡村管理服务能力。推动农村产权进场交易，全年交易179宗，挂牌金额4854.89万元。完成红寺堡区“十二五”生态移民村5583户25844亩农村土地确权工作。培育社会化服务组织15家，开展饲草料配送、收购销售牛羊、技术培训等工作，开展农业生产托管服务，托管总面积60.1万亩，完成2832.5吨饲料配送任务。创建全国农业社会化服务创新试点组织1个，为1800户农户1.4万亩土地购买农业保险。

【农牧管理】

2022年，红寺堡区持续推进肉牛、滩羊“出村入场”建设，新建规模化养殖场4家，累计培育千头以上肉牛养殖示范村27个，百头以上肉牛养殖场达26家。以西门塔尔品种改良为主线，引进优质种质资源，加快良种繁育，改良肉牛2.5万头以上，肉牛良种化覆盖率达100%。投入“见犊补母”补贴资金2720.4万元，补助基础母牛2.7万头。新建太阳山镇红星村和周新村、新庄集乡新台村、柳泉乡水套村4个滩羊养殖示范村，累计培育滩羊养殖示范村25个。新培育滩羊“300”模式家庭农场46个。累计建成千只以上滩羊养殖场33家、国家级滩羊保种场1家，加快推进产业标准化、规模化生产。肉牛饲养量达15万头，存栏9.31万头、出栏4.56万头；滩羊饲养量105万只，存栏50.89万只、出栏47.13万只。动物防疫口蹄疫免疫牛9.18万头、羊96.46万只、猪1.83万头，小反刍免疫羊120.9万只，布病免疫羊121.24万只。采取“配送中心+订单+农户、新型经营主体”的运营模式，全年调制秸秆20多万吨，麦后复种燕麦等一年生饲草2万余亩，玉米秸秆捡拾打捆4万余亩，多年生牧草留床面积保持在7.2万亩以上。

【农业投资项目】

2022年，红寺堡区争取各类涉农项目124个，资金2.97亿元，用于支持农业产业发展。其中红寺堡区农业农村局2022年巩固拓展脱贫攻坚成果同乡村振兴有效衔接项目59个，涉及资金1.12亿元，主要用于地方特色产业提质增效、“见犊补母”、大豆玉米带状复合种植、日光温室维修改造等。中央2022年第一批财政支农项目5个，批复资金5616.6万元，主要用于农机购置补贴、耕地地力保护、草原生态保护补助奖励、动物保护、高标准农田建设。中央2022年第二批财政支农项目21个，批复资金5240万元，主要用于种粮农民一次性补贴、农机购置与应用补贴、农业产业强镇建设、优势特色产业集群建设等。2022年自治区第一批财政支农项目23个，批复资金3055万元，主要用于培养滩羊“300”家庭牧场补助、滩羊养殖高质量示范村建设、农村卫生户厕建设、农作物病虫害防控、现代农作物种业提升工程等。2022年自治区第二批财政支农项目1个，批复资金346万元，主要用于高标准农田建设项目。2022年其他项目15个，批复资金4223万元，主要用于农业防灾减灾、乡村产业融合发展、高效节水农业等。

【农业综合开发】

2022年，红寺堡区新建高标准农田0.5万亩，完成粮食种植面积34.05万亩，比2021年增加2.24万亩，通过落实大豆玉米除草与水肥管理、玉米病虫害防控等增收措施，集成推广测土配方施肥、水肥一体化、春秋覆膜保墒等高产高效技术45万亩，覆盖率达90%。主要农作物病虫害专业化统防统治覆盖率达30.6%，化肥利用率达41%，农药利用率达40.9%，确保了粮食安全生产。对种植生产基地及畜禽养殖基地农产品进行例行抽检179批次，合格率达98%。

【农产品流通】

2022年，红寺堡区新建羊肉加工营销中心2个、牛肉分割中心1个，建设品牌营销店2个。红寺堡区瓜菜销售以外销为主，番茄、辣椒、黄瓜、南瓜等露地蔬菜主要销往本地及周边市场。日光温棚设施蔬菜主要销往银川、兰州等地，大拱棚西瓜、甜瓜、小番茄主要销往兰州、广东、上海、北京和区内其他地方。黄花菜以销售干菜为主，主要销往广东、深圳、湖南、河南、湖北、福建、甘肃庆阳等市场。完成38家加工企业经济运行态势的监测，评定二星级绿色食品加工企业5家，甜瓜种植面积2260亩，新增西瓜种植面积6000亩，培育企业品牌1个，制定标准化规程1项，培育行业经营管理和专业技术人才5人。建成年加工干菜0.6万吨生产线1条、鲜菜加工生产线2条，年加工黄花菜鲜菜1.3万吨。实施宁夏犇牛牧业有限公司、宁夏平头羊冷鲜肉有限责任公司产业提质升级项目，分别在广东东莞和河南郑州建立牛羊肉品牌营销中心，扩大红寺堡区农产品销售市场，实现一二三产业融合发展。

（马海学）

种植业

【种植规模】

2022年，红寺堡区完成粮食生产面积33.75万亩，总产量16.6万吨，产量较2021年增加1.1万吨，顺利完成自治区下达任务。其中小麦4.29万亩（冬小麦1.24万亩、春小麦3.05万亩）、玉米27.42万亩、大豆1.61万亩、小杂粮0.72万亩。设施农业种植面积1万余亩，总产量1.75万吨，总产值约1亿元。种植露地西瓜2.55万亩（产量9.9万吨）、中药材3000余亩、萝卜1.2万亩。新种植酿酒葡萄1260.82亩。

【葡萄酒产业】

2022年，红寺堡区新增酿酒葡萄面积1260.82亩，完成低质低效园改造面积3941亩，完成5222.94亩酿酒葡萄架杆增高改造。针对红寺堡区受霜冻和不同程度未萌发冬芽的酿酒葡萄，组织专业技术指导人员，对受灾葡萄进行平茬、抹除基部萌蘖等田间技术指导。疫情期间，协调组织葡萄酒协会和生产企业，以每公斤4.5元至6元的价格及时收购辖区农户葡萄782吨。全年酿酒葡萄产量2万吨，共销售葡萄酒1480吨，销售额达8600万元。组织红寺堡区葡萄酒企业先后参加第二届吴忠早茶美食文化节、闽宁特产线上行、宁夏品质中国行活动、第二届中国（宁夏）国际葡萄酒文化旅游博览会等活动，扩大红寺堡区葡萄酒的知名度，拓宽红寺堡葡萄酒市场。获得比利时

红寺堡区大河乡红梅杏种植基地

布鲁塞尔国际葡萄酒大赛、柏林葡萄酒大奖赛等大赛各类奖项53项，其中大金奖1枚、金奖30枚。

【葡萄酒协会】

2022年，红寺堡区葡萄酒协会持续为辖区各酒庄培训化验、酿酒、种植、酿酒师等方面的专业人才，提升产区的整体质量。组织葡萄酒企业参加各类宣传推介活动25场次，参会人数超600人次。组织深圳市天恒酒业礼品有限公司、四川尚品荟萃酒业有限公司运营店全面开通并投入运营，销售红寺堡区葡萄酒等农特产品。组织13家酒庄进驻时代广场红酒街区并投入运营。

【黄花菜产业】

截至2022年底，红寺堡区黄花菜累计种植面积8.02万亩，主要分布在红寺堡镇朝阳村、中圈塘村、河水村、绿科新村，太阳山镇兴民村、小泉村、潘和村、周圈村、买河村，大河乡龙兴村、红崖村、大河村，新庄集乡沙草墩村、东川村、红阳村，柳泉乡柳泉村、豹子滩村。2022年，鲜菜产量5.3万吨，干菜产量7200吨，综合产值达3.6亿元。亩产鲜菜1.5吨左右，亩产值约9800元，亩均生产成本3800元，亩均纯收入6000元。注册企业产品商标40个，建设黄花菜绿色提质增产示范点10个，配套建设黄花菜晾晒场地57处（40万平方米）、冷库61座、烘干房28间。引进宁夏富阳工贸、水发浩海、宁夏中新润现代农业、贵州航天智慧农业等蔬菜（黄花菜）生产、加工、销售和农产品信息服务企业8家，年加工鲜菜能力达到7.7万吨，共有蔬菜种植、加工、销售专业合作社55家，企业19家，家庭农场4家。

【种子管理】

2022年，对红寺堡区15家种子经营户及西瓜苗培育企业进行瓜类检疫性病害抽样检测，共抽样本6个，检测结果呈阴性。开展苹果蠹蛾检疫7点次，设立草地贪夜蛾调查点10个，严密监测草地贪夜蛾发生情况，确保辖区种苗安全。玉米种子重点推广“先玉1321”等高产耐密优质专用品种，同时建立新品种筛选展示示范点，开展玉米新品种示范展示和筛选试验。小麦以“宁春4号”为主，大豆以“铁丰31”“开育16”“宁豆6号”“宁豆7号”为主，累计印发《红寺堡区2022年农业主导品种、主推技术及绿色模式》700余份，良种覆盖率达96%。

（马海学）

畜牧业

【畜牧总量】

2022年，红寺堡区改良肉牛2.5万头以上，肉牛良种化覆盖率达100%。投入“见犊补母”补贴资金2720.4万元，补助基础母牛2.7万头。新建太阳山镇红星村和周新村、新庄集乡新台村、柳泉乡水套村4个滩羊养殖示范村，累计培育滩羊养殖示范村25个。新培育滩羊“300”模式家庭农场46个。累计建成千只以上滩羊养殖场33家、国家级滩羊保种场1家。新建羊肉加工营销中心2处、牛肉分割中心1处，建设品牌营销店2个，提升肉制品加工、冷藏、保鲜、销售能力，减少肉产品产后损失，提高农产品附加值和溢价能力。肉牛饲养量达15万头，存栏9.31万头、出栏4.56万头；滩羊饲养量105万只，存栏50.39万只、出栏47.13万只。采取“配送中心＋订单＋农户、新型经营主体”的运营模式，全年调制秸秆20多万吨，麦后复种燕麦等一年生饲草2万余亩，玉米秸秆捡拾打捆4万余亩，多年生牧草留床面积保持在7.2万亩以上。

晓鸣股份有限公司专业化养鸡场

【动物检疫】

2022年，红寺堡区动物防疫口蹄疫免疫牛9.18万头、羊96.46万只、猪1.83万头，小反刍免疫羊120.9万只，布病免疫羊121.24万只，牛结节性皮肤病免疫牛4.94万头，猪瘟免疫猪1.86万头，高致病性禽流感免疫禽19.4万羽，棘球蚴病免疫母羔羊6.89万只，炭疽病免疫牛4.3万头、免疫羊32.63万只、免疫猪0.48万头。对高致病性禽流感、新城疫、口蹄疫、布病、小反刍兽疫等重大动物疫病进行实验室监测，累计监测各类样品27214份，监测结果获得国家动物疫病控制中心认可。对20家牛羊规模养殖场、20户牛羊散养户、1个交易市场、1个屠宰场进行采样，累计采集血样1220份、阴道拭子1220份、鼻拭子200份、环境拭子400份，完成调查问卷40份。全年共检疫合格动物100375只（头、羽），出具产地合格检疫证3954张。检疫肉牛10943头，出具产地合格检疫证2281张；检疫肉羊24638头，出具产地合格检疫证1276张。全年共屠宰肉牛2334头、肉羊24810只，检疫合格牛羊肉及产品1068.29吨，出具产品检疫合格证7793张。做好牛羊屠宰环节“瘦肉精”监督抽检工作，企业自检“瘦肉精”2308份、官方兽医抽检2038份，达到企业自检和监督抽检比例分别大于5%和3%的要求。

（马海学）

农业管理

【农机管理】

截至2022年底，红寺堡区农业机械总动力21.37万千瓦，主要粮食作物耕种收综合机械化率达到82.25%，基本实现玉米等主要作物机收、机种。2022年，共兑付农机购置与应用补贴资金887.629万元，补贴购置各类农业机械431台，直接受益农户329户，机械总值达4531.92万元，拉动农户自筹资金3644.29万元。完成拖拉机注册上牌252台、联合收割机注册上牌39台，安全技术检验666台，审验驾驶员201人，培训驾驶操作人员356人次。签订红寺堡区2022年农机安全生产目标管理责任书5份，红寺堡区农业农村局和农业企业、农机服务组织签订农机安全责任承诺书32份，建立以区、乡镇、行政村、农机服务组织为单元的四级农机安全生产监管网格72个。全年开展安全排查10余次，检查农机企业3家次、农机服务组织3家次。全年无较大以上农机事故发生。

【农田水利设施建设】

2022年，红寺堡区秋冬季农田水利基本建设总投资3.62亿元，实施高标准农田、高效节水农业、农田水利设施维修改造等项目，新建高标准农田0.498万亩，发展现代高效节水农业0.58万亩，铺设各类管道418.25千米，投入各类机械4.92万台班，完成投工投劳17.55万工日，完成平田整地1.87万亩，机械深翻、深松18.07万亩，整治沟道357.33千米，整修渠道813.5千米、田间道路197.8千米，新建农田林网0.03万亩，增施有机肥2.23万亩，改善灌溉面积5.8万亩，完成盐碱地改良0.94万亩，治理水土流失24平方千米，残膜回收率达86%。

（马海学）

农业科技与教育培训

【农业科技推广】

2022年，红寺堡区建设化肥减量增效升级版示范田3万亩，开展田间试验示范5项，开展农户施肥调查100户，指导粮食作物和特色产业（瓜菜、黄花菜）测土配方施肥45万亩，配方施肥技术覆盖率达到90%，肥料利用率提高到41%。全区设置病害预测预报点18个，其中小麦病虫害监测点3个，玉米病虫害监测点11个，黄花菜病虫害监测点4个。调查小麦、玉米病虫害80余次，制定小麦蚜虫、玉米黏虫等病害防治宣传单，发放彩页3万余份。累计进村入户到田块送服务56次，发放技术资料1000余张。利用植保无人机开展农作物统防统治21.4万亩，其中小麦4.3万亩，玉米11.1万亩，黄花菜6万亩。回收农药包装废弃物26.3吨。

【农业专项监测】

2022年，红寺堡区成立20个技术工作组，对38个农业科技示范基地累计服务指导220余次，开展农业实用技术培训32期，参训人数1200余人次，发放技术资料5000余份。选择10个常规监测点，对玉米的生育时期、群体动态、产量等项目进行监测。选择3个专项监测点，对玉米的灌浆进程及特定生育时期的株高、叶龄、叶面积、干物质等项目进行监测，建立8个土壤墒情监测点，主要监测土壤含水量、温度等土壤指标。

【耕地地力保护】

2022年，红寺堡区全面推广粮食作物优新技术，推进耕地地力保护提升，重点推广粮食作物主导品种和关键技术进村入户，使粮食作物主推品种及技术到位率均达到100%。采取“耐密品种+抗旱保墒单粒精播+增密种植+机械中耕深松施肥+病虫草害绿色防控+延期机械籽粒直收+秸秆还田与深耕改土”模式，示范推广玉米籽粒直收技术，节约劳动成本，减少籽粒损失和粮食污染，实现玉米绿色优质高效生产。建立大豆玉米带状复合种植“4+4”“4+3”“2+3”模式示范点各3个，其中“4+4”模式大豆实测亩产量75.3千克，“4+3”模式大豆实测亩产量73.5千克，“2+3”模式大豆实测亩产量118.2千克，玉米平均亩产量为713千克，较往年平均产量低201千克。

【农民培训】

2022年，红寺堡区聘请2名自治区级农业

机收小麦

专家和1名土专家，成立技术服务组，组织基层农技人员对辖区黄花菜产业、草畜产业及葡萄产业开展技术指导和服务咨询。鼓励农技人员、特聘农技员坚持使用“中国农技推广”App进行学习。全年共培育高素质农民415人，其中，经营管理型产业带头人200人，专业生产型农业从业人员100人，技能服务型农业从业人员50人，科技示范主体65人。鼓励农民进入职业技术学校继续学习深造，提升学历。开展高素质农民职称评审工作，并对有职称的高素质农民给予政策倾斜，农村人才队伍不断壮大。

【农产品质量安全】

2022年，红寺堡区对玉池、乌沙塘、城东等种植生产基地及畜禽养殖基地农产品例行抽检179批次，合格率高于98%。对农资市场开展专项执法检查10次，累计出动执法人员30余人次，出动执法车辆10车次。检查农资经营门店56家，对假冒伪劣、过期及禁用的农药和肥料等开展检查。开展瓜类果斑病、黄瓜绿斑驳花叶病毒疫情的排查抽样监测。

（马海学）

水　利

水利建设

【水利基础设施项目】

2022年，红寺堡区水务局围绕水利基础、水生态平衡、水安全稳固等谋划项目，争取多方支持。共实施项目50个，总投资23938.88万元，其中：中央水利发展资金项目9个，总投资1438.6万元；巩固拓展脱贫攻坚成果同乡村振兴有效衔接项目40个，总投资13102.28万元。开工建设黄草墩150万立方米蓄水池、罗山西麓生态供水工程等一批事关红寺堡区发展的重大水利基础设施项目，全力补齐水利发展短板。

【河长制】

2022年，红寺堡区实行闭合督办、河长述职、交接制、周检查、旬提醒、月通报等工作机制，开展红柳沟河湖健康评价，县级河长巡河暗访督导175人次，乡、村级河长巡查沟河道4736人次，下发河长交办令1期、重点任务通报2期、督办单16期，发现“四乱”问题10个，申请销号“四乱”问题7个。查处非法采砂8起，罚款6.5万元。编制完成《吴忠市红寺堡区重要河道采砂管理规划》。印发《红寺堡区妨碍河道行洪突出问题排查整治实施方案》，对59条承担防洪任务的河道进行全面排查，完成41处水利部遥感疑似违法问题复核和整改。推进“河长+检察长+警长”工作模式，确定红寺堡区检察长5名、警长11名，联合督查10余次，拆除柳泉乡鸭爪子沟内非法建设13737.45立方米蓄水池1座，清理乏羊坡沟、狼窝子沟影响行洪道路2处。

（段　炼）

供水保障

【安全供水保障】

2022年，红寺堡区针对供水高峰期设备满负荷运行，加大对水源地深井、加压泵等供水设施检修养护频次，消除安全隐患。向自治区水利厅申请增加取水指标，鲁家窑供水工程获批1151.22万立方米取水许可，缓解了红寺堡区水量不足的压力。筹集100多万元对污水处理厂老旧设备设施进行改造和功能提升，保证稳定运行。全年成功应对8次大雨暴雨天气，均实现稳定达标排放。

水投公司工作人员开展调度巡检

【农村饮水安全】

2022 年，红寺堡区投资 3421 万元，实施太阳山镇白塔水等村人饮供水维修改造等工程，提高饮水保障水平。以“全面排查复核、问题 100% 整改落实、用水安全 100% 保障”为目标，采取行政村自查、水务部门核查的工作方法，由水务局牵头，各乡镇组织村组水管员对辖区 5 个乡镇 64 个行政村饮水安全问题开展大摸排，重点核查脱贫户、边缘户及突发困难户“三类人员”的饮水安全情况和供水情况，建立村级动态管理台账，由乡镇统一复核后上报水务部门，水务局审定问题清单，分类研究措施，明确责任分工，限期动态销号。2022 年，红寺堡区农村自来水普及率达到 100%，水质达标率为 100%，供水保证率为 98.2%。

【用水权改革】

2022 年，红寺堡区实现协议交易水量 936 万立方米，参与交易企业、种植大户 26 家，交易金额 584 万元，并与青铜峡市、贺兰县交易用水指标 668 万立方米。集中开展工业用水权确权，统筹当前工业基础和远期目标，开展工业企业水资源论证和用水合理性分析，逐户核算产能，对公共管网覆盖范围内的 83 家企业用水进行精确核算，严格审批，精准确权。督促落实吴忠太阳山工业园区 43 家工业企业开展水资源“区域评”。结合工业企业水资源论证报告及园区水资源论证精准核定确权工业企业确权水量 1454.93 万立方米，颁发用水权证 58 份。完成红寺堡三干渠、四干渠直开口和新庄集一支干渠计量设施提升改造，维护改造测控一体化闸门 87 处，末级渠系量水堰全覆盖，计量率达到 100%。推行节水奖励和高效节水精准补贴机制，对农田灌溉节水的用户，按定额管理与实际用水量差额考核，分档奖励。

（黄　蕾）

水资源管理

【计划用水管理】

2022 年，红寺堡区按照灌溉方式与定额标准相统一原则，将自治区水利厅下达的 2.14 亿立方米黄河水细化分解到 187 个直开口和用水户，其中农业（含生态）计划用水指标 2.01 亿立方米，生活计划用水指标 0.06 亿立方米，工业计划用水指标 0.07 亿立方米。实现年用水量 1 万立方米及以上工业和服务业单位计划用水管理全覆盖，全面实行计划用水管理，实施计划用水监督检查，规范计划用水的核定、下达和加价收费管理，推动落实超计划用水累进加价制度。

【定额约束用水】

2022 年，红寺堡区对确权土地实行超定额累进加价制，确定红寺堡、固海扬水灌区净灌溉定额：畦灌每年每亩 250 立方米，高效节灌每年每亩 200 立方米；盐环定扬水灌区净灌溉定额：畦灌每年每亩 165.5 立方米，高效节灌每年每亩 137.6 立方米。对辖区内开荒地实行阶梯水价，即 4 月 1 日至 5 月 20 日 0.57 元 / 立方米，5 月 20 日至 8 月 31 日 0.82 元 / 立方米，冬灌 0.409 元 / 立方米，开荒地灌溉超定额用水 20%（含 20%）以内按基准水价加 1.4 倍收费，超定额用水 20% 以上按基准水价加 3 倍收费。

【规范水费收缴】

2022 年，红寺堡区农业供水实行“骨干 + 末级渠系”终端水价，执行统一水价，末级渠系水价为 0.21 元 / 立方米，高效节水灌溉水价为 0.339 元 / 立方米，将末级渠系水费统一纳入地方本级预算管理、专账核算。水费按春灌、夏秋灌、冬灌全年进行公示，提升水费计收透明度，鼓励用水户通过网上交费等方式交纳水费，实行统一的水费票据，杜绝费价“两张皮”等问题。

（段　炼）

防汛抗旱

【水旱灾害防御】

2022 年，红寺堡区修改完善《红寺堡区水旱灾害防御工作预案》《红寺堡区洪涝灾害重点村庄紧急抢险方案》等预案方案，梳理各乡镇洪涝灾害重点村庄，组建应急抢险队伍 5 支。实施红寺堡区 2022 年度山洪灾害防治项目，对部分村组丢失、损坏的预警广播、手摇报警器、铜锣等予以补充，对水旱灾害防御监测平台及现有的 47 处雨量站和 33 处视频监测站进行维护。成立水旱灾害抢险专家组，指导汛期可能出现的突发险情抢险工作，与施工企业签订防汛抢险服务协议，建立机械车辆台账，确保抢险物资关键时刻拉得出、用得上。

【水旱灾害预警】

2022 年，红寺堡区水务局梳理辖区山洪灾害危险区，并形成危险区责任人清单，更新预警平台责任人名单，进行短信测试，确保预警信息及时准确送达。严格执行领导干部带班和工作人员 24 小时值班制度，及时掌握雨情、水情、汛情和灾情，为全面监测、主动预警、有效防范提供科学依据。

（段　炼）

水土保持

【水土保持监管】

2022 年，红寺堡区严格落实生产建设项目水土保持监管，接收水土保持设施自主验收报备项目 15 个，核查违法图斑 51 个，依法审批水土保持方案 63 个，开展集中现场监督检查 43 次，下发限期整改通知书 7 份，限期编报水土保持方案通知书 16 份，征收水土保持补偿费 440 余万元，完成年度 26.4 平方千米水土流失治理任务。

【限制区域划定】

2022 年，红寺堡区开展辖区内陡坡地禁垦限制区域划定工作，完成水库移民 2735 人直补资金兑付工作和 682 人水库移民后扶项目。利用“世界水日”“中国水周”和水土保持监督检查等时机，开展水土保持国策宣传进机关、进校园、进企业等“六进”活动。

（段　炼）

工业和园区建设

工　业

【概　况】

2022年，红寺堡区规模以上工业增加值增长6.2%。推广宁夏企业公共服务平台（168平台），提升工业领域惠企政策的知晓率。全年争取各类强工惠企扶持资金2292.84万元。组织辖区企业实施技术改造项目14个，指导赛马水泥成功打造智能工厂、绿色工厂，被工信部评为“水泥熟料及配套矿山开采智能制造示范工厂”。规模以上工业能耗增长14.3%，单位工业增加值能耗增长7.6%。制定印发《2022年红寺堡区工业行业能耗“双控”工作实施方案》，建立重点用能企业台账，引导重点用能企业赛马水泥落实水泥行业夏秋季错峰生产。组织赛马水泥、天源牧业成功申报“专精特新”中小企业。将16家发展潜力大、基础好的工业企业纳入培育库，培育入规企业7家。全年实施技术改造项目32个（含太阳山开发区），完成技术改造投资28.1亿元，同比增长80.8%。

【重点项目】

2022年，红寺堡区压茬推进重点项目建设。120个计划实施项目全部开工，年度计划投资102亿元，全年完成固定资产投资96.94亿元，增长15.8%，增速高于全区平均水平5.6个百分点，高于吴忠市平均水平5.5个百分点。截至年底，五凌储能产线项目、罗山飞行营地、晓鸣股份有限公司智慧农业产业示范园等77个项目建成投产，800兆瓦光伏电站、黄河文化公园复合廊道、黄草墩蓄水池等43个项目按时序加快推进。审批政府投资项目225个，总投资18.63亿元；备案社会投资项目89个，总投资103.33亿元；储备2023年各类项目203个，总投资418亿元，其中计划实施项目123个，年度计划投资115亿元。

【以工代赈项目】

2022年，红寺堡区争取以工代赈项目10个，涵盖产业发展、农村基础设施建设、农村人居环境整治等方面。争取中央资金5940万元，撬动地方财政和社会投资4955万元，吸纳务工群众1145人，发放劳务报酬1235万元，7个产业类项目交付使用后预计折股量化形成集体资产4150万元。

（海博洋）

电力供应

【电力业务】

2022年，红寺堡供电公司累计完成售电量17.77亿千瓦时，同比增长0.08亿千瓦时，增长0.42%，电费回收率100%。台区线损合理率97.45%，月平均采集成功率99.98%。新装、增容累计完成7184户、27.2977万千伏安，较2021年分别上升49.45%、3.86%。

【安全生产】

2022年，红寺堡供电公司加强对生产现场的安全监督和各项安全生产管理规章制度的严格执行和考核，全面开展标准化作业，维护好生产现场的安全秩序。领导班子带队深入10个班所进行学习督导，组织12场次、120余人次参加集中安全学习和分组讨论，累计组织班组安全培训296场次，参培3388人次，考试46场。全年共开展带电作业126次，均为第二类绝缘手套作业法，累计减少停电户数4065.23户，每小时减少停电户数9628.82户，通过不停电作业的持续开展，实现从“停电检修”到“能带不停”思路的转变，实现供电服务质量提升。全年未发生人身、设备、大面积停电、误操作事故，未发生火灾事故和交通事故，实现年内安全生产365天、长周期安全生产8290天。

【营销服务】

2022年，红寺堡供电公司建立供电服务日管控机制，设立台区经理31名、网格化微信群219个，实现“一站式”服务。累计走访客户8.6万户，完成电能表更换2.4万只，物联网计量箱2900面。帮助柳泉乡永新村实现“全电民宿”。结合“网上国网”App的扫码用电微应用，在团结村村委会院内配套建设扫码共享电源（绿色电动车）两套设施，实现临时用电即扫即用。

【电网建设】

2022年，红寺堡供电公司联合红寺堡区政府等多部门，完成“宁电入湘”红寺堡区域内线路路径、极址选址落实落地等相关工作。2022年，投入基建、大修、技改计划资金5043.67万元，更换及新增布点配电变压器85台，新建10千伏线路10.35千米，新建0.4千伏线路21.99千米，新增容量2.2兆伏安，涉及9个村镇，解决动力报装及清洁取暖用户3190户。新装83台故障指示器，实现线路故障跳闸的可靠区间定位、快速精确定位，以减少故障巡视时间，解决配网线路快速恢复供电，以降低10千伏配网跳闸率。

【乡村振兴项目】

2022年，红寺堡供电公司在红寺堡区实施8个乡村振兴项目，共投资3400万元。大河乡100余户因使用扫码用电而放弃购买加工农具，为农户节省近60万元的资金投入。为柳泉乡永新村实施配电网升级改造工程，新建200千伏安配电变压器4台、400千伏安配电变压器6台，新建10千伏架空线路近2千米，导线采用架空绝缘线，新增水泥电杆64基。

【清洁能源产业】

2022年，红寺堡区加快推进清洁能源产业一体化配套建设，争取辖区竞配光伏发电项目7个，装机容量80万千瓦。有序推进中车“低碳循环”智能装备产业项目、800兆瓦光伏电站等清洁能源项目。宁夏330千伏升压站项目、旭宁100兆瓦/200兆瓦时储能电站、五凌储能产线项目建成投运。优化本地电网结构，增加清洁能源送出通道，增强清洁能源发电的稳定性和可靠性。深化整县屋顶分布式光伏试点建设，完成党政机关、学校、医院、村委会等公共建筑屋顶分布式光伏安装。截至年底，清洁能源累计建成并网 478 万千瓦，占自治区总容量的六分之一。

（武金才）

太阳山开发区红寺堡产业园

【概　况】

至 2022 年底，太阳山开发区红寺堡产业园共有企业 74 家，其中，规模以上企业 11 家，规模以下企业 23 家，在建企业 40 家。2022 年，完成工业总产值 7.17 亿元，同比增长 5.8%。纳入规模以上企业（宁夏益生源生物有限公司）1 个。盘活赛乐菲、木森源、悦锐门窗、弘硕科技等 4 家“僵尸企业”。

【招商引资】

2022 年，太阳山开发区红寺堡产业园采取以商招商、以企引企等方法，落实招商引资工作部署，洽谈招商项目 23 个，落地项目 8 个，落地项目总投资 9.31 亿元。其中：宁夏韵越农牧管理有限公司计划总投资 500 万元，完成标准化厂房装修，办公区、原料库改造完成，达到投产条件；宁夏锐沃斯环保科技有限公司年产 1500 吨高端陶瓷器材料表面处理剂和环保复合碳源项目，计划总投资 700 万元，完成厂房维修，部分生产设备安装完成；宝汇昌（宁夏）工贸有限公司年产 1500 吨日用清洁剂（液）产品项目，计划总投资 600 万元；宁夏牧峰农业科技有限公司年产 5 万吨饲草颗粒饲料生产项目，总投资 1200 万元，完成主要设备安装，投入生产；宁夏景晟弘德新材料科技有限公司年产 1 万吨 3.5N 型晶体硅建设项目，总投资 3700 万元；宁夏万兴农业科技有限公司废旧塑料回收再生利用及节水灌溉滴灌管（带）建设项目，计划总投资 800 万元；宁夏禹信环保科技有限公司年产 2 万吨颗粒硫酸铵及 2 万吨水溶肥生产项目，计划总投资 600 万元；五凌（吴忠市红寺堡区）电力有限公司红寺堡鲁家窑 100 兆瓦 /200 兆瓦时储能电站项目，计划总投资 4 亿元；宁夏道至光储新能源有限公司特变电工鲁家窑 100 兆瓦 /200 兆瓦时集中式储能电站项目，计划总投资 4.5 亿元。

【科技创新】

2022 年，太阳山开发区红寺堡产业园内共有 6 家企业获评科技型中小企业，获得招商引资奖励资金 105 万元。其中：宁夏银泰粮油有限责任公司获评自治区科技型中心企业，获得招商引资奖励资金 5 万元；宁夏弘鑫达塑料工业有限公司获评自治区科技型中小企业；吴忠兴民纺织科技有限公司获评自治区高新技术企业，获得招商引资奖励资金 30 万元；宁夏索米亚生态农业科技有限公司获评自治区高新技术企业，获得招商引资奖励资金 30 万元；宁夏东方盛达管业有限公司获评自治区高新技术企业，获得招商引资奖励资金 30 万元；吴忠兴民纺织科技有限公司获评技术创新中心，获得招商引资奖励资金 10 万元。

（海博洋）

乡村振兴

综　述

【动态预警监测】

2022年，红寺堡区坚持做好防止返贫动态监测和帮扶工作，加大对脱贫不稳定户、边缘易致贫户以及突发严重困难户“三类监测对象”的帮扶力度。制定《关于建立防止返贫监测帮扶机制的实施方案》《关于建立防止返贫监测预警帮扶工作联席制度的通知》等，健全防止返贫动态监测和帮扶工作机制。实行防返贫监测“1234”工作法（1次排查、2种机制、3种申报方式、4项帮扶措施），健全监测信息系统和相关行业部门信息数据共享机制。全区共有脱贫户13890户56119人，年内新增监测对象240户990人，累计识别920户3869人（脱贫不稳定户265户1118人、边缘易致贫户524户2223人、突发严重困难户131户528人），动态消除风险573户2415人。

【金融帮扶】

2022年，红寺堡区保持过渡期金融信贷政策总体稳定，及时进村入户宣传金融小额信贷政策，摸清农户产业发展需求，确保符合条件的脱贫户和监测对象都能贷到款。将脱贫人口和监测对象的小额信贷任务细化分解，协调财政资金对脱贫人口和监测对象进行5万元以内贷款全额贴息。设立乡村振兴基金，建成乡村振兴普惠金融服务站42家，新增脱贫小额信贷3.9亿元，试点推行“富民贷”9830万元，解决“三农”主体融资难、融资贵问题。

【项目建设】

2022年，红寺堡区按照“村申报、乡审核、县审定”的程序，围绕产业、就业、基础设施和公共服务、人居环境整治等方面，编制《红寺堡区2022年巩固拓展脱贫攻坚成果同乡村振兴有效衔接项目库》，确定入库项目252个、8.78亿元。2022年储备项目较2021年同比增加42.25%，位列22个县（市、区）第二。

【闽宁协作】

2022年，红寺堡区将闽宁协作纳入两地党委、政府重要议事日程，党政互访调研8次，召开党政联席会议两次，签订《惠安县、红寺堡区2022年东西部协作框架协议》，争取闽宁协作资金7100万元、社会帮扶资金1350万元，援建各类项目68个。对口选派挂职干部2名、专业技术人员38名。打造闽宁协作惠安产业示范园，在两个闽宁协作示范村新建设施农业140亩。开展线上线下就业服务，60余家企业累计提供就业岗位5000个，发放就地就近稳定就业补助466.2万元，区域转移就业交通补贴169.7万元，引导动员乡镇、村、企业、社会组织结对帮扶55对，争取资金266万元，实现重点学校、县区医院、乡镇（村）结对全覆盖。深化“福建市场+红寺堡区产品”模式，建成红寺堡区农特产品泉州运营中心等区外专卖店37家，销售各类农特产品1.12亿元。

【烟草行业帮扶】

2022年，红寺堡区落实烟草行业帮扶资金4237万元（其中国家烟草专卖局帮扶项目资金3700万元，党建帮扶专项资金150万元，烟草行业所属企业捐赠资金387万元），谋划产业发展等领域帮扶项目11个，重点打造乌沙塘现代设施农业产业园、红寺堡二中学生生活保障设施改造等示范性项目3个。推进消费帮扶，将红寺堡区农特产品列入国家烟草专卖局定点帮扶地区农产品采购目录，农特产品销售额较往年增长1000万元以上。设立“积分超市”，建立村集体与村内超市合作机制，村民凭积分自由兑换所需商品，村民参与乡村治理的积极性、主动性提高。

【人居环境整治】

2022年，红寺堡区紧扣环境美、田园美、村庄美、庭院美“四美”目标要求，重点打造3个乡村振兴示范村、20个人居环境整治示范村、4个闽宁协作示范村。开展农村垃圾治理、柴草杂物清理整治、乡村道路保洁等专项行动。建立处级领导包抓、部门帮抓、乡镇主抓责任机制和周汇报、月考评机制，制定农村人居环境整治分工方案和考核办法，常态化开展督导工作。各乡镇累计发动群众参与7万余人次，清理垃圾12950余吨，清理房前屋后垃圾堆放点2800余处，拆除私搭乱建400余处，动用机械8300余车次，入户督促3.03万户，砌筑院墙60余千米。在巩固拓展脱贫攻坚成果同乡村振兴项目库中单列2500万元用于支持农村人居环境整治工作，每月拿出400万元通过以奖代补形式对各乡镇进行奖励。

【就业帮扶】

2022年，红寺堡区制定《关于做好2022年红寺堡区脱贫户外出务工就业信息台账工作的通知》，对接各乡镇做好脱贫人口外出务工就业信息台账的建立以及系统数据实时录入工作，并对外出务工系统实时数据进行比对核实，不定期向吴忠市及自治区乡村振兴局报送脱贫人口务工情况信息数据。2022年，红寺堡区脱贫人口务工目标任务21827人，实现脱贫户外出务工22172人，其中区外务工2803人，区内务工6970人，县内（红寺堡区内）务工12399人，在岗脱贫户、监测户公益性岗位2842人。14家帮扶车间累计解决群众就近就业1097人，其中脱贫户劳动力358人。完成大河乡龙源村扶贫车间消防井及配套设施建设项目，新建165.66平方米消防水池、消防泵房、车间消防配套设施及室外消防管道。

【扶贫资产管理】

2022年，红寺堡区成立以区委主要领导为组长、分管领导为副组长、相关单位负责同志为成员的工作领导小组，全面统筹协调15家区直单位、5个乡镇、64个村，开展扶贫资产后续管理工作。扶贫资产摸底工作涉及1064个扶贫项目8224个扶贫资产，历年累计投入项目资金26.08亿元，资产原值合计25.57亿元，资产占比98.04%。全区扶贫资产按资产管理类型分：经营性资产原值2.67亿元，占比10.44%；公益性资产原值15.46亿元，占比60.46%；到户类资产原值7.45亿元，占比29.14%。按照资产属性分：国有资产原值8.69亿元，占比33.99%；集体资产原值9.44亿元，占比36.92%；到户资产原值7.45亿元，占比29.10%。按照资产形态分：固定资产原值21.56亿元，占比84.32%；生物类资产原值4亿元，占比15.64%；权益类资产原值0.012亿元，占比0.04%。

（赵彩艳　马小山　马文文　梁立娟）

资金保障

【概　况】

2022年，红寺堡区共投入资金133446万元，其中中央衔接资金40921万元、自治区衔接资金10211万元、闽宁协作资金7100万元、乡村振兴地方债10000万元、农村综合改革转移支付资金9400万元、壮大村集体经济建设600万元、农业生产发展等专项资金27086万元、教育资金14000万元、乡村基础设施资金14128万元，实施各类项目405个，主要用于产业发展、农村基础设施建设、稳岗就业、乡村建设行动等重点领域。

【乡村振兴补助资金支出】

2022年，红寺堡区完成中央财政衔接推进乡村振兴补助资金支出40818.7万元，支付率99.75%；自治区衔接推进乡村振兴补助资金（统筹整合）支付10206.92万元，支付率99.96%；乡村振兴地方债资金支付9264.94万元，支付率92.65%；闽宁协作资金支出7051.5万元，支付率99.32%。

教育防返贫监测

【人才培养】

2022年，红寺堡区加强对教育人才培养，在各级各类教学比赛中，教师共获得各类奖励356项。在自治区举办的“互联网+创新素养教育”背景下宁夏教研员专题讲座评选活动中，红寺堡区有两名兼职教研员参加并获得一等奖。两名教研员获评自治区优秀教研员。完成2022年教育部基础教育精品课遴选工作，评选认定红寺堡区级基础教育精品课110节，向吴忠市推荐基础教育精品课110节，69节基础教育精品课被吴忠市推荐参加自治区评优。组织并完成吴忠市红寺堡区2022年中小学音乐美术教师基本功大赛，经过评选，23名教师分别获得一、二等奖，并选派4名教师参加自治区级竞赛。

【闽宁协作】

2022年，红寺堡区依据惠安、红寺堡教育协作2022年工作计划，闽宁人才交流，红寺堡区派出惠安县22人，惠安县到红寺堡11人。红寺堡区与惠安县开展结对帮扶学校8所，2022年3—10月，红寺堡区柳泉中心学校8人到惠安山霞中心学校学习，开展示范课7节、专题讲座2场。结对帮扶学校共开展线上展示课7节、交流活动4次、教研活动6次，参与教师共970多人次。完成闽宁协作考核档案（典型经验案例、活动材料、表册）11个。

【劳动教育工作】

2022年，红寺堡区制定《太阳山九年一贯制学校帮扶工作方案》，组织太阳山九年一贯制学校教师到红寺堡区第三中学和红寺堡区第二小学“反向走研”共4场次，7人参与帮扶学校教研活动。帮扶学校送课到太阳山九年一贯制学校 4 节次。组织红寺堡区中小学劳动教育精品课竞赛活动，打造红寺堡区级劳动精品课 25 节，推送参赛吴忠市级劳动精品课 10 节、自治区级劳动精品课 6 节。

（葛小莎）

医卫防返贫监测

【动态监测】

2022 年，红寺堡区建立防止返贫动态监测机制，制定防止返贫健康扶贫动态预警监测帮扶实施方案，建立乡村医生实地核查、多部门信息资料比对、动态信息管理的工作机制。截至年底，筛查大病患者 24 人、重病患者 44 人、重症慢病患者 13 人，医疗费用超过 2 万元患者 135 人。对接北京 301 解放军医院为 1 户困难家庭先天性心脏病患儿开展免费治疗。

【健康扶贫政策】

2022 年，红寺堡区持续开展“先诊疗后付费”和“一站式”结算服务，对所有脱贫患者取消住院预付押金，且患者出院结算时只缴自付部分费用，切实减轻患者经济负担。

【乡村医生健康扶贫】

2022 年，红寺堡区有序推进复星乡村医生健康扶贫项目，为 92 名村医购买了重大疾病险，为 128 名村医购买意外伤害险，举办村医能力提升培训班。

【项目建设】

2022 年 3 月，红寺堡区启动中医医院建设项目。将老年人养护院部分楼宇改造为社区卫生服务中心，改造总建筑面积 2674.66 平方米，项目计划总投资 700 万元。通过政府购买服务方式为社区卫生服务中心招录工作人员 16 名。

【“互联网 + 医疗”】

2022 年，红寺堡区利用互联网建设成果，58 个管理、业务信息化系统及远程会诊系统运行平稳，初步实现“数据多跑路，病人少跑腿”。远程影像阅片 5660 人次，发送心电报告 12532 人次、检验报告 2215 人次、病理报告 855 人次，开展远程培训、会诊、会议 36 场次。县域医共体医疗卫生健康信息平台试运行情况良好，基本实现医疗云专区云化部署结构、信息互通的医疗卫生服务体系。

【“人才 + 医疗健康”提升行动】

2022 年，红寺堡区开展“人才 + 医疗健康”提升行动，全面落实国家组团式帮扶乡村振兴重点帮扶县人民医院政策，与惠安县医院、晋江市安海医院、宁夏医科大学总医院深度开展组团式帮扶合作，坚持需求导向，邀请帮扶单位呼吸内科、妇产科、儿科、泌尿外科、神经内科、重症医学科等专家驻点帮扶，聘请帮扶专家担任科室主任，开展为期 1—2 年帮扶，采取团队带团队、师傅带徒弟等方式，培养本土综合管理人才和专业技术人才，逐步建强呼吸内科等临床重点专科。柔性引进北京安贞医院、宁夏医科大学总医院、自治区人民医院等医院专家 15 人，开展手术带教 131 例。选送 47 名年轻业务骨干外出赴区内外三甲医院参加中长期进修学习，培养本土人才，减轻群众就医负担。

（马晓凤）

惠民服务

【送戏下乡】

2022 年，红寺堡区制定《红寺堡 2022 年“送戏下乡”惠民文艺演出活动方案》，采取政府购买服务的方式，通过招标确定演出承接主体，

2022 年 7 月 23 日，红寺堡区“文艺轻骑兵”到河西村开展惠民文艺演出

全年完成惠民演出 86 场次，其中，完成“送戏下乡”演出 50 场次、“戏曲进乡村”演出 30 场次、“戏曲进校园”演出 6 场次。全年送戏下乡演出服务人数 3924 人次、戏曲进乡村演出服务人数 9390 人次、戏曲进校园演出服务人数 933 人次，总计 14247 人次。

【文旅产业】

2022 年，红寺堡区全面提升公共文化体育方面的基础配套，建设一批特色鲜明的文旅产业项目。红寺堡区文化旅游体育广电局上争各类资金 4201 万元。投资 715 万元，建设南源综合文化站及新集村文化广场、和兴村文化广场等，提升改造图书馆、文化馆、大河乡文化站、村文化舞台等文化阵地。投资 3060 万元，新建、续建红寺堡区公共体育场标准田径跑道和标准足球场地建设项目、弘德全民健身中心、4 个多功能运动场、罗山航空飞行营地项目，补齐基层体育短板。投资 3500 万元，新建宁夏吴忠市黄河国家文化公园红寺堡段新时期红色文化旅游复合廊道建设项目、吴忠市红寺堡区全国易地搬迁移民致富提升示范区创建项目，推动完善旅游基础设施。

【全民健身】

2022 年，红寺堡区做好体育场馆管理和开放工作，在原免费开放时段基础上，工作日再延长免费开放 1 小时。推出惠民健身年卡。建设完成红寺堡区游泳馆，在做好疫情防控的前提下，承办 2022 年全国青少年航空航天模型锦标赛。举办红寺堡区 2022 年“迎新春·庆两节”职工趣味运动会、“中国体育彩票杯”红寺堡区第五届农民篮球争霸赛、“奔跑吧·少年”红寺堡区 2022 年青少年体育联赛排球、田径比赛等文体活动 15 项。举办排球、田径教练员、裁判员暨社会体育指导员培训班，提高辖区基层教练员、裁判员执教、执裁水平。完成红寺堡区体育传统特色学校申报工作，共申报 5 所小学、2 所初中、2 所高中为红寺堡区体育传统特色学校。寒暑假及周末，举办青少年篮球、羽毛球、乒乓球、武术、跆拳道等培训班。

【公路改造】

2022年，红寺堡区完成新庄集乡红阳村至断头子、柳树台村至李家寨科道、柳树台村至红川养殖园区道路工程3个，道路长11.96千米，总投资1464万元；完成农村公路改造提升工程项目13个，共计31.375千米，总投资2772.45万元；完成安全生命防护工程项目1个，消除安全隐患路段12.341千米，总投资123.01万元；完成农村公路危桥改造项目1个，对1座危桥进行维修改造、2座危桥进行拆除新建，总投资352万元。

（周鹏鸿）

危房改造

【概　况】

2022年，红寺堡区继续实施农村危窑危房改造工程，印发《红寺堡区农村低收入群体等重点对象住房安全保障工作实施方案》。建立住房安全动态监测预警机制，强化与乡镇、村“两委”的工作衔接，做到信息共享，重点关注监测户、边缘户等低收入群体住房安全，各乡镇排查上报新增危房9户，实际完成10户，超额完成计划任务。

【房屋验收】

2022年，红寺堡区严格按照三级验收办法对改造房屋进行验收，先由乡镇逐户初验，再由住房城乡建设和交通局逐乡、逐村、逐户统一验收，最后由自治区指导组进行核查，确保验收的公平公正。采取竣工完成一批、组织验收一批、验收合格一批、资金兑付一批的方式，提高农户房屋改造积极性。对危窑危房补助资金实行封闭运行、专款专用、统一拨付。对危窑危房改造户实行一户一档的管理制度，档案必须包括房屋鉴定、农户申请、农户基本信息、审核批准、改造协议、质量监督卡、改造照片、改造公示等相关材料。实行档案信息化录入制度，将农户档案及时录入全国农村危房改造信息系统。

【抗震宜居房建设】

2022年，红寺堡区按照《宁夏农村低收入群体等重点对象住房安全保障工作实施方案》工作部署，主要对低收入群体的不安全住房给予改造保障支持，年初计划完成抗震宜居房改造200户。按照对象确定、系统录入、动员申报、条件审查、组织实施、验收销号等步骤审核把关，对抗震宜居农房改造建设有关政策、标准、制度进行宣传讲解，通过现场督察，加强对乡村干部、农村工匠等人员的指导培训，确保建设质量。截至年底，200户抗震宜居房完成改造。

（刘　亚）

交通 邮政 通信

交通运输

【农村客货邮商融合发展】

2022年，红寺堡区全面推进农村客运、货运、邮政快递融合发展，打造三级客货邮商综合服务平台，完善物流服务体系。依托红寺堡综合客运站，利用现有资源，配置快递分拣设备和系统，建成826平方米客货邮商供配中心，引进中通、申通、韵达、圆通和极兔5家民营快递企业入驻，实现快递集中分拨、统一发送。协调邮政企业在综合客运站建设集邮件处理、农产品仓储、工业品批销等功能于一体的邮政三级寄递物流体系。依托5个乡镇交通综合服务站，整合乡镇综合服务站客运、寄递、物流、电商、养护等功能，打造乡镇级客货邮商便民服务站，实现客货运输、电子商务、邮政快递等服务一站相融、一点共用。以邮乐购站点、中邮驿站、菜鸟驿站、物流便利店为载体，建设“客运+邮政+物流+电商+普遍服务”的村级客货邮商便民服务点57个，实现了村村通公交、快递进村全覆盖。以城区为中心，调整农村客运线路，新增新能源纯电动公交车12辆，农村公交投入规模达63辆。打造21条客货邮商融合发展线路，实现建制村全覆盖，将农村公交运行线路和快递物流配送有机结合，推行客货同网，降低物流运营成本，为快递企业节约运输成本133万元。以城乡配送中心为枢纽节点，利用城乡公交网络，提升快递包裹运送时效，实现当日分拣、当日到村，打通农村物流配送“最后一公里”。

【新能源纯电动公交车购置】

2022年，红寺堡区按照《自治区人民政府办公厅关于促进农村客运高质量发展的实施意见》，新购置10辆车长8米以上新能源纯电动公交车，通过新能源电动公交车的更新换代，减少对环境的污染，缓解石油资源短缺的压力，提高电池的使用效率。推进低碳、高效的农村客运公共交通系统建设，引导群众选择绿色、低碳、环保的公共交通出行方式。

【红寺堡区综合客运站】

红寺堡区综合客运站于2019年3月18日经吴忠市发展和改革委员会批复，按一级客运站技术标准建设，项目占地面积57756平方米，总建筑面积 10295 平方米，总投资 5431 万元，主要建设内容包括客运设施、邮政设施、生产设施、辅助设施等。2022 年 8 月 28 日，红寺堡区综合客运站正式启用，红寺堡原汽车站于当月 27 日关闭停止运营，所有客运车辆全部迁至红寺堡区综合客运站营运。红寺堡区综合客运站有职工 23 名，运行线路 15 条，发车 52 个班次，投入班线车 58 辆、定制客运 32 辆。

（马清龙）

公路管养

【农村公路管养】

截至 2022 年底，红寺堡区农村公路管养总里程为 991.556 千米，按行政等级划分，国道 1.957 千米、省道 26.787 千米、乡道 378.51 千米、村道 584.3 千米；按技术等级划分：一级公路 28.74 千米、二级公路 50.827 千米、三级公路 120.137 千米、四级公路 794.265 千米。绿化 528.053 千米。国道优良中等路率 100%，省道优良中等路率 100%，乡道优良中等路率 80.23%，村道优良中等路率 75.52%，总体优良中等路率 76.42%。各类大小桥梁 112 座（其中大桥 16 座，中桥 42 座，小桥 54 座），一类桥占总桥梁比例 58.93%，二类桥占总桥梁比例 20.39%，三类桥占总桥梁比例 8.92%。农村公路列养率达到 100%，公路路况保持良好，路面技术状况指数逐年提升。

【路域环境美化】

2022 年，红寺堡区实施路域环境美化工程，整修路肩及护坡 298 千米，清理边沟 4300 米，清除杂草 352 千米。检查桥梁泄水孔 200 个，清理桥梁伸缩缝 300 米，疏通淤积泄水孔 120 个，清理涵洞 5 道，沙砾回填路面坑洞（坑槽）24 立方米。完成红兴至杨柳、南大支线 1、乌沙塘至新台公路修补水泥混凝土路面 3119 立方米。提升改造辖区红九公路，主要完成病害路段修复、交安设施完善、边坡修整等工作。

2022 年维修太阳山至大河公路

【道路养护】

2022年，红寺堡区完成乌沙塘至新台、红崖至九村、太阳山至大河公路城东段部分路面沥青砼罩面8820平方米，完成太阳山至大河公路城东段破损硬化路面修复9451.66平方米，处理隐患里程33.2千米。完成大碱公路支线1、碱井至新台公路支线、太阳山至大河公路光彩至甜水河段罩面工程路基病害处置、路面刨铣、道牙铺设等工序。完成S103线、城东至柳泉公路、弘德园区连接线、兰家圈至陈家圈沥青混凝土路面修补6216.5平方米，完成东川至柳树台公路、沙泉至黄羊滩公路、滚泉至新庄集（滚新路至白墩主线）修补水泥混凝土路面2690.1平方米，处理隐患里程57.589千米。在红九公路实施标线1802.68平方米，对鸣红公路的裂缝进行处理，实施贴缝带1万米。

【道路附属设施维护】

2022年，红寺堡区实施道路维护工程，对存在问题的护栏、警示桩、公路标志牌、里程碑、百米桩、道口柱等设施及时进行更换、维修、清洗。共计安装道口桩348根、太阳能爆闪灯12盏、减速带1518米、凸面镜6块，张贴波形护栏端头反光膜70块，扶正标志标牌194处，更换标志牌277块，消除存在隐患减速带钉子约1万枚。

【养护资金落实】

2022年，红寺堡区道路养护资金主要用于农村公路的养护与管理。2022年，自治区交通运输厅下达红寺堡区燃油税补助资金382万元。政府还贷二级公路取消收费后补助资金621.7万元（含“美丽农村路”补助资金11.7万元、2022年农村公路日常养护自治区级补助资金73万元）。2022年，红寺堡区财政计划配套公路日常养护资金200万元。

【电子地图更新】

2022年，红寺堡区组织开展更新电子地图数据，强化统计人员配备和业务培训，对照交通运输部反馈的农村公路电子地图线路影像分析评价结果，对红寺堡区农村公路电子地图进行自查核实，对5个乡镇、900多千米公路，实地采集线路信息，更新本年度电子地图及属性数据，对存在问题的路段进行实地复核，全面查漏补缺、改错修正，及时完成2022年度地图属性数据更新。对照《公路桥涵养护规范》（JTG 5120—2021），对农村公路桥梁开展日常巡查、经常检查、定期评定工作。

【爱路护路】

2022年，红寺堡区住房城乡建设和交通局组织干部职工学习《中华人民共和国公路法》等法律法规，提高全体路政人员的法律意识、纪律意识及为民服务意识，树立良好路政执法形象，保证服务质量的提高。结合安全生产月等活动，深入村庄集市，宣传《公路安全保护条例》《宁夏回族自治区农村公路条例》等法规，提高公路沿线群众爱路护路意识，发放宣传材料3000余份。加大巡查力度，共上路巡查9600多千米，清除路障50余处，制止违规公路栽立电杆行为1次。

（朱军弟）

城乡建设

【基础设施建设】

2022年，红寺堡区实施市政基础设施项目14个，总投资1.67亿元。新改建扬黄路、纬二路等市政道路工程2.9千米，配套建设雨水管网2.7千米、污水管网1.9千米、给水管网1.7千米。对垃圾填埋场进行封场，对渗滤液进行改造。扩容新建换热站两座，配套供热管网6千米。改造红寺堡镇南片区污水管网 30.4 千米。实施交通基础设施项目 6 个，总投资 0.6 亿元。完成红寺堡区农村公路提升改造 43 千米，处置病害路 3.6 万平方米，改造危桥 3 座，消除安全隐患里程 12.34 千米，汽车物流园配套道路 0.8 千米，农村公路建设港湾停靠站 17 处。

【城乡一体化建设】

2022 年，红寺堡区完成国土空间规划和 50 个行政村“多规合一”实用性村庄规划。投入 1.67 亿元，实施第二污水处理厂（二期）、新民片区配套等市政基础设施项目 14 个。分期划片启动朝阳片区、兴盛片区等城市更新改造项目，完成拆迁 192 户，腾退城市可开发土地 205 亩。红寺堡区综合客运站启动运营。投入 2.26 亿元，实施村庄绿化、基础设施提升改造等项目 126 个，改造农村户厕 5120 座、冬季清洁取暖 1.8 万户，改建农房及抗震宜居房 211 户，敷设供水管网 15 千米，新改建农村公路 43 千米、污水管网及配套设施 62.8 千米。试点推行“户分类、村收集、乡转运、县处理”的垃圾治理模式，农村生活垃圾治理率达 95%。打造乡村振兴示范村 3 个、高质量美丽宜居村庄 4 个、闽宁协作示范村 4 个、人居环境整治示范村 20 个。

（刘海龙）

【运政管理】

2022 年，红寺堡区交通运输综合执法大队坚守使命，维护辖区道路运输市场安全稳定。全年共办理许可业务 59 件、车辆转籍 37 件，营运车辆审验 700 余次，完成驾驶员继续教育和诚信考核 3124 份。检查企业 288 家次，发现问题隐患 14 项，整改 14 项，整改率 100%。全年共投入 4500 万元，实施农村公路工程建设项目 17 个（全长 43 千米）；检查客运车辆 200 余辆，查处非法营运车辆 50 辆；查处违法违规巡游出租车 68 辆、违法违规定制客运和班线客车 37 辆；检查货运车辆 1800 余辆，查处违法改装（拼装）车辆 137 辆，责令整改 24 辆；检查货运源头企业 93 家次，查处违法放行超限超载货运车辆的源头货运企业 12 家次，查处有违法违规行为的危险化学品运输企业 4 家次。办理“12328”和“12345”服务监督接收和转办件 338 件，办结率 100%，群众满意率 100%。制作执法文书 377 件（一般程序 257 件、简易程序 120 件），在吴忠市公共信用信息服务平台、宁夏“十公示”信息报送系统公示行政许可 61 起、行政处罚 137 起。完成重要节点、重要时段旅客运送 10 万余人次，未发生旅客滞留和交通拥堵现象，未发生重大交通事故。排查二级维修业户和三类维修业户共计 300 余家。

（谢春玲）

邮　政

【概　况】

2022 年，红寺堡区邮政分公司完成业务收入 1248.04 万元，完成年预算收入的 109.15%，其中：邮务类业务年预算收入 144.48 万元，截至 12 月底，完成 162.16 万元，完成年预算收入的 112.24%；代理金融业务年预算收入 777.60 万元，截至 12 月底完成 813.54 万元，完成年预算收入的 104.62%；寄递业务年预算收入 221.30 万元，截至 12 月底完成 268.40 万元，完成年预算收入的 121.28%。

【金融业务】

2022 年，红寺堡区邮政分公司完成全年代理金融收入 813.54 万元，增幅 31.35%，排名全市第二。全年代理金融总资产增长 8999 万元，点均4499.5万元，全市第一。其中储蓄时点余额增长7351万元，日均余额新增8069万元。保险1353万元，理财295万元。一季度保险收入169万元，增长62%。

【运营模式创新】

2022年，红寺堡区邮政分公司贯彻落实自治区、吴忠市分公司降本增效实施方案，降本增效效果显著。城市包快投递资费从1元压降到0.8元，4—12月可节省成本14.58万元；农村包快投递资费从0.8元压降到0.75万元，4—12月可节省成本2.43万元。城区揽投部取消原准加盟运营模式，全部按照自营众创众享模式运营，享受揽投部众创众享激励结算标准，共有12名外包人员签订劳务承揽合同，缴纳社保五险，稳定了投递队伍。

【“金融+寄递”融合发展】

2022年，面对“9·20”突发疫情，红寺堡区邮政公司组织后台管理人员和金融网点人员协助投递邮件，让投递员抽出更多时间走访揽件。在疫情防控期间，共计揽收邮件23235件，实现收入18.33万元，日均揽收0.8万元，日均揽收增长40%。金融网点人员添加1320名客户为微信好友，实现保险蓄客44户196万元，储蓄174万元。

【邮务业务】

2022年，红寺堡区邮政分公司完成全年函件专业收入5.14万元，完成年预算收入的76.77%。销售图书累计完成收入8.71万元，完成全年销售目标的72.59%。完成热点邮品、外购产品、总公司产品等42.58万元，完成目标计划的125.23%。开展“畅邮一夏”集邮竞赛活动，完成11.68万元。全年完成集邮收入37.27万元，完成年预算收入的112.94%；完成中邮文创产品收入1.59万元，完成年预算的106%。

（王学林）

通　信

【概　况】

2022年，红寺堡区通信设施不断完善，各通信公司在网络基站中，共开通建设3G基站96个、4G基站693个、5G基站206个，基站覆盖红寺堡区城区、居民区、各乡村。

【电信通信】

2022年，中国电信红寺堡分公司全年收入完成4138万元，完成率94.1%，其中：公众划小完成2713万元，完成率97.4%；政企划小完成1425万元，完成率88.4%，纳税总额6.3万元。疫情防控期间，累计完成安装电子门磁7300多户。全年累计整治入户凌乱皮线1839条，拆除废旧线缆204条，整治凌乱光缆324条，更换破损井盖122个，光交箱粘贴公益广告22处。全年移动发展11976户，完成全年目标的62.7%；净增目标8112户，实际完成81户；宽带发展6912户，完成全年目标的74.4%，净增完成4864户，用户到达30270户，完成全年目标的57.7%；ITV发展2409户，完成全年目标的27.6%，净增1143户。全年收入保有率103.1%。全年全屋Wi-Fi发展997户，完成目标的13.1%；全年“天翼看家”发展2382户，完成目标的99.7%。全年5G用户发展5055户，5G终端达到26536户。签订太阳山7个村的数字乡村建设项目，收入10万元。

（李玉园）

【移动通信】

截至2022年底，中国移动红寺堡分公司在辖区全域建设 4G 基站 501 个、5G 基站 101 个。公司在城区布设 5G 基站 64 个，无线信号覆盖率 100%；在农村地区布设 5G 基站 47 个，无线信号基本覆盖 3 个乡、2 个镇主要生活区域。截至 2022 年底，除新建、在建小区外，固定宽带网络基本覆盖所有小区，入户端口数达 7 万个，城区内各商城、休闲广场、沿街商铺的 FTTH 实现全覆盖，农村地区覆盖用户占比 66%，在网用户数约 3 万户。公司的基础通信业务、固网宽带业务、政企专线业务、DICT 集成业务、网络安全防护业务延伸至红寺堡区政府机关、企事业单位、教育行业、医疗行业等领域。

（李　旭）

【联通通信】

截至 2022 年底，中国联通红寺堡分公司网络基站中，3G 基站 96 个，4G 基站 192 个，覆盖红寺堡区城区、居民区、各乡村。与电信共建共享 5G 基站 105 个。全面围绕数字化转型，坚持数字化转型，加强线上线下一体化运营。引导新老用户下载“中国联通”App，方便用户足不出户办理各类业务。开展营业厅内购会、助老活动、客户体验日等各类活动，提升服务能力。开展总经理在线解答、总经理值班等活动，线上线下解决用户疑难问题，营业厅通过抖音、快手等公众号积极与用户互动，为用户提供方便快捷的服务，提升客户体验感。

（尹　佳）

2022 年 9 月，红寺堡联通营业厅开展我为群众办实事之“银发无忧　智慧助老活动”

商贸服务

商贸流通

【招商引资】

2022 年，红寺堡区招商引资项目 30 个，计划投资 63.61 亿元，实际到位资金 43.95 亿元，（其中：新建项目 27 个，总投资 41.48 亿元，实际到位资金 36.92 亿元；续建项目 3 个，总投资 22.13 亿元，实际到位资金 7.03 亿元）。为宁夏晓鸣股份有限公司争取奖补资金 28 万元，超额完成自治区、吴忠市下达的 43 亿元招商引资目标任务。建立完善“部门招商、全员参与”的招商工作机制，科学分解招商引资目标任务到 26 个部门，强化责任单位效能考核，各部门主动出击，先后开展招商引资活动 35 次，对接洽谈有机肥生产等意向性项目 30 余个，邀请浙江恒逸集团、重庆中垦乳业、深圳壹点科技等 84 批次 320 人次到红寺堡区考察投资。储备弘硕清洁能源配套项目等意向项目 24 个，举办“线上＋线下”招商推介会 7 次，对接企业 210 余家，与宁夏驻北京办事处、宁夏安徽商会等行业协会积极互动合作，多渠道收集有效投资信息 20 余条。按照“在谈项目促签约、签约项目促落地、落地项目促开工”的总要求，对在谈、签约、落地项目成立工作专班，及时跟进做好沟通，加大对接力度，协调解决签约项目审批、用地、用工、政策支持等要素，坚定企业投资信心，主动帮助落地企业做好疫情防控，确保施工人员正常进出施工现场，加快在建项目施工进度，完成自治区、吴忠市下达的招商引资目标任务。

【促销活动】

2022 年，红寺堡区实现社会消费品零售总额 16.46 亿元，与 2021 年持平。组织开展系列促消费活动，引导商贸流通企业抓住元旦、春节、“五一”等各类重要节日、节点开展“乐享消费 约惠红寺堡”促消费活动，带动销售额 808.4 万元，激活消费市场，释放消费潜力。举办红寺堡区首届城市消费节汽车展示展销活动，共售出各类车型 39 辆，实现购车交易额 509.74 万元，创造 20 余万元税收。举办红寺堡区首届美酒美食节活动，发放消费券 57 万元，带动销售额 519 万余元。培育发展连锁超市和连锁店 14 家。争取各类商贸扶持资金，对冷链物流、品牌连锁建设、夜经济发展等方面共补贴资金 82.5 万元，提振企业发展信心。

【物流配送】

截至 2022 年底，红寺堡区共有快递企业 8 家，分别为中通、申通、圆通、韵达、极兔、邮政、京东、顺丰，其分支机构 14 家，共有从业人数 140 余人。货运部物流公司不断发展，注册老周物流、德邦等各类物流企业（个体）12 家，带动 50 余人就业。2022 年，快递企业实现交易额 1862.83 万元，寄件量 179.81 万件，收件量 966.87 万件。以邮乐购站点、中邮驿站、菜鸟驿站、物流便利店、村级电商服务站点为载体，建设“客运 + 邮政 + 物流 + 电商 + 普遍服务”的村级客货邮商便民服务点 57 个，实现村村通公交、快递进村全覆盖，提高建制村快递服务通达率和网点快递收发兼容度。截至 2022 年底，通过客货邮商带动葡萄酒、牛羊肉、黄花菜、枸杞快递件达 16.6 万件，销售额达 499.8 万元。

【电商服务】

2022 年，红寺堡区工业信息化和商务局着力提升电商基础服务，实时监测 54 家村级电商服务站运营情况，联合交通、邮政在涉及快递收发的村站设立中邮驿站，降低运输成本，增收超 60 万元。按照《宁夏农村客货邮商融合发展工作方案》，联合住房城乡建设和交通局建成电商物流分拣中心，配置皮带机 2 台、快递三层分拣筐 10 个、快递狂扫仪 3 个、扫码枪 50 个，8 家快递公司联合公交公司实现快递进村，通过完善基础设施，提升站点服务效率。联合红寺堡镇、工商联开展助农销售农产品、提升企业营销电商培训两期，100 余人参加培训，引导 35 人注册开通微信视频号，7 人开通微信小店，上线枸杞、蜂蜜等农产品进行销售，助力农户增收。以短视频营销、直播带货等形式开展网上年货节、双品网购节活动，带动商家及企业 60 余家，开设“红寺堡电商”抖音、快手、微信视频号官方账号 3 个，宣传推广农产品、餐饮等各类业态，累计开展直播 500 余场次，《光明日

红寺堡区电商孵化园展厅

报》、《新消息报》、中国新闻网、《吴忠日报》等20余家媒体相继报道，实现农产品线上销售额3000余万元。设立鸿运超市、佳美家超市红寺堡电商服务点10家，在城乡设自提点200余个。通过微信商城直播下单、微信群下单等方式开展同城配送工作，依托鹏胜花园、罗山花园打造社区服务栏两个。在8个小区周边设置社群电商服务站12家。

（郝　静）

烟草专卖

【营销网络】

2022年，红寺堡区烟草专卖局（分公司）组织营销人员开口营销、制作视频等，持续提升客户经理专业素养。把改进培训与提供便利相结合，兼顾线上与线下，借助快手、微信等线上视频平台，拍摄制作农网终端建设微视频、美篇、情景剧等，向农网终端传送经营技巧、店铺管理、云POS操作等知识。共计开展培训43场次，培训人员4248人次，覆盖面达100%，建设农网现代终端84户。组织党员志愿服务队为农网客户粉刷墙面、安装货架、整理商品、美化环境等，打造清爽的经营场所。联合通信、银行系统，增加困难客户非烟收入。

【市场监管】

2022年，红寺堡区烟草专卖局（分公司）主动协调辖区市场监管部门，开展对辖区无证经营户和电子烟实体店的跨部门联合检查监督工作。积极与辖区公安、市场监督、交通运输等执法部门沟通协调，不定期与相关执法部门开展联合执法工作，重点打击辖区娱乐场所、特营场所和各类涉烟违法违规行为。开展校园周边专项治理工作，重点治理校园周边向未成年人销售卷烟、电子烟及各类涉烟违法违规行为；开展电子烟市场专项检查，每月通过网信部门对互联网涉电子烟信息进行筛查，全面清理、严厉打击向未成年人售卖电子烟行为；严格控制卷烟零售户无序增长问题。加强重点环节监管，与营销部门密切配合，做好货源投放、宣传促销、卷烟配送监管工作，遏制真烟非法流通。2022年，查获各类涉烟违法案件75起，查获卷烟42.02万支，涉案金额45.99万元。其中：查获真烟案件33起，查获卷烟37.98万支，涉案金额41.68万元；查获假烟案件42起，查获卷烟4.04万支，涉案金额4.31万元。

（计永雪）

金　融

中国农业银行红寺堡支行

【概　况】

2022年，中国农业银行红寺堡支行全年实现营业收入10859万元（首次突破1亿元），利息净收入9986万元，净利润6180万元，均超额完成计划，贡献度居系统前列。存贷利差4.64%、存款付息率0.75%、贷款收息率5.39%，保持全行最优。代理国库共拨付社会民生类资金36.06亿元、防疫资金0.65亿元；处理普惠性退税5785笔，金额2.69亿元。央行降准、监管口径普惠贷款分别增加6602万元、3963万元，监管达标。

【存款业务】

2022年末，中国农业银行红寺堡支行各项存款市场份额35.45%，居同业首位。其中对公存款余额84149万元，市场份额37.18%，居同业第一。个人存款余额139513万元，较年初增加17779万元，增幅14.60%，余额、增量市场份额均居同业第一。

【中间业务】

2022年，中国农业银行红寺堡支行实现中间业务收入1097万元，计划完成率102.83%，同比增收144万元。其中实现信用卡业务收入402万元，同比增收90万元，计划完成率116%，居红寺堡区第二；实现互联网金融业务收入501万元，占比45.67%，贡献第一。

【贷款业务】

2022年末，中国农业银行红寺堡支行各项贷款余额（含信用卡透支）23.09亿元，较年初增加5.57亿元，增幅34%。其中：法人贷款余额16504万元，较年初增加3774万元，增幅30%；个人贷款余额202160万元，较年初增加46313万元，增幅29.71%，净增个人按揭贷款41601万元，各项贷款增量占比74.65%。全年累计投放农户贷款5.54亿元，同比增加6890万元，增幅14.2%。

【助力乡村振兴】

2022年，中国农业银行红寺堡支行根据中央脱贫摘帽后五年过渡期安排，保持金融扶贫专项政策连续稳定，结合支行实际制定《红寺堡支行金融服务乡村振兴实施方案》，涉农贷款余额56840万元，较年初增加5916万元；发放脱贫人口小额贷款12973万元，余额12371万元，较年初增加3322万。投放“惠农e贷”4.31亿元，较年初增加1.18亿元，净增3.62亿元。布放“惠农通”机具268台，实现红寺堡区行政村全覆盖，成功上线聚合码445户，“惠农通”工程实现年交易金额142万元。围绕服务新发展格局和实体经济，制定《红寺堡支行2021年普惠金融服务工作方案》，分别新增人行、银保监会口径普惠贷款6602万元、3963万元，实现监管“双达标”。落实小微企业减费让利、延期还本付息等政策，严格执行银监局“七不准、四公开”规定，为69家企业办理续贷4177万元，减免各项收费近30万元。

【清收工作】

2022年末，中国农业银行红寺堡支行年末不良信贷资产余额872万元，不良率为0.4%，控制在支行计划范围内。全行处置账面不良贷款额618万元，计划完成率151.84%。全年共收回表外不良本息479万元，计划完成率840%，通过清收工作核销呆账，贡献利润479万元。

【合规教育年活动】

2022年，中国农业银行红寺堡支行开展合规教育年活动，召开警示教育大会两次，宣讲法治思想，通报典型案例，以案促改，强化合规理念。围绕核心业务、关键风险点，按条线、分业务制订检查计划，聚焦运营基础操作、涉案账户、批量开户、异地账户、安防消防等开展专项排查，及时发现化解风险隐患。围绕反洗钱、反假币、反电信诈骗等常态化开展金融知识宣教，守护群众钱袋子，累计开展宣教10场次，惠及群众2000人次，堵截电信诈骗两起。按季召开案防会议，分析典型问题，拟定整改措施，持续保持案件事故零发生。

【扩户提质】

2022年，中国农业银行红寺堡支行全年累计新开立对公账户558户，同比增加182户，对公折效客户净增236.5户，线上活跃客户净增611户，计划完成率分别为175%、244%，均居全行第二。依托智慧项目、高频场景、农户贷款、代发工资、大额存单、聚合码、第三方绑卡等业务持续扩大借记卡发卡数量，累计发放Ⅰ类、Ⅱ类借记卡12868张，新增个人有效客户21213户、个人理财活跃客户数6862户。联动代发工资金额达61921万元，计划完成率134%，居全行第二。

【线上业务】

2022年，中国农业银行红寺堡支行结合掌银合伙人等阶段性活动，做活新客户，激活睡眠户，个人掌银注册数达75848户，净增有效客户15820户，同比增长26.35%。掌银月活客户41606户，较年初增长9967户。净增有效信用卡1228张。实现信用卡分期额6489万元、手续费收入322.65万元。成功上线红寺堡区中医医院“银医通”、住建局“智慧住建”项目，落地供暖公司、自然资源局、农业农村局3个“智慧食堂”项目。实现企业年金业务“零”的突破，带动线上交易150万元。运用“网点作战室”、营销宝、金融小店等线上营销工具，实现线上交易额8.045万元。

（方 娜）

中国工商银行红寺堡支行

【概 况】

2022年，中国工商银行红寺堡支行各项存款余额10138万元，较年初减少113万元，增

幅 -1.1%；各项贷款余额 4115 万元，较年初增加 1354 万元，增幅 49.04%。

【存款业务】

2022 年，中国工商银行红寺堡支行各项存款余额 10138 万元，较年初减少 113 万元。其中机关单位存款 3623 万元，企业存款 1694 万元，个人存款 4821 万元。

【贷款业务】

2022 年，中国工商银行红寺堡支行各类贷款余额 4115 万元，增长 1354 万元。其中，线上特色贷款税务贷、用工贷、结算贷金额 1072 万元，扶贫小额贷款金额 883 万元。

【助力乡村振兴】

2022 年，中国工商银行红寺堡支行持续加大金融服务乡村振兴建设，全力推进城乡联动发展战略实施，助力乡村振兴，加大快扶贫信贷投入，持续提升涉农金融服务，对符合条件的贫困户做到“应贷尽贷”，累计发放扶贫小额贷款 883 万元，存量获贷款贫困户数 163 户，户均贷款 5 万元。为实现巩固拓展脱贫攻坚成果同乡村振兴有效衔接，红寺堡支行根据《脱贫小额贷款管理办法》规定，加快对红寺堡区重点乡村的政策传导，主动对接政府及乡村振兴局、金融工作局，到乡村、入园区调查农户生产经营实际困难和问题，积极采取扶贫小额信贷政策帮扶稳定脱贫农户经营发展。2022 年，受疫情和肉牛市场需求因素影响，红寺堡区红寺堡镇弘德村 191 户肉牛养殖经营户银行贷款不能按期归还，涉及金额 923 万元。支行党委组织信贷人员深入乡村、养殖园区调查研究，摸清脱贫农户经营发展的金融需求。安排个贷中心信贷人员到弘德村现场为脱贫农户办理贷款延期手续，全力做好受疫情影响暂遇困难的农户扶贫贷款支持保障，共为 142 户农户办理展期，金额 708 万元。

（马佳珍）

宁夏银行红寺堡支行

【存款业务】

截至 2022 年底，宁夏银行红寺堡支行各项存款时点余额 96715 万元，较年初新增 12965 万元，其中：储蓄存款时点余额 60416 万元，较年初新增 7665 万元；对公存款时点余额 36066 万元，较年初新增 6782 万元。

【贷款业务】

截至 2022 年底，宁夏银行红寺堡支行各项贷款余额 55922 万元，较年初新增 9031 万元。其中：个人贷款 28568 万元，较年初增长 2699 万元；对公贷款余额 27354 万元，较年初增长 6785 万元。2022 年，宁夏银行红寺堡支行重点围绕“六新六特六优”产业、乡村振兴、城市改造工程、普惠金融等开展贷款业务投放。为“六新六特六优”产业助力，累计授信 5300 万元。扶持种植养殖户，助力乡村振兴，投放涉农贷款 10943 万元。为小微企业纾困解难，新增普惠小微贷款 2925 万元。

【金融服务】

2022 年，宁夏银行红寺堡支行全面开展金融服务进乡村活动，全年建立乡村金融服务站点 41 个，为村民办理乡村振兴卡 2000 余张。贯彻执行自治区“六新六特六优”产业工作部署，结合红寺堡区发展实际，用活各类线上线下创新授信产品，解决农村居民融资难、融资贵的问题。

（张文文）

中国邮政储蓄银行红寺堡支行

【储蓄业务】

2022年，中国邮政储蓄银行红寺堡区支行个人储蓄存款余额2.76亿元，年时点净增1023万元。支行公司存款余额2.9亿元，年净增1149万元。支行实现收入4812.5万元，完成计划的105.19%；实现利润3771.4万元，完成计划的111.9%。

【贷款业务】

2022年，中国邮政储蓄银行红寺堡区支行各类贷款余额合计7.33亿元，其中个人经营性贷款结余7927笔6.3亿元，本年净增13718万元，完成计划的108.01%；消费贷款结余1408笔，余额7059万元，本年净增−1516万元；小企业贷款结余5笔，余额1536.83万元。信用卡业务累计发卡505张，不良贷款85笔，不良金额465万元，不良率0.63%。

【全员营销】

2022年，中国邮政储蓄银行红寺堡区支行持续开展营销活动，支行全员参与营销，借助营销工具CRM系统，通过“客户360”对客户进行梳理、贴标签，全方位了解客户。通过以贷引存、组合营销，带动个金业务发展。通过信贷客户介绍客户，联动营销，揽储活期资金超过千万元。梳理客户并为其进行全方位资产配置，带动支行储蓄、理财、保险等业务发展。

【信贷业务】

2022年，中国邮政储蓄银行红寺堡区支行响应政府服务“三农”、服务农村经济发展的要求，在与乡村振兴局、红兴担保公司、妇联等单位继续加深合作的基础上，对接红寺堡区3个乡、2个镇、64个行政村负责人，以信用户贷款、极速贷等几项贷款为抓手，走村入户开展营销。全年累计发放妇女创业贷款13418万元、全民创业贷款2595万元、信用户贷款4314.75万元、极速贷24925.35万元、产业链贷款535万元，实现支行小额贷款累计净增1.37亿元。对接红寺堡区房地产开发公司以及二手房销售中介机构，落实准入房产项目4家，对接受理房贷项目9笔367万元，发放一手房贷款7笔287万元，二手房贷款两笔80万元，实现了红寺堡区支行房贷业务“零”的突破。

【风险防控】

2022年，中国邮政储蓄银行红寺堡区支行坚持每周对柜面的资金、凭证、钥匙等各个方面开展自查，现场纠正不规范行为、业务操作。加强合规培训，提高合规意识。定期组织员工学习相关业务制度、安全管理制度等，从制度约束和强化认识两方面严防金融案件发生。强化逾期贷款催收，针对逾期贷款，按照“一户一建档”原则，跟进催收情况，合力开展逾期清收。加大法院诉讼力度，提高资产质量，降低不良率。

（田　静）

红寺堡区黄河农村商业银行

【概　况】

截至2022年底，红寺堡区黄河农村商业银行各项存款余额20.66亿元，较年初增加2.81亿元，增幅15.74%。各项贷款余额20.40亿元，较年初增长2.29亿元，增幅为12.64%。其中涉农贷款15.74亿元，较年初增加1.62亿元，增长11.47%，农户覆盖面达52.21%。

【助力示范区建设】

2022年，红寺堡区黄河农村商业银行结合自治区党委、政府对红寺堡区建设全国易地搬迁移民致富提升示范区的相关要求，根据《红寺堡区农村商业银行金融支持红寺堡区建设全国易地搬迁移民致富提升示范区高质量发展实施方案》，对弘德养牛产业、太阳山镇黄花菜产业等重点项目给予信贷支持，为将红寺堡区建设成为全国易地搬迁移民致富提升示范区贡献金融力量。

【整村授信】

2022年，红寺堡区黄河农村商业银行实施“整村授信”工程，以推广“黄河e贷”信用贷款产品为抓手，对辖区64个行政村所有农户进行普惠建档、普惠评级，确定有效农户的授信额度和信用等级，力争符合条件的农村各类经济主体30万元以内小额信用贷款“应贷尽贷”。截至年末，完成辖区64个行政村的整村授信工作8617户，授信金额47408万元，用信金额21736万元。

【金融扶持移民发展】

2022年，红寺堡区黄河农村商业银行为解决自发移民“老家没人贷不上款，新家没户贷不上款”的难题，以“整村授信”工作为契机，以“移民贷”为抓手，为辖区移民提供各种资金支持，使移民在当地有足够的资金发展生产、脱贫致富，提升普惠金融服务乡村振兴受益面和覆盖率。截至年底，共发放“移民贷”1159户、10177万元。

【扶持小微企业发展】

2022年，红寺堡区黄河农村商业银行对辖区内的涉农企业、合作社、家庭农场等单位及法人、股东、社员进行信息采集、综合授信，提供结算账户、代发工资、电子银行等综合金融服务，全力满足辖内新型农业经营主体、小微民营企业、个体工商户的资金需求。截至年底，普惠型小微企业贷款4273户、43014万元，较年初增加167户、2291万元。涉农企业贷款8户、3120万元，较年初增加2户、1126万元。合作社贷款5户、1368万元，较年初增加200万元，新增辖内养殖大户贷款2户、700万元。

【助推特色产业发展】

2022年，红寺堡区黄河农村商业银行结合辖区产业发展实际，重点支持滩羊、肉牛、枸杞、黄花菜、酿酒葡萄五大产业，助推西川村、永新村旅游民宿产业发展。把信贷支持、支付结算、理财服务等金融服务植入辖区各重点产业中，全力助推红寺堡区特色产业高质量发展。截至年底，发放区域五大特色产业贷款17274笔、10.20亿元。

【信贷支持全民创业】

2022年，红寺堡区黄河农村商业银行将全民创业贷款和农村妇女创业担保贷款作为助力乡村振兴的重要抓手，大力扶持辖区客户创业发展。在辖区内5个乡镇民生服务中心和64个村委会分别成立创业贷款受理中心和受理点，摆放客户经理联系牌，公示创业贷款办理流程、服务承诺等。截至年底，发放全民创业贷款1691户、21709万元，较年初增加579户、8274万元；发放妇女创业贷款348户、4115万元，较年初增加309户、3790万元。

【金融服务新市民】

2022年，红寺堡区黄河农村商业银行加强与辖区各级政府及相关部门对接，通过网格化营销，组织员工深入社区、商区、园区，全方位、多渠道获取新市民信息和金融服务需求，精准提供专业化、多元化金融服务。将新市民纳入创业担保贷款、个人住房按揭贷款扶持范围。推出二手住房按揭贷款业务，满足新市民的创业和购房融资需求。截至年底，发放新市民贷款 333 户、3387 万元。

【社会职责履行】

2022 年，红寺堡区黄河农村商业银行认真落实红寺堡区委、区政府、总行关于疫情防控工作部署，主动参与、全力配合，统筹做好疫情防控和金融服务工作。捐资助学，全年向黄河银行助学金捐款 11 万元，招募 12 名在校大学生实习。自“9·20”疫情发生以来，组织人员驻守网点、驻行办公，保障金融服务不断档。为红寺堡区 83 个疫情防控点送去牛奶、方便食品、大衣、口罩等物资。向红寺堡区政府捐款 10 万元、吴忠慈善总会捐款 10 万元用于疫情防控。

（牛瑞晗）

中国建设银行红寺堡支行

【概 况】

2022 年，中国建设银行红寺堡支行一般性存款时点余额 1.65 亿，较年初增加 1.06 亿元，日均较年初增加 9254 万元。其中：对公存款时点余额 6705 万元，较年初增加 1773 万元；个人存款时点余额 9860 万元，较年初增加 8603 万元。对公贷款时点余额 7.88 亿元；较年初增加 7.86 亿元，个人贷款时点较年初增加 1.28 亿元，

【存款业务】

2022 年，中国建设银行红寺堡支行以“裕农快贷一建业贷”为抓手，拓展县域客户，抢抓农村市场份额，发展裕农通卡，年日均存款沉淀新增 2312 万元，时点存款沉淀新增 3574 万元。以“商户云贷”为营销契机，抢占收单市场份额，沉淀个人存款 1300 余万元、对公存款 430 万元。加强对优质大客户的走访营销力度，落地存款 900 余万元。同时，通过结算、理财等产品提升客户体验，增强客户黏性。

【贷款业务】

2022 年，中国建设银行红寺堡支行加强与楼盘开发商的合作，积极申报准入符合条件的新开楼盘，积极开拓二手房市场，较年初新增住房按揭贷款 4231 万元。重点推荐“建业贷”“建易贷”“商户云贷”等线上产品。聚焦红寺堡区葡萄、枸杞、黄花菜、肉牛等特色产业，以乡村为重点区域，以种植养殖大户为重点发展对象，发展“塞上”系列涉农重点产品，新增贷款 912 万元。截至 2022 年底，“建易贷”新增 1197 万元，“裕农快贷—建业贷”较年初新增9039 万元、“商户云贷”较年初新增 4700 万元。

【强基拓户】

2022 年，中国建设银行红寺堡支行聚焦红寺堡区重点产业、重大项目，以实现高层级业务、账户、资格的突破。以“线上普惠”为支点，将账户开立营销前置于普惠授信测额之中，提升普惠授信客户开户覆盖度，做好“商户云贷”客户的对公账户开立引导工作。常态化开展“强基拓户”“新客有礼”“开账户送印章”等专项营销活动，新开单位结算账户较年初增加 22 户，乡村振兴卡较年初新增 4834 户。

【普惠金融】

2022 年，中国建设银行红寺堡支行深入推进红寺堡区普惠金融业务发展，通过对小微企业、个体工商户“商户云贷”线上测额支用，解决企业、个人融资难、融资贵问题，提升金融服务能力和效率。加强与当地担保公司的业务合作，利用“线上＋线下”双渠道深挖乡村金融市场，帮助当地农民增收致富。建立高新技术企业、“专精特新”企业等客户储备库，配套“善新贷”“善

担贷”等信贷产品，扶持高新技术企业做大做强。2022年底，实现快捷支付绑卡较年初新增5965户，手机银行签约较年初新增5965户，“裕农通”App下载较年初增加2357户，新增商户265户。

【助力乡村振兴】

2022年，中国建设银行红寺堡支行开展“走进农业经营主体、走进村集体经济组织、走进乡村”的“三走进”活动，利用“塞上”系列涉农信贷产品，全力解决当地种植养殖农户的融资需求。加强与家庭农场、农民合作社等新型农业经营主体合作，满足不同发展阶段的涉农主体融资需求，促进种植养殖规模化、产业化。加大营销“建业贷”“塞上移民贷”力度，解决搬迁移民脱贫后产业发展的信贷需求。截至年底，“建业贷”授信金额达9039万元892户。

（潘红波）

中国人民财产保险有限公司红寺堡支公司

【概　况】

2022年，中国人民财产保险股份有限公司红寺堡支公司实现全险种保费6918万元，增速19.8%，市场占比57.5%。其中车险保费3298万元，非车险保费666万元，政策性农险2796万元，社保158万元。2022年纳税383.97万元。

【农林业保险】

2022年，中国人民财产保险股份有限公司红寺堡支公司农业林业保险2936万元，市场占比91%，提供风险保障10.4亿元。2022年农业保险已决赔款2014万元，简单赔付率68.5%。其中种植业农险赔付733万元，养殖业赔付1281万元，受益10302户。

【理赔业务】

2022年，中国人民财产保险股份有限公司红寺堡支公司对接当地政府相关部门，开展相关保险服务保障工作，与红寺堡创业就业服务中心合作，向红寺堡区2.78万人提供风险保障72.28亿元。与农业农村局农业站实施农业机械保险补贴项目，承保220台农机综合保险，提供风险保障9000万元，已决赔款5.9万元，简单赔付率104%。

【助企发展】

2022年，中国人民财产保险股份有限公司红寺堡支公司为支持地方特色产品葡萄酒发展，助力企业发展，打造中国葡萄酒第一镇。向吴忠市红寺堡区红丰农业开发有限公司赠送产品质量保证保险，提供风险保障100万元，保障红寺堡品牌葡萄酒质量。与当地企业开展保险对接，承保远洲矿业16万元、兴民纺织厂11万元、南原汽车运输公司46万元、鹏胜集团33万元，提供企业风险保障，降低企业生产运营成本。

（谢瑞峰）

住房和城乡建设

城乡规划

【国土空间规划体系建立】

2022 年，红寺堡区完成产业高质量发展、基础设施和公共服务、国土综合整治和生态保护修复等 9 个专题研究和 3 条控制线划定及文本说明编制工作，国土空间总体定位、规划分区与用地结构、国土空间格局、中心城区国土空间规划等初步形成。完成“三区三线”划定工作，成果已经自治区自然资源厅审核通过并报自然资源部审查。加快推进村庄规划，完成自治区自然资源厅下达的河水村等 50 个村庄规划编制任务。

【项目规划】

2022 年，红寺堡区完成单独选址项目报批 7 个，申请农用地转用报批总面积 19.82 公顷，完成3 个城镇批次报批工作，总面积20.71 公顷。办理规划项目预审与选址意见书、建设用地规划许可证、工程规划许可证 128 件，出具规划设计条件 19 件，规划核实验收 22 件，审定金水名都 D 区等项目规划方案 30 个。

新型城市化建设和城市管理

【排查整改】

2022 年，红寺堡区全面排查城区基础设施，改造完善城区道路 15.21 平方千米、管网 6.3 千米、路灯 400 多盏、公厕 27 座等市政功能设施，建立市政基础设施巡察整改台账、路灯维修台账。排查长燃、海奇、鹏胜 3 家燃气企业存在的安全隐患，建立燃气安全检查台账，督促监管企业建立自查台账。加强物业监督管理，确保小区环境卫生干净整洁。

（马青福）

【垃圾管理体系建立】

2022 年，红寺堡区以垃圾上门收集试点为切口，建立源头分类、二次分拣、分类处置全过程管理体系。采购 64 辆四分类收集车和 320 个四分类桶，每辆收集车配备可回收垃圾、厨余垃圾、有害垃圾和其他垃圾桶。按照 350 人配备 1 名保洁员的比例开展垃圾上门收集工作，每天早晚各收集一次，并转运至就近垃圾分类分拣站进行二次精细分拣，可回收资源垃圾按照金属类、纺织类、纸类、家具类、电器类等分别进行称重暂存分拣站统一回收利用。将有害垃圾、厨余垃圾、其他垃圾分别运输至相应的处置场所进行处置。同时，在分类分拣站建立积分兑换超市，凡参与垃圾分类的农户可以通过积分兑换商品，激发农户参与垃圾分类工作的热情。

【垃圾分类志愿服务队建设】

2022 年，红寺堡区充分整合小区自由捡拾可回收垃圾人员力量，采取社区聘任的方式组建以各小区老党员、退休干部、热心居民为主的夕阳红垃圾分拣志愿服务队，颁发志愿者聘书，统一配备服装和分拣所需的扫把、簸箕、手套、口罩等物品，有序组织开展分拣分类、监督指导、义务巡逻等，实现由“拾荒者”向垃圾分类的分拣员、监督员、值守员的转变。由各社区成立垃圾回收公司 1 家，按照市场运作的方式对夕阳红垃圾分拣志愿服务队分拣后的可回收垃圾进行回收。夕阳红垃圾分拣志愿者服务队伍的建立，探索出了社区与离退休干部、老党员联合共建共治的新路径，使小区可回收垃圾实现规范化、资源化利用，缓解了工作人员短缺的困境。

【垃圾分类自觉】

2022 年，红寺堡区发挥村民自治在垃圾分类工作中的作用，以完善村规民约为根本，以人居环境整治为抓手，建立农村垃圾分类、人居环境整治付费机制。由乡村振兴局主导，乡镇、村组动员，向农户每年收取 50 元垃圾处理费，根据收缴资金奖励同等额度，解决各村开展垃圾分类治理及人居环境整治工作资金保障难题。全年收集垃圾处理费 202.5 万元。结合乡村振兴宜居宜业和美乡村建设，每月开展一次“美丽庭院”评选活动，采取农户自荐、网格员推荐的方式，组织村民代表根据农户庭院干净、室内整洁及收集可回收垃圾情况进行评分，召开村民代表会议进行评议、公示授牌，给予积分奖励，并在村级宣传栏进行宣传，引导群众互相评、集中看、广泛学，激励群众广泛参与、争先创优，培养群众自觉参与垃圾分类的良好习惯。

（张　帆）

创城工作

【全国文明城市创建】

2022 年，红寺堡区财政拨付创城经费 600 万元，为各乡镇（街道）、各部门（单位）配套了相应经费，确保创城工作稳步推进。出台《吴忠市红寺堡区创建全国文明城市实测点位考核问责办法（试行）》，印发《处级领导带队分组督导创城工作实施方案》，实行单位“一把手”负责制，落实网格化管理和“门前三包”责任制。召开创城工作推进会、调度会、问题反馈会、网报资料培训会等 13 次，细化责任单位包抓区域。全面维护各类公益广告牌和橱窗，确保公益广告覆盖率不低于 50%，公交车、出租车达到 100%，其中未成年人公益广告刊播占比不低于 30%。及时更换褪色、破损的公益广告牌 1315 块、宣传橱窗 483 块，更换橱窗玻璃 22 块，清洁橱窗玻璃 230 块，维修橱窗 6 块，及时更新宣传内容。维修城区道路面积 13.51 平方千米，投资 165 万元，完成城区裸露绿地种植草花工作，共种植草花 42000 平方米；投资 93 万元，对城区各街道行道树缺株苗木进行补植，共补植乔木 1296 株，绿地缺株断带灌木补植 79 处，共 12000 平方米。

【市政基础设施完善】

2022 年，红寺堡区住房城乡建设和交通局加强道路巡查，对城区破损的市政设施进行及时维修，加强城区路灯夜间排查，做到随坏随修，保证城区路面平整、排水畅通，路灯装灯率达到

2022 年 7 月 19 日，红寺堡区召开 2022 年创建全国文明城市工作推进会

100%，亮灯率达到 98%。截至年底，城区道路维修面积 13.51 平方千米，更换维修井盖 200 余个、雨水箅子 90 个，补换维修路名牌广告 60 余处，维修路灯 1300 余盏，补修城区破损路面、道牙、人行道面包砖 1700 余平方米。全面排查城区果皮箱，及时维修损坏的果皮箱，全年维修损坏果皮箱 200 个，焊接维修大垃圾箱 319 个，补充果皮箱内胆 600 个。

【环境集中整治】

2022 年，红寺堡区住房城乡建设和交通局推进环境整治，落实两扫全天候巡回保洁精细化管理，履行监督管理职能，改进工作方法，全天候巡查城区环境卫生、公厕、市政公用设施等。建立环境卫生长效管理机制，提高环境卫生作业质量。在保障主次街道常态化保洁的同时，抽调环卫工人 30 余人、洗扫车辆 4 台，对主次干道周边进行大清洗作业。对部分积尘严重、油污的路段进行深度洗刷。联合综合执法局、市场监管局对建材市场进行两次集中整治，出动人员 90 余人、车辆 10 辆（装载机 1 辆、叉车 2 辆、清运车 3 辆、其他车 4 辆），清理占道经营 50 余处，清理积存垃圾 30 余吨，清理乱堆乱放 60 余处，修补台阶 100 余平方米，安排管理人员 1 人。增加机械化清扫、洒水次数，重点加强对主次干道及施工较多路段的洒水车、冲洗和机扫工作，保证重要路段洒水不间断、城区机械化清扫率达 80%。全年出动洒水车、降尘车 140 台次，巡回洒水降尘 420 余台次。开展城区环境卫生大整治活动 10 次，抽调人员 170 人次，出动环卫车辆 18 车次，清理卫生死角 25 处，清理各类垃圾 60 余吨。每天出动收集车辆 20 台次，全天 12 小时巡回收集，城区垃圾处理率达到 96%。雇用专业清洗人员，对城区所有果皮箱、垃圾箱、公交站台、道路指示牌、污渍路面、排水井等设施进行常态化清洗。

【公厕管理】

2022 年，红寺堡区住房城乡建设和交通局对所管理的25座公厕加大巡查力度，及时维修损坏设施，确保公厕正常使用。严格落实公厕保洁制度，加强日常清扫保洁、消杀消毒。开发公厕评价小程序，探索线上服务监管。在城区25座公厕的醒目位置张贴小程序二维码，市民可随时通过手机扫码对该公厕的服务质量、环境卫生、设施状况、开放时间、人员在岗等进行监督和评价，有效提高城区公厕保洁质量和管理水平。对城区公厕、中转站实行专人每天巡查、监管，长治长效，确保公厕时时干净、设施完好、正常运行，不断提高公厕精细化管理水平，助力文明城市创建。

【建筑工地规范】

2022年，红寺堡区住房城乡建设和交通局加大建筑工地文明施工检查力度，管控扬尘污染，全面排查城区所有建筑工地，对在建工地实行封闭施工，建筑材料堆放整齐，随时清理建筑垃圾，安排专人负责卫生保洁，确保工地内外环境卫生干净，对裸露建筑垃圾进行覆盖。统一规范建筑工地围挡及广告设置标准，对存在损坏、污染、不符合标准等问题的公益广告及时更换。提升围挡设置管理规范化、精细化水平，将工地围挡打造成为美丽市容景观的重要组成部分，营造良好城市环境。

【高质量美丽宜居村庄】

2022年，红寺堡区实施高质量美丽宜居村庄4个，分别为续建红寺堡镇弘德村高质量美丽宜居村庄、新庄集乡杨柳村高质量美丽宜居村庄、柳泉乡永新村高质量美丽宜居村庄，新建红寺堡镇中圈塘村高质量美丽宜居村庄。红寺堡镇弘德村高质量美丽宜居村庄建设项目，2022年计划总投资6060万元，其中村庄范围投资1060万元、村域范围投资5000万元。完成总投资6332万元，其中村庄范围完成投资1133万元、村域范围完成投资5199万元。新庄集乡杨柳村高质量美丽宜居村庄建设项目，2022年

红寺堡区获评中国美丽乡村建设示范县荣誉称号

计划总投资5469万元，其中村庄范围投资1247万元、村域范围投资4222万元。完成总投资5469万元，其中村庄投资1247万元、村域完成投资4222万元。柳泉乡永新村高质量美丽宜居村庄建设项目，2022年计划总投资3470万元，其中村庄范围投资1520万元、村域范围投资1950万元。完成总投资3470元，其中村庄完成投资1520万元、村域完成投资1950万元。红寺堡镇中圈塘村高质量美丽宜居村庄建设项目，2022年计划总投资7230.91万元，其中村庄范围投资1557.91万元、村域范围投资5673万元。完成总投资7285.03万元，其中村庄完成投资1552.03万元、村域完成投资5733万元。

（刘　亚）

住房保障与管理

【公共租赁住房】

截至2022年底，红寺堡区共有公共租赁住房2831套，城区1999套（鹏胜花园40套、圣丰花园40套、东方世纪城90套、罗山花园653套、罗山府邸1104套、永祥宾馆72套），园区832套，总建筑面积122277.88平方米。截至2022年12月底，入住2671套，入住率达到94%，确保城镇中低收入家庭全部入住公共租赁住房。

【住房保障与管理】

2022年，红寺堡区开展4次公共租赁住房分配工作，分配178户，实际入住168户，确保城镇中低收入家庭住有所居。通过入户核查、电话联系、专项整治与每季度核查等方式，对罗山花园、罗山福邸等公共租赁小区逐楼逐户进行信息核查，2022年核查出不符合公共租赁住房保障条件142户，已全部清退。为完善公共租赁住房保障体系，规范公共租赁住房运营和使用工作，制定《红寺堡区公共租赁住房管理办法》。全年线上收缴公共租赁住房570户，收缴租金205万元，收缴押金66万元。全年投资100万元，对99套公共租赁住房进行维修。加强系统管理，制作关于转租、转借宣传横幅21条，发放红寺堡区保障性住房管理办法口袋书、红寺堡区公共租赁住房办事指南彩页和折扇、围裙、环保手提袋等宣传品共计2000余份。

（海生平）

棚户区改造

【概　况】

2022年，红寺堡区棚户区改造指标896套，落实各类补助资金34522万元，完成投资32152万元，签订协议545户，完成拆迁安置949套，超额完成53套。投资68280.8万元用于安置房建设，建设安置房9栋，共计500套，总建筑面积约98280平方米。

【城市改造】

2022年，红寺堡区实施城市改造工程，重点拆迁新民小区、兴盛小区等老旧小区。其中，新民小区拆迁660户，白墩小区拆迁76户。完成兴盛小区预征收工作，对小康北村片区、朝阳片区做预征收准备。

（海生平）

房地产业与市场

【商品房开发】

截至2022年底，红寺堡区累计注册房地产开发企业25家，主要开发燕然华府住宅项目、红寺堡区海龙湾商住小区、久丰梧桐苑住宅小区等11个项目，商业项目有金水商业街、卓锦城2个项目。累计有住宅面积107万平方米。

红寺堡区时代广场

2022年新建商品房70万平方米，年度商品房销售面积23.29万平方米。增长率为1.2%。

【带动农民工就业】

2022年，红寺堡区房地产开发项目累计使用农民工4800人次，累计发放农民工工资1.2亿元。其中，使用红寺堡区本地农民工2928人，占用工人数的61%，发放农民工工资7642万元。

（李森茂）

城乡供暖

【设备升级】

2022年，红寺堡区实施供暖项目提升改造工程，总投资215.45万元，包括武装部、体育馆、原乒乓球馆、宁夏移民博物馆室内供热设施、鹏胜换热站一级管网等公共事业单位供热管网升级改造。实施2022年供暖工程项目，总投资1548.58万元。项目包括新建东区30万平方米锅炉房换热站，升级改造棚户换热站30万平方米，新建及更换改造供热管网6.2千米，完成新建换热站主体施工。筹资252.38万元，对东、西两个供热站及25座换热站供热设施进行维修保养。共计更换大小阀门76台，保养电机80余台，加装更换75千瓦电机8台，清洗换热机组32组，升级换热站6座（三中站、人和站、罗山花园站、罗山府邸站、东方站、鹏胜站）。采暖期共完成东、西供热站检修保养77次，外网维修抢修110余次。

【安全生产】

2022年，红寺堡区供暖公司通过安全标准化体系建设，健全安全长效机制，落实安全主体责任，提高安全管理水平。采暖期共组织安全生产应急演练2次、安全生产大检查5次，发现安全生产隐患6条，立查立改6条，确保供热管网安全平稳运行，2022年度无一例安全生产事故发生。公司加大在线监测设备检修与数据管控，保证全年供热运行过程中各项排放全部达标，无重大环境污染及事故发生，环保工作效果显著。

【运营情况】

截至2022年底，红寺堡区集中供热总面积309.48万平方米，2022年供暖期新增供热面积20.07万平方米，实际供热面积204.2万平方米，集中供热总户数19824户。2022年，供暖期共用燃煤63085.93吨，每平方米耗煤27.4千克，同比减少燃煤5430.1吨；每平方米减少燃煤0.9千克，比2021年供暖期减少3.2%。2022年供暖期资金收入12115.07万元，资金支出11397.75万元。

【节能减排】

2022年，红寺堡区供暖公司与6家煤矿（煤炭贸易公司）签订燃煤购销合同，全年共采购燃煤63085.93吨，使用尿素136.16吨、片碱99吨、工业盐50吨。弘德园区购买天然气共计250万元。

【服务群众】

2022年，红寺堡区供暖公司不断提高为民服务效率，营造良好的营商环境，公司设立供热值班和24小时电话服务，对群众来访和投诉事件，安排专人上门服务走访，耐心解决群众诉求，做到服务群众满意。2022年供暖期共接听热线来电4597次，处理不热4526次，入室测温353户，受理“12345”便民服务平台各类投诉569条，处理满意度达98.6%，连续3年客户服务满意度达98%以上，全年未出现重大网络舆情或聚集上访事件。

（王俊华）

住房公积金管理

【住房公积金归集】

截至2022年底，红寺堡区住房公积金实缴单位144个，缴存人数6147人，新增缴存单位18个，新增缴存人数502人，6月30日共结息438.91万元，当年归集公积金15120.83万元，比2021年增长25%，完成年计划任务的100.81%。

【住房公积金贷款】

2022年，吴忠市住房公积金管理中心红寺堡分中心共为215户职工家庭发放住房公积金贷款8766万元，完成年度计划任务的134.86%，个贷率为74.79%。累计为2938名职工发放住房公积金贷款，贷款余额25962.82万元，存量贷款1177户，贷款逾期率为0.31‰，开具异地贷款缴存证明61份。

【住房公积金提取】

2022年，吴忠市住房公积金管理中心红寺堡分中心为购买自住房、偿还贷款等的职工办理住房公积金提取业务8766笔，提取金额10343.82万元，比2021年增长5.13%。

【住房公积金收益】

2022年，吴忠市住房公积金管理中心红寺堡分中心实现业务收入817.41万元、业务支出483.98万元，住房公积金增值收益333.43万元。

【住房公积金服务】

2022年，吴忠市住房公积金管理中心红寺堡分中心实现网上业务大厅办理缴存业务的单位有107个，办理全国异地转移业务376笔，其中转入业务276笔，转出业务100笔，办理跨省通办业务2笔。

（李莉莉）

自然资源管理与环境保护

自然资源管理

【国土资源管理与保护】

2022年，红寺堡区自然资源局完成建设用地供应33宗111.769公顷，划拨建设用地29宗374.69公顷。收缴土地出让金、新增耕地指标交易、光伏租赁费土地承包费和临时用地租赁费共计36666.22万元，消化批而未供建设用地53.7694公顷，处置闲置土地41宗。

【矿产资源管理】

2022年，红寺堡区自然资源局依法开展矿产资源监管审批工作，编制完成《吴忠市红寺堡区矿产资源总体规划（2021—2025年）》。完成水套沟、乌沙塘两宗砖瓦用黏土矿和孙家滩建筑用砂矿的资源详查工作并纳入年度矿产资源出让计划。完成孙家滩3#建筑用砂矿采矿证延续工作。组织辖区9家矿山企业、20余人赴吴忠赛马新型建材有限公司，观摩学习该矿山安全生产、绿色矿山建设、矿产资源开采等先进管理理念和经验。邀请专业安全生产咨询服务机构专家对辖区9家砂石黏土矿山进行体检，发现问题18条，整改18条。指导检查辖区非煤矿山2次，发现隐患问题45条，全部完成整改。联合综合执法队开展日常巡查，结合群众举报线索，发现盗采矿产资源违法行为9起，移交红寺堡区综合执法局6起、中宁县3起。督促已开展绿色矿山建设工作的9家企业积极推进各项建设任务。

【测绘地理信息】

2022年，红寺堡区自然资源局逐一巡查辖区22个测量标志，未发现测量标志被破坏现象。完成红寺堡区第三次国土调查工作，并通过国家级和自治区级验收。按照自治区自然资源厅工作部署，组织工作人员对全区地图市场进行排查，特别针对书店、打印部等地图出售单位加大排查频次，未发现违法违规行为。监管巡查辖区内有资质的测绘单位，确保测绘单位依法依规开展测绘工作。

【不动产登记】

2022年，红寺堡区制定《关于规范红寺堡区农村宅基地审批管理及确权登记工作的实施意见》，明确乡镇及部门职责，发放宅基地证

641 宗。依法依规对葡萄酒产业用地开展登记工作，完成 15 宗葡萄酒企业产业用地确权登记和转移盘活工作。完成 9 栋 195 户城区问题小区和沿街商业房初始产权登记。全面推进河湖水域岸线划界工作，完成辖区河湖水域所涉 60 条沟道、14 条渠道、6 个水库划定确界和 1927 根界桩埋设工作。

【水资源调查】

2022 年，红寺堡区取水量 2.83 亿立方米、用水量 2.28 亿立方米，水损 0.55 亿立方米，其中：黄河水 2.23 亿立方米，占 97.8%；地下水 0.04 亿立方米，占 1.8%。

【自然资源执法】

2022 年，红寺堡区自然资源局坚持“日常巡查 + 夜间突击检查”相结合的方式，打击自然资源领域违法违规行为，开展动态巡查 75 次，重点对大河乡土坡矿区、城北营盘井地区、罗山外围等区域进行不定期巡查监测，发现非法盗采问题 11 个、非法占地问题 6 个、破坏基本农田问题 1 个。2022 年自然资源部下发红寺堡区卫片图斑共计 3537 个，已全部完成核查举证；自然资源厅下发红寺堡区疑似违法图斑共计 353 个。摸排乱点乱象问题线索 5 条，全部办结。查处越界开采案件 1 件，处罚没款 10.51 万元。通过自查共发现土地使用权出让、矿业权交易领域 8 个方面 43 个问题，吴忠市专治办重点检查发现 11 个方面 105 个问题，均已全部完成整改。

【林草资源管理】

2022 年，红寺堡区自然资源局建立健全重大森林草原有害生物灾害防治区乡级负责制，将森林草原有害生物灾害纳入防灾减灾救灾体系，完成苗木产地检疫 320 次，调出苗木检疫 290 次，检疫率 100%，开展外来入侵物种普查 26 次，排查路线达 570.5 千米，发现外来入侵物种两种（刺苍耳、火炬树）。加强项目建设用地审核管理，依法审核报批征占用林地 15 件、面积 51.32 公顷。压紧压实森林草原防火责任，强化重要时段、关键部位巡查，开展火灾隐患排查整改，全区未发生火灾事故。落实常态化禁牧巡查，累计

红寺堡区自然资源局组织无人机防治柠条春尺蠖

开展禁牧封育督查 90 余次，下发禁牧封育督查通报 10 期，联合拆除野外违建羊圈 850 处，处罚 158 起，处罚金额 151470 元。

（马小花）

环境保护

【蓝天保卫战】

2022 年，吴忠市生态环境局红寺堡分局制定《2022 年红寺堡区臭氧污染防治攻坚行动方案》《2022—2023 年红寺堡区冬春季大气污染防治攻坚行动方案》，严格落实错峰生产要求，积极应对污染天气。定期对辖区内 119 家建筑工地落实“6 个 100%”扬尘管控措施情况开展执法检查，对预制厂、裸露土地等关键场所加大巡查力度，督促企业落实密闭措施。投资 900 余万元，建成投运红寺堡区清洁煤配送中心，实现散煤集中经营、统一规范管理。开展散煤经营单位和清洁煤配送中心煤质排查，共抽检经营环节煤炭 21 批次，确保民用煤质达标。制定《2022 年红寺堡区农作物秸秆综合利用项目实施方案》，加强秸秆综合利用与禁烧管控。督促城区 407 家餐饮企业使用清洁能源，全部安装油烟净化设备并定期清洗，确保设备正常运行。科学划定城市声环境功能区。加强环境噪声污染防治，强化噪声源监督管理和环境执法，逐步改善声环境质量。

【碧水保卫战】

2022 年，吴忠市生态环境局红寺堡分局制定《2022—2023 年红寺堡区冬春季水污染强化治理攻坚行动方案》，完成《吴忠市红寺堡区突发水环境事件环境应急“南阳实践”调查实施方案》编制，排查整治沟河道污水直排口，全力确保流域水质稳定达标。对红寺堡区境内地表水、地下水、饮用水水源实施监督性检测，严格按照国家标准确定全区全年需检测水样，每月对各供水单位出厂水和末梢水进行 37 项检测，确保群众用上安全水。投资 3584 万元，实施第二污水处理厂尾水水质提升项目和弘德污水处理厂中水回用管道项目，补充湿地和绿化用水，再生水回用率达 27.6%。落实生产建设项目水土保持监管，核查违法图斑 38 个，开展集中现场监督检查 41 次，完成年度 26.4 平方千米水土流失治理任务。严格地下水取水许可审批、取用水量和地下水水位控制指标管控，全面开展罗山区域地下水取水井专项治理行动，依法关停关联区地下水取水井 23 眼，合理调整地下水开发利用与保护格局，全面提升罗山水源涵养能力。

【净土保卫战】

2022 年，吴忠市生态环境局红寺堡分局推进工业固废规模化综合利用，指导赛马水泥充分利用周边企业废弃粉煤灰实现固废循环利用，督促供暖公司出售固体废物（炉渣）1400 吨。开展执法检查 56 次，督促 9 家危废单位与第三方作业公司签订危废处置协议，定期转移处置危废。落实医疗废物监管及处置全过程管理，排查红寺堡区医疗废物产生单位 13 家，委托第三方集中收集各防疫点医疗废物，确保医疗废物日产日清。累计筹资 1.3 亿元，实施柳泉乡污水处理站提标改造、新庄集乡污水处理站、沙泉二期和南源村污水管网、红寺堡镇南片区农村生活污水管网、大河乡龙源村污水处理站及集污管网等一批项目工程，统筹推进农村卫生厕所改造 5120 座，农村生活污水治理率由 10.7% 提升至 15.6%。严格执行《红寺堡区面源污染防治规划（2021—2025 年）》，配方施肥技术覆盖率达 90%，肥料利用率提高至 41%。建立农药包装废弃物回收点 5 个，回收处理农药包装废弃物 29.7 吨，减少农业面源污染。

【排污权改革工作】

2022年，吴忠市生态环境局红寺堡分局制定《红寺堡区2022年排污权有偿使用和交易改革工作要点》，对辖区排污单位排污许可核发、执行情况再次进行梳理，共核发排污许可证43家，登记一般管理排污单位131家。完成排污权确权55家，其中2022年新增18家。核定初始排污权：二氧化硫181.922吨/年，氮氧化物1283.275吨/年，化学需氧量203.3137吨/年，氨氮20.4112吨/年。核定政府排污权储备量：二氧化硫207.09吨/年，氮氧化物97.44吨/年，化学需氧量34.04吨/年，氨氮10.21吨/年，储备价值378万元。

【罗山西麓生态保护修复项目建设】

2022年，吴忠市生态环境局制定《红寺堡区罗山西麓生态保护修复项目建设方案》《宁夏吴忠罗山地区防沙治沙综合治理2022年中央财政国土绿化试点示范项目实施方案》，以罗山国家自然保护区为中心，加快推进罗山西麓生态保护修复项目。投入4.54亿元，完成生态修复11万亩，敷设生态供水管网188千米，种植杏树、桃树等生态经济林5100亩，罗山外围生态景观效果得到大幅提升。完成产业高质量发展、基础设施和公共服务、国土综合整治和生态保护修复等9个专题研究和3条控制线划定及文本说明编制工作，国土空间总体定位、规划分区与用地结构、国土空间格局、中心城区国土空间规划等初步形成。完成国土绿化任务5.57万亩、草原生态保护修复21.69万亩、森林湿地资源管护5.3万亩、沙化土地封禁保护15万亩，完成12个林木管护区森林抚育1.5万亩。累计开展禁牧封育督查90余次，拆除野外违建羊圈850处。

【督察反馈问题销号】

截至2022年底，红寺堡区关于中央环保督察"回头看"转办的22件26个问题和10个反馈意见已全部完成整改销号；完成2020年自治区环保督察反馈红寺堡区的29项问题、2021年自治区专项环保督察反馈的16项问题整改销号。完成第二轮中央环保督察转办红寺堡区的16项问题办结销号。

罗山脚下退耕还林后人工种植柠条涵养水源

红寺堡区青云湖绿化后效果

环境监测

【低碳绿色发展】

2022年，红寺堡区统筹推进装备制造、储能电站、光伏电站等14个清洁能源项目建设，编制《红寺堡区节能中长期专项规划》。完成18000户农户清洁取暖改造任务，建成新庄集乡污水处理站、沙泉二期和南源村污水管网等4个水污染物重点减排工程，共计完成33.6吨氮氧化物、87.52吨挥发性有机物、37.45吨化学需氧量、3.33吨氨氮减排任务。对辖区排污单位排污许可核发、执行情况再次进行梳理，共核发排污许可证43家，登记一般管理排污单位131家。完成排污权确权55家，核定政府排污权储备价值378万元。2022年用于生态环境保护资金52938.75万元，保障生态环境保护项目的实施。开展农村垃圾治理、柴草杂物清理整治、乡村道路保洁等专项行动。以G338、G344、慈善大道等主要线路沿线村为整治重点，重点打造3个乡村振兴示范村、20个人居环境整治示范村、4个闽宁协作示范村。

【生态环境质量稳定】

2022年，自治区下达红寺堡区环境空气质量优良天数比例86%，$PM_{2.5}$年均浓度27 μg/m³，PM_{10}年均浓度58 μg/m³。截至2022年12月31日，全区环境空气质量优良天数295天，优良天数比重80.9%。$PM_{2.5}$平均浓度24 μg/m³，PM_{10}平均浓度60 μg/m³。2022年环境空气质量综合指数在宁夏14个县（市、区）排名第六，在吴忠市各县（市、区）排名第一。清水河、苦水河、红柳沟流域水质稳定达到Ⅳ类，辖区集中式饮用水源地水质达到Ⅲ类。城市生活污水处理率和城乡生活垃圾无害化处理率分别达到90%、95.5%，工业固体废物综合利用率达到60%，污染物排放总量控制指标完成率达到100%，土壤环境保持清洁水平。森林覆盖率为14.15%，城市建成区绿地率为39%，草原综合植被盖度为52.69%，生态环境质量基本稳定，未发生特别重大环境污染事件或特别重大生态破坏事件。在自治区2021年度污染防治攻坚战考核中获评优秀等次。

（张娟丽）

教育　科技

教　育

【基础教育】

2022年，红寺堡区教育局基础教育办公室在区委、区政府领导班子成员“包片管政”基础上，锚定基础教育薄弱点，将所有处级领导干部与村小进行捆绑，建立全面覆盖、底部攻坚的处级领导包抓机制，常态化督查包抓工作落实情况，提升基础教育质量，补齐“最后一块短板”。与宁夏师范学院、宁夏大学、金凤区结成长期合作关系，签署结对共建协议，挂牌宁夏师范学院校外实训基地5个、附属小学1个。建立教学教研联盟走教走研机制，开展城乡“走教走研”活动，组织城区学校名优骨干教师到乡村学校开展订单式教学教研工作。撤并8所较小规模教学点，消减小规模学校造成的资源浪费，推动乡村小规模学校与乡（镇）中心学校一体化发展。将自发移民地区学校作为基础教育质量提升试点校进行建设，配足配齐教师，建成基础教育质量提升试点学校4个。实施宁夏师范学院附属小学集中办学。2022年高考，红寺堡区1118名考生达到本科录取线，高考升学率达到51.95%，高考成绩位列宁夏南部山区九县区前列。中考录取人数2561人，占比68.22%，中考总成绩位居市直属初中和五县区第一名。

【思想政治教育】

2022年，红寺堡区做好思政课程相关工作的上传下达、对接协调、解读宣讲和活动组织等工作，确保各级各类工作有序开展。组织38名各学段思政课教师为宣讲团成员开展理论宣讲，集体备课9次，开展宣讲28场。组织各校梳理学科“三进”任务清单，打磨精品课例，开展专题讲座、《习近平新时代中国特色社会主义思想读本》教学设计评比、思政课教师大比武、新课标研学用“大展示”等活动。4名教师获自治区级中小学思政课教师“学习新思想做好接班人”《习近平新时代中国特色社会主义思想学生读本》课堂教学二等奖；20名教师参与全区中小学《习近平新时代中国特色社会主义思想学生读本》教学设计征集评选活动，并获12个一等奖和8个二等奖；10名教师参与吴忠市《习近平新时代中国特色社会主义思想学生读本》精品课竞赛活动，并获3个一等奖

马志军红色教育基地

和 7 个二等奖；16 名教师获吴忠市教育局系统《习近平新时代中国特色社会主义思想学生读本》教学设计评比一、二、三等奖。组织红寺堡区新课程标准下中小学思政精品课竞赛活动，20 名教师分别获得红寺堡区一、二等奖，评选出 2022 年“思政课程与课程思政精品课”课例 110 节，参与各级思政精品课线上评选 150 余节。组织思政课教师参加思政课题研究工作，在吴忠市第二届基础教育课题申报立项的通知中立项课题 2 项。依托思政课名师工作室，组织开展“双展双带一提升”和“起航教师”大比武活动，推动青年思政课教师的培养提升工作落地。

【教师队伍管理】

2022 年，红寺堡区招聘事业编教师 97 人，招聘特岗教师 29 人，签约公费师范生 16 人，采取地方政府购买服务方式临聘中小学（幼儿园）教师、校医 540 名。2022 年，针对农村学校教师力量薄弱、学科性结构短缺现状，继续实施城乡教师轮岗交流，交流校（园）长 2 名、教师 141 名。在职称评定、评先选优、年终考核时将师德作为考核重点内容。

【德育工作】

2022 年，红寺堡区深化“三全育人”教育观念，落实立德树人根本任务，加强学生理想信念和爱国主义教育。根据《中小学德育工作指南》中管理育人、课程育人、文化育人、活动育人、实践育人、协调育人的 6 个育人要求，制定《教育系统 2022 年进一步加强未成年人思想道德建设工作实施方案》，根据任务清单，落实中小学德育工作。组织开展“学习新思想 奋进新时代”春季学期和“喜迎二十大 奋进新时代”秋季学期思政育人“开学第一课”活动，成立以校长、书记、思政课教师为成员的红寺堡区开学第一课宣传团并到辖区中小学宣讲“开学第一课”。配合融媒体完成各直属中小学党的精神谱系——“党的故事我来讲”系列文稿定稿和视频录制。组织各校开展 2022 年“世界水日”、“中国水周”节约用水“六个一”活动。评选出 2022 年红寺堡区新时代好少年 40 名，推荐上报吴忠市新时代好少年5名。评选德育工作先进集体10个、先进德育工作者100名、优秀班主任100名、优秀学生500名。考核评估6所乡村学校少年宫、14所红寺堡区文明校园，组织各中小学开展好传统节日活动，创建全国乡村学校温馨校园两所。

【学前教育】

2022年，红寺堡区学前教育普及普惠程度不断提高，城区和各乡镇公办、民办幼儿园一律按照属地管理，16名党员分别挂靠到6个基层党支部，教育工委下派党建指导员8人，保证基层党的建设和党的工作全覆盖。新开柳泉买河、红崖湾和大河平岭子幼儿园，在全区64所幼儿园中，普惠性幼儿园62所，公办幼儿园在园幼儿占比达53.62%，普惠性幼儿园在园幼儿占比达89.99%，学前三年毛入园率达84.5%。印制《红寺堡区学前教育工作手册》65本，召开专题会议4次，开展专项督查5次，不断规范幼儿园收费管理，完成22所民办园年检和5所普惠性民办园复验工作，推荐太阳山中心幼儿园申报自治区示范园。2022年，自治区下达红寺堡区学前教育生均奖补资金202.08万元、改革发展资金1155万元。红寺堡区下达学前教育奖补资金12.8万元，用于公办、民办普惠性幼儿园自聘教师缴纳“五险一金”和普惠性幼儿园正常运转。幼儿园为474名教师购买“五险”，占教职工总数的53.43%。截至2022年底，64所公办、民办幼儿园教职工887名，其中在编教师73名、政府临聘333名、自聘教师297名、其他人员184名。持有教师资格证448人，持证率达79.91%；持有保育员证277人，持证率87.36%。

【义务教育】

截至2022年底，红寺堡区义务教育阶段学校78所，其中初中5所，九年一贯制学校1所，小学72所（含教学点）。共有在校生35614人，其中小学生23924名，初中生11690名。各项指标情况：每百名学生拥有高于规定学历教师数量，小学、初中分别达6.4人、7.0人；每百名学生拥有县级及以上骨干教师数量，小学、初中分别达1.6人、1.7人；每百名学生拥有体育、艺术（美术、音乐）专任教师数量，小学、初中分别达0.9人、1.0人；生均教学及辅助用房面积，小学、初中分别达6.9平方米、9.7平方米；生均体育运动场馆面积，小学、初中分别达17.7平方米、13.3平方米；生均教学仪器设备值，小学、初中分别达4261.44元、4892.92元；每百名学生拥有网络多媒体教室数量，小学、初中分别达3.2间、2.5间，均基本达到义务优质均衡资源配置的标准。同时，依托“如愿入学转学服务平台”实现网上报名、现场审核、科学招生，杜绝学校跨区域招生、学生择校等行为。利用红寺堡教育公众号、红寺堡区人民政府网站等媒体渠道发布招生办法、计划及片区划分等信息，自觉接受监督，实现“阳光招生”。

【高中教育】

截至2022年底，红寺堡区普通高中在校生6128人，职业技术学校在校生1594人。普通高中教学班116个，职业技术学校教学班37个。普通高中有教职工494名、专任教师483人，职业技术学校有教职工126人、专任教师102人。2022年高中阶段毛入学率达到96.19%，普通高中和中职学校招生比为6.4∶3.6，普职在校生比为7.9∶2.1，初中三年巩固率为98.55%，初中毕业生升学率为98.16%。学业水平合格性考试成绩逐年稳步提升，2022年学业水平测试合格率均高于全区平均合格率水平。

【职业教育】

截至2022年底，红寺堡区职业技术学校建成汽车实训中心1个、机电（海信日立）实训中心1个、智慧农业实训中心1个、计算机实训室7个、电子商务实训室7个、学前教育实训室8个。学校现有37个全日制教学班、1个非全日制村干部学历提升班、2个幼儿园教师新型学徒制培训班、1个技工班（分散在职业教育各专业）。开设汽车运用与维修、机电技术应用、幼儿保育、计算机应用、电子商务、设施农业生产技术、园林技术、老年人服务与管理、光伏工程技术与应用9个专业。2022年招生460人，在校学生共1535人，毕业376人，其中升学280人（其中专科263人、专升本科17人），就业63人。在2022年全区中高职技能大赛中，53名学生参加19个项目，共有17人获奖，其中二等奖7名，三等奖10名。组织师生参加技能证书考试，41人取得保育员中级证书，41人取得电工技能四级证书。

【成人教育】

2022年，红寺堡区电大工作站利用电视、互联网和移动终端等载体，不断丰富教学内容，推动工作站向着更好的方向发展。2022年，进行整合式办学，挂牌成立弘德技工培训学校、宁夏大学继续教育函授站、国家开放大学宁夏分部红寺堡学习中心，整合职业教育、继续教育、技能培训、全民教育。函授站设置5个本科专业、3个专科专业，自考点设置3个专科专业，共招录87人。截至2022年底，红寺堡区电大工作站向社会输送本科、专科人才776人。

【特殊教育】

2022年，红寺堡区及时更新特殊教育专家委员会成员。召开红寺堡区特殊教育资源中心招生摸底协调会1次，安置随班就读儿童160名，送教上门服务120人，特教资源中心招收31名残障儿童，开设听力班1个、培智班3个，实现义务教育阶段适龄残疾儿童入学率达95%以上目标任务。开展两次督查。两次深入学校督查11所随班就读资源教室使用情况和13名重度残疾学生送教上门服务工作，核拨16.5万元送教上门资金，申报2023年残疾儿童送教上门资金，填报全国适龄残疾儿童监测平台，实现满6周岁及以上残疾儿童全部安置入学。截至2022年底，红寺堡区有11名特教专业教师，在园残疾幼儿54人、在读高中残疾学生27人、在读中职残疾学生18人。

【教育教学改革】

2022年，红寺堡区完成两项教育督导评估。完成19所幼儿园办园行为规范督导评估自评，6所幼儿园县级督评。对第四中学、第五中学、第四小学、第五小学、第六小学、朝阳小学、河西小学、红阳小学、买河小学、裕华第一小学等10所义务教育学校优质均衡发展进行过程性督导评估。制定《吴忠市红寺堡区持续深化新时代教育评价改革实施方案》，明确改革目标、任务、具体措施等。印发《吴忠市红寺堡区2020年国家义务教育质量监测问题整改实施方案》，梳理德育、科学需要整改问题21条。落实“双减”工作目标任务，形成“五项管理”常态化工作机制，学生作业总量达到有效控制，身体素质整体提高。

【教育教学研究】

2022年，红寺堡区制定下发《吴忠市红寺堡区教师发展工作实施方案》等12个实施方案，健全工作制度。开展红寺堡区2022年全区理论宣讲工作，宣讲28场次。组织红寺堡区新课程标准下中小学思政精品课竞赛活动，20名教师分别获得红寺堡区一、二等奖。组织并评选出2022年“思政课程与课程思政精品课”课例110节。组织思政课教师积极参加思政课题研究工作，在《吴忠市第二届基础教育课题申报立项

红寺堡区举办“把爱带回家”2022 年寒假儿童关爱服务活动

的通知》有 2 项课题立项。

【教育资助】

2022 年，红寺堡区教育局学生资助管理中心精准落实各类学生资助政策，助推乡村教育振兴，不断完善各项工作机制，做好教育系统 2021 年巩固拓展脱贫攻坚成果同乡村振兴有效衔接评估反馈问题整改以及教育系统防止返贫致贫监测预警和动态帮扶工作。完善资助体系，形成“国家 + 地方 + 社会”多方合力帮扶体系，确保红寺堡区所有学生不因家庭经济困难而失学。

【“国家 + 地方 + 社会”帮扶体系】

国家层面：2022 年，学前教育阶段一免一补资助 3590 人次，发放资助金 430.8 万元；学前两年资助 1040 人次，发放资助金 52 万元；义务教育阶段为 23089 人次家庭经济困难学生发放生活补助 849.64 万元；高中阶段为 4204 人次家庭经济困难学生发放助学金 420.4 万元，为 4039 人次六类群体学生免除学费 161.56 万元；中职阶段为 1314 人次家庭经济困难学生发放补助金 131.4 万元，为 2927 人次免除学费 292.7 万元；为 273 名区内外大学生发放交通补助 18.8 万元，精准助力贫困学生成才，同时也为 25 名教师执行了励耕计划，资助金额 29 万元。积极落实生源地助学贷款，2022 年共受理大学生 4618 人，贷款金额 3513.4 万元；本年回收 2077 笔，本息合计 1071.27 万元，有效缓解了困难家庭上学难的问题。地方层面，联合红寺堡区团委制定《吴忠市红寺堡区教育扶贫基金实施方案》，设立惠安助学金。为 256 名初高中家庭经济困难优秀学生发放 68.86 万元助学金，为 327 名二本及以上应届生发放教育扶贫资助金 83.7 万元。联合国家烟草专卖局对红寺堡区周新村、羊坊滩村、兴旺村、河水村、白墩村 62 名二本以及上应届大学生进行资助，资助金 5.88 万元，精准助力贫困学生成才。社会层面：争取到黄奕聪慈善基金会，以每生 600 元标准对义务教育阶段 68 名孤儿家庭孩子进行结对资助，共计发放资助金 8.16 万元；积极落实燕宝慈善基金会奖励资助，为 477 名大学生奖励资助 190.8 万元，为 180 名高中生连续 3 年资助 108 万元。

【资助管理】

2022年，严格按照自治区学生资助管理中心调研反馈问题整改要求，抓好整改任务落实落细，推动学生资助管理工作向着更加规范、更加精细的方向发展。对9所学校（园）下发整改通知，对所有学校（园）下发自查自纠工作通知，并对整改落实情况、自查自纠情况进行督办，整改完成自治区学生资助管理中心反馈在学生资助档案收集整理、资格审核等管理存在共性、个性问题7条。

【均衡教育】

截至2022年底，红寺堡区义务教育阶段学校78所，其中初中5所，九年一贯制学校1所，小学72所（含教学点）。共有在校生35614人，其中在校小学生23924名，初中生11690名。始终高度重视义务教育均衡发展工作，落实教育优先发展战略，坚持做到财政预算教育投入优先保障、发展规划教育项目优先安排、人事招录教育用人优先补充、工资改革教师待遇优先落实、民生实事教育问题优先解决，紧抓办学条件、教师资源以及教育质量等重点环节，稳步推进县域义务教育优质均衡发展。

【“互联网＋教育”】

2022年，红寺堡区完成信息化建设项目申报3个，申报资金达556万元。依据自治区教育厅、吴忠市教育局相关要求，印发《吴忠市红寺堡区“互联网＋教育”实施方案》，明确5个工作目标，提出8项工作措施。2022年7月初，召开红寺堡区“互联网＋教育”推进会和培训会。完成红寺堡区第三中学、第一小学等10所学校智慧教室应用培训。依托宁夏教育云平台，各学校共征集校本资源2823件，教师上报资源5282件，教学助手资源数12157件。制定各教育共同体间线上课表，建立线上督导机制。2022年共开展在线互动课堂1328节。认定10所星级“互联网＋教育”智慧校园，其中四星级3所，三星级2所，二星级5所。组织各学校完成师生信息素养比赛活动作品征集工作，共征集作品270件，1件作品荣获学生信息素养提升实践活动全国奖项，14件作品分别获自治区级教师信息素养提升实践活

2022年12月29日，红寺堡区第一小学举办新课标研学用青年教师展示课活动

动一、二、三等奖。有2个“互联网+教育”应用典型案例被自治区教育厅采纳。依托宁夏教育云平台，完成县（区）级“互联网+教育”成果展示与经验交流活动平台搭建，征集“互联网+教育”典型案例95个。

【营养改善计划】

2022年，红寺堡区落实“以区为主”的管理体制，按照确保农村义务教育阶段每一位学生“应享尽享”的原则和要求，为学生提供营养早餐、免费午餐。全年共有23867名学生享受“营养早餐”，其中小学生15445名，初中住宿生8422名，涉及学校73所。共有15445名学生享受免费午餐（其中第五中学特教中心学生33名），涉及学校68所。陪餐教师660名（按照师生比1∶24进行陪餐）。采用“一校一食堂”供餐模式，学校统一管理，自办自营。教育局对学生营养改善计划项目资金实行统一管理，分类核算，集中支付，专款专用。根据《吴忠市红寺堡区人民政府专题会议纪要》精神，食谱核定每生每天6.60元（早餐每生每天1.6元，午餐每生每天5元），5所初级中学农村寄宿生营养早餐鸡蛋由学校下单订购加工制作，每生每天0.6元。村小食堂用电、水、气、设备维修、洗涤等耗材费用按照每生每年100元标准纳入地方财政预算保障，每年不少于525万元。全年共使用膳食补助资金1722.31万元。实施学校食堂改革“明厨亮灶”工程，将学校食堂明厨亮灶联网、后台监控室设在教育局，营养办监控人员可随时监控学校食堂运营各个环节，定期通报，规范学校食堂从业行为。教育局联合市场监管、综合执法等部门对学校食堂食品安全管理进行监督检查，指导规范化运营。

（葛小莎）

科　技

【科技创新】

2022年，红寺堡区持续完善各类科技型企业培育库，实行梯次培育体系，鼓励企业申报知识产权，壮大科技型企业集群，带动各类企业向科技型企业转型发展。2022年，组织申报国家高新技术企业3家、科技“小巨人”企业3家、自治区农业高新技术企业1家、自治区瞪羚企业1家，成功备案自治区科技型中小企业12家。在第十一届全国创新创业大赛中，红寺堡区1家企业夺得宁夏赛区冠军，现场签订1亿元融资协议。全面落实研发费用加计扣除、后补助、前引导后支持等政策机制，鼓励企业在产品研发、发明创新、管理等方面有所突破。深入规上企业和部分重点规模以下企业开展研发活动调研摸底，重点针对无研发活动的规上企业通过上门一对一辅导和培训等方式，鼓励企业等创新主体加大科技投入力度。推动科技金融深度融合，充分发挥“宁科贷”等作用，解决企业融资难问题，共为7家企业发放贷款1700万元，为4家企业续贷1100万元。组织企业家积极参加区市组织的企业家创新精神培训等活动，提高企业家创新意识，激发企业家创新精神。

【科技特派员】

2022年，红寺堡区按照“自觉自愿、双向选择、利益共享、风险共担”的原则，以个人申请与受扶单位、组织推荐相结合的方法，对科技特派员队伍进行扩充。通过各乡镇、有关部门、企业的摸底推荐，新聘任科技特派员23名，科技特派员达到154名，其中法人科技特派员67名。组织实施菌菇黑膜出菇法与小拱棚出菇技术引进与示范推广、纳米膜好氧发酵堆肥技术示范推广、高产优质番茄新品种引进示范推广等科技特派员专项行动项目15个，涉及项目资金160万元。

【科技项目】

2022年，红寺堡区获批科技项目35个，涉及资金1579.6万元。围绕特色产业发展、乡村振兴、生态保护及民生需求，继续实施科技成果引进示范项目，支持企业加大与各大高校、科研院所的合作力度，实现资源共享，促进高校院所将更多科研成果本地转化。2022年度向自治区科技厅推荐自治区乡村振兴成果引进示范推广项目7个，引导果优美农业发展有限公司、鹏翔养殖场等企业引进宁夏大学科技登记成果，引进耐寒青贮玉米、甜高粱优质饲草和樱桃番茄等作物，以高效种植推广技术带动产业链发展。组织协调辖区企业实地调研银川市兴庆区、中卫市沙坡头区、固原市彭阳县羊肚菌、金银花等产业发展情况，借鉴兄弟市县经验做法，在乌沙塘村开展引进试种。

【科技培训】

2022年，红寺堡区深入推行科技特派员创业制度，加大科技特派员队伍动态管理，组织开展科技特派员人才培训。以科技特派员创业专项、乡村振兴指导员、"三区"科技人才等项目为抓手，发挥科技人才在重点产业链中的引领作用，帮助移民接触到新产品新技术，掌握科学高效的种植养殖技术，带动农民增产增收致富。2022年申报酿酒葡萄花期管理新技术等特派员专项16个，选派乡村振兴指导员14人、"三区人才"50人，围绕黄花菜、滩羊、枸杞、酿酒葡萄等及各移民村产业发展实际，带技术带项目开展科技指导，实现贫困村全覆盖。全年围绕黄花菜、肉牛、经果林等重点产业开展培训25场次，培训人次3000余人。

【农村信息化】

2022年，红寺堡区在社区、乡村、学校共建设科普e站24个，其中社区科普e站4个，乡村科普e站15个，校园科普e站5个，基本实现乡镇（街道）、村社、区属中小学校全覆盖。科普e站提供的科普知识涵盖医疗、农业、养生等多个领域，满足群众了解和学习科普知识的需求，构建起线上线下相结合的科普信息化服务阵地。

（罗　亮）

气象服务

【气象服务站建设】

截至2022年底，红寺堡区内建有国家新一代天气雷达1部、国家气象观测站23个、应用气象观测站（农业）6个，实现乡镇全覆盖。建有7个乡镇（社区）气象信息服务站，组成由440人组成的乡镇气象信息员、气象应急联系人、气象协理员队伍，实现气象信息员乡镇村覆盖率100%。

【业务开展】

2022年，红寺堡气象站提高气象服务水平，为区委和政府领导科学决策提供支撑，制作决策服务材料111期，其中区委、区政府领导批示4次，在高考、中考、航模节、秋收秋种等重要时间制作发布气象服务信息67期。制作播放天气预报291期，通过应急广播系统发布橙色以上气象灾害预警信息3条，发布气象预警及雨情信息223条，服务对象22万多人次。与农业农村、水务、应急管理局、教育局、融媒体中心等12个部门签订气象灾害应急联动服务协议，提高红寺堡区气象防灾减灾能力。提升灾害性天气监测预报能力，完善"531-63"递进式预报预警服务业务流程，促进预警服务标准化、规范化，不断提升预报预警精准度。常态化组织开展风云地球、县级气象服务综合业务平台和SWAN3.0等系统的学习培训，强化系统应用提升业务能力。围绕农情、墒情、灾情开展监测、会商和农业气象灾害风险预警。聚焦酿酒葡萄、枸杞和玉米等主要粮食作物，制定分作物精细化周年气象服务方案和种植布局图，联合农业技术推广服务中心发布服务材料10期、《酿酒葡萄气象服务专题》3期。利用生态气象服务一体化平台开展罗山生态保护和修复气象服务，建立罗山生态保护和修复气象观测站，制作发布植被覆盖度、植被覆盖度变化趋势等服务产品。开展空气污染防治气象服务，制定空气污染气象条件等级预报方法，及时、准确发布重污染天气预警和未来一周大气污染气象条件预报，为空气环境污染整治提供气象支撑，制作发布空气污染扩散气象条件预报12期。

（牛秀梅）

地震预报

【制度完善】

2022年，红寺堡区制定印发《吴忠市红寺堡区综合防灾减灾“十四五”规划（2021—2025）》（征求意见稿）、《吴忠市红寺堡区突发事件总体应急预案》，完善防灾减灾组织体系，明确各部门职责任务，建立健全工作机制，提前将防灾减灾工作纳入重要议事日程，确保防灾减灾工作落到实处。

【地震监测预报预警】

2022年，红寺堡区地震局通过定时检查与随机抽查的方式对红寺堡辖区5个宏观观测点（弘德、水套、玉池、沙草墩、开元村）和1个地震监测点（罗山）设施及周边环境进行检查11次，均详细登记。对接气象站、罗山监测点收集防震减灾数据并进行分析研判，根据气象数据波动情况及时发布预警信息，确保预警信息准确有效。收集分析相关数据10余次，对接罗山监测点1次。2022年11月4日7时33分，红寺堡区发生2.6级地震，震源深度19千米。震后地震局立即开展地震处置工作，向区委、区政府汇报震情信息，联系各镇地震宏观观测员收集异常信息，对接各乡镇（街道）统计相关灾情情况，对接网信办落实舆情监控和正面宣传引导，防止地震谣言传播，维护社会稳定。

【地震灾害预防】

2022年，红寺堡区地震局开展自然灾害风险普查工作，同时利用“平安工地”创建工作，在全区开展建设工程领域薄弱环节重点部位安全专项检查与整治，共下发安全隐患整改通知单20余份。全年实施危窑危房改造11户、抗震宜居农房改造200户。持续推进房屋抗震设防信息采集工作，共采集录入房屋设施工程511项。

【地震应急演练】

2022年，红寺堡区地震局联合应急管理局、消防救援大队、教育局等单位在校园内开展应急演练疏散活动30余次，现场示范讲解心肺复苏等急救知识，互动演示应急设备的使用，提高师生防范应对灾害的能力，筑牢学校的安全防线。

【防震减灾公共服务】

2022年，红寺堡地震局围绕“5·12”防灾减灾日、“7·28”唐山地震纪念日、“12·16”海原地震纪念日、“科技活动周”、“国际减灾日”等重要减灾日开展防震减灾科普知识“五进”（进机关、进社区、进学校、进企业、进农村）宣传活动，现场发放《防震减灾法》读本、防震减灾宣传彩页1000余份，现场讲解防震减灾法律法规知识读本3次。组织学校师生、机关单位工作人员、居民参观学习防震减灾科普基地（博物馆）1次。联合教育局、科协在红寺堡区一中、三中等学校开展“地震科普携手同行”主题活动，捐赠科普图书80册，增强师生防震减灾意识和应急避险与自救互救能力。

（禹永宏）

文化 旅游 体育

文 化

【艺术创作】

2022年，在“喜迎二十大 奋进新时代”全区广场舞大赛中，红寺堡区文化馆创作的广场舞《移民丰年》获吴忠市复赛二等奖、优秀组织奖，自治区决赛优秀奖。2022年，红寺堡区各文艺家协会及文艺团体创作了《懒汉脱贫》《文明连着你我他》《丰收了》等8个小品和《一条大河》《油纸伞》《哈尼宝贝》《打开幸福门》《天南地北唱中华》《追梦人》等6支原创舞蹈。创作了音乐快板《建设美丽新宁夏》并参加“欢乐宁夏”全区巡演，取得良好的社会效益，并涌现出王小军、叶秀霞、魏旭平等一批小品表演爱好者。拍摄《红寺堡一家人》系列情景剧，组织参加“文明大讲堂”——《我们都是追梦人》。开展文艺工作者看产业采风活动，用镜头和文字记录和反映红寺堡区移民生活的变迁。

【公共文化服务】

2022年，红寺堡区文化馆组织举办红寺堡区第八届“移民之声”秦腔大赛，完成初赛、复赛、决赛、网络投票等工作，创新完善工作机制，首次使用“线上＋线下”模式，决赛全程进行网络直播，群众参与网络投票总数118599票，浏览点击量达507573人次，社会评价良好。全年演出广场文化活动12场次，受益群众1万余人，文化馆免费公益活动全年上演。举办2022年“童心闪耀，魅力暑假”少儿艺术培训班，培训内容涉及舞蹈、美术、合唱、剪纸、烙铁画等，培训90人次。举办“童心闪耀、魅力暑假”红色研学游公益活动，受益群众40人。全年完成惠民演出86场次，其中完成“送戏下乡”演出50场次、“戏曲进乡村”演出30场次、“戏曲进校园”演出6场次。2022年，红寺堡区送戏下乡演出服务3924人次、戏曲进乡村演出服务9390人次、戏曲进校园演出服务人数933人次，总计14247人次。确定倪建成、马灵雁、张媛、撒晶晶、丁婧、薛原、郭锐、李忠勤、撒如宝、丁翠莲10名文化人才服务基层。制订文化人才服务支持艰苦边远地区和基层一线专项工作方案，制订帮扶计划，下派文化人才下乡服务，为乡镇文化站文化活动的开展提供组织保障。新庄集乡白墩村、大河乡红崖村、柳泉乡红塔村综合文化服务中心

2022年1月11日，红寺堡区委宣传部、文化旅游体育广电局联合主办第八届"移民之声"秦腔大赛

被纳入自治区城乡公共文化示范点，每个村给予1.8万设备器材扶持资金。

【文化产业与市场】

2022年，红寺堡区文化旅游体育广电局争取各类资金4201万元，完成全年争取资金任务的84%。其中为基层文化设施建设投资715万元，用于南源综合文化站、新集村、和兴村等地文化广场和村文化舞台等文化阵地建设，提升改造图书馆、文化馆、大河乡文化站。投资3500万元，新建宁夏吴忠市黄河国家文化公园红寺堡段新时期红色文化旅游复合廊道、吴忠市红寺堡区全国易地搬迁移民致富提升示范区创建项目。以移民文化遗址公园为依托，有效融入人文故事、休闲康养、研学体验、乡土特产等元素，打造星星故乡·罗山生态度假区。推进宁夏移民博物馆AAAA级景区创建工作，申报永新村纳入2022年度全国乡村旅游重点村名录。研究制定《吴忠市红寺堡区星级民宿评定标准及奖励方案》《吴忠市红寺堡区旅游民宿评定标准细则》《红寺堡区导游奖励办法》等，推荐红寺堡区鹏胜时代广场申报国家级夜间文化和旅游消费集聚区。制作完成红寺堡区导游导览手绘地图，积极谋划文化旅游活动，助推文旅产业融合发展，举办"5·19"中国旅游日系列活动、"锦绣新灌区、魅力红寺堡"云游红寺堡短视频拍摄大赛文化旅游活动、第三季"两晒一促"大型宣传活动，积极组织葡萄酒企业参加第二届中国（宁夏）国际葡萄酒文化旅游博览会和第二届宁夏贺兰山东麓国际葡萄酒文化旅游节。推进产学研合作，与宁夏师范学院美术学院签订《传统文化艺术资源创新合作协议》，为红寺堡区文旅产业高质量发展提供人才保障和智力支持。

【非遗保护】

2022年，红寺堡区文化馆组织开展第三批吴忠市红寺堡区级非物质文化遗产代表性传承人申报评审工作。为红寺堡区非遗传承人制作非遗影片2个，为非遗传承人制作个人宣传片，申报满足条件的非遗传承人4人。组织开展2022年吴忠市红寺堡区开展"喜迎二十大　奋进新征程”文化和自然遗产日主题宣传活动，现场参与人数达到1000人次。针对青少年开展戏曲进校园活动56场次。

（杨 扬）

【图书馆】

截至2022年底，红寺堡区图书馆馆藏纸质图书20.8万册，乡镇（街道）、村（社区）有图书室77个。2022年建成图书馆弘德分馆，共计5个分馆。建成数字图书馆、移动图书馆、微信图书馆，有红寺堡图书馆门户网站、微信公众号，数字文献资源超过5.93TB。建有自助借还机、自助办证机、自助查询系统。有3D导航智能化设备、少儿AR体验室，电子图书下载机3部。建有中学生阅览专区，实现“图书馆+学校”阅读模式。馆内可同时容纳600余位读者阅读，采取延时错时开放，每天达到5小时。2022年新增图书8000册，征订报刊300余种，年人均新增文献入藏量超过0.01册。2022年纸质图书年流通4.2万册（次），电子图书下载4.6万册，年接待读者7.5万人次以上，培训讲座23场次。实现村图书室全覆盖，图书室和农家书屋、村党员活动室融合利用，图书和旅游融合，建成农家乐、旅游景点、饭店商场等图书角，初步形成以城市阅读圈和乡村“泥土书香”读书社为主的全民阅读格局。图书馆现有工作人员18人，正高级职称1人，大专以上学历13人。红寺堡区图书馆全年举办“书香悦读、百科千题”线上有奖知识竞答活动共4期，举办“阅读迎新春、书香过大年”等活动6期。选购中学生读物2000余册、少儿绘本4000余册，完成采编加工并上架，同时开展新书推荐工作。开展阅读服务“送书进校园活动”，为红寺堡区第三小学赠送各类图书2094册。举行“馆校合作、诵读经典”活动、“4·23”世界读书日暨“书香红寺堡·红寺堡区村级图书室提升开放”等主题活动。举办图书下乡漂流活动，指导农民读书社开展阅读活动，带领村级小学和村图书室阅读提升活动。开展图书互借活动，盘活农村阅读资源，提升农村阅读效能。举办“喜迎二十大、童心永向党”庆六一图书进校园活动，为红寺堡区弘德希望小学送去小学生读物及学生用品共计3000余元。完成第七次全国县级以上公共图书馆评估定级工作。为红寺堡区第二敬老院老人赠送党刊、卫生健康杂志100余本以及本地作家新书、红色经典书籍120余本。建立农民读书社，带动村文化人才培育，引领农村阅读。全国人大代表马慧娟在玉池村建有“泥土读书社”，吸引一大批农村读者在农闲时节聚在一起读书，特别是农村妇女在阅览室读书，阅读风尚促进了好乡风形成。成立红寺堡区图书馆学会，共有个人会员51人。创新“图书馆+”模式，以“图书馆+学校”“图书馆+旅游”等品牌模式推动全民阅读，在银行、酒店建立阅读岛、阅读角，逐步形成城市阅读圈。

（陈维良）

【体育馆】

2022年，红寺堡区体育馆利用现有的场地资源，承办2022年全国青少年航空航天模型锦标赛室内项目比赛、吴忠市国税系统篮球赛、“中国体育彩票杯”红寺堡区第五届农民篮球争霸赛、罗山林管局第六届职工运动会、红寺堡区2022年青少年排球联赛等21场赛事活动。承办2022年“体教融合”青少年寒暑假及周末篮球、羽毛球、乒乓球、跆拳道等体育项目培训，培训人数8600余人次，2022年“三区”人才支持计划广场舞培训、2022年青少年备战自治区十六运男女篮球、羽毛球、乒乓球、排球、跆拳道、武术等体育项目培训。启用全民健身活动中心，建成游泳馆，为体育馆健身房添加健身器材，新建动感单车房，推出健身房健身优惠活动，满足群众对运动健身和健康生活的新需求。与红寺堡区11所中小学签订体育教学点协议，重点培养青少年学生熟练掌握各项体育技能，促进青少年健康成长。完成体育馆营业房全部对外出租工作，主要用于人才培训、体育用品销售及青少年体育培训等。提升改造体育馆东面广场和灯光设施。安装智慧收费运营管理和监控系统，实现线上查找、场地预订、支付、进馆人数统计等服务功能。全年开展国民体质监测700人次以上，接待人数10万余人次，免费项目接待4万人次，累计开放330天以上。

（马广录）

【宁夏移民博物馆】

2022年7月，宁夏移民博物馆设立脱贫攻坚、乡村振兴专题实践教学基地。2022年12月被评为全国妇女爱国主义教育基地。2022年组织举办红寺堡区第二届“红色小小讲解员”培训班，联合教育局、文明办组织馆校共享共建活动30余次，惠及青年学生37200人次，年接待游客10万余人次。

【文物保护】

截至2022年底，红寺堡区内不可移动文物共72处，分布在3个乡、2个镇，其中红寺堡镇16处、太阳山镇17处、新庄集乡20处、大河乡2处、柳泉乡17处。其中，“三普”期间普查不可移动文物59处，接管灵武市2处、太阳山开发区11处。红寺堡现存明长城2段、4小段1210米，受自然灾害侵蚀现状堪忧。2015年底红寺堡区文化体育旅游局将明长城、5个烽火台、红寺堡旧城堡、旧城抢险加固并申报为国家重点文物保护项目。2016年完成编制规划，2017年1月17日国家文物局批复同意此保护方案。2020年8月自治区文物局将明长城红寺堡区烽火台保护修缮工程列入2021年全区文物保护项目立项计划名单，2022年2月10日自治区文物局批复明长城红寺堡区烽火台保护修缮工程设计方案。

（范　荣）

“红色小小讲解员”为观众讲解移民故事

旅 游

【全域旅游】

截至2022年底，红寺堡区有AAA级旅游景区1家（宁夏移民博物馆）、全国乡村旅游重点村2个（弘德村、永新村）、中国美丽休闲乡村1个（永新村）、宁夏特色旅游村2个（弘德村、永新村）、四星级乡村旅游示范点1个（罗山酒庄）、四星级农家乐1家（汇达酒庄农家乐）、三星级旅游饭店1家（瑞思豪酒店）、三星级农家乐2家（罗山酒庄农家乐、中圈塘生态餐厅）、旅行社营业部1家（大自然旅行社红寺堡营业部）。2022年，编制完成《红寺堡区全域旅游发展总体规划》和《红寺堡区文化旅游"十四五"发展规划》。投入3500万元，建设宁夏吴忠市黄河国家文化公园红寺堡段新时期红色文化旅游复合廊道建设项目、吴忠市红寺堡区全国易地搬迁移民致富提升示范区创建项目。打造星星故乡·罗山生态度假区，实施罗山飞行营地项目和星星故乡·罗山生态度假区民宿项目，自驾游露营地、观星营地和民宿项目，建设完成罗山大道、罗山飞行营地周边美化绿化提升工程，在罗山大道沿线植入文旅元素，种植杏树、桃树、酸枣等生态经济林4500亩和停车场、观景台、房车营地、老同学广场、帐篷营地、太空舱等配套设施。新建旅游厕所3座，设置各类旅游标识牌20余块。以农、文、旅融合发展为主线，加大乡村文化旅游产业发展力度，全面提升弘德村、永新村旅游基础设施和公共服务设施，提升游客接待能力。

【乡村旅游】

2022年，红寺堡区柳泉乡永新村入选第四批全国乡村旅游重点村名录，围绕全国乡村旅游重点村弘德村和永新村，打造红寺堡北（高速口）到富阳工贸公司、水发现代农业产业园、中烟"飞地"养殖园区、弘德村、永新村、酒庄、罗山飞行营地一二三产业融合示范带，推动红寺堡区农文旅融合发展。

【旅游宣传】

2022年，红寺堡区发布文旅宣传短视频50余期，开展"云游红寺堡"短视频大赛活动，号召旅游景点达人、美食达人、街拍达人和行摄达人等报名，收集评选具有红寺堡代表性的旅游景点、美食、街拍、行摄的优秀短视频。设立"红寺堡旅游商品官方总店"快手账号。完成宁夏移民博物馆游客集散中心文旅商品、农特产品等上架工作，安排专业人员直播带货，推介红寺堡区文旅产业及文旅、农特产品，不断提高红寺堡文旅品牌网络营销效果。完成第三季"两晒一促"活动5分钟宣传片录制以及前期预热短视频，由区长杨文福现场讲述精彩文化故事，推介神奇秀美的自然风光、独具特色的乡土风物，带领观众领略红寺堡文化底蕴、体验精彩人文风情、畅游红寺堡美丽风光、享受特色物产美食。开展以"感悟中华文化·享受美好旅程"为主题的"中国旅游日"系列宣传活动，完成"我是家乡带货王"线上直播带货活动。

【旅游行业管理与培训】

2022年，红寺堡区与各涉旅企业签订安全生产责任书，结合旅游行业实际，深入开展文化旅游市场日常检查和专项检查整治工作，排查治理事故隐患，规范文化旅游市场秩序。在"消费者权益保护日""中国旅游日"等活动期间，组织境内涉旅企业开展行业安全生产宣传工作，集中宣传《中华人民共和国旅游法》《中华人民共和国安全生产法》等法律法规。开展旅游行业大检查活动，2022年累计开展4次安全大检查工作，出动检查人员40余人次。提高景区、饭店和农家乐旅游标准化建设和服务水平。

【合作交流】

2022 年，红寺堡区搭建与高校的交流平台，推进产学研合作，与宁夏师范学院美术学院签订《传统文化艺术资源创新合作协议》。与福建省泉州市惠安县对接，拓展红寺堡区与惠安县在文旅方面的深度协作，建成宁夏红寺堡农特产品泉州运营中心。发挥“中国葡萄酒第一镇”品牌效应，推进“葡萄酒 + 旅游”融合发展，组织葡萄酒企业参加第二届中国（宁夏）国际葡萄酒文化旅游博览会。

（赵 静）

体 育

【人才培训】

2022 年，红寺堡区举办排球、田径教练员、裁判员暨社会体育指导员培训班 1 期，提高辖区基层教练员、裁判员执教、执裁水平。选派 46 人次参加自治区级、国家级教练员培训 9 次，共涉及篮球、足球、排球、健身气功、射箭、摔跤、游泳、青少年俱乐部、户外体育管理等 9 个模块的培训工作，提升教练员和裁判员理论功底和实践操作能力。

【群众体育】

2022 年，红寺堡区群众体育蓬勃发展。举办“迎新春·庆两节”职工趣味运动会，共有 1457 人次参加；举办红寺堡区 2022 年社火展演暨“农商行杯”元宵节灯谜大会，共有 1 万人次参加；举办红寺堡区“第二届友谊杯”篮球赛，共有 16 支队伍 500 余人参加；举办红寺堡区大河乡龙源村第三届篮球邀请赛，共有 10 支队伍 300 余人参与。举办大河乡石炭沟“迎冬奥·庆新年”冬季趣味运动会，共有 326 人参加；举办红寺堡区“我心向党、运动飞扬”文旅体党建联盟主题党日暨庆元旦趣味运动会，267 人参加；举办红海村 2022 年“迎新春·闹元宵”趣味运动会，293 人参加；举办红寺堡区兴旺村 2022 年篮球邀请赛，共有 16 支队伍 400 余人参与；举办“中国体育彩票杯”红寺堡区第五届

2022 年全国青少年航空航天模型锦标赛比赛现场

农民篮球争霸赛，共有5个乡镇80名队员参加；举办红寺堡区第四届运动会、红寺堡区第三届乒乓球和羽毛球比赛、“民族团结杯”全区篮球争霸赛、红寺堡区第六届农民篮球争霸赛等大型赛事；开展青少年寒暑假及周末篮球、羽毛球、乒乓球、武术、跆拳道等项目的培训工作，丰富广大群众的健身需求，推进全民健身工作深入开展。

【竞技体育】

2022年，红寺堡区竞技体育初见成效。12月参加自治区青少年锦标赛，获得第1名1人、第2名2人、第3名4人、第8名6人。其中1人达到国家一级运动员水平，2人达到国家二级运动员水平。在全区学生锦标赛上，4人达到国家二级运动员水平。

【青少年体育】

2022年，红寺堡区举办“奔跑吧·少年”红寺堡区2022年青少年体育联赛排球比赛，15所学校的347名运动员参赛；举办“奔跑吧·少年”红寺堡区2022年中小学生田径比赛，19所学校的1186名运动员参赛。为自治区体育局选拔1名体育人才并入选国家手球队集训队。完成红寺堡区体育传统特色学校申报工作，共申报5所小学、2所初中、2所高中为红寺堡区体育传统特色学校。

【全国青少年航空航天模型锦标赛】

2022年，全国青少年航空航天模型锦标赛于8月3—13日在红寺堡区罗山飞行营地举行，来自全国23个省（区、市）80支代表队547名参赛选手参加比赛，参加比赛的教练70人、领队101人、裁判60人、随行人员（家属）260人，总共1038人。红寺堡区代表队参加二对二遥控空战（P3Z-4，双人组）并获团体第4名、遥控纸飞机编队飞行（P5M-3Z，三人组）团体第2名。

【体育基础设施建设】

2022年，红寺堡区坚持把公共体育设施建设摆在体育工作的重要位置，争取自治区体彩公益金支持红寺堡区建设项目8个，项目总投资

遥控特技运动员合影留念

1835.5万元。建设多功能运动场3个、儿童乐园2个，以及红川村体育设施提档升级项目、公共体育标准田径跑道和标准足球场地建设项目、弘德全民健身活动中心项目等。多功能运动场项目位于紫苑社区、新庄集乡南原市场和兴旺村。项目规划占地1000平方米，每个场地硬化面积816平方米，有围网、灯光、硅PU面层。儿童乐园项目位于清云湖和紫光湖内，规划项目占地450平方米，每个场地硬化面积408平方米，设有儿童足球场、小篮球场、儿童主题乐园、攀岩墙、滑梯等。红川村体育设施提档升级项目位于新庄集乡红川村，项目规划占地面积1600平方米，场地硬化面积1400平方米，建有单侧看台、篮球场及活动广场。为篮球场铺设硅PU面层。公共体育标准田径跑道和标准足球场地建设项目位于燕然路和人民街交会处，项目总占地面积2.7万平方米，单侧看台800平方米，足球场地、混凝土垫层8道标准跑道。弘德全民健身活动中心项目位于红寺堡镇弘德村，建筑面积1660平方米，主体一层，主体承重结构为框架结构，屋面为球形网架结构，内设乒乓球室、大空间健身用房、体能训练健身房、体侧室、医务室等相关配套设施。完成红寺堡区游泳馆建设装修工作。2022年，更换健身路径134件，新建2套第二代智能健身路径，为各乡镇（村）发放健身路径9套81件、篮球架3副、乒乓球桌2副。截至2022年底，红寺堡区共有各类体育场地面积594461.72平方米，人均体育场地面积3.01平方米。经常参加体育锻炼的人数占常住人口34.2%以上。

（周占元）

传 媒

【新闻宣传】

2022年，红寺堡区融媒体中心共编发新闻1820条，其中被《人民日报》、新华社、央视新闻联播等央视媒体采用47条，被自治区、吴忠市等媒体采用近480条。通过H5、Vlog、VR、动漫、微电影、海报等多种可视化形式，创作发布新媒体产品8985条，其中点击量超过100万的有28条。全年共放映农村电影1080场次。采取“人防+物防+技防”相结合的办法，加强发射机房、发射塔的专项检查和日常巡查巡护，堵塞安全漏洞，消除安全隐患。完成元旦、春节、全国两会、自治区第十三次党代会、党的二十大等重大活动和重要时间节点的安全播出任务，实现广播电视和网络视听节目安全播出多年无事故目标。

【媒体融合】

2022年，红寺堡区融媒体中心开设《党的精神谱系我来讲》《二十大时光》《党代表风采》等11个精品特色栏目，播出500余期。拓展延伸全媒体链条，对广播电视、微信微博、快手抖音、视频号等传播平台实行统一调度，拓宽宣传渠道。占领城乡公交车载移动终端、出租车、户外大屏、互联网等宣传阵地，循环播放各类政策信息103条。发挥“媒体+”优势，拓展广告策划、活动承办、宣传片制作、设备租赁、内部性资料印刷等经营业务，激发内生动力，提升媒体服务水平，2022年实现经营创收近80万元。依托“红寺堡视线”新媒体平台，链接新时代文明实践中心，制作好人馆VR，开展理论宣讲、政策解读、移风易俗、文明城市创建、科普等宣传，提升精神文明创建质效。

（贾佩佩）

卫生健康

医疗卫生体制改革

【医疗工作队伍能力提升】

2022年，红寺堡区组建医疗帮扶团队，按期到各基层医疗卫生机构开展医疗服务。柔性引进北京安贞医院、宁夏医科大学总医院、自治区人民医院等专家15人，手术带教131例。选送47名年轻业务骨干赴区内外三甲医院参加中长期进修学习，助力本土人才成长。2022年，自治区和吴忠市共有12名医疗专家、红寺堡区医疗健康部院共派37名中级及以上职称专业技术人员下沉基层各单位，帮助加强临床和功能科室建设。

【一体化建设】

2022年，红寺堡区卫生健康局与红寺堡区财政局联合印发《2022年红寺堡区基本公共卫生服务项目实施方案》，同时印发《2022年红寺堡区基本公共卫生服务项目绩效评价方案》，明确基层医疗卫生机构基本公共卫生服务的目标任务及分担比例，将绩效评价结果与补助资金挂钩，奖罚资金占应补助资金的5%—10%。拨付基层基本公共卫生服务项目经费1705万元。

【家庭医生签约服务】

2022年，红寺堡区普通人群家庭医生签约服务覆盖率为61%，重点人群签约覆盖率为89%，建档立卡脱贫户全部签约家庭医生服务。

【一站式服务】

2022年，红寺堡区试运行县域医共体医疗卫生健康信息平台，基本实现医疗云专区云化部署结构，建立区域一体、上下联动、信息互通的医疗卫生服务体系。通过微信公众号及自助缴费机预约挂号、缴费等“一站式”服务，优化就医服务流程，提升患者就医体验。取消所有脱贫患者住院预付押金，且患者出院结算时只缴自付部分费用，减轻了患者经济负担。2022年，红寺堡区总诊疗人数839729人次，其中基层诊疗488465人次。公立医院药占比26.72%，百元医疗收入占比20.71%，公立医院医疗服务收入占比28.19%，县域内就诊率90.85%，县域内住院量占比53.74%，县域内基层门诊、急诊人数占总诊疗人数53.31%。

红寺堡区人民医院

【监督管理】

2022年，红寺堡区卫生健康局严格开展各类专项与日常监督执法工作，落实医疗卫生行业综合监管制度，推进卫生监督和信用监管体系建设，在人民医院等部分医疗机构规范设置综合监管科，严格履行主体责任，实行自我监督管理工作。建立由卫生健康部门牵头，市场监管、医保等部门共同参与的日常联合执法工作机制。在各医疗机构放射科、中心供应室、治疗室等高风险区安装摄像头，共在26家医疗机构安装32个摄像头，实行在线实时监督。搭建县域信息子平台，实现管理相对人档案信息化、电子化，部署电子健康证系统，实现全吴忠市电子健康证通用。完善医疗废物在线监管系统，实现辖区机构全接入，建设“互联网+卫生监督”项目任务，2022年红寺堡辖区内1家医疗机构安装电子健康系统，16家医疗机构全部安装医疗废物在线监管系统并正常运行。2022年辖区内有各类监管对象701家，监督覆盖率为100%。立案28件，结案28件（一般程序23件，简易程序5件），共处罚金47.75万元，没收违法所得1.81万元，其中无证行医5件（罚款21万元，没收违法所得1.81万元）、医疗卫生2件（罚款4.3万元）、公共场所13件（罚款1.25万元）、用人单位1件（罚款20万元），传染病防治2件（罚款1.2万元）。按要求全部在国家卫生计生监督信息报告系统中进行了报告。2022年国家卫生健康监督信息报告系统平台下达的国家监督抽检双随机任务33家，监督完成率100%，完结率100%。完成宁夏“双随机、一公开”综合监管平台部门内部综合抽查双随机任务14家。对抽检超标的3家公共场所责令限期整改。开展公共场所、医疗机构、学校、生活饮用水供水单位、餐饮具集中消毒单位、交通卡口等的常态化疫情防控督导工作，并完成红寺堡区临时封控点的消杀、转样、流调和监督检查工作。完成职业卫生工作。在博大购物广场、车站、有关企业开展职业病防治法宣传周活动，并组织辖区企业按照基本条件、健康素养、自主健康管理、健康影响力等4个方面14条标准开展职业健康达人评选活动，评选出“职业健康达人”3人。开展

2022年1月6日，红寺堡区召开保健品行业联合清理整治工作推进会

"职业病宣传周"、信用体系建设、"3·15"国际消费者权益日、打击非法行医、医疗美容、保健品、"爱国卫生月"等法律法规宣传活动。

（马晓凤）

公共卫生

【公共卫生服务】

2022年，红寺堡区卫生健康局通过定期通报、业务培训和召开推进会的形式，促进基本公共卫生服务做实做细。全年公共卫生专业机构对基层医疗卫生单位开展技术指导和项目培训各1轮次，及时推进基本公共卫生项目考核指标落实。截至2022年底，累计建立居民电子健康档案20.53万份，建档率为91%；家庭医生签约服务覆盖率为61%，重点人群签约覆盖率为89%。

【专项治理】

2022年，红寺堡区卫生健康局扎实开展卫生健康领域突出问题专项治理，召开卫生健康领域突出问题专项治理工作部署会，制定《红寺堡区医疗保障局落实卫生健康领域突出问题专项治理工作实施方案》。建立问题清单、责任清单、整改清单，有针对性地制定整改措施。查摆出107个问题，全部整改完成。以标准化科室打造为抓手，制定《吴忠市红寺堡区医疗保障局内部控制手册》，完善工作制度，规范工作流程，提升医保管理服务水平和工作效率。

（马晓凤）

疾病预防

【疾病监控】

2022年，红寺堡区城乡居民规范化电子健康档案建档率为97.6%，传染病报告率100%，"十二苗"（乙肝疫苗、卡介苗、无细胞百白破疫苗、脊髓灰质炎疫苗、麻风腮联合疫苗、流脑A群疫苗、流脑A+C群疫苗、乙脑疫苗、甲肝疫苗、钩端螺旋体疫苗、流行性出血热疫苗、炭疽疫苗）接种率均在99%以上。儿童健康管理率达到97.6%，新生儿访视率达到99.9%，孕产妇早孕建册率为98.4%，孕产妇产后访视率为

2022 年 6 月 9 日，召开吴忠市督查红寺堡区 2022 年上半年健康吴忠建设暨全民健康水平提升行动座谈会

98.9%，65 岁及以上老年人健康管理率为 91.6%，高血压患者规范管理率达到 94.8%，2 型糖尿病患者规范管理率达到 96.3%，严重精神障碍规范管理率达到 89.47%。

【慢性病防治】

2022 年，红寺堡区卫生健康局通过主动上门服务、体检接送服务等方式，及时发现并治疗高血压、糖尿病等慢性病患者。重点人群服务真实性达 95%，健康政策和健康知识知晓率达到 84.4%，居民服务满意度达到 95% 以上。

【妇幼保健】

2022 年，红寺堡区扎实开展妇幼健康促进行动，强化重点领域监管，加强出生医学证明管理工作，提升妇幼健康服务能力，全方位保障母婴安全。全年开展孕前健康检查 922 对，叶酸发放 1877 人，产前筛查 1277 人，发放营养包 5548 盒，新生儿疾病筛查 1082 人，“两癌”筛查 4500 人，并为 1084 名孕产妇免费提供预防艾滋病、梅毒和乙肝母婴传播综合干预服务。

（马晓凤）

职业健康监管

【监管机制】

2022 年，红寺堡区加强职业健康监管等行业领域行政执法，重点对医院医疗质量安全、医疗诊疗费用以及大处方、欺诈骗保、药品回扣等行为的监管，实行不良记录积分制管理，形成长效监管机制。全年共立案 19 件，结案 16 件，处罚金 38.95 万元，没收违法所得 15187 元。

【基金监管】

2022 年，红寺堡区印发《红寺堡区 2022 年医保基金监管工作实施方案》，分阶段对全年医保基金监管工作进行安排部署。以基金监管集中宣传月活动为抓手，通过发放宣传材料、悬

2022 年 4 月，红寺堡区医疗保障局开展医保基金监管集中宣传月活动

挂横幅、“医保无忧红寺堡” 快手直播、制作《强子骗保记》视频等形式，营造全社会自觉维护医保基金安全的社会氛围。按照基金监管三个清单内容，聘请第三方机构协助，全覆盖检查 14 家定点医疗机构和 45 家定点药店在 2020 年至 2021 年期间医保基金使用情况，共查处并追回违规使用资金 4865182.7 元。

（马晓凤）

社会管理

创业就业

【概　况】

2022年，红寺堡区实现城镇新增就业1118人，完成年度目标任务的159.71%；城镇失业人员再就业458人，完成年度目标任务的152.67%；就业困难人员实现就业116人，完成年度目标任务的148%；发放创业担保贷款846笔1.19亿元，完成年度目标任务的237.8%；开发城镇公益性岗位90个，完成年度目标任务的100%；开发乡村公益性岗位270个，完成年度目标任务的100%；农村劳动力转移就业45362人，完成年度目标任务的129.61%；实现劳务收入6.98亿元，完成年度目标任务的183.68%；重点群体就业培训822人，完成年度目标任务的102.75%；家庭劳动力培训340人，完成年度目标任务的113.33%；创业培训210人，完成年度目标任务的116.67%；培育创业实体362个，完成年度目标任务的103.43%；创造新岗位217个，完成年度目标任务的108.5%；全民创业带动就业2335人，完成年度目标任务的101.5%；“两后生”培训18人，完成年度目标任务的120%。

【重点群体就业】

2022年，红寺堡区共招募“三支一扶”328人，派遣实习生126人，派遣见习生42人，开发公益性岗位480个，帮助94名就业困难高校毕业生、19名残疾人、5名退役军人实现就业。

【社会保障】

2022年，红寺堡区共举办各类招聘会28次，达成就业意向494人。鼓励群众通过“我的宁夏”、政务服务App等办理失业金申领业务。截至2022年底，发放失业保险金1591人次250.58万元，发放失业补助金1029人次127.19万元。发挥失业保险助企稳岗扩岗作用，对参加失业保险并足额缴纳失业保险费12个月以上的企业实施失业保险稳岗返还政策，共补贴53家企业46.26万元。拓展就业空间，为4家企业发放一次性扩岗补助，补贴0.9万元。保障困难群众基本生活，发放价格临时补贴412人0.82万元。对符合条件的灵活就业人员给予社会保险补贴，申请就业困难人员灵活就业社会保险补贴 95 人，共计补贴 35.09 万元。

【劳务协作】

2022 年，红寺堡区加大劳务输出组织化程度，开展劳务经纪人培训，培育劳务经纪人 47 人，通过劳务经纪人、劳务组织带动就业 2300 人，组织 815 人外出就业。截至 2022 年底，累计转移就业 4.5 万人，实现劳务收入 6.98 亿元。组织外出务工人员购买“铁杆庄稼保”，28074 人购买。组织人员赴福建省惠安县开展闽宁劳务协作考察 。

【技能培训】

2022 年，红寺堡区人力资源和社会保障局全面推进重点群体技能培训，以村为单位，精准统计群众培训需求，根据上报需求开展培训。全年开展技能培训 24 期，1162 人次参培。拓宽技术技能提升补贴范围，发放技能提升补贴 22 人次，共计 2.8 万元。发放个人培训补贴 46 人、5.05 万元。开展创业培训 7 期 210 人。推选 9 个项目参加吴忠市第五届“中国创翼”创业创新大赛，共获得二等奖 1 个、三等奖 3 个。兑付高校毕业生创业补贴共 4 人、4 万元。

（马　艳）

社会保障

【概　况】

2022 年，红寺堡区企业职工养老保险、机关事业养老保险、失业保险、工伤保险、城乡居民养老保险参保人数分别达 8416 人、4529 人、8011 人、14609 人和 113996 人，分别完成目标任务的 157.1%、108%、114%、100.06% 和 113%。

【社保卡】

2022 年，红寺堡区社保网报单位达 115 家，累计制发社保卡 247057 张，电子社保卡签发量 172086 张，签发率 70.1%，实现财政供养人员工资、养老待遇、社保缴费、医保待遇、失业工伤生育保险、残疾人补贴、低保补贴、五保户补贴、农资补贴等各类资金的社保卡支付和发放全覆盖。

2022 年 8 月 8 日，红寺堡区在红阳村开展产业发展实用技术培训

【稽核管理】

2022年，红寺堡区通过对自治区下发的4441条疑点数据逐一核查，核查并整改完毕3705条，整改率83%。其中企业职工1210条，已全部整改；城乡居民3095条，整改2360条；机关事业单位136条，已全部整改。2022年医保中心对各类违规领取养老金进行实地稽核，核查领取待遇人数12805人，其中违规领取79人，追回社保基金35.8万元。

【社保便民服务】

2022年，红寺堡区医保中心依托政务大厅服务窗口，创新管理，提供上门认证新模式，进村入户为行动不便、儿女不在身边、不会使用手机的老人用“我的宁夏”App进行养老保险待遇资格认证。提高社保经办水平，推动社保服务向一线延伸。实现缴费不见钱、业务网上办、信息多跑路、办结不出村的服务新模式。

（马　艳）

人事人才

【人事管理】

2022年，红寺堡区为96名事业人员办理调动手续，其中调出38人，调入25人，区内调动33人。面向2022年宁夏“三支一扶”落选考生招聘“基层服务专项计划”工作人员38人，其中学前教育保教25名，乡镇司法协理7名，城乡社区服务6名。按时完成2021年度考核。2021年度共考核40个单位，考核3534人。考核优秀等次556人，考核不合格等次2人，考核未定等次324人，不予考核10人。加强对事业单位监督和指导，不定期对事业单位工作人员的履职及到岗情况进行抽查。健全平时考核和年度考核相结合的考核评价制度，完善考核评价指标。组织对工勤人员人事档案专项审核整理。做好事业人员请销假备案管理，提升事业单位管理能力和水平。

【人员招聘及职称工作】

2022年，红寺堡区人力资源和社会保障局完成32个岗位34名拟录用人员资格复审、档案审核、体检、考察、聘用等工作。完成84名事业编制教师，13名高层次人才及16名公费师范生的聘用手续。评审推荐高级职称138人、中级职称134人，评审通过271人。推荐上报初级职称144人，评审通过144人。对接吴忠市人社局完成系统电子职称证书审核工作。完成对农业农村局、文化旅游体育广电局等7个事业单位的岗位设置。完成1212名事业人员的岗位晋级聘用工作。向吴忠市人社局报送4名事业工勤人员晋级材料，完成313名事业人员转正定级工作。

【青年拔尖人才培养】

2022年，红寺堡区推荐5名表现突出的事业人员申报2022年自治区青年拔尖人才培养工程，经自治区人社厅审定，马彩萍、李财入选自治区青年拔尖人才。

【知识更新工程和资助项目】

2022年，上报卫生系统、教育系统共4个知识更新工程，经评定，人工智能助推学科兼职教研员业务能力提升培训、公共卫生突发事件处置能力提升培训入选人社厅2022年专业技术人员知识更新工程。上报水务局高效节水、卫健局公共服务提升等4个专家服务重点村资助项目，新庄集乡红川村获批专家服务重点村项目资助经费2万元，白墩村苹果提质增效、人民医院诊疗技术水平提升服务、水务局水资源优化配置3个项目18名专家获得资助经费3.6万元。

（马　艳）

收入分配

【工资审核发放】

2022 年，红寺堡区共审核发放事业单位工作人员 1—12 月工资 4.53 亿元，其中审核发放全年绩效工资 2691.2 万元、房补 2289.4 万元、应休未休 458.83 万元、预发 2022 年考核奖 3125.55 万元、完成年度考核晋升薪档 3282 人，人均月增资 93.72 元。审核全年乡镇补贴 1245.88 万元。完成教育系统自主招聘新录用 100 名人员的工资确认、信息录入工作，完成事业单位 342 名人员转正定级、690 名工作人员岗位聘任工资确认工作，完成 17 名事业干部退休手续办理以及 34 名干部调出工作。

【人员工资晋升】

2022 年，红寺堡区人力资源和社会保障局对全区 3620 名事业单位人员和机关工勤工资标准进行调整，增资调标从 2021 年 10 月执行，合计增资 658.66 万元，人均增加 302.88 元。清算事业单位和机关工勤人员 2021 年度津补贴，补发津补贴 2737.28 万元，人均发放 8381.14 元。完善社保缴费基数的计算方式，完成新基数的录入。完成 2022 年度辖区企业薪酬调查工作。开展公立医院薪酬制度改革，联合财政、卫健、医保制定《红寺堡区人力资源和社会保障局、财政局、卫生健康局、医疗保障局关于全面推进公立医院薪酬制度改革的实施意见》，优化公立医院薪酬结构。

（马　艳）

劳动关系

【劳动保障】

2022 年，红寺堡区人力资源和社会保障局为落实《保障农民工工资支付条例》学习宣传工作，开展《保障农民工工资支付条例》线上线下培训。深入辖区项目工地，面向建设单位、施工总承包方、劳务分包企业相关负责人、项目经理、劳资专管员和农民工宣传《保障农民工工资支付条例》。全年开展《保障农民工工资支付条例》等劳动保障法律法规宣传活动 80 余次，发放宣传资料 25000 余份，现场解答咨询群众 5400 余人次，增强用人单位依法用工意识，提高农民工维权能力。

【维权保障】

2022 年，红寺堡区人力资源和社会保障局通过“人社一体化”系统，完成建筑工地农民工劳动合同线上备案 12646 份，合同解除 2047 份，企业职工劳动合同签订 2225 份，解除备案 1702 份，整改预警信息 34 条。受理投诉欠薪案件 131 件，为 420 名农民工追回欠薪 757.44 万元，办结率达 100%。监督存储农民工工资保证金 81 家、3874.62 万元，减免 26 家 407.39 万元，公示及退还保证金 24 家 308.7 万元。

【专项检查】

2022 年，红寺堡区人力资源和社会保障局持续提升辖区工程建设项目规范化管理水平，确保农民工工资支付各项制度落实落地，全年组织各项检查共计 196 次，检查企业及建筑项目 190 个，其中企业 114 家，建筑项目 63 个，检查新就业形态用人单位 13 家，下达限期责令改正指令书 48 份。对辖区建筑施工企业进行劳动保护执法检查，共排查在建工程项目 27 个，涉及农民工 4564 人。出动检查人员 138 人次，排查问题 58 项，已全部责令改正。重点检查工程项目施工许可证、招标文件等基础资料，检查工程项目是否因违法发包、转包、违法分包、挂靠、拖欠工程款等原因导致拖欠农民工工资等。重点对工程建设项目农民工工资保证金缴纳、农民工工作办公室设立、开设农民工工资专用账户、劳资专管员配备、实名制系统运行、分账管理、人工费用拨付及农民工工资发放等31项内容进行检查。对11家企业贯彻落实《自治区人力资源和社会保障厅关于调整全区高温津贴标准和发放范围的通知》文件精神情况进行专项检查。开展最低工资执法检查，重点检查辖区新业态、餐饮、纺织等劳动密集型行业劳动报酬不低于最低工资标准，并将此项检查贯穿于日常劳动用工执法检查工作中。通过“双随机、一公开”监管平台，随机对辖区23家人力资源和劳务派遣公司进行检查，责令整改6家劳务派遣公司经营管理中存在合同签订不规范、未给派遣者缴纳社会保险等问题。开展联合打击非法用工，禁止使用童工执法检查。全年开展联合专项执法检查3次，对辖区餐饮业、KTV以及无证经营户进行检查，共检查用人单位26家，发现违法使用童工1起，处罚1起，并向社会公布，打击和震慑非法使用童工和安排未成年人从事违反规定劳动工种等违法行为。

【守法诚信等级评价】

2022年，红寺堡区人力资源和社会保障局为督促用人单位遵守劳动保障各项法律法规，履行守法诚信义务，增强守法诚信意识，提高劳动保障监察执法效率，构建和谐稳定的劳动关系，制定下发《红寺堡区人力资源和社会保障局关于开展2022年用人单位劳动保障守法诚信等级评价工作和行政执法工作的通知》。根据诚信等级评价工作要求，通过企业自评、自愿申报，经初审、复审以及吴忠市红寺堡区农民工领导小组办公室研究审议，认定5家单位为A级单位并进行公示。

【欠薪执法行动】

2022年，红寺堡区人力资源和社会保障局制定下发《红寺堡区关于开展2022年根治欠薪制度全覆盖百日专项执法行动的通知》《红寺堡区开展集中整治拖欠农民工工资问题冬季攻坚行动实施方案》《关于开展全区根治欠薪举报投诉集中接访活动的通知》等文件，对全区根治欠薪专项行动进行再动员、再部署，细化任务，明确责任，并安排对重点行业、重点项目进行全面摸底排查。开展联合检查20余次，出动检查人员100余人次，对辖区22个建设项目和36个生产企业进行检查。联合检查发现问题20起，下发限期整改通知书16份。

【合同备案工作】

2022年，红寺堡区人力资源和社会保障局加强对用人单位劳动合同制度的指导，通过日常巡查、检查的方式，加大劳动合同审查力度，解决部分用人单位与劳动者签订的劳动合同条款不完善、内容不合法、权利义务不对等问题。督促、指导用人单位加强劳动合同的基础管理工作，建立健全劳动合同管理台账，完善各项规章制度，基本实现对劳动合同签订、续订、解除、终止等各个环节的动态管理，推动劳动合同法的贯彻落实和依法履行。

【农民工工资保证金】

2022年，红寺堡区存储农民工工资保证金共84家企业、3887.42万元，其中现金存储2家174.53万元，保险保单担保47家2430.48万元，减免保证金25家394.6万元。按3%提高保证金存储比例1家。按照农民工工资保证金管理办法，公示及退还保证金共24家企业，涉及308.7万元。

（马　艳）

民政工作

【社会救助】

2022年，红寺堡区将农村低保标准提高至A

档每人每月460元、B档每人每月360元、C档每人每月260元；城市低保标准提高至A档每人每月650元、B档每人每月530元、C档每人每月420元。增加大病病种至89种。截至2022年底，红寺堡区共有城乡低保对象11707户17400人，发放城乡低保资金9192.02万元，高龄资金535.37万元。城乡特困供养人员基本生活费标准分别由每人每月780元、530元提高到每人每月850元、600元。集中特困供养人员部分丧失、完全丧失生活自理能力的照料护理费分别由每人每月666元、1110元提高到每人每月800元和1350元。特困供养人员丧葬费标准由5500元提高到6000元。截至12月底，红寺堡区共有分散特困供养对象240人，集中特困供养对象105人，全年共发放特困供养资金460.67万元。

【临时救助】

2022年，红寺堡区将临时救助乡镇（街道）审批权限金额由不高于5000元（含5000元）提高至不高于6500元，民政局审批额度由“高于5000元不高于10000元”提高至“高于6500元不高于12000元”。2022年共实施临时救助4583户11119人，发放临时救助资金1373.8万元。

【社区建设】

2022年，红寺堡区被自治区市场监督管理厅和民政厅确定为2022年村民代表会议制度标准化建设试点县。制定村务公开目录清单三大类52项内容，推动权力运行从“封闭操作”向公开透明转变。健全街道大工委和社区联合党委组织体系，督导社区与共建单位签订共驻共建协议书54份，签订认领服务需求清单162份。创建吴忠市五星级和谐社区3个。

【社会福利】

2022年，红寺堡区孤儿生活费标准按照自治区统一标准执行，事实无人抚养儿童及散居孤儿的生活费标准分别由每人每月531元、937元统一提高到每人每月1000元。2022年，发放孤儿基本生活费4110人次412.3万元。困难残疾人生活补贴、重度残疾人护理补贴发放标准分别为每人每月110元、120元，2022年，发放困难残疾人生活补贴44182人次486.002万元，发放重度残疾人护理补贴33222人次398.66万元。

【社会事务】

2022年，红寺堡区共办理结婚登记1403条，离婚登记181条，补发婚姻登记证582个，完成2012—2021年34079份婚姻登记信息录入工作。救助流浪乞讨人员40人，发放救助资金2640元。

【社会组织】

2022年，红寺堡区探索建立社会组织“11421”管理模式（“1”指每个月集中社会组织开展学习一次、“1”指每个月动员社会组织开展活动一次、“4”指全年组织登记管理机关、业务主管单位相关职能部门开展制度推进会四次、“2”指全年集中社会组织开展专业培训两次、“1”指每年度开展社会组织互关互评一次），制定社会组织管理一本通，规范社会组织运营管理。联合行业主管部门开展系列专项整治活动，完成社会组织2021年检工作，注销4家，清理“僵尸”社会组织2家。筹措229.4万元支持社会组织参与技能培训、文化下乡、残疾人托养等社会服务。

【志愿服务】

截至2022年12月底，红寺堡区在全国志愿服务信息系统累计注册志愿者40016人，占常住人口的20%。登记注册志愿服务队伍274支，共发布志愿项目12297个，累计服务时长达18万小时。有志愿服务时长记录的志愿者人数占注册志愿者总人数的57%。

【社会工作】

2022年，红寺堡区实现乡镇（街道）社会工作服务站全覆盖，投入100余万元组织15名社工参与实施残疾人、老人、困境儿童等特殊群体社会服务项目。持续开展社会工作人才培养，截至2022年12月底，红寺堡区共有在册持社会工作者证书专业人员42名。

（白　琼）

医疗保障

【公共卫生服务】

2022年，红寺堡区按照《宁夏医疗保障经办政务服务事项清单》，落实先诊疗后付费，实行一站式结算、一窗口办理、一单制结算，优化服务窗口，简化办事流程，缩短办理周期，做到只进一扇门，让群众少跑路。

【基层医疗卫生服务】

2022年，红寺堡区城乡居民基本医疗保险总收入18155万元，总支出10418万元，期末滚存结余40513万元；职工医疗保险总收入6638万元，总支出2717万元，期末滚存结余25086万元。通过开展“打击欺诈骗保、维护基金安全”宣传月活动，借助人脸识别和智能审核系统，通过实地稽核、日常稽核及专项稽核（市级交叉互查、自治区交叉复检）等方式，加大对医保基金的稽核监控力度。

【待遇享受】

2022年，红寺堡区职工生育津贴待遇费用报销506人次，共支付津贴待遇费用559.38万元。城乡居民医疗待遇报销443人次，其中基本医疗统筹支付361.77万元，深度贫困补助（财政兜底）支付60.98万元。职工生育享受“一站式”服务（主要包括职工生育保险参保人员及配偶，在全区生育保险定点医疗机构住院分娩的，可在分娩医院或任意一家生育保险定点医疗机构一窗口办理生育保险津贴、男职工一次性护理补助金、一次性生育补助金、产前检查费等生育保险待遇申领事项）。

【服务模式创新】

2022年，红寺堡区医疗保障局创新服务模式，打造“7×24”医保服务新模式，上线“8881600”医保咨询语音专线，实现医保咨询全时段值守、全天候应答。发挥新媒体作用，利用红寺堡电视台、“红寺堡视线”、公交车载终端、微信公众号、“医保无忧红寺堡”直播号等载体，宣传医保政策。截至2022年12月底，累计培训900余人次，发放“医保政策明白包”6万余个，开展直播19次，播放宣传视频42条，发布文章13篇，观看和咨询群众达到12000余人次，点击率达到3万人次。

（赵敏学）

应急管理

【救灾管理】

2022年，红寺堡区加强应急协调机制及队伍建设，制定《吴忠市红寺堡区应急救援联动及队伍建设管理办法》，建立完善消防救援队伍、综合应急救援队伍等应急救援体系。与人武部建立民兵应急分队协调联动机制。现有应急救援队伍16支，其中消防、防汛、医疗、电力领域各一支，森林草原防灭火、矿山、危化领域各两支，综合应急救援队伍6支。与两家危化品经营企业、两家矿山企业、1家供电公司签订应急救援协议，督促邻近两家企业签订应急救援互助协议，增强应急救援能力。协调各防灾减灾救灾重点单位对现存抢险救援物资进行摸底，盘活存量，建立台账，确保物资储备底数清楚。对红寺堡区粮食和物资储备局代储的帐篷、炉具、折叠床等救灾物资进行清点保管，统筹自然资源局和消防救援大队森林灭火等装备。将采购储备的部分防汛抢险应急救援物资和防灭火工具调拨至相关成员单位和乡镇（街道）基层，提升防灾减灾应急救援能力。定期调度应急救援物资情况，按照规定程序做好物资采购、更新、报废等工作。

【水旱灾害防治】

2022年，红寺堡区对辖区内水旱灾害防御监测平台、现有的46处雨量站、33处视频监测站、23个气象自动站和吴忠新一代天气雷达进行维护。更新各乡镇（街道）、相关部门接收气象、水利等预警信息相关责任人名单，并发送短信测试，确保预警信息及时准确送达。在各乡镇安装应急广播，补充完善村组手摇报警器等设备。以新庄集乡及村应急管理能力规范化建设为模板，推进全区乡镇（街道）“六有”（有班子、有机制、有预案、有队伍、有物资、有演练）和村（社区）“三有”（有场地设施、有装备物资、有工作制度）建设，提高村（社区）应急处置能力。有序推进全国综合减灾示范社区创建工作。

【草原森林防火】

2022年，红寺堡区严格落实行政首长负责制，组织学习森草防灭火相关文件精神及收听全区、全国视频会议多次。检查成员单位森林草原防灭火物资储备库3次，排查各类火灾隐患5次，组建森林草原防火应急救援队伍4支，共计150人（武装部森林灭火应急连80人，消防救援大队20人，综合执法局50人）。有森林草原防火物资储备库1个（自然资源局森林草原防灭火储备库）、防灭火物资库7个（北海林场1个、酸枣梁管护站1个、各乡镇防灭

2022年4月，红寺堡区自然资源局在北海林场开展冬春季森林草原防火演练

火物资库5个）。通过联通公司在不同时间段发放不同主题的森林草原防灭火宣传片5次，同时结合森林草原防灭火宣传周、宣传月活动，向群众发放森林草原防火宣传册、宣传品500余份，在红寺堡电视台播放森林草原防灭火知识宣传片、给广大居民的一封信、吴忠市禁火令，利用微信公众号、短信平台等方式扩大宣传覆盖面，提高群众知晓率，营造人人支持关注森林草原防灭火工作氛围。坚持干部24小时值班制和领导带班制度，各乡镇（街道）及各有关部门强化值班值守，安排一名分管领导24小时在岗值班，强化信息联络沟通，确保第一时间掌握森林草原防火预警信息，做好各项应急准备。

【应急救援】

2022年，红寺堡区应急管理部门完成承灾体245条、减灾能力97条、家庭减灾能力1279条、历史灾害706条，共计2327条调查数据，数据填报涉及25个部门，并通过人工自检、系统质检、各级普查办多轮核检等方式，确保数据的规范性和准确性。全年开展外业核查320次，家庭减灾能力调查涉及29个村（社区）、1160个家庭。

【防汛抗旱】

2022年，红寺堡区发生沙尘暴、冰雹、暴雨、干旱等各类灾害共7次，造成10518户44408人受灾，一般损坏房屋3间，农作物受灾面积94318.61亩，491.47吨晾晒黄花菜受雨水浸泡，直接经济损失约4440万元。拨付自然灾害救灾资金20万元，并向自治区应急厅争取到2022年自治区本级自然灾害救灾资金101万元、2022—2023年度中央冬春救助资金376万元，拨付至各乡镇，用于受灾困难群众生活救助及冬春生活困难救助。

【安全生产】

2022年，红寺堡区发生生产安全事故2起，死亡2人，均为一般生产安全事故，亿元GDP死亡人数为0.03，控制在自治区下达指标内，安全形势总体平稳。

【责任落实】

2022年，红寺堡区强化党政领导责任，将安全生产、防灾减灾等重点内容纳入国民经济和社会发展“十四五”规划，召开区委常委会会议4次、政府常务会议12次，传达学习习近平总书记关于安全生产、防灾减灾的重要论述和重要批示精神，研究部署每一阶段的安全生产、防灾减灾、消防等工作。先后召开5次安委会全体（扩大）会议，在第二次安委会会议上签订安全生产管理目标责任书，明确工作任务，压实各级安全生产责任。区委、区政府出台《红寺堡区党政领导干部安全生产责任制实施办法》《红寺堡区党政领导干部安全生产责任和工作清单》《红寺堡区安全生产行政责任规定》，制定《吴忠市红寺堡区“十四五”安全生产规划（2021—2025）》，厘清新兴行业领域监管职责，明确各行业监管部门职责，压实压细党政领导干部安全生产责任，推动全区安全生产工作不断向好。区委、区政府主要负责同志和分管负责同志在重要节日、重要活动期间带队对重点领域、重点企业进行安全生产、防汛抗旱、森林草原防火和消防专项督导检查。安委办年内组织2次专项督导检查，发现隐患及时跟踪督办整改，春节、冬奥会、残奥会、两会、自治区第十三次党代会、五一、端午、中秋、国庆和党的二十大等重要节日、活动期间安全生产形势稳定。

【专项整治三年行动】

截至2022年底，按照《关于印发自治区

安全生产专项整治三年行动任务分解和进度控制表的通知》要求，红寺堡区三年行动方案规定的工作任务共 248 项，完成 246 项，完成率为 99.2%。按照《自治区安全生产专项整治三年行动工作专班关于建立“问题清单、任务清单、责任清单”采取五定措施推进专项整治工作落实的通知》要求，红寺堡区突出问题清单任务共 36 项，完成 36 项，完成率为 100%；重大隐患清单任务共 43 项，完成 43 项，完成率为 100%；红寺堡区攻坚任务共 48 项，完成 48 项，完成率为 100%。“两个清单”中，突出问题 5 项，完成 5 项，完成率为 100%；重大隐患 13 项，完成 13 项，完成率为 100%；制度措施 5 项，完成 5 项，完成率为 100%。

【创新执法模式】

2022 年，红寺堡区强化源头治理，在矿山、危化品、建筑等重点领域积极推行“专家 + 执法”“互联网 + 执法”模式，促进检查项目标准清单化管理，使执法检查更加精准有效。红寺堡区应急管理局邀请专家深入 2 家煤矿，4 家非煤矿企业，参与执法 20 余人次，指出问题 30 余条。根据专家检查台账，组织企业召开隐患整改会议，持续督促、指导企业完成隐患整改，保障安全生产形势稳定。

【应急能力建设】

2021 年，红寺堡区应急管理局参与自治区应急管理厅全区应急救援指挥通信能力建设项目，该项目主要包括卫星便携站、无线自组网、370MHz 窄带数字集群网和图传无人机，建设周期自 2021 年 8 月至 2022 年 4 月，2021 年 12 月中旬前完成合同签订，2022 年 2 月底前完成了施工准备和设备采购，2022 年 4 月底前完成竣工验收。

【派驻煤矿安全监察员】

2022 年，红寺堡区应急管理局招聘煤矿安全监察员 4 人，2 人一组，每周轮换 1 次，24 小时在岗，按照《红寺堡区煤矿安全监察员管理规定》开展工作。驻矿期间负责贯彻执行党和国家有关安全生产方针政策、法律法规，组织企业职工学习上级有关安全生产工作指示批示及政策文件，督促企业按期完成上级及本级应急管理部门下发的各类文件、工作任务及整改文书，监督企业规范生产活动，每周协调开展企业安全生产大检查，排查隐患问题并现场反馈、监督落实。驻矿工作开展以来，煤矿安全监察员共排查隐患 100 余条，全部整改落实到位。组织学习会 5 场、应急演练 2 场。

【宣传教育】

2022 年，红寺堡区高度重视安全生产、防灾减灾宣传工作，在“安全生产月”联合多部门在时代广场、罗山社区、红川村等地组织大型集中宣传活动 5 场，设立咨询台，悬挂宣传标语，播放防灾减灾知识音频，发放居民家庭安全和应对地震、火灾、洪涝等自然灾害的知识单页，现场发放宣传品 2000 余份。结合“3·23”全国气象日、“5·12”全国防灾减灾日宣传活动深入村（社区）广泛宣传普查知识。创新宣传方式，拓宽宣传渠道，在应急广播平台，面向全区 6 个乡镇（街道）和 72 个村（社区）播放风险普查工作内容，向手机用户发送普查宣传短信 4000 条，在时代广场电子大屏幕滚动播放普查宣传动画，将风险普查工作的信息传播到千家万户。红寺堡区普查办及相关行业部门共计宣传 50 次，覆盖人群 16150 人左右，发放宣传手册 5000 多本、宣传彩页 2000 多份、宣传海报 1000 多张、致红寺堡区人民的一封信 5000 多张，悬挂宣传横幅 200 多条。

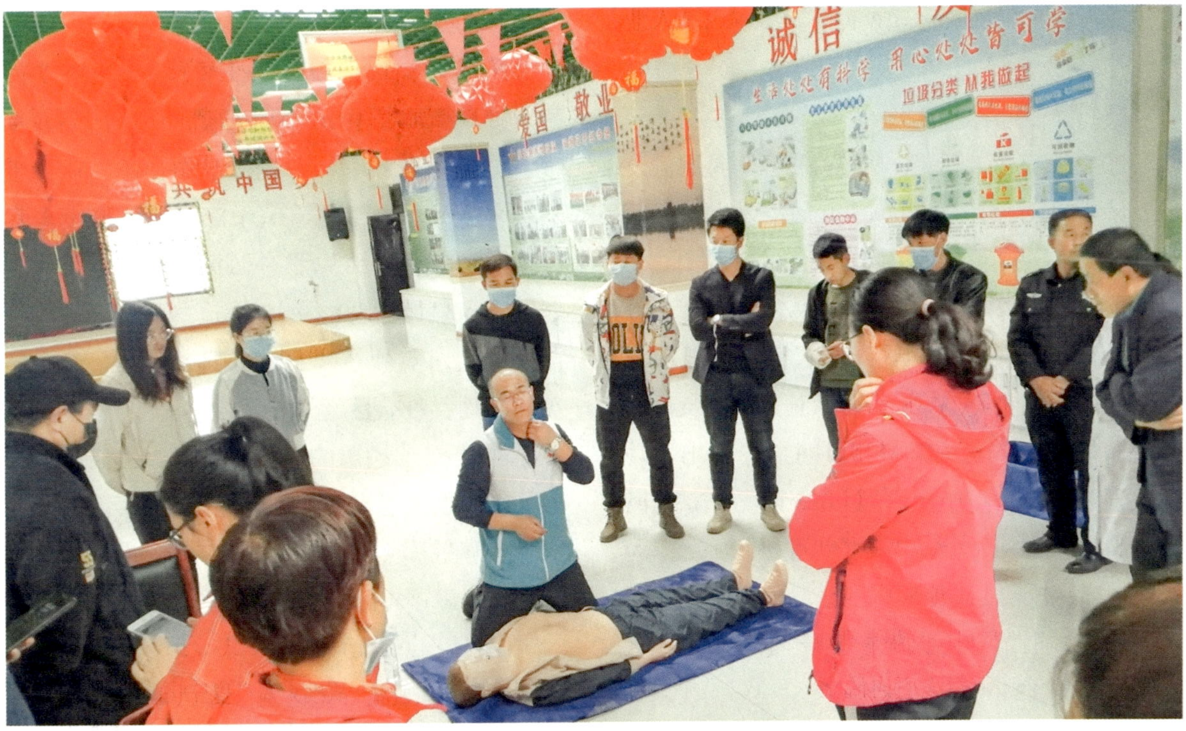

2021 年 4 月 23 日，社区工作者参加自救互救培训

【减灾示范社区创建】

2022 年，根据国家、自治区、吴忠市关于全国综合减灾示范社区创建要求，红寺堡区积极创建全国防灾减灾综合示范社区，新民街道鹏胜社区、新庄集乡红川村被应急管理部评为“全国综合减灾示范社区”。红寺堡区以此为样本，以点带面，全面提升各乡镇（街道）综合防灾减灾救灾能力。

（马　勇）

【消防救援】

2022 年，红寺堡区消防救援大队共接警出动 293 起，其中火灾 195 起，受伤 1 人，抢险救援 49 起，社会救助 19 起，公务执勤及其他出动 30 起，出动车辆 568 辆次。

【火灾防控】

2022 年，红寺堡区消防救援大队共检查社会单位 1350 家，发现火灾隐患或违法行为 882 处，督促整改火灾隐患或违法行为 859 处，下发行政处罚决定书 24 份，处罚金额 9.18 万元，责令“三停”单位 12 家，临时查封 12 家。

（杨荣荣）

退役军人管理

【思想建设】

2022 年，红寺堡区退役军人事务局不断健全完善党组理论学习中心组学习、党员以及干部职工理论学习制度，将习近平新时代中国特色社会主义思想、党的十九大和十九届历次全会精神、习近平总书记视察宁夏重要讲话指示批示精神、习近平总书记关于退役军人工作重要论述、自治区第十三次党代会精神等纳入学习计划，不间断学习宣传《中华人民共和国退役军人保障法》《退役军人、其他优抚对象优待证管理办法（试行）》《立功受奖军人家庭送喜报工作办法》，不断提高干部职工理论素养及业务水平。组织学习近 50 次，专题研讨近 10 次。

【待遇提升】

2022 年，红寺堡区退役军人事务局足额发放重点优抚对象生活补助、60 周岁以上农村籍退役士兵生活补贴及家属优待金等，共计 560 万余元。组织 27 名优抚对象开展健康体检。春节、“八一”期间慰问驻红部队官兵、退役军人，发放慰问金 61.35 万元。为获三等功及喜报的现役军人家属送去喜报和慰问金。送出立功受奖喜报 69 份，发放慰问金 4.25 万元，慰问离世退役军人家属 10 人，发放慰问金 1 万元，为 15 人发放技能培训费 5.2 万元。开展优待证网上申报审核工作，共维护建档立卡信息 1446 人，办理优待证 1260 人。

【权益维护】

2022 年，红寺堡区退役军人事务局完善信访工作机制，推进退役军人法律援助以及调解工作。对生活确有困难的退役军人，开通“绿色通道”，做到诉求合理的解决问题到位、诉求无理的思想教育到位、生活困难的帮扶解困到位。

【帮助就业】

2022 年，红寺堡区退役军人事务局通过微信群、微信公众号等平台推送各企业招聘信息，有针对性向退役军人推介工作，对接辖区机关单位，在招聘时向退役军人倾斜。推送退役军人参加公安分局招聘协警考试并被录取 4 人，对接中国石化吴忠分公司，推荐退役士兵应聘后备站长及加油员，签订合同并上岗 6 人。联合就业局举办 3 场招聘会，累计提供就业岗位千余个。争取闽宁协作资金 15 万元，用于开展退役军人就业创业工作。开展“崇军行动”，构建社会拥军大格局，共有 18 家企业加入“崇军联盟”。

【双拥共建】

2022 年，红寺堡区退役军人事务局扎实做好双拥模范城（县）中期验收工作，印发双拥模范城创建任务清单，压实工作责任，明确工作任务。9 月 3 日，组织干部职工及退役老兵开展以“缅怀革命先烈、弘扬抗战精神”为主题的系列教育活动；9 月 30 日，组织干部职工开展“传承英烈精神、奋进伟大征程”线上祭英烈活动，在全区营造传承中华民族气节血脉、秉承英雄烈士遗志的氛围。三八妇女节当日，慰问红寺堡区退役且在红寺堡工作生活的女兵 3 人。整修散葬烈士墓。

【宣传报道】

2022 年，红寺堡区退役军人事务局借助红寺堡视线、红寺堡退役军人事务局微信公众号以及电子屏等平台宣传报道退役军人群体中脱贫致富、就业创业和维护人民群众生命财产安全典型人物事迹，利用“政府开放日”，向群众展示退役军人风采，引导干部群众尊崇军人、关爱军人。全年共播出近 20 人先进典型事迹，其中《五代 21 人参军报国　宁夏高生宝家庭红色基因代代传》被“学习强国”采用，并由自治区退役军人事务厅推报至退役军人事务部进行报道。

（付方玉）

社会经济调查

【常规业务】

2022 年，红寺堡区社会经济调查队严格执行国家统计调查方案，按照数据生产流程，完成城乡居民收支与生活状况调查、月度劳动力调查、生态移民监测调查、粮食播种面积与产量调查、主要畜禽监测调查、乡镇农民可支配收入调查、农民工监测调查等各项调查工作。

【居民收入】

2022年，红寺堡区城镇居民人均可支配收入28586元，较上年增加1336.2元，同比增长4.9%；农村居民人均可支配收入12942元，较上年增加946元，同比增长7.9%。

【移民收入】

2022年，红寺堡区“十二五”生态移民人均可支配收入10123.4元，较上年增加944.9元，同比增长10.3%。

【乡镇收入】

2022年，红寺堡镇农民人均可支配收入13487元，同比增长8.7%；太阳山镇农民人均可支配收入13662元，同比增长8.0%；柳泉乡农民人均可支配收入13216元，同比增长8.1%；新庄集乡农民人均可支配收入11862元，同比增长7.7%；大河乡农民人均可支配收入12556元，同比增长7.0%。

【粮食生产】

2022年，红寺堡区社会经济调查队完成粮食生产调查。全年粮食总面积33.75万亩，较上年增加1.95万亩，同比增长6.1%；粮食总产量16.06万吨，较上年增加0.56万吨，增长3.6%。小麦播种面积4.31万亩，较上年增加2.25万亩，增长1.09倍；小麦平均亩产256公斤，较上年增加33.4公斤，同比增长15.0%；小麦总产量1.1万吨，较上年增加0.65万吨，同比增长1.41倍。秋粮总面积29.44万亩，较上年减少0.31万亩，同比下降1%；秋粮总产量15万吨，较上年减少0.09万吨，同比下降0.6%。秋粮中，玉米面积27.42万亩，较上年减少1.66万亩，同比下降5.7%；玉米总产量14.83万吨，较上年减少0.17万吨，同比下降1.1%；玉米平均亩产541公斤，较上年增加25.0公斤，同比增长4.8%。马铃薯面积0.01万亩，较上年减少0.06万亩，同比下降85.7%；马铃薯总产量0.001万吨，较上年减少0.0074万吨。秋杂粮面积2.01万亩，较上年增加1.42万亩；秋杂粮总产量0.12万吨，较上年增加0.09万吨。

【畜禽生产】

2022年，红寺堡区社会经济调查队完成畜禽生产调查。全年生猪存栏11334头，同比下降8.7%；出栏11193头，同比增长6.8%。肉牛存栏83454头，同比增长12.4%；出栏43543头，同比增长3.1%。羊存栏436342只，同比增长17.9%；出栏338331只，同比增长3.8%。家禽存栏1083657羽，同比增长333.8%；出栏378207羽，同比增长29.7%。

【统计信息化】

2022年，红寺堡区城乡居民收支与生活状况调查全面推行电子记账，农作物播种面积调查采用PDA遥感测量技术，并探索使用无人机开展农业调查。

（祁旭旭）

乡　镇

红寺堡镇

【概　况】

红寺堡镇是红寺堡区政治、文化、经济、交通中心，面积 567 平方千米，耕地面积 13.97 万亩，下辖朝阳村、兴旺村、弘德村、东源村、玉池村、团结村、光彩村、河水村、同原村、红海村、上源村、梨花村、中圈塘村、红关村、和兴村 15 个行政村，户籍人口 13993 户 49721 人，常住人口 13191 户 52738 人，脱贫户 3244 户 13285 人。2022 年，农民人均可支配收入 13487 元，较 2021 年增长 12.4%。红寺堡镇围绕乡村振兴战略的奋斗目标，秉承“创新、协调、绿色、开放、共享”的新发展理念，以农业供给侧结构性改革为突破口，按照“一村一品”打造特色示范村，形成中圈塘、上源、和兴村葡萄种植，鲁家窑、绿科新村、玉池村高效节水设施农业，光彩村枸杞种植，朝阳、玉池、东源肉牛养殖，团结、红关、红海甘草种植等的特色产业发展布局。先后荣获“中国葡萄酒第一镇”“中国食品安全示范基地”“2017—2020 年度自治区文明乡镇”“全区‘七五’普法工作先进集体”“全区脱贫攻坚先进集体”“全区先进基层党组织”“全国第二批乡村治理示范村镇”荣誉。

【特色产业】

2022 年，红寺堡镇按照“企业 + 村党支部 + 合作社 + 农户”的运行思路，继续深入推进农业供给侧结构性改革，调整优化种植结构，特色产业发展效益提升。新增特色种植 3.26 万亩、黄花菜 279.4 亩、青贮牧草 1.96 万亩。

【草畜产业】

2022 年，红寺堡镇特色种植达到 5.3 万亩。新增特色种植 3.26 万亩，其中新增中药材 0.19 万亩、露地西瓜 1.08 万亩、黄花菜 0.03 万亩、青贮牧草 1.96 万亩。全镇牛、羊、猪和家禽饲养量分别达到 4.3 万头、22 万只、0.82 万头、14.7 万羽，春秋季动物防疫应免密度达到 100%。

【劳务产业】

2022 年，红寺堡镇按照“企业化解为先、外部输出为主、自主输出兜底”的劳务输出原则，建成弘德、玉池等 6 个扶贫车间，稳定解决留守妇女、留守老人就业难题，实现年增收千万元以上。助力兴民纺织、宁夏富阳等多家大型企业劳务招募，鼓励支持劳务经纪人稳定有序带动劳务输出，农村劳动力转移就业累计9万余人次。

【乡村振兴】

2022年，红寺堡镇开展“三类人员”动态监测，巩固脱贫攻坚成果，对全镇15个行政村201户三类人员安排“1+4”工作专班进行帮扶，消除风险点112户，89户未消除风险点。利用222名网格员紧盯“三保障”“四查四补”“三落实”定期监测预警。针对特殊人群开发保洁员等光伏扶贫公益性岗位150个，累计发放光伏扶贫公益性岗位补助64万余元。纳入春季雨露计划371人55.7万元。新增小额贴息贷款1755户9800.95万元，兑付贴息资金294.7万元。务工补贴兑付734.36万元。脱贫户和监测对象缴纳“健康保”13218人，缴纳率达99%。

【基础设施建设】

2022年，红寺堡镇共计实施项目46个，其中中央财政衔接推进乡村振兴补助资金项目20个（续建项目5个，新建项目15个），高质量宜居村庄项目2个，农村公益事业财政奖补项目24个，总投资12496万元。

【人口发展】

2022年，红寺堡镇共出生611人，其中男性326人，女性285人，政策内出生532人，超生79人，政策符合率为87%。全镇共奖励扶助42人，发放资金5.04万元；提前奖扶87人，发放资金10.44万元；特别扶助6人，发放资金4.8万元；新申报计划生育奖励扶助4人。对42户奖励扶助家庭进行年审，年审中退出1人（死亡），并完成年审表册。2022年共有独生子女72人，领取独生子女保健费19人，发放资金1.01万元。

【环境整治】

2022年，红寺堡镇累计出动保洁员、护林员、义务工49377人次，整治清理林带1100亩，清理村内沟渠288千米，整治清扫村巷道435条、主干道路110千米，清理“三堆”（柴草堆、粪便堆和杂物堆）185处，清理各类生产生活垃圾9365吨，清理畜禽粪污等农业生产废弃物4263吨。开展进村入户宣传教育3295场次，发放宣传资料数量2万份。清理废弃房屋残垣断壁118处，新建卫生厕所1201所。完成围墙砌护130户，入户督促12280户农户对屋内及庭院卫生进行整理清扫。创建中圈塘村乡村振兴示范村，重点打造和兴、兴旺、玉池、红关4个人居环境整治示范村。农村人居环境得到改善，生态环境质量得到提升，村民环境卫生意识增强，管护长效机制初步建立。

【社会保障】

2022年，红寺堡镇坚持兜底线、保民生，养老保险参保率达95%，医保缴费目标48345人，完成96.72%，居红寺堡区第一。开展低保专项治理，新增低保户406户486人，清退700户870人。加大单双老户、残疾人、大病群体保障力度，发放临时救助336户，共计177.64万元。落实各项特殊人群保障政策，对全镇1715名持证残疾人进行分类、分批核查鉴定，发放残疾人辅助器具91件，发放残疾人补贴256.89万元。提升退役军人服务管理，建成退役军人服务站15个，悬挂光荣牌356户。开发农村公益性岗位64个，开办各类实用技术、劳动技能培训班5场次，受益群众242人。

【社会管理】

截至2022年底，红寺堡镇在15个村分别设立村级综治中心，配备网格员137名，服务脱贫攻坚、乡村振兴、平安建设、信访维稳等，率先在弘德、玉池开展数字化智能管理试点工作，发挥地网工程全覆盖优势，实现“数据多跑路，群众少跑路”。持续通过“55124”治理模式激发村民自治活力。

【党风廉政建设】

2022年，红寺堡镇共查办问题线索14件，立案审查案件8起，给予党纪处分8人，运用第一种形态诫勉谈话处理违规党员干部2人。严格落实党风廉政建设责任制，每半年组织召开党风廉政建设工作会议，每季度听取党风廉政建设工作报告，讲廉政党课2次。

【基层党建】

2022年，红寺堡镇深入实施“一抓两整”和“两个带头人”工程。培育“两个带头人”186名，完成弘德、玉池、红关、红海、光彩、同原、东源、和兴、团结9个村“一肩挑”任务。对1个软弱涣散村党组织进行整顿并销号。抓干部队伍管理，实行镇干部例会制度、村干部“月清”制度，落实驻村工作队季度考核及座谈会制度，提升业务水平，夯实服务能力。严把发展党员入口关，储备积极分子90名，发展接收党员17名。以示范村创建工作为契机，创建弘德村、中圈塘村、和兴村示范点，示范带动全镇所有基层组织建设全面过硬。引进特色农业企业，成立产业联盟党支部，以党的组织优势推动村集体经济可持续发展，以中药材产业联盟党支部为中心，辐射带动中圈塘村、朝阳村等8个村发展特色种植。总结推广“飞地”肉牛养殖园区在示范带动、产业富民方面的成熟经验，实现集体增收、抱团取暖、共同发展，提高抗风险能力。

【精神文明建设】

2022年，红寺堡镇深入开展党的二十大和习近平总书记视察宁夏重要讲话指示批示精神“大学习、大讨论、大宣传、大实践”活动，召开党委理论学习中心组理论学习会12次、周例会35次，开展“学理论、明政策、懂业务、促提升”中青年干部答题活动3次。围绕自治区

2022年11月14日，红寺堡镇党委召开党的二十大精神宣讲会

第十三次党代会和党的二十大等重要时间节点，严格落实红寺堡区委关于意识形态工作的安排部署，紧密结合红寺堡镇实际，坚持月研判、季总结，召开专题党委会研究部署意识形态工作4次。运用“宁夏党建”等公众号和“学习强国”“宁夏干部教育培训网络学院”等学习平台，提高镇（村）干部的理论素养。

【民族团结示范村建设】

2022年，红寺堡镇弘德村依托周边的汇达、汉森葡萄种植基地、宁夏富阳工贸公司饲草基地、宁夏永进健康产业园、杞煌光伏农业基地等农业企业和红寺堡产业园内兴民纺织、东方盛达管业等工业企业，年内稳定就业2878人，年劳务收益7000余万元。全村6742.7亩耕地，全部流转给两家农业企业，发展高效节水现代农业，年土地流转费收益357万元。采取集中养殖和分散养殖有机结合的方式，全村牛存栏6370头（其中家庭养殖存栏870头，飞地养殖园区存栏5500头）、羊存栏8690只。建成“习语大道”、党员教育基地、农特产品展销中心、电商中心、“三园”等一批特色现场观摩研学点。健全完善旅游服务体系，累计接待全国各地游客599批次13356人，带动红寺堡区农特产品销售200余万元。推进“55124”村级事务治理模式，获得自治区级“民族团结示范村”荣誉称号。

【中烟“飞地”养殖】

2022年，红寺堡镇的弘德、同原两村整合人力物力财力，组建养殖专业合作社。以合作社为单位入驻园区集中养殖，形成联合社“一带多”模式，充分利用中烟“飞地”养殖园区集中养殖便利条件，以联合社名义向金融机构申请贷款，解决缺少启动资金的困难。“飞地”园区养殖规模达到300多头，户均年收益1.2万元以上。“飞地”与福建德化县牵手，打造出“红德牛”（红寺堡、德化）品牌。

【社会管理创新】

2022年，红寺堡镇各行政村构建“党支部＋工作组＋工作队＋村‘两委’”协同办公模式，挖掘移民特色资源，打造“中国葡萄酒第一镇”展厅，提升中圈塘党校、“求是思源”图书馆、新时代文明实践基地、党员活动之家、便民服务代办点和综治中心等阵地，组织活动场所和党性教育平台不断丰富。开展理论政策宣讲、志愿服务、我们的节日等新时代文明实践及特色主题党日活动，提升党员干部归属感和荣誉感，增强村党组织凝聚力和向心力。招商引进安徽德昌药业，成立宁夏岐黄圣草农业科技有限公司。推广“政府引导＋企业带动＋村集体支持＋农户参与”模式，优势互补、村企共建。带动农户种植甘草2500亩，自主种植中药材550亩。现金收购鲜甘草700吨，切片加工600吨，群众收益达到每亩8000元，带动约200人就业。以中圈塘为中心，辐射带动红海村发展种植、红关村发展仓储运输。中圈塘村从制度机制层面探索创新，形成村规民约、管护监督、奖惩激励、示范引领、资源共享、数字化管理6项机制，协调推动政府治理、社会参与、村民自治良性互动。

【农民讲习所】

截至2022年底，红寺堡镇有新时代农民讲习所15个，以文化名人马慧娟为代表，组建泥土书香社，吸纳挖掘乡土文化人才。在各村组织开展“书香之家”推荐评选、泥土书香读书社读书交流等活动，营造“爱读书、好读书、善读书”的浓厚氛围。整合镇村两级干部职工、驻村第一书记、“两个带头人”（农村党组织带头人和致富带头人）、乡村文化能人、“土专家”、“田秀才”、帮扶责任人等成立红寺堡镇新时代农民讲习队。按照“有场地、有标识、有师资、有制度”的“四有”标准，依托各村党员活动室、村级综合文化活动服务中心等场所，各村建立新时代农民讲习所，按月开展集中讲习活动，逐步实现制度化、规范化、常态化管理。

【乡村旅游】

2022年，红寺堡镇充分发挥乡村旅游产业优势，在生态餐厅提供以药膳为主的养生菜系，推出农家特色食品，满足游客吃农家饭的消费需求。依托红寺堡区移民文化、弘德村周边产业基地及旅游资源，由弘德村实业有限公司牵头，有效利用同心园、故园、民宿等设施，启动红色教育、休闲观光、生态产业等特色旅游路线，为游客提供交通服务，引导游客采摘、品酒、垂钓等，鼓励带动村民发展农家乐。

【中圈塘乡村驿站】

2022年，红寺堡镇中圈塘乡村驿站为乡村旅游提供特色产品销售、旅游指南、物流快递等便民服务。发挥玉池村“巧媳妇”手工编织合作社作用，销售手工编织拖鞋、纸盒、花瓶等日常用品，带动本村及周边村民劳务就业。依托弘德村农产品展示厅，进行特色农产品展销，提升乡村旅游的服务水平和接待能力。

【朝阳村】

截至2022年底，朝阳村含村民小组9个，常住人口1320户5562人，大病集中救治8人。有全日制小学2所，在校学生550人；标准幼儿园2所，在园幼儿280人；在校中职及以上学生240人，享受教育扶贫政策26人3.9万元。朝阳村土地共有15300亩，种植黄花菜1500亩、玉米12800亩、其他2000亩。有种植合作社1家、解决村民就近务工200人次。有养殖合作社3家，入社农户20户。全村家庭分散养殖户有865户，养殖肉牛、基础母牛5685头，肉羊、基础母羊14110只。朝阳村村组路网、宽带网络、通信信号、广播电视覆盖、安全饮水普及率均达到100%。

【兴旺村】

2022年，兴旺村镇常住人口602户2402人，户籍人口278户1127人，其中脱贫户97户417人，监测户7户29人（未消除风险3户11人），低保户133户194人，残疾人29人，特困供养人员1户1人。有村“两委”班子5人、党员50人、积极分子5人、预备党员2人、村民代表30人。2022年人均收入达13051元。至2022年底，全村种植经果林2000亩、黄花菜160亩、玉米3100亩、玉米套种大豆400亩。农户圈养肉牛515头、养羊5150只。全村劳动力1504人，转移就业714人。全村脱贫户监测户人均纯收入15736.08元，与2021年相比增长14.36%。全村产业扶持到户补贴80户、56万元，教育扶持到户27户、4.05万元，民政救助到户99户，扶贫贷款45户、238万元，享受雨露计划27人。

【弘德村】

2022年，弘德村辖6个片区，常住人口1304户5615人，全村共有中共党员117名。挖掘红色教育资源，打造党员教育基地、“习语大道”、农特产品展销中心、扶贫工厂等一批高质量现场教学点，扩展融入移民旧址、“1236”移民指挥部旧址、扶贫扬黄灌溉工程泵站等一批具有红寺堡特色的党性教育基地，打造成一条精品红色旅游教育线路，组建一支专业的旅游服务团队，形成一套完备的保障服务体系，成为传承红色基因、弘扬奋进精神的绝佳之地。2022年，弘德村稳定就业2885人，实现创收7000多万元。农业企业务工占比39%（50岁以上男性及全年龄段女性），建筑工地务工占比 34%（以 50 岁以下男性为主），工业园区务工占比 21%（50 岁以下且有一定文化程度）。全村共有家庭分散养殖户 638 户，注册“弘德村”“傲骄哞”“弘牛”等商标，提升农特产品市场竞争力，2022 年度分红 378 万元。2022 年弘德村村集体经济收入 198 万元，其中光伏发电收益 42.6 万元，土地流转 51.5 万元，弘德村晋江商贸市场一期、二期商铺及内部大棚摊位租金 41.9 万元，水发浩海合作分红 38 万元。弘德村实业有限公司自经营以来收入 24 万元。

【东源村】

2022 年，东源村有 751 户 3177 人，其中脱贫户 114 户 525 人，边缘易致贫户 5 户 23 人，脱贫不稳定户 1 户 2 人，突发严重困难户 1 户 4 人，低保户 159 户 237 人，残疾人 25 户 26 人，公益性岗位 43 人。东源村有党员 34 人（含预备党员 1 名）、入党积极分子 6 人。正式党员中有妇女党员 3 人，35 岁以下党员 7 人，60 岁以上党员 3 人，大专以上学历 7 人，高中 2 人。村“两委”班子成员 5 人，党员致富带头人 5 人，村集体经济收入 17 万元。2022 年人均纯收入预估 10854 元。有土地约 7770 亩，其中种植玉米 6663 亩、黄花菜 58 亩、枸杞 18 亩、瓜类 546 亩、其他农作物 485 亩。全村肉牛存栏 2100 余头、滩羊存栏 1 万余只。全村 18—60 岁劳动力 1845 人，2022 年输出劳动力约 745 人，劳务创收 2200 余万元。

【玉池村】

2022 年，玉池村常住人口 433 户 1774 人，其中脱贫户 80 户 306 人，监测户 6 户 29 人，脱贫不稳定户 2 户 11 人，边缘易致贫户 3 户 10 人，突发严重困难户 1 户 8 人，享受低保 152 户 225 人，整户低保 16 户。党员 33 名（含预备党员 2 名），村民代表 30 名，致富带头人 6 人。2022 年全村人均纯收入达到 13100 元。玉池村主要产业为种植养殖业，特色产业为黄牛养殖。2022 年有 360 余户群众发展庭院肉牛养殖。在稳定庭院养殖规模的同时鼓励有扩规愿望的农户积极“出村入园”养殖，由村集体经济合作社带头，动员 20 户养殖大户投入 351 万元加入弘德“飞地”养殖园区，实现户均年增收 2 万元以上。成立村集体种植合作社，新建蔬菜大棚 20 座，由村集体自主经营 11 座，给发展设施农业意愿强烈的农户承包 7 座，所用务工人员为本村监测户和低保户。自主经营的菜棚共计产出辣椒 3.5 万斤，产生收益 18 万元。

【团结村】

2022 年，团结村常住 3555 户 13849 人，其中脱贫户 628 户 2323 人，监测户 11 户 47 人，低保户 823 户 1356 人，特困供养人员 5 户 7 人。60 岁以上享受养老金 632 人，享受高龄津贴 44 人。公益性岗位 70 人，护林员 17 人。截至 2022 年底，全村慢性病签约 495 人，家庭医生签约服务 3632 人。在校小学生 1234 名，在校幼儿 642 名，在校中高职以上学生 445 名，全村义务教育阶段无辍学学生。累计完成危房改造 837 户，户户有安全住房，自来水全部入户，户户有安全饮水，水质达标。团结村有耕地 24600 亩，其中种植甘草 470 亩、黄花菜 174 亩、枸杞 21 亩、牧草 150 亩、春小麦 1300 亩、玉米复合种植 1100 亩、西瓜 42 亩。有甘草种植加工合作社及其他种植合作社共计 24 家，解决村民就近务工 880 人次。养殖合作社 13 家，入社农户 65 户，养殖户 1257 户（其中肉牛养殖户 195 户，羊养殖户 1062 户），牛存栏 1950 头，羊存栏 47000 只。2022 年养殖业收入 800 万元。全村劳动力 6997 人（其中持有职业技能资格证 980 人），务工人数达到 6680 人次（包括长期外出务工和就近务工），劳务收入达 1.12 亿元，占户均收入 50% 以上。

【光彩村】

2022年，光彩村常住人口576户2555人，其中脱贫户75户286人，低保户130户204人，残疾31人（其中一、二级残疾17人）。监测对象5户23人，五保户1户2人（双老户），高龄4人，孤儿3人，退役军人16人。村“两委”班子成员8人，培养后备干部5人。党员48人，发展对象1人，入党积极分子5人，致富带头人15人。2022年人均可支配收入达到14841元。光彩村土地盐碱化严重，有860亩耕地无法种植，常年撂荒。针对本村土地沙化和盐渍化严重的现状，因地制宜，大力调整产业结构，积极引导农民发展枸杞种植，引进适合重度盐碱地生长的枸杞新品种，做大做强枸杞产业，截至2022年底，全村枸杞种植1300亩，涉及种植户176户，其中老品种750亩、改良品种550亩。人均拥有枸杞种植面积0.5亩，每亩纯收入在2000元至5000元，为玉米种植收入的3倍多。全村有肉牛养殖户74户，牛存栏544头，30头以上肉牛养殖户6户。羊存栏4083只，其中50只以上5户，20只以上170户。全年养殖业收入237万余元。全村劳动力1546人（其中持有职业技能资格证163人），2022年临时务工超过5000人次，劳务收入达500多万元，占户均收入25%以上。年内稳定就业465人，实现创收2290多万元，2022年享受务工补贴143600元、交通补贴6000元。

【河水村】

2022年，河水村常住人口382户1673人，其中脱贫人口87户335人，边缘易致贫户1户2人，已消除风险的边缘易致贫户3户17人，突发严重困难户1户5人。2022年人均收入14000元。河水村有劳动力1016人，其中长期外出务工208人，年创收607万元。有闲散劳动力680人，通过季节性打零、聘用公益性岗位和扶贫车间打工，年创收760万元。河水村支柱产业为黄花菜种植和黄牛养殖，种植黄花菜1320亩、牛存栏643头。2022年实施“一事一议”项目，投入专项资金110万元，包括路肩铺设面包砖、日光温棚外围建设、种植风景树。强化班子队伍建设，全面整治软弱涣散党组织，凝聚班子合力，推动各项工作上台阶。

【同原村】

2022年，同原村有常住人口513户2193人，其中脱贫户469户2084人，监测户15户59人，消除风险6户27人（边缘易致贫户3户10人，脱贫不稳定户3户17人），未消除风险6户32人（边缘易致贫户1户6人，脱贫不稳定户5户26人）。全村共有低保户424户694人（2022年新增21人），其中脱贫户358户556人，监测户9户18人，一般户64户134人，整户低保户64户144人，残疾人86户98人（享受残疾津贴78人），其中一、二级重度残疾人50人，单、双老户35户63人，事实无人抚养孤儿5户10人。全村有中共党员52名、预备党员1名、女党员4名、入党积极分子5名。村“两委”班子成员7人，女性2人，后备干部5人，网格员1人，村监会委员2人，驻村工作队队员4人。2022年脱贫户人均纯收入13318元，村集体经济收入82.966万元。全村改造卫生厕所564所，并建有集中式污水管网。全村有小学生261人，在园幼儿102名。2022年兑付产业到户补贴233户163.1万元，见犊补母38户7.326万元，务工奖补307人，交通补贴48人，兑付资金116.96万元。发放小额信贷232户1117.86万元、小额贷款贴息36.23万元、富民贷56户109.88万元。申报临时救助45户15.28万元，申请“雨露计划”55人16.5万元。开发公益性岗位62人，较2021年（55人）增加7人，其中护林员12人、村级光伏公岗13人、自治区公岗10人、红寺堡区人社局公岗8人、村集体公岗7人、康洁公司公岗5人、红寺堡区乡村振兴局公岗7人。同源村以土地流转、劳务、养殖为三大产业。截至2022年底，全村流转土地3334.13亩、拱棚430座流转给农业企业（汇达种植葡萄1676.6亩、富阳种植青贮773.4亩、禹尧种植小番茄430亩、乾煌种植硒甜瓜454.13亩），流转费每年可达178.86万元，同时建有日光温室大棚13座、冷库1座一并租赁。全村有劳动力1253人，通过村“两委”组织、劳务经纪人带动和自主就业等途径，全年实现稳定就业1200余人，创收2400余万元，户均收入占比达75%以上。同原村成立吴忠市红寺堡区同原劳务服务有限公司，组织664人外出务工。全村家庭养殖户170户，5家养殖专业合作社带动养殖户97户，牛存栏1400余头，其中家庭养殖800余头、合作社养殖600余头。羊存栏1300余只，养羊农户54户，全村全年养殖纯收入约400万元。

【红海村】

2022年，红海村常住人口901户3084人，其中脱贫户166户517人，监测户6户20人（脱贫不稳定户1户6人，突发严重困难户5户14人），已消除风险监测户8户27人。60岁以上享受养老金468人，享受高龄津贴27人；五保户8人，孤儿8人，单老户22户，双老户38户。公益性岗位46人，其中保洁员34人，护林员12人。村民代表30名（其中女代表15名），党员101名，其中女党员25名，35岁以下党员28名，村“两委”班子成员7人，驻村工作队员3人。2022年人均收入16200元。红海村主要支柱产业为种植业、养殖业及劳务输出。有耕地9648亩，种植玉米7540余亩、枸杞467.8亩、黄花450亩。2022年种植甘草250多亩，并流转土地436.68亩土地。全村成立种植合作社22家，家庭农场10家，养殖以羊、猪、鸡为主，养殖户700余户。羊存栏18000只。养猪160户，家禽养殖户10户，存栏3万只以上。2022年，外出务工人员1589人员，其中脱贫户323人，主要从事建筑、服务、餐饮、运输等行业。2022年红海村在各巷道种植金叶榆、紫叶稠李、云杉共计8500棵，砌筑花园围栏5.8千米，面包砖人行道2.8千米。

【上源村】

2022年，上源村常住户647户2861人，脱贫户31户115人，监测户19户88人，兜底户12户43人，五保户3人，低保户247户325人，残疾75人（一级6人，二级32人，三级14人，四级23人），高龄津贴补助14人（80—90岁12人，90岁以上2人），退役军人7人。全村共有党员23人，村“两委”班子5人，村级公益性岗位3人，致富带头人5人。全村耕地6700亩，种植葡萄农户280户，留床面积1220亩，年产量976吨，3200元/吨，年产值312.3万元；全村共有养殖户484户，肉牛存栏2042头，肉羊存栏5809只。其中，养殖肉牛10头及以上大户31户；养殖肉羊100只及以上大户2户。

【梨花村】

2022年，梨花村有常住人口650户2673人（自发移民23户108人），脱贫户58户226人，监测户5户27人（其中消除风险点2户9人），低保户154户236人，残疾人126人，享受高龄津贴补助18人（其中90岁以上2人）。共有党员61人，其中女性党员4人，35岁以下党员13人，60岁以上党员11人。村“两委”班子成员7人，退役军人13人。帮扶单位为红寺堡区农业农村局。2022年人均收入11600元，村集体经济收入23.9万元。全村耕地面积11058亩，公共林地300亩。种植青储玉米9000亩、大田西瓜500余亩，庭院经济680余亩。注册瓜果蔬菜专业合作社1家，发展大田西瓜500余亩，带动34户农户增收致富（脱贫户2户，在瓜田务工13名脱贫户），年收入共计550余万元，净利润达300余万元。

有养殖合作社1家，新建圈棚103座，实现肉羊存栏22000余只，肉牛存栏760余头，家禽养殖19500羽。2022年，建立梨花村饲料加工厂，促进肉牛、羊产业发展，增加农民收入。梨花村共有劳动力846人，转移就业658人，村内外灵活就业461人，运输业就业124人，收入1085万元。2022年外出务工442人次，劳务收入达2950万元，占总收入52%以上。全村绿化面积达到480亩。垃圾实现集中收集，统一清运。

【中圈塘村】

2022年，中圈塘村常住人口597户2124人，脱贫户40户132人，监测户5户23人，低保户159户235人，残疾人143人，高龄老人24人。村“两委”班子成员7人，中共党员64名，其中1人为预备党员，入党积极分子5名。致富带头人10名人，后备力量4人。中圈塘村群众收入以种植养殖、务工为主。现有耕地8240亩，其中种植葡萄702亩、黄花菜1370亩、枸杞等其他特色农作物602亩、玉米5566亩。养殖户380户，养殖圈棚124座，存栏肉牛54头、滩羊12000只、生猪2200头、鸡15000只。2022年人均收入14200元。

【红关村】

2022年，红关村常住人口813户2626人，党员83人（含预备党员3人），积极分子5人；脱贫户122户418人，监测户15户55人（已消除风险9户30人，未消除风险6户25人），享受低保政策104户143人，残疾人147人（享受残疾津贴68人）。村级后备干部6人，致富带头人10人，村“两委”班子成员7人，驻村工作队员3人，村民代表35人。红关村有耕地8468亩，以养殖、种植业为主，种植中药材2830亩、黄花280亩、枸杞118亩、玉米7300亩、小麦500亩。羊存栏14230只，猪存栏1560头，牛存栏215头，鸡存栏13000只。2022年人均收入14300元，村集体经济收入50.45万元。

【和兴村】

2022年，和兴村有常住人口497户2207人，其中农业户487户2171人，非农业户10户36人。村委会5人，中共党员21人（包含1名预备党员），低保30户49人。2022年和兴村稳定就业560余人。全村家庭分散养殖户105户，养殖肉牛、基础母牛200头，肉羊、基础母羊3910只，养鸡5235只。和兴村共有土地2000亩，主要种植葡萄、黄花菜，其中种植葡萄620亩、黄花菜300亩、经果林200亩、玉米500亩、苗木260亩、其他农作物120亩。

（姚嘉欣　包　娜）

太阳山镇

【概　况】

太阳山镇东与盐池县接壤，西与柳泉乡为邻，南接同心县，北连灵武市，有红寺堡区“东大门”之称。镇政府驻地太阳山开发区，距红寺堡城区55千米，行政面积1080平方千米，辖买河村、田原村、红星村、周圈村、周新村、巴庄村、小泉村、塘坊梁村、潘河村、兴民村、白塔水村11个行政村40个村民小组。截至2022年底，常住人口3779户13058人，自主迁徙移民267户1045人，脱贫户1163户3791人，“三类监测”对象112户434人，未消除风险监测对象34户136人（脱贫不稳定人口7户27人，边缘易致贫人口11户44人，突发严重困难户16户65人）。有耕地面积11.7万亩，其中水浇地6.83万亩，旱地4.87万亩。2022年共种植小麦6648.5亩（其中春小麦2097.5亩、冬小麦4551亩）、玉米68398亩（其中玉米复合作物6487亩）、杂粮5100亩、油料作物120亩，新种植黄花菜1192.46

亩、西瓜 16.6 亩、萝卜 2235.4 亩。全镇畜禽饲养量达 10.84 万头（只），其中肉牛 0.4 万头、羊 9.8 万只、猪 0.12 万头、家禽 0.52 万羽。

（张芸芸）

【特色产业】

2022 年，太阳山镇在抓好小麦、玉米、养殖业基础上，围绕“中国富硒黄花菜明星产区”这一金字招牌，按照“党旗飘、黄花艳、乡村美、农民富、素质强”的总体工作思路，综合运用宣传引导、政策支持、品牌建设等方式，着力打造产业富民示范区。2022 年，太阳山镇累计种植黄花菜 10492.67 亩（含新增黄花菜种植 1192.46 亩），全年鲜菜产量达 21125 吨，干菜总产量达 2000 吨，年总产值约 8793 万元，人均黄花菜收入达 5778 元。太阳山镇积极联系红寺堡区农业农村局开展黄花菜种植、田间管理、科学施肥等实用技术培训，积极跟进病虫害防治，减少农户损失，为推动黄花菜产业高质量发展打下了坚实基础。黄花菜逐渐成长为红寺堡区增收的支柱产业之一。

（丁　娟）

【草畜产业】

2022 年，太阳山镇采取合作社领办、大户能人带动等方式，突出标准化生产、科学化防疫，因地制宜，发挥区域优势，全镇畜禽养殖稳步发展，促进农业产业转化增值和农民增收。全镇共有草原 62 万亩，种植苜蓿 942 亩，滩羊养殖 9.8 万只，肉牛养殖 4100 头，养殖专业合作社 25 个，建成 7 座集中养殖园区。2022 年共兑付资金 1052.45 万元，其中见犊补母项目共计补助 80.5 万元，草原生态补偿奖励机制共计补助 465.21 万元，滩羊选育项目共计补助 53 万元，脱贫户（边缘易致贫户）帮扶产业共计补助 453.75 万元。

（丁　娟）

【劳务产业】

2022 年，太阳山镇共转移农村劳动力就业 2826 人，其中脱贫户 1679 人，约占总转移劳动力的 59%；购买乡村公益性岗位 180 个，在岗人数 119 人，发放资金 243 万元；购买铁杆庄稼保 2289 人，完成率 107%；进行失业登记、就业困难人员认定、灵活就业登记共 20 人；参加技能培训 86 人，完成率 34%；发放务工补贴 239 户，金额 89.32 万元；发放交通补贴 34 人，金额 5.1 万元。开展大型招聘会 3 次、小型招聘会 100 余次。发动宣传车辆 500 余次，接听群众咨询电话 500 余次，接待咨询群众 1200 余人，发放宣传资料 12000 份。周新村、田原村开展为期两周的电焊工、砌筑工技能培训班，参训学员 86 人。

（杨小梅）

【乡村振兴】

2022 年，太阳山镇全力做好反馈问题整改，坚持每月研究整改工作，对照《红寺堡区 2022 年度巩固拓展脱贫攻坚成果同乡村振兴有效衔接考核评估问题整改方案》反馈的问题，主动认领 14 个方面 57 项问题，制定 90 项整改措施并全部整改完成。扎实开展防返贫监测集中排查，开展防返贫监测集中排查及“回头看”，掌握全镇致返贫风险底数，核实核准监测对象信息，防止发生规模性返贫。共识别监测对象 4 批 19 户 70 人。常态化开展“四查四补”。每月组织镇村干部、驻村干部、网格员等对全镇常住人口进行实时监测排查，对辖区内有返贫风险的农户做到早发现、早干预、早帮扶。对重点人群和特殊群体实行“八必访”，并逐村建立“八必访”工作台账。共排查问题 86 项，已全部完成整改。

（宋小玉）

【人口发展】

2022 年，太阳山镇共有人口 16106 人，常住人口 14431 人，其中少数民族 8125 人，已婚育龄妇女 2788 人。新生儿 137 人，其中政策内出生 127 人，超生 8 人，早育 2 人。发放生育服务证 95 户，其中一孩 47 户，二孩 32 户，三孩 16 户。

（马　宁）

【环境整治】

2022 年，太阳山镇对辖区河道沿线垃圾、违规围垦、乱采乱挖等现象进行大力整改，严肃处理。镇综合执法队联合镇禁牧队、经济发展办公室（对 11 个村违法建筑及野外圈棚进行排查，共拆除违法建筑 3 处、野外羊圈 12 处，出动推土机 5 辆。累计出动执法车辆 546 次，组织保洁员 450 人次，动用机械 440 工时，清除垃圾 350 余吨，河道环境得到改善，滥采乱挖现象基本消除。全镇共栽植经果树 1.2 万株、绿化树木 1.9 万株。对全镇 40 个村民小组巷道进行全方位全覆盖排查清理，发动群众出工 18000 余人次出动垃圾清运车 20 辆，清理垃圾 150 余吨，做到垃圾日产日清。确定专人对公共场所实行卫生责任包片、包段，定期集中整治环境，整治垃圾乱倒、柴草乱放、占道乱建等现象，对侵占村组和生产道路的现象进行清理整顿。

（丁　娟）

【社会保障】

2022 年，太阳山镇有残疾人 517 人，其中一级残疾 54 人，二级残疾 206 人，三级残疾 139 人，四级残疾 118 人，两项补贴共计发放补助 76 万元。为各村残疾人免费发放轮椅、坐便椅、单拐、双拐、血压计等辅助器具 1760 余件，每季度为精神病患者发放药品。无障碍改造 17 户，“阳光助残”项目共计 20 户，发放资金 8 万元。共有低保户 870 户 1220 人，累计发放低保金 562.48 万元，受理高龄津贴 100 人次，累计发放津贴 34 万元。受理临时救助 1345 户，救助特困人员 18 人，发放津贴 18.82 万元。2022 年缴纳医疗保险 12626 人，城乡居民基本待遇领取人数 1467 人，社会保险死亡待遇领取人数 132 人。

（刘采燕　张会娟）

【社会管理】

2022 年，太阳山镇围绕法治政府建设、综治、市域社会治理现代化、信访维稳、国家安全、扫黑除恶、禁毒、司法及网格化服务管理等工作，累计开展普法宣传 100 余次，发放预防电信诈骗、铁路护路、禁毒、宁夏网上投诉受理平台、打击整治养老诈骗等宣传手册和宣传彩页 2000 余份，排查化解矛盾纠纷 62 件，在“巍峨太阳山”公众号发布国家安全、保密、反诈骗、市域社会治理现代化等方面信息 50 余条。打造太阳山镇乡村治理中心，推进三级组织体系建设和党员联系户。

（张国平）

【党风廉政建设】

2022 年，太阳山镇贯彻落实党风廉政建设责任制，扎实推进党风廉政建设工作。健全工作机制，把党风廉政建设和反腐败工作摆在重要位置。年初召开党风廉政建设暨反腐败工作会议，全面总结 2022 年党风廉政建设和反腐败工作并安排部署 2023 年党风廉政建设和反腐败工作。对全镇党风廉政工作任务进行细化分解，推动工作落实，建立起党风廉政建设和反腐败工作的长效机制。抓班子建设，突出抓“一把手”，发挥“一把手”在落实党风廉政建设责任制中的主要作用。镇党委书记履行第一责任人职责，做到重要工作亲自部署，重大问题亲自过问，重点问题亲自督办，将党风廉政责任制的落实与经济社会工作同研究、同部署、同落实、同检查。班子成员履行“一岗双责”带头学习党纪法规，带头遵守党的政治纪律和组织纪律，带头遵守中央八项规定。制定全面从严治党主体责任清单、问题清单和问责清单，梳理太阳山镇党委领导班子全面从严治党主体责任内容9条、党委书记全面从严治党主体责任内容8条、党委全面从严治党问题6条、党委落实全面从严治党问责内容3条，提出具体措施和要求，明确责任人及完成时限。

（李雯雯）

【基层党建】

2022年，太阳山镇党委下设13个党支部，共有党员327名，其中机关党员24名，非公党员4名、农村党员299名。太阳山镇始终把基层党建作为各项工作的突破口，发挥党支部的统领作用，积极探索“432”党建工作模式（“4”，即定期召开党建工作例会、定期研究重点工作、定期查找薄弱环节、定期跟踪督查落实的“四定期”党建工作法；“3”，即加强村“两委”班子成员、驻村工作队、农村党员“三支队伍”；“2”，即创办“巍峨太阳山”公众号，创新党建载体两个平台），全镇基层党建工作水平得到提升。

（苏佩瑜）

【精神文明建设】

截至2022年底，太阳山镇有新时代文明实践所1个，村级新时代文明实践站11个。新时代文明实践所（站）已挂牌，领导小组、志愿服务队伍已明确，并配备专人管理，定期开展新时代文明实践活动，及时更新新时代文明实践活动开展记录台账，确保活动扎实有效开展。开展理论宣讲、志愿服务等活动1000场次；打造人大代表之家、全民健身中心等活动场地，整合党员活动室、村级文化大院等现有资源，各村文化广场已全部建成，光照设施、体育器材、农家书屋等配备齐全。通过“巍峨太阳山”微信公众号、村级微信群、村大喇叭、发放宣传单、绘制文化墙等多种有效形式，让村民了解新时代文明实践活动内容、开展方式、活动要求等。共开展精神文明建设宣传500余次，绘制以社会主义核心价值观、法治政府建设、创建全国文明城市等为内容的公益广告展板10余块，发放宣传单页5000余份。潘河村新时代文明实践站探索本村宣传新路子，开设“怡动潘河”线上美篇，积极宣传本村各类新时代文明实践活动，扩大群众知晓面。

（李玲玉）

【产业提升工程】

2022年，太阳山镇围绕人居环境提升和产业发展共实施16个项目，总投资2330万元。实施巴庄村高效节水提质增效、周圈村高效节水改造提升项目，新建高标准农田4200亩。设计实施18个日光温室项目，推广设施农业新装备新技术，提升设施农业机械化、自动化、智能化水平。完成自治区下达的耕地保有量和永久基本农田保护面积目标任务。全面推行“田长制”，开展日常巡察24次；严守耕地红线，举证耕地减少图斑177个。组织210人次参加黄花菜、玉米种植技术及病虫害防治培训班，对16000亩黄花菜、小麦进行免费病虫害防治，提升抗旱、防汛、防病、防虫、防冻应急处置能力。抓好牛、羊、猪等动物防疫工作，免疫密度均达到100%，防范重大灾害，稳定特色产业效益。

（李艳萍）

【乡村旅游项目】

2022年，太阳山镇依托乡村自然景观和民俗风情，建设白塔水村乡村旅游项目。白塔水村位于太阳山镇北侧，草原面积广阔。由于天然风力作用，形成特有的沙漠、草原及湖泊交相辉映景观。自2010年开发建设以来，已有12家企业落户并建成风力和光伏发电站，初步形成现代工业风能与草原、湖泊和沙漠相辉映的独特生态观光地。

（杨小梅）

【黄花菜采摘技能大赛】

2022年7月19日，太阳山镇组织两支代表队参加“喜迎二十大 奋进新征程”—红寺堡区第五届产业工人黄花菜采摘技能大赛。此次黄花菜采摘比赛共有来自各乡镇（街道）的12支代表队伍，参赛队员都是精挑细选的黄花菜采摘能手。太阳山镇代表队1队获三等奖。

（李玲玉）

【文体活动】

2022年，按照“一村一活动、一月一个村”的思路，太阳山镇11个行政村根据各村实际，组织开展篮球、厨艺大赛等活动，丰富群众精神文化生活，推介群众小康路上生动实践和发展成果，做靓做强黄花菜致富名片，扩大太阳山镇影响力。

（杨小梅）

【农民讲习所】

截至2022年底，太阳山镇11个行政村均已建成新时代文明实践站。结合新时代文明实践所建设要求，太阳山镇完善办公设施、文娱设备等基础设施，积极开展各类宣讲活动，结合习近平新时代中国特色社会主义思想和党的二十大精神宣讲活动以及主题党日活动，把讲习所建成党员接受经常性教育的基地、党员志愿者发挥作用的舞台、联系群众的纽带、教育群众的阵地、服务群众的窗口，2022年共开展100余次讲习活动，2000余名群众受益。

（李玲玉）

【巴庄村】

2022年，巴庄村有户籍人口689户2215人。有脱贫户149户401人，监测户1户8人；低保户119户148人，其中脱贫户73户96人，监测户1户8人；残疾人112人，其中多重残疾7人；特困供养1人，孤儿12人。开发公益性岗位31个，单双老户78户114人。村“两委”班子成员5人，村务监督委员会会员3人，驻村工作队员3人。支部正式党员34名，预备党员1名，发展对象2人，积极分子3人，其中60岁以上党员7人，女性党员8人，大专以上学历11人。2022年，全村有务工人员404人。羊存栏1.8万余只，正红集团分红7万元，兴民纺织厂分红2.5万元，土地流转40万元。

（张芸芸）

【白塔水村】

2022年，白塔水村总人口265户955人，其中常住人口221户822人。有脱贫户23户64人，村“两委”班子成员5人，党员38人。主要支柱产业为种植业、养殖业。有耕地8700亩，种植黄花菜860亩、玉米4078亩、杂粮3672亩。有养殖合作社3家、家庭牧场1家，入社农户8户。滩羊养殖户66户，其中300只以上羊养殖户26户，100—300只养殖户22户，100只以下养殖户18户。有基础母牛500头，生猪2100头。全村劳动力572人，年外出务工超过169人次，劳务收入达127.33万元。

（张芸芸）

【红星村】

2022年，红星村有户籍人口311户979人，其中常住户154户531人。有脱贫户79户217人，监测户5户14人（边缘易致贫户4户11人，脱贫不稳定户1户2人；已消除风险2户6人，未消除风险3户8人），低保户60户82人，残疾人25人（一级、二级残疾9人，三级、四级残疾16人），享受残疾人津贴9人。村“两委”班子成员5人，党员17人，驻村工作队员3人。支柱产业为种植业和养殖业，种植业以玉米和黄花菜为主。有种植合作社2家、养殖合作社1家。养殖户120户（其中肉牛养殖户7户，羊养殖户113户），肉牛存栏170余头，羊存栏8000余只。全村有劳动力489人

（持有职业技能资格证25人），2022年外出务工117人，公益性岗位29人。扶贫车间厚兵黄花菜种植合作社正常运行，全年带动农户销售黄花菜73.7万（其中脱贫户43.2万元、一般农户30.5万元）。

（张芸芸）

【买河村】

2022年，买河村有人口312户1073人，其中本村户籍302户1038人。常住人口239户841人，其中自发移民10户35人。残疾人23户24人，低保户37户57人，脱贫户100户331人，监测户5户23人。2022年农民人均可支配收入1.5万元。村“两委”班子成员5人，驻村工作队员3人，党员26名。产业以种植业和养殖业为主，劳务输出为辅。全村共种植黄花菜1200余亩、玉米4020余亩、优质牧草470亩、小麦600亩、玉米套豆子400亩、经果林300亩。羊存栏5000余只，牛存栏120头。

（张芸芸）

【潘河村】

2022年，潘河村有户籍人口493户1567人，其中常住人口326户1129人，自发移民9户36人。有脱贫户65户188人（其中脱贫不稳定1户4人、边缘户1户1人、突发严重困难户3户7人），低保户59户70人，享受高龄补贴17人，残疾人56人（一级4人、二级28人）。村“两委”班子成员5人，中共党员39人，流出党员6人。2022年开发公益性岗位33个，其中护林员12人，保洁员21人。产业以种植、养殖为主，劳务输出为辅，其中种养业收入占比为70%，务工收入占比为30%。有种植养殖合作社22家，解决村民就近务工600人次；特色产业黄花菜种植1100亩，建设黄花菜晾晒场5座、100吨黄花菜储存冷库1座。滩羊存栏量8600只。动员150人在周边企业务工，劳务产业年收入1500万元。2022年人均可支配收入1.8万元，村集体经济收入15万元。

（张芸芸）

【塘坊梁村】

2022年，塘坊梁村有户籍人口341户1185人，其中常住人口305户1082人。有脱贫户38户141人（一组4户11人、二组8户29人、三组26户101人），其中脱贫不稳定户1户5人，突发严重困难户1户4人，双老户22户44人，单老户6户，公益性岗位23人（保洁员12名，护林员9人，管理就业网格员1人，草原管理员1人），低保户47户61人，享受高龄津贴7人，残疾人64人（享受补贴36人）。实有劳动力508人，脱贫户劳动力75人。2022年种植玉米4100亩、玉米套豆子506亩、黄花菜58亩。有养殖合作社7家，新建圈棚12座，青储池容量500余吨，滩羊存栏9250只，肉牛存栏695头，户均养殖业增收2万余元。与明磊养殖合作社联营养殖肉牛，村“两委”班子成员入股6万元，脱贫户入股8万元，塘坊梁村土地股份专业合作社入股100万元，进行利益占比量化分配，村集体经济收益5万元。

（张芸芸）

【田原村】

2022年，田原村总人口236户967人（其中自发移民50户201人）。有脱贫户58户231人，监测户20户88人（已消除风险户17户74人），单老户9户9人，双老户5户10人，低保户64户88人，残疾人10户10人，重病2户2人。村“两委”班子成员5人，中共党员8人，驻村工作队员3人。公益岗位26个。有小学1所，在校学生8名（一年级4人，二年级4人），其他学生在买河李敬中小学上学，共100人。有标准化幼儿园1所，在校幼儿32名。建有标准化村卫生室1所，配备持有乡村医生资质的村医1名。自来水全部入户，村组道路

11.8千米全部硬化，路两侧进行了亮化、绿化。农田全部得到治理，生产路砂石路畅通，灌溉渠系配套设施基本完善。公交日运行通村4班次。电、通信、网络实现全覆盖。建有村级文化舞台、老年人饭桌、图书室、党员活动中心和便民服务中心。

（张芸芸）

【小泉村】

2022年，小泉村有户籍人口628户1933人，其中常住人口468户1478人。有脱贫户114户251人。耕地面积14678亩，种植黄花菜1040亩、枸杞550亩。有合作社2家、温棚10座，滩羊存栏9500余只，肉牛存栏350头。村“两委”成员5人，中共党员39名，下设2个党小组。村党支部以习近平新时代中国特色社会主义思想为指导，以“抓党建、强队伍、促发展、惠民生、保稳定”为发展思路，实施基层治理“一张网”建设行动，健全“党支部—网格党小组及网格长—党员中心户”三级组织体系，实施党建网格化管理，设立网格党小组5个、党员中心户10户，联系服务群众120户。每年培养和发掘村级后备人才5名，现有村党组织带头人和致富带头人52名。2022年引导村民就近长期务工约350人，年务工收入980余万元。同时组织全村运输车辆，装载机、挖掘机、工程承揽进入企业创收，年均创收约1000万元。开设商店27家、宾馆8家、餐饮14家。2022年种植业收入540万元，黄花菜留床面积1040亩，枸杞550亩。滩羊存栏9500余只，肉牛存栏350头。有合作社2家，养殖户93户，其中肉牛养殖大户6户，滩羊养殖户87户，养殖业收入192万元。

（张芸芸）

【兴民村】

2022年，兴民村常住人口272户879人，兴民村产业以种植、养殖、劳务输出为主，支柱产业为黄花菜。截至2022年底，共种植黄花菜3200亩左右，人均种植黄花菜3.64亩。全村收入2810万元，其中黄花菜产业收入约2285万元，约占农业经济总收入的81.3%，人均黄花菜收入达2.6万元。实施“一事一议”的项目投资120万，主要是对兴民村二组各巷道面包砖的铺设及房前屋后和道路两边的绿化，种植柳树、松树、苹果树共1500棵。示范村项目投资80万元，对一组巷道进行面包砖铺设。冬季取暖项目，全村共安装取暖设备140户，天然气入户130户，空气能5户，热风机5户。

（张芸芸）

【周圈村】

2022年，周圈村常住人口331户1260人。有脱贫户115户467人，监测户16户89人（其中已消除风险12户67人），低保户115户176人。残疾人25户27人（其中一级、二级残疾12户13人）。60岁以上享受养老金81人，享受高龄津贴3人。开发公益性岗位34个。村“两委”班子成员5人，驻村工作队员3人，中共党员23名（其中预备党员1名）。2022年人均收入12000元，村集体经济收入9万元。种植玉米6000亩、青贮玉米550亩、黄花菜950亩、玉米套豆子490亩、春小麦120亩、油料100亩、苜蓿120亩、经果林500亩。养羊6005只、基础母牛672头。合作社4个、公司1个。争取“一事一议”项目资金100万、人居环境整治资金120万、村部建设资金45万、黄花菜晾晒场建设资金80万、经果林资金60万、维修高效节水灌溉设施资金13万。

（张芸芸）

【周新村】

2022年，周新村有户籍人口731户2538人，其中常住户550户2003人，低保户227户361人，二级以上残疾人34户40人，特困户1户1人，孤儿5人。脱贫户监测户共292户1061人，其中享受政策258户925人；“三类监测对象”11户37人，其中消除风险6户26人，未消除4户11人。开发公益岗位46个。以种植业和养殖业为主，其中种植黄花菜1460亩。有全日制小学1所，在校学生117名，教师14名；标准化幼儿园1所，教师5名，在园幼儿53名。有标准化村卫生室1所，配备持有乡村医生资质的村医2名，实现基本医疗保险全覆盖。全村自来水全部入户，水质合格。

（张芸芸）

大河乡

【概　况】

大河乡位于红寺堡区西南部，南与同心县接壤，西与中宁县为邻，乡政府驻地大河村，距离红寺堡城区12千米，344国道、恩红公路、红九路贯穿全乡，交通便利。大河乡辖红崖、大河、河西、龙泉、龙兴、龙源、麻黄沟、平岭子、石坡子、石炭沟、乌沙塘、香园、开元13个行政村，行政区域面积560.6平方千米，耕地面积10.36万亩。户籍人口7212户27829人，常住人口7529户30327人。

【特色产业】

2022年，大河乡以农业供给侧结构性改革为主线，推进产业融合发展。全乡特色产业2.1万亩，种植黄花菜4084亩、枸杞5771亩、优质牧草6167亩、硒甜瓜470亩、萝卜1440亩、辣椒600亩、中药材231亩、露地西瓜5540亩。实施大河乡龙源枸杞原浆厂仓储及配套建设项目、红寺堡区大河乡枸杞种植基地基础设施以工代赈项目。

【畜牧产业】

2022年，大河乡加强规模养殖政策支持、高效管理，以龙源、龙兴养殖园区为试点，新建河西肉牛养殖示范园区，培育新型农业经营主体175个。实现牛存栏2.17万头、羊存栏量20.76万只、家禽20.5万羽。

【劳务产业】

2022年，大河乡转移农村劳动力就业8202人，赴闽转移就业14人，转移建档立卡贫困劳动力3673人。开展“两后生”技能培训，主要针对年龄在15周岁以上、22周岁以下，城乡初中毕业未升入高中，高中毕业未升入普通高校的毕业生。根据其培训意愿和市场需求，按照职业（工种）分类，依托技工院校开展为期一个学期的职业技能培训，培训后须取得职业资格证书或职业技能等级证书。按每人6000元标准给予培训职业院校补贴。对脱贫家庭、农村家庭、城镇零就业家庭、残疾人家庭和城市低保家庭子女再给予每人3000元生活费补贴。协调青松、新商务等职业技术学校，在13个村开展“两后生”、赴闽就业专场招聘等岗位推介活动。全年共计兑付外出务工奖补资金297万元，发放外出务工交通补贴37.5万元。

【乡村振兴】

2022年，大河乡大力开展各类惠农项目。春小麦补贴项目涉及农户1556户，共补贴11703.99亩、468.16万元；玉米大豆带状复合种植补贴项目涉及农户631户，共补贴4498.61亩、134.96万元；特色产业补贴项目6个，涉及农户273户，共补贴11361.82亩、252.31万元；复种农作物补贴项目涉及农户1147户，共补贴8250.81亩、119.64万元；耕地地力保护补贴涉及农户7152户，共补贴80959.54亩、615.32万元；种粮农民一次性补贴涉及农户6222户，共补贴76834.1亩、151.13万元；农业生产救灾补贴项目1个，涉及农户848户，共补贴9034.52亩、16.75万元；涉农企业合作社示范带动项目 6 个，共补贴 56 万元。

【基础建设】

2022 年，大河乡共建设项目 20 个 1.2 亿元，其中以工代赈投资产业类项目 4180 余万元，重点小城镇一期和二期投资 3200 万元，产业扶持配套类投资 4753 余万元。建设养殖场 3 个，投资 2000 万元；建设日光温棚 56 座，投资 2800 万元，有效带动村集体受益。安全防护及灾害治理建设投资 360 万元，全乡环境整治及基础设施提升投资 2100 万元，其中衔接资金项目 500 万元，农村公益事业项目 1600 万元。

【人口发展】

2022 年，大河乡以稳定生育水平、提供优质服务为重点，全年核查兑付奖励扶助资金 32 万元，提前奖扶资金 8.76 万元，特扶资金 0.96 万元，独生子女保健资金 0.6 万元。2022 年出生人口 373 人。

【环境整治】

2022 年，大河乡严格按照“三里三外”要求，把工作重点由主干道路、公共区域转向房里屋外、院里院外、村里村外，广泛发动群众，以点带线，以线扩面，推进开元、龙泉、红崖、平岭子等 4 个村人居环境整治示范村建设。确定整治任务和目标，共清理垃圾 3 万余吨，出动车辆 899 频次，清理“三堆”2510 余处，清扫巷道 390 余千米，砌护院墙 322 户，拆除私搭乱建 1025 余处，整修林带 3560 余亩，清理沟河道 59.3 千米。

【社会保障】

2022 年，大河乡新增低保户 172 户 195 人（异地户籍保障 11 户 11 人），清退 193 户 275 人。按照分类救助的原则，对因病、因残、因灾、因学等各种特殊原因造成基本生活出现暂时困难的家庭，给予非定期、非定量的临时救助，缓解困难群众突发性、临时性生活困难。全年共计审核上报 465 户 652 人，共发放困难群众救助资金 150.76 万元。10468 人次申请享受残疾人两项补贴，发放资金 119.86 万元。

【社会管理】

2022 年，大河乡开展基层网格化治理，化解各村矛盾纠纷，排查摸底各类社会矛盾纠纷 122 起，其中，婚姻家庭 23 件，土地纠纷 50 件，其他纠纷 49 件，调解成功率 95%。办理上级信访平台转办 11 件，接待来访 75 件，成功化解 86 件。受理“12345”便民服务平台转办诉求 160 件，成功办理 160 件。针对群众反映比较多的龙源市场、大河街道搭建堆物、流动摊贩、街道车辆乱停乱放等问题，不定期进行整治。共清理违法占道经营摊位 500 余处，责令清理门前乱堆乱放 800 余处，拆除市场内乱搭乱挂 180 余处。

【党风廉政建设】

2022 年，大河乡制定全面从严治党“三个清单”，班子成员压实党风廉政建设“一岗双责”，扛实管党治党政治责任。健全完善公务用车、机关食堂使用、办公用品采购流程等规章制度，落实中央八项规定精神。梳理归纳农村“三资”管理、工程项目建设、惠农政策落实、社会保障救助等“小微权力”清单，规范基层权力运行。查处群众身边的违纪问题，处置问题线索 9 件，其中初核了结 5 件，立案审查 4 件 4 人，给予党内警告处分 3 人，开除党籍 1 人，批评教育 3 人，提醒谈话 1 人。

【基层党建】

2022 年，大河乡贯彻落实乡党委书记、党支部书记抓党建“四个清单”和述职评议考核制度，常态化开展党史学习教育，聚焦“一抓两整”示范县乡创建行动，狠抓农村基层党组织建设。聚焦“一抓两整”（抓乡促村，整乡推进，整县提升）农村党建工作示范村创建行动，狠抓农村基层党组织建设。巩固9个“一抓两整”党建工作示范村成果，打造龙兴、龙泉、乌沙塘党建引领基层治理、产业发展和生态宜居示范村。按照“以强带弱、双向自愿、组织统筹”原则，实行乡带村、强带弱一对一帮带机制。推进“三大三强”行动和“两个带头人”工程，培育“两个带头人”184名。公开选任村级事务管理人员8名。从严从实做好党员教育管理工作，突出政治标准，严把发展党员质量，重点从致富带头人、外出务工经商返乡人员、退役军人中发展党员，发展党员14名。为2名在工作中突发疾病，造成家庭生活困难的党员申请党内关爱基金。

【精神文明建设】

2022年，大河乡党委理论学习中心组召开学习会12次、专题研讨会5次、干部例会学习27次、读书分享会20次、“学理论、明政策、懂业务、促提升”理论学习会4场、应知应会知识测试5次，提交学习党的二十大精神、自治区第十三次党代会精神学习心得、研讨材料200余篇。开展党的二十大精神、铸牢中华民族共同体意识、习近平总书记视察宁夏重要讲话指示批示精神等重大主题线上、线下宣讲20次。微信公众号发布大河乡各项重点工作报道50余篇。评选“六个先锋”示范户524户、美丽庭院617户、健康家庭20户。升级打造新时代文明实践所（站）标准阵地14个，围绕“讲、帮、乐、树、行”五种形式，开展特色活动100余次。修订完善村规民约，将移风易俗内容纳入其中，倡树文明乡风、婚嫁新风、和谐民风和社会清风新风尚。

【“三链”工作思路】

2022年，大河乡围绕“六大特色产业”，以“三链”工作思路为指引，优化产业结构和布局。打造综合种植链，以红崖村、龙泉村、大河

2022年3月5日，大河乡龙泉村在新时代文明实践站开展“学雷锋志愿服务月”系列活动

村为核心，种植春小麦11703.99亩、玉米套豆子4498.61亩。以乌沙塘、龙源、龙泉为基地，种植红梅杏1200亩、枸杞5771亩、硒甜瓜470亩、萝卜1440亩、辣椒600亩、中药材231亩、露地西瓜5540亩。打造培育养殖链，以大河乡第一、第二养殖场为主，辐射带动河西、大河、开元、龙源等村，形成“党支部＋合作社＋基地＋农户”“合作社＋专业技术＋农户”等联农带农利益联结机制，促进养殖业发展，实现牛饲养量3.2万头、羊饲养量25万只，至少40%的村集体经济经营性收入达到15万元以上。建立稳定务工链，以设施农业发展为引擎，计划投资8500万元，在龙源村建设日光温室80座，在乌沙塘园区建设日光温室60座。引进龙头企业（立发、新西农）参与管理，形成“龙头企业＋村集体＋农户＋基地”的利益联结机制，促进农业产业集群化、标准化、效益化发展。每年可提供稳定就业岗位250个，采摘期带动务工人员1000人次，可实现劳务收入1000万元以上，促进村集体经济年增收280余万元。

【文化建设】

2022年，大河乡围绕“1236”移民文化，组织高台社火展演。宁夏演艺集团京剧院、红寺堡戏剧院“送戏下乡”惠民文艺演出7场次。在龙兴村、红崖村等行政村绘制文化墙、文化宣传长廊等，宣传农村人居环境整治工作和乡村振兴，助力创建全国易地搬迁移民致富提升示范区。

【“红袖标”义务巡防队】

2022年，大河乡在坚持发展新时代“枫桥经验”和“红袖标”义务巡防的基础上，探索“红袖标+6”（红袖标＋“义务巡防、法治宣传、消除隐患、化解纠纷、护校安园、信息收集”）模式。将“红袖标”义务巡防工作纳入各村基层组织建设工作之中，形成“党建＋群防群治”的治理模式，各村党支部发展党员参与“红袖标”义务巡防工作52人，裁减外出务工等巡防队员83人。从义务巡逻、法治宣传、消除隐患、化解纠纷、护校安园、信息收集6个方面切实打通服务“最后一千米”，配合乡镇干部、社区民警辅警化解各类矛盾纠纷89起。开展集中宣传活动200余场次，发放宣传材料1万余份，宣传推广安装注册“国家反诈”App2.3万人。排查发现私搭乱建、井盖缺损等各类安全隐患65处，排查询问外来人员300余人。配合民警开展大清查整治活动7场次，提供赌博线索11条等。从建立宣传机制、完善联络机制、落实督导机制、用好考核机制、发挥引领机制5个方面让群众了解社会治安状况和群防群治工作取得的成效，激发群众的责任感和主人翁意识，形成人人关心、支持、参与群防群治工作的局面。

【农民运动会】

2022年，大河乡组织农民运动会11场次，参与群众达到2100人次，活动形式包括篮球赛、拔河、踢毽子、跳绳、象棋、广场舞等，在农闲时节丰富群众业余生活。

【农民讲习所】

2022年，大河乡依托新时代文明实践所（站），组建理论政策宣讲、技能培训、文化活动、扶贫帮困、环境整治、矛盾调解等志愿服务队，围绕乡村振兴战略、习近平新时代中国特色社会主义思想、习近平总书记系列重要讲话精神、党的二十大精神、自治区第十三次党代会精神等宣讲80场次。突出老年人、留守和困境儿童、残疾人、生活困难人员、失业人员、贫困家庭等重点人群，组织志愿者采取上门拜访、恳谈交流、心理疏导、居家整理、公益帮扶等方式开展志愿服务活动110次，帮助群众解决生产生活、情感心理等方面困难和问题。开展

"我们的节日"、高台社火、戏曲进农村、大合唱、书法展览、绿色阅读、全民健身等文化活动60次。弘扬中华优秀传统美德，倡导社会主义道德，开展"身边好人"、"六个先锋"示范户、"美丽庭院"等评选活动。利用重大节庆日、纪念日，组织开展特色鲜明、氛围浓郁的群众性宣传教育和道德实践活动40次。

【红崖村】

2022年，红崖村常住人口524户2127人，其中脱贫户234户932人，低保户40户62人，残疾人44户48人，领取养老金115人。村干部6名（村党支部书记兼主任1名，支部副书记1名，支委1名，村委3名），中共党员27名，入党积极分子1名。共有水浇地7260亩，人均耕地面积3亩。产业发展以肉牛、肉羊养殖以及黄花菜、玉米种植为主。种植黄花菜2300亩、玉米3100亩、小麦700亩、苜蓿1030亩。肉牛存栏1081头、肉羊存栏5918只，从事种植养殖和务工收入的家庭超过300户。从自治区水利厅争取资金2598.95万元建成52万立方米的应急抗旱水源工程。协调红寺堡区农开办投资1100万元实施高效节水项目。发展黄花菜产业并配套建设黄花菜晾晒场和烘干房。在人居和生态环境建设方面，充分整合各方力量，发动群众积极清扫庭院周围。调动公益性岗位人员逐条逐巷进行村庄道路整治。

【大河村】

2022年，大河村有常住人口1250户4888人，其中脱贫户210户854人，残疾户77户79人，低保户96户114人，领取养老金184人。有村干部6名（村党支部书记1名、村委会主任1名、支委2名、村委2名），中共党员66名，预备党员1名。共有水浇地13337亩，人均耕地达2亩。种植玉米约8500亩、小麦2400亩、黄花菜约800亩、枸杞约100亩。全村肉牛存栏2400头以上，羊存栏2.5万只以上。有种植、养殖收入的家庭800余户，有务工收入的家庭560余户。在人居和生态环境建设方面，整合各方力量，发动群众清扫庭院周围，调动公益性岗位人员、义务工逐巷进行村庄道路整治。开展"最美庭院""最美家庭""好婆婆""好媳妇"等活动，推动大河村村容村貌发生质的变化。

【河西村】

2022年，河西村有常住农户488户2075人，其中脱贫户149户630人，残疾人23人，低保户69户129人，领取养老金136人。有水浇地6600亩，人均耕地达2.9亩。有村干部5名（村党支部书记兼主任1名、支部副书记1名、支委1名、村委2名），中共党员16名，入党积极分子5名。产业以肉牛、肉羊养殖以及黄花菜、玉米种植为主。种植玉米5200亩、小麦500亩，新增紫花苜蓿700亩、黄花菜50亩、其他约150亩。全村牛存栏1500头以上，肉羊存栏4500只以上，有养殖收入的超过300户，有务工收入的家庭超过450户。实施美丽乡村建设项目，发动群众积极清扫庭院。调动公益性岗位人员逐条逐巷进行村庄道路整治。加大村庄绿化力度，落实全村绿化任务。

【龙泉村】

2022年，龙泉村有常住人口753户3258人，其中脱贫户238户984人，残疾人90人，低保户152户221人。村干部6名（村党支部书记1名、支部委员2名、村委会主任1名、委员2名）。有水浇地9961亩，人均耕地面积2.9亩。种植玉米6526亩、小麦2516.39亩、硒甜瓜600亩、紫花苜蓿480亩。牛存栏1816头、羊存栏7955只、猪存栏325头，蜜蜂163箱。有养殖收入的家庭超过500户，有务工收入的家庭超过670户。

【龙兴村】

2022年，龙兴村有常住人口535户2083人，其中脱贫户217户847人，残疾人76人，低保户105户154人。村干部6名（村党支部书记1名、支部委员2名、村主任1名、村委2名），党员28名。有水浇地11075亩，其中种植小麦500亩、黄花菜1980亩、露地西瓜300亩、小尖椒550亩、其他150亩，肉牛存栏600头以上、羊存栏2.9万只以上。有种植养殖收入的家庭300余户，有务工收入的家庭150余户。在人居和生态环境建设方面，发动群众积极清扫庭院，调动公益性岗位人员逐条逐巷进行村庄道路整治。加大村庄绿化力度，落实全村绿化任务。

【龙源村】

2022年，龙源村有常住人口461户2048人，其中脱贫户296户1336人，残疾户94人，低保户263户399人。全村有土地3373亩。村干部5名（村党支部书记1名、村主任1名、支委2名、村委2名），中共党员39名，入党积极分子5名。产业发展方面，龙源村结合本村特点，继续按照“53211”产业发展思路（即户均养殖5头牛或30只羊、2亩枸杞、1座蔬菜拱棚、1名外出务工人员）。种植枸杞2233亩、青贮玉米750亩、日光大拱棚450座243亩、核桃80亩。建有牛（羊）养殖圈棚214座，肉牛存栏达到1040头以上，羊存栏6400只以上。建有扶贫养殖园区1座，入园优质滩羊2120只，68户单（双）老户等加入养殖合作社，通过分红实现增收。有务工收入的家庭460余户。在人居和生态环境建设方面，发动党员、村干部、公益性岗位人员、护林员和群众，积极清扫房前屋后环境卫生，对房前屋后、村庄巷道、农田沟渠等逐条逐巷进行人居环境整治。

【麻黄沟村】

2022年，麻黄沟村有常住人口501户2006人，其中脱贫户139户630人，残疾人35户36人，低保户98户136人。有水浇地5003亩，人均耕地达2.55亩。村干部5名（村党支部书记兼主任1名、支部副书记1名、支委1名，村委2名），中共党员34名。种植玉米2300亩、小麦1053亩、核桃150亩、黄花菜50亩、其他种植150亩。肉牛存栏600头以上，羊存栏7000只以上。有种植养殖收入的家庭360余户，有务工收入的家庭460余户。整合各方力量，发动群众积极清扫庭院前后卫生，调动公益性岗位人员逐条逐巷进行村庄道路整治。加大村庄绿化力度，落实全村绿化任务。

【平岭子村】

2022年，平岭子村有常住居民600户2356人，其中脱贫户157户509人，残疾人76人，低保户91户140人，领取养老金153人。村干部6名（村党支部书记1名、村主任1名、支委2名、村委2名），中共党员29名（预备党员1名），入党积极分子9名。种植玉米7500亩，建有牛（羊）养殖圈棚420座，肉牛存栏980头以上，羊存栏46000只以上。在人居和生态环境建设方面，加大村庄绿化力度，落实全村绿化任务；发动党员、村干部、公益性岗位人员、护林员和群众，打扫房前屋后卫生；对房前屋后、村庄巷道、农田沟渠等逐条逐巷逐户进行环境整治。

【石坡子村】

2022年，石坡子村有常住人口370户1453人，其中脱贫户157户643人，残疾人37户38人，低保户33户38人，单老户和双老户16户25人（单老7户7人，双老户9户18人），退役军人6人。村干部5名（村党支部书记兼村主任1名、支委2名、村委2名），中共党员13人（预备党员1名），入党积极分子2名。自治区退役军人事务厅派驻驻村工作队3人，驻村第一书记1名，工作队员2名。全村有土地3392.47亩，种植枸杞200亩、经果林150亩。建有牛（羊）养殖圈棚290座，肉牛存栏1150头，羊存栏5750只。全村有务工收入的家庭200余户，2022年人均纯收入达11803.11元。

【石炭沟村】

2022年，石炭沟村有户籍人口798户2941人，常住人口757户2804人，其中60岁及以上182人，青壮劳力1724人，16岁以下1035人，外出流动人口670人，占全村人口21%，主要流向银川、吴忠、宁东，从事经商和务工。村干部7名（村党支部书记1名、主任1名、支委2名、村委4名、1人交叉任职），中共党员36人，入党积极分子5名。全村有效耕地面积14149.5亩，人均耕地面积5.06亩，其中2600多亩已经得到盐渍化吸漏管处理，3850.5亩地因供水不足而未耕种。村民收入以发展种植、养殖业和劳务输出为主，其中玉米种植13499.5亩，每亩收益545元，总收入约736万元，占农民收入37%；牛羊养殖总收入突破300万元，占人均纯收入的15%；劳务总收入达到600万元，占人均纯收入的30%。

【乌沙塘村】

2022年，乌沙塘村全村常住户227户962人，其中脱贫户186户798人，监测户3户8人，残疾人44人，享受最低生活保障77户109人。村干部5名（村党支部书记兼主任1名、支部副书记1名、支委1名、村委2名），中共党员23名，入党积极分子7名。有水浇地3520亩，人均耕地面积2.6亩。产业发展以肉牛、肉羊、鸡养殖以及红梅杏和文冠果为主，农户肉牛存栏82头，肉羊存栏1516只，肉鸡存栏12500羽。种植红梅杏1200亩、文冠果500亩。从事种植养殖和务工收入的农户家庭超过80户。发动群众清扫各家庭前院后环境卫生，调动公益性岗位人员逐条逐巷进行村庄道路整治。

【香园村】

2022年，香园村有常住人口523户1900人，脱贫户142户557人，残疾人52户55人，单老户和双老户10户22人，低保户96户131人。村干部6名（村党支部书记1名、支部委员2名、村主任1名、村委会委员2名），中共党员68人。全村耕地5855.59亩，林地43940亩，退耕还林面积4832.94亩。种植玉米4800亩、小麦400亩、经果林400亩、其他150亩。全村肉牛存栏602头，羊存栏9000只以上。有种植养殖收入的家庭480余户，有务工收入的家庭310余户。多措并举，纵深推进农村人居环境整治活动，村“两委”班子成员带头，党员、公益岗人员、护林员、群众齐发动，对辖区内沟渠、公共活动场地、林带、垃圾堆放点等重点区域进行地毯式清扫，并发动群众积极清扫自家房前屋后环境卫生。

【开元村】

2022年，开元村有常住人口370户1506人，低保户134户192人，建档立卡户171户726人，领取养老金125人，残疾人41人。村干部5名（村党支部书记兼主任1名、支部副书记1名、支委1名、村委2名），中共党员34名。水浇地4860亩，人均耕地达2.8亩。种植玉米4300亩、小麦400亩、枸杞50亩、黄花菜60亩、其他50亩。全村肉牛存栏1480头以上，羊存栏3000只以上。有种植养殖收入的家庭317户，有务工收入的家庭200余户。在人居和生态环境建设方面，发动群众积极清扫各家庭前院后环境卫生，调动公益性岗位人员逐条逐巷进行村庄道路整治。

（李小博）

新庄集乡

【概　况】

新庄集乡于1999年由同心县划归红寺堡开发区管辖，2001年更名为白墩乡，2005年更名为南川乡，2011年经自治区人民政府批准，恢复为新庄集乡，并于2014年1月23日正式挂牌。主要搬迁海原、西吉、隆德、泾源、彭阳、同心、原州区等县区移民。全乡行政区域面积663平方千米，下辖白墩村、红阳村、沙草墩村、洪沟滩村、菊花台村、康庄村、柳树台村、南源村、西源村、向阳村、新集村、红川村、新台村、东川村、杨柳村、中川村16个行政村。新庄集乡常住人口10504户43878人，其中脱贫户4080户16582人，残疾人1711人，领取高龄津贴522户522人，孤儿60户86人，特困供养55户83人，监测对象236户1034人（风险未消除77户340人），公岗711人（光伏公岗228人、衔接公岗161人、人社公岗160人、护林员162人）。全乡自发移民3100户12284人。全乡年村集体经济收入348.1万元，平均21.76万元，其中15万元以上的有9个村（红阳、红川、东川、中川、洪沟滩、柳树台、新台、康庄、新集）。2022年农村居民人均纯收入11862元，增速7.6%；脱贫户收入12661元，增速15.4%。

【特色产业】

2022年，新庄集乡做实“11223”多元化特色产业，即一紫、一绿、两白、两黄、三红产业，其中：一紫是指以杨柳村为主的酿酒葡萄产业（0.45万亩）；一绿是指以新台村、菊花台村为代表的苜蓿产业（1万亩）；两白是指以东川村、洪沟滩村为代表的肉羊养殖产业（18.7万只），以马渠为代表的白萝卜种植产业（0.52万亩）；两黄是指以东川村、沙草墩村为代表的黄花菜种植产业（0.8万亩），以马渠为代表的黄牛养殖产业1.8万头；三红是指以马渠为代表的枸杞产业（0.7万亩）、大棚番茄（171座），以白墩村为代表的苹果产业（0.2万亩）。2022年推广高效节水种植3.73万亩，新增露天西瓜0.6万亩，超额完成0.8万亩玉米套种大豆任务和0.37万亩小麦种植任务。

【草畜产业】

2022年，新庄集乡结合农村人居环境整治、“出村入园”等工作，坚持“抓大户做示范，建园区带群体，扩总量增效益”原则，推进养殖业集约化、规模化发展。以东川养殖场、金凤养殖场、下滚子梁养殖场、新集养殖园区和红川养殖园区为带动，重点发展新台、中川、东川、洪沟滩村肉羊产业，新建红川飞地养殖园区和下滚子梁养殖园区二期，带动全乡牛、羊存栏量年终分别达到1.8万头、18.7万只。

【乡村振兴】

2022年，新庄集乡落实自治区《关于健全防止返贫动态监测和帮扶机制的实施方案》《关于健全监测帮扶责任考核机制巩固脱贫攻坚成果的实施意见》要求，结合“四查四补”常态化开展动态监测。按照红寺堡区防返贫监测帮扶集中大排查工作要求，在全乡范围内开展两次大排查，依托自治区防返贫监测系统，围绕农户“两不愁三保障”及饮水安全保障完成入户摸排，新识别纳入监测对象43户195人，其中脱贫不稳定户10户45人，边缘易致贫户13户62人，突发严重困难户20户88人。2022年全乡有监测户227户997人，其中风险未消除71户310人，坚持预防性措施和精准帮扶相结合，分析返贫致贫原因，严格落实监测对象跟踪回访机制，按照“缺什么补什么”的原则，制定“一户一策”帮扶措施，落实产业、就业、综合保障等帮扶措施。督促乡村两级干部及驻村干部及时入户核查行业部门反馈预警信息并建立预警信息处置台账，对确存在返贫致贫风险的农户及时纳入监测给予帮扶。建立台账，重点盯住厌学逃学学生等重点人群，常态化跟踪关注，对重点人群做到底数清、情况明，稳定消除风险。落实监测帮扶对象风险消除的标准和程序，经县乡村三级研判审定，确定12户47人监测户风险消除。持续跟踪回访风险消除监测户，确保拟风险消除对象当年收入稳定超过监测范围值10%以上且“两不愁三保障”稳定持续巩固，避免出现风险消除不稳定情况。

【社会管理】

2022年，新庄集乡通过宣传栏、微信群、公众号、村级大喇叭、宣传资料及现场咨询等宣传方式，开展平安建设宣传活动，向群众宣传相关法律法规知识。共组织开展平安创建、禁毒、打击传销、反邪教、国家安全、电信诈骗、打击养老诈骗等各类宣传20余次，发放宣传资料3000余份，现场接受群众咨询500余人次。成立矛盾纠纷摸底排查化解领导小组，制定《新庄集乡矛盾纠纷排查化解专项行动方案》，明确各村、办公室（中心）责任，形成合力，开展全面摸排，共排查摸底各类社会矛盾纠纷214起，组织召开重点矛盾纠纷协调会2次，化解纠纷213起。办理网上信访事项。及时协调处理信访综合平台及“12345”便民服务平台转办的投诉及信访事项，办结涉及民生投诉的热点难点问题320件，群众满意率95%。持续开展矛盾纠纷“大走访、大排查、大化解”，严格落实领导干部包案和接访制度，排查调处各项矛盾纠纷216起，调解成功213起，成功率98%，受理各类信访件199件，已办结185件，满意率95%。推进“数字乡村”建设，在白墩、南源、新集、红川等村实施数字乡村智慧治理项目，不断完善基层治理体系。

【社会保障】

2022年，新庄集乡坚持在发展中保障和改善民生，厚植为民情怀，累计发放低保金1653.55万元，覆盖3339户4933人。发挥临时救助金的救急救难作用，对因病、因家庭突发变故、因学、因残等造成生活困难的群众累计发放临时救助金170余万元，覆盖508户。推进民生服务中心标准化与规范化建设，承接基层赋权事项，实现一网通办，各项业务均实行网上申报审批，全年办理事项5500余件。有序推进村级民生服务代办点建设，培训村级专职代办员，采取“当场办理+全程代办”的服务模式，切实做到“大事不出乡、小事不出村”。落实好特困供养、孤儿津贴、高龄津贴补助救助政策，全乡享受80岁以上高龄津贴562人，2022年新增58人，累计发放高龄津贴1793.74万元。有各类困境儿童85名，2022年新增农村孤儿10人，累计发放救助金13.4万元；有特困供养人员143人，其中分散供养人员86人，集中供养人员57人，累计发放生活费及护理费576.95万元。全乡共有持证残疾人1707人，其中一级残疾170人，二级残疾637人，三级残疾487人，四级残疾413人，累计发放残疾人“两项补贴”213.44万元。做好残疾人康复及服务保障工作，为各村残疾人免费发放轮椅、坐便椅、单拐、双拐、血压计等辅助器具200余件，帮助84户残疾家庭申请无障碍改造，坚持每季度为35名精神病患者发放药品。

【党风廉政建设】

2022年，新庄集乡始终把牢政治方向，坚定政治立场，不断增强“四个意识”、坚定“四个自信”、做到“两个维护”。全年会议研究党风廉政建设工作10余次，通报学习侵害群众利益、违反国家法律法规、自治区近年来查处的典型案例12次。严格遵守重大问题请示报告和个人有关事项报告等制度，严格落实“三会一课”、民主生活会、组织生活会和民主评议党员等组织生活制度，进行分级落实廉政责任，分别签订廉政承诺书150余份。强化领导干部廉洁自律意识，筑牢两道廉洁防线。围绕严明政治纪律、严肃政治生活、严格政治责任3个方面述职述责，把政治监督纳入绩效考评范围，进一步提高党支部书记政治站位和履职意识。畅通信访渠道，主动收集问题线索。全年收到问题线索16件，其中初核5件，立案11件，所有案件已全部办结。全面完成违规收送红包礼金和不当收益及违规借转贷或高额放贷专项整治工作。

【基层党建】

截至2022年底，新庄集乡共有基层党组织17个，其中1个机关党支部、16个农村党支部。党员933名，其中机关党员37名，农村党员896名。2022年全面开展“基层党建全面提升年”活动，对13个示范村进行巩固提升，严肃党内政治生活，规范党员发展标准，严抓队伍建设，配强村“两委”班子，落实“三大三强”和“两个带头人”工程。

【精神文明建设】

2022年，新庄集乡完善基层治理体系，帮助村党支部实现“法治、德治、自治”三治融合，推进移风易俗，倡导村民自治，建立“一约四会”制度，修改完善村规民约，打造洪沟滩村移风易俗示范点，广泛选树典型，评选6类先锋示范户共542户。统筹政策、资金、土地等要素，探索出“企业+党支部+农户+劳务+村集体经济”的路子，通过集中流转土地，引进企业发展劳动密集型产业，增加村集体经济收益，实现企业、村集体经济和农户三赢的局面。2022年初步形成村村有产业项目或村村有实体资产的发展态势，16个村集体经济收入均达8万元以上，红川村村集体经济收入达108万元。

【白墩村】

2022年，白墩村常住人口577户2664人。其中脱贫户146户602人，监测户15户65人（其中退出监测10户42人，实际监测户5户23人），低保户73户104人，残疾人52人。2022年农民人均可支配收入12700元，村集体经济37.75万元。白墩村共有耕地7100亩，高效节水面积3645亩，实行以西瓜、苹果、劳务输出为主的多元化发展思路，多渠道增加群众收入。种植富硒西瓜3645亩、粮食作物2000亩、苹果1075亩、黄花菜等400亩。牛存栏285头、羊3650只、猪3102头。年输送劳动力1140人。

【红阳村】

2022年，红阳村常住人口906户3828人。全村共辖7个村民小组，有脱贫户213户901人，监测户17户77人，已消除风险10户38人，未消除风险7户39人。低保户238户336人，残疾人143人。2022年脱贫户人均纯收入13197元。红阳村现有耕地面积9300亩，人均耕地约2亩。种植农作物（小麦、玉米）7000亩、经济作物（黄花菜、苜蓿等）1800亩、苗木500亩。产业以养殖业为主，全村肉牛饲养量3200头、肉羊饲养量6100只。2022年全村外出务工人数1300人次。有村集体合作社2个、村民合作社2个，全年通过联农带农机制带动脱贫户、监测户和一般农户发展产业，增加收入。村内设村级卫生室2个，配备村医2人；幼儿园1所，在校师生36人；小学1所，在校师生374人。妇女之家、儿童之家、警务室、新时代文明实践站配置齐全。文化广场1个，占地面积2100平方米。村内实现家家门口通硬化路，交通便捷，县道兰陈路贯穿村内。2022年重新改道铺设完成，排水、护栏等配套设施完善。

【沙草墩村】

2022年，沙草墩村户籍人口1234户5072人，常住人口939户3936人（自发移民230户981人），脱贫户362户1541人（其中脱贫不享受政策23户），监测户14户76人（其中脱贫不稳定户8户41人，突发严重困难户2户14人，边缘易致贫户4户21人），已纳入防返贫监测范围。公益性岗位56人，低保户180户240人，享受高龄津贴32人，领取养老金330人，残疾人86人（重度残疾32人）。现有耕地12951亩。沙草墩村属重点帮扶村，主导产业以种植黄花菜、养殖、运输、劳务输出为主，2022年村集体收入25万元，人均纯收入11209元。沙草墩村种植黄花菜2300亩、枸杞200亩、庭院经济864亩，注册专业合作社4家。2022年收购黄花菜鲜菜450余吨、大白菜2500余吨，带动207户农户增收致富（脱贫户165户），年收入200余万元，净利润达30余万元。有养殖合作社4家，新建圈棚460座、青储池45座，实现肉羊存栏9400只、肉牛存栏2640头，户均养殖业增收达8500元。运输业54人，收入270万元。2022年外出务工952人次，劳务收入达2250万元，占总收入70%以上。

【洪沟滩村】

2022年，洪沟滩村常住人口922户3431人，有脱贫户366户1167人，监测户16户73人。通过产业、公益岗等措施进行帮扶，已消除风险监测户7户28人，未消除风险监测户9户45人。特困供养18人，现有低保户277户427人，享受残疾人补贴129人，享受高龄津贴34人，享受孤儿津贴15人。下辖5个村民小组，村“两委”班子成员7人。耕地15100亩，种植玉米1.2万亩，玉米套种其他作物765亩、牧草240亩、小麦175亩、枸杞220余亩、黄花菜187余亩。全村现有养殖户391户（其中肉牛养殖户56户，羊养殖户335户），肉牛存栏600余头，羊存栏4.1万余只。有种植、养殖经济合作社各一个，带动21户农户。全村贷款472户2812万元，其中脱贫户、监测户贷款160户1041万元，其他农户312户1771万元。2022年全村外出务工超过1895人次，劳务收入达2600万元，脱贫户监测户务工681人次，其中稳定就业6个月以上的205人，稳定就业3个月以上的668人，申请务工补贴124人11.84万元，已兑现16人5.68万元。2022年开发公益性岗位65个。

【菊花台村】

2022年，菊花台村有常住人口252户1060人，脱贫户128户480人，监测户11户44人（其中9户37人已解除监测）、低保73户108人、残疾（持证）人101人。村“两委”班子成员5人，中共党员56人，致富带头人10人。农民人均可支配收入1.5万元左右，村集体经济年收益9.6万元。2022年村集体建设高标准日光温室4座、夏凉棚1座。全村分配土地2846.76亩，实有耕地3500亩，主要种植优质苜蓿1789亩、玉米1000亩、春小麦180亩、其他531亩。全村有养殖户37户，牛存栏89头，羊存栏558只，猪存栏434头。全村有各类劳动力661人，有合作社3个。

【康庄村】

2022年，康庄村有971户3942人，常住人口892户3781人，脱贫户301户1322人，监测户24户119人（其中风险已消除14户74人，风险未消除10户45人）。户籍人口601户，自发移民291户1239人，其中省内自发移民290户1233人，省外自发移民1户6人。全村种植枸杞800亩、黄花菜400亩、苹果1600亩，新种植苜蓿1500亩。羊存栏9019只，牛存栏2120头。成立种植养殖专业合作社8个，培养致富带头人22人。全村有劳务经纪人4名，带动劳务输出300多人。有全日制小学2所、民办幼儿园1所、村级卫生室2个。康庄村争取项目完善基础设施，硬化村道，为农户维修供水管道，完成光纤进村全覆盖，建成文化活动中心，硬化村部，新建篮球场，安装太阳能，整修渠道，改造危房等。

【柳树台村】

2022年，柳树台村常住人口292户1220人，其中柳树台村户籍243户975人，自发移民49户245人。脱贫户91户389人，监测户10户42人，其中未消除风险的监测户4户14人。全村享受低保人员共116户155人，残疾人41人。公益性岗位共42人。60岁以上领取养老金人员100人，领取高龄津贴13人。柳树台村“两委”班子成员5人，中共党员32名，发展新党员3名。致富带头人10人。2022年人均纯收入11979.3元，增长17%。全村共有耕地4724.87亩，其中种植枸杞50亩、黄花菜80亩、苜蓿300亩、青贮玉米约500亩。全村肉牛存栏1500头左右，户均5头以上，全村圈棚达334座。长期外出务工280人。发展3个农民合作社，2个合作社目前正常经营。2022年27户农户参与合作社入股分红，8户脱贫户在合作社务工。参与入股及务工脱贫户均增收8000元，带动效果良好。

【南源村】

2022年，南源村有户籍人口1237户5120人，（其中常住户994户4234人，非常住户63户176人，空挂户180户617人）。脱贫人口379户1569人。“三类人员”监测对象11户40人（其中脱贫不稳定户5户16人，边缘易致贫户2户9人，突发严重困难户4户15人），已消除风险6户21人，未消除风险5户19人（突发严重困难户）。全村耕地面积为10200亩。主导产业为牛羊养殖，玉米、枸杞、黄花菜、苜蓿种植和劳务输出。种植黄花菜323亩、枸杞196.8亩、玉米及其他农作物8000余亩。肉牛存栏810余头，羊存栏9000余只。全村劳动力2805人（持有职业技能资格证320人），年均外出务工超过1000人次，稳定就业503人。全村有养殖合作社2个、农作物专业合作社1个、劳务合作社1个。南源村有村级民生服务中心1个、文化舞台2座、图书室1座、文化活动中心3处、村民健身场地3处、农贸市场1处、卫生室3所、积分超市1处、中心小学1所、幼儿园1所，村主干道及巷道36千米全部硬化，铺设生产路56千米。全村污水管网实现全覆盖，卫生厕所改造完成998座。

【西源村】

2022年，西源村有户籍人口295户1212人，自发移民104户417人（包括常住户73户336人，非常住户31户81人）。全村共有脱贫户92户392人，监测户12户63人（其中消除风险户9户50人，未消除风险户3户13人），低保户87户115人，二级残疾及以上18人。村“两委”班子成员3人、村监会成员2人。中共党员20人，致富带头人16人，农民人均可支配收入12598.18元。耕地面积3844亩，其中种植小麦230亩，玉米3484亩、玉米套种大豆160亩。羊存栏2500只，牛存栏300头，生猪存栏1200头。年劳务输出710余人次，务工收入达850万元，村集体合作采取“党支部+合作社+农户”模式，成功带动229户农户发展产业，增加收入。全村水、电、路实现三通。

【向阳村】

2022年，向阳村有户籍人口231户1019口人，其中常住人口196户877人，脱贫户44户178人。高龄老人5人，残疾人34人，低保户48户60人。现有中共党员20人、致富带头人16人、劳务经纪人3人。全村土地面积4360亩，确权面积2320亩。2022年农民人均纯收入 11098.7 元。全村肉牛存栏 990 头，滩羊存栏 3460 只，预计年产值 470 万元。全年种植黄花菜 80 亩、苜蓿 560 亩、套种黄豆 445 亩、玉米（含青贮）3155 亩，预计年产值 252.8 万元。全村有 550 余名外出务工人员，以建筑、餐饮、运输等工种为主，年创收达 289.05 万元。全村转移性收入 83.788 万元，产业扶贫、创业贷款 1000 多万元。

【新集村】

2022 年，新集村有户籍人口 1116 户 4715 人，常住人口 505 户 2205 人，致富带头人 26 人，单老户和双老户 69 户 130 人，残疾人 169 人。享受农村低保 464 户 736 人，享受养老津贴 461 人，享受高龄津贴 54 人，特困供养户 2 户 3 人，大学生 46 人。共识别建档立卡户 424 户 1839 人，村“两委”班子成员 7 人，中共党员 37 人。新集村耕地面积为 4065.6 亩，土地全面开发利用，人均分配土地 1 亩，年收入流转费约 122 万元。2022 年群众依托土地种植务工收入 1000 万元，农民人均可支配收入 12096 元。引进宁夏贺兰山地源中药材有限公司种植枸杞 1340 亩；引进中宁归园田居及辽宁葫芦岛、河北秦皇岛等地企业种植萝卜 2156 亩，引进山东冲腾生态农业科技发展有限公司种植日光温室（番茄基地）25 座。为扩大养殖规模，建成 54 平方米养殖圈棚 1307 座，规模化养殖场 3 座，每座 1000 平方米，其中肉牛存栏 600 多头，养殖羊 7000 余只。培养致富带头人 26 人，其中劳务经纪人 3 人。截至 2022 年 10 月，输出劳动力 900 多人。

【红川村】

2022 年，红川村常住人口 1165 户 4945 人，脱贫户 838 户 3564 人，监测户 22 户 89 人，其中未消除风险 4 户 14 人，低保户 584 户 948 人，特困供养 13 人，残疾人 277 人，高龄老人 99 人，孤儿 10 人，公益性岗位 71 人。村“两委”班子健全，驻村工作队员 3 人，全村共有中共党员 68 人，2022 年人均可支配收入 13042 元。土地全部流转给企业，通过反租倒包等形式带动本村农户务工。养殖圈棚 2010 座，标准化养殖牛棚 5 座，肉牛存栏 2250 头、肉羊存栏 1.3 万只、肉鸡存栏 5 万只。采取“行政村 + 合作社”模式，对 4000 亩枸杞分批分期改良提质、补植补栽、行间套种，逐步提升枸杞产量和品质，标准化、精细化、科学化管理 1000 亩。同时争取自治区农科院枸杞专家培育枸杞试验基地 20 亩，为枸杞标准化种植、管理打造样板。由村组干部牵头成立养殖合作社，采取“党支部 + 合作社 + 金融机构 + 基地 + 农户”的运行模式，合作社带动 304 户农户入社发展肉牛产业，分 3 批集中购进西门塔尔育肥牛 394 头，养殖园区存栏达到 2250 头，促进农户养殖收入户均增加 1000 元。

【新台村】

2022 年，新台村有户籍人口 414 户 1572 人（其中自发移民 123 户 488 人），全村有脱贫户 196 户 712 人，监测户 8 户 33 人，领取低保人员 115 户 183 人，分散特困供养 1 人，残疾人 57 人。全村有中共党员 28 名，村“两委”班子成员 4 人。培养致富带头人 21 人，其中中共党员 3 人。2022 年脱贫人口人均纯收入达 14194 元，同比增长 19.21%。村集体经济收入主要包含养殖合作社收入、村集体 84 亩土地种植收入、入股兴民纺织厂分红收入，2022 年集体经济收入共计 17.1 万元。全村耕地面积为 5320 亩。主导产业为牛羊养殖、苜蓿种植和劳务产业。全村种植紫花苜蓿 2800 余亩，玉米及其他农作物 2500 余亩。肉牛存栏 1200 余头，羊存栏 1.3 万余只。全村有劳动力 917 人（持有职业技能资格证 147 人），年均外出务工超过 1000 人次。该村有养殖合作社

4个、家庭农场8个，共养殖肉牛220头、肉羊3200余只。有种植合作社1个，种植规模达3000亩。合作社累计带动脱贫户118户。

【东川村】

2022年，东川村常住人口513户2010人，脱贫户97户301人，累计纳入监测户7户20人（已消除风险6户15人，未消除风险1户5人），低保户69户96人，持有残疾证书69人。2022年全村人均收入17600元，增幅10%；脱贫人口收入15190.9元，增幅13.76%。村集体收入19.25万元。支柱产业为种植、养殖、劳务输出。有耕地8522.6亩，高效节水4300亩，种植黄花菜1800亩、青储玉米2430.6亩、牧草750亩、枸杞105余亩、甘草95亩、小麦871亩、西瓜670亩、玉米套种豆子501亩。肉牛存栏100余头，羊3.5万只（出村入园1.3万只），猪2600头，鸡3万余羽。组建种植、养殖合作社6家，解决村民就近务工50人次。全村有劳动力1020人，外出务工超过500人次。流转土地670亩，种植覆膜西瓜，土地流转费40余万元，务工收入30余万元。

【杨柳村】

2022年，杨柳村有户籍人口1365户5273人，常住人口1028户4404人。脱贫户300户1227人，监测户20户79人，其中：脱贫不稳定户3户9人，2户5人风险已消除，1户4人风险未消除；边缘易致贫户14户58人，已全部消除风险；突发严重困难3户12人未消除，其中两户为脱贫户，一户为一般户。单老户和双老户21户24人，残疾人116户人124人，分散特困供养人员12人，享受农村低保195户269人，其中整户低保16户31人，享受高龄津贴65人。后备力量5名，优秀人才5名，致富带头人36户，各类公益性岗位人员70人。杨柳村有集体经济组织、合作组织3家，其中：杨柳村发展壮大村集体经济资金互助社，主要经营种植业、养殖业、农副产品加工和管理营销等，注册资金100万元；吴忠市红寺堡区鑫绿野养殖专业合作社，经营范围为牛羊猪等畜禽的养殖、销售，注册资金350万元；吴忠市红寺堡区鑫绿野种植专业合作社，经营范围为农产品种植、加工和销售，注册资金150万元。现种植酿酒葡萄5160亩、玉米6900亩、黄花菜100亩、油桃60亩，牛、羊、猪、禽饲养量分别达到505头、4247只、147头、5000羽。

【中川村】

2022年，中川村有常住人口528户2156人，脱贫户137户511人，监测户17户66人（其中风险已消除10户42人，风险未消除7户24人），边缘易致贫户有11户46人（其中风险已消除7户32人，风险未消除4户14人）；脱贫不稳定户4户12人（其中风险已消除2户7人，风险未消除2户5人）；突发严重困难户2户8人（已消除风险1户3人，风险未消除1户5人）。享受低保191户291人，享受高龄补贴18人，分散供养人员1户2人，享受残疾人津贴66人，有孤儿14人，公益性岗位52人（人社工岗21人、光伏工岗21人、康洁公司3人、护林员7人）。全村共有党员36名，致富带头人15人。中川村2022年度脱贫户纯收入14073.5元，农村人均可支配入1.2万元、村集体收入达91750元。全村耕地面积共6300亩，实施高效节水面积2300亩。中川村三大支柱产业为玉米种植、牛羊养殖、劳务输出。全村18—60岁劳动力750人，培育致富带头人9人、劳务经纪人1人，劳务创收1000余万元。全村有专业合作社2个，其中养殖合作社1个，羊存栏1000只左右，种植合作社1个。无土地流转情况。

（吕晓瑾）

柳泉乡

【概　况】

柳泉乡地处红寺堡区东部，东邻太阳山镇，南靠大罗山，西连红寺堡镇，北接利通区，行政区划面积约600平方千米，下辖甜水河村、柳泉村、沙泉村、永新村、红塔村、豹子滩村、黄羊滩村、水套村、羊坊滩村9个行政村，移民主要来自海原、西吉、隆德、泾源、彭阳、同心等县。盐兴公路、定武高速和太中银（太原—中卫—银川）铁路贯通东西，罗山大道连接南北，交通便利。柳泉乡有常住人口6469户25945人。全乡有耕地8.31万亩，肉牛饲养量2.5万头，滩羊饲养量9.22万只。全乡有完全小学12所、教学点1所，在校教师207人，在校学生2541人。有乡级医疗卫生机构1个，医护人员32名；有村级卫生室17个，村医22名。2022年，柳泉乡农民人均可支配收入13216元。

【特色产业】

2022年，柳泉乡坚持蓄势赋能，农业发展提质增效，乡村振兴成果显著。优化调整农业种植结构，确保粮食稳产增产。全年粮食播种面积8万亩，其中种植玉米6.5万亩、小麦0.5万亩、玉米套种大豆0.3万亩。有日光温室45座，持续推动农业规模化、高端化、品牌化、产业化发展。累计发展特色种植业35169亩，其中黄花菜3345.8亩、枸杞1451.4亩、优质牧草2569.9亩、露地西瓜1070亩。持续推动红塔村帮扶车间和羊坊滩村吨袋加工车间建设，引导企业强化商标意识。加强“甜水河”“苗宇”等黄花菜品牌建设，申请特色农产品SC认证，提高农民收益。落实各类惠农项目，确保农业增效增收。投入使用水套、柳泉标准化滩羊养殖场和羊坊滩肉牛养殖场，带动全乡畜牧业高质量发展，肉牛存栏1.7万头，羊存栏7.9万只，肉鸡存栏4.21万羽，加大对现有31个种植养殖合作社的扶持力度，开展技术服务，实现村集体增收、农户致富、以春秋两季防疫为重点，全面抓好动物防疫工作，全年畜禽免疫率100%。规范管理壮大集体经济，提升内生动力。因地制宜探索村集体经济发展新模式，全年共计投入资金1910万元，累计收益59万元。

【草畜产业】

2022年，柳泉乡按照政府主导、龙头带动、乡村联动、农户劳动的原则重点发展以肉牛、滩羊、饲草为主的草畜产业。成立以9个村支部书记为成员的柳泉肉牛养殖专业合作社，采用“党支部＋合作社＋农户＋基地”的联合体养殖模式推行“出村入场”，对现有运行良好的31个合作社加大扶持力度。发挥示范带动作用，开展有效技术服务，引领和带动群众发展养殖业，实现村集体和农户共同增收目标。积极争取项目资金，新建的水套标准化滩羊养殖场、羊坊滩标准肉牛养殖场、柳泉标准化滩羊养殖场和肉牛养殖场已投入使用，带动全乡畜牧业高质量发展，肉牛存栏1.7万头，羊存栏7.9万只，肉鸡存栏4.21万羽。加大对现有31个种植养殖合作社的扶持力度，开展技术服务，实现村集体增收、农户致富。

【劳务产业】

2022年，柳泉乡发挥红寺堡区外出务工人员线上审批服务作用，为998人返岗复工提供服务，有序组织人员返岗复工。针对特殊人群开发光伏扶贫公益性岗位191个，累计发放补助203万元。邀请专业技术人员进行中级电焊、中式面点等项目培训98人。推动农村劳动力转移就业6492人，完成就业局下达年度目标任务的105.1%，实现劳务创收13230.45万元。通过加强技能培训，拓宽劳动力就业务工渠道，解决就业难题。

【乡村振兴】

2022年，柳泉乡巩固脱贫攻坚成果，大力实施乡村振兴战略，人民群众的获得感、幸福感、安全感不断增强。全年兑付扶贫小额信贷贴息资金1051户、5012万元，兑付贴息资金194万元，纳入雨露计划428人次、64万元。健全防返贫致贫预警动态监测帮扶机制，开展返贫致贫风险点大排查，对存在返贫致贫风险的农户，建立监测台账，落实“一户一策”帮扶措施，及时化解返贫致贫风险，做到监测问题全见底、预警风险全清零，全年共识别监测对象142户595人，其中，未消除风险监测对象52户224人（边缘易致贫户18户78人，脱贫不稳定户13户51人，突发严重困难户18户83人），实现“三类人口”动态监测、动态预警、动态帮扶、动态销号。落实各类衔接补贴政策，每月召开帮扶责任人例会，组织相关政策学习。引导帮扶责任人入户加大对产业、就业、金融等扶贫政策宣传。全年针对特殊人群开发保洁员等光伏扶贫公益性岗位191个，累计发放光伏扶贫公益性岗位补助103余万元。纳入春季雨露计划帮扶监测对象2户2人，每人补助1500元。新增小额贴息贷款1039户5011.7万元，兑付贴息资金192.71万元。为35户因大病纳入监测对象家庭办理大病救助12万元，脱贫户和监测对象缴纳“健康保”6820人，缴纳率达99%。完成考核评估反馈问题整改，梳理汇总14个方面57个问题，细化123项整改措施。同时针对存在问题，逐村逐户共排查出534个具体问题，制定687项整改措施。2022年农业产业补助资金共2209万元，其中产业到户补助1482户993万元、见犊补母资金840万元、春小麦种植补贴185万元、特色产业种植补贴150万元、中蜂养殖补助41万元。

【项目建设】

2022年，柳泉乡按照“夯实基础设施，打造美丽乡村”的发展规划，以“重规划、强执行、高标准、促成效”为工作要求，围绕基础设施短板、民生热点、特色产业，对柳泉乡全域产业、交通、环境等情况进行调研，摸清底数，动员乡村两级干部出谋划策，全年共实施基础设施改造、产业提质增效、人居环境提升、公共服务等

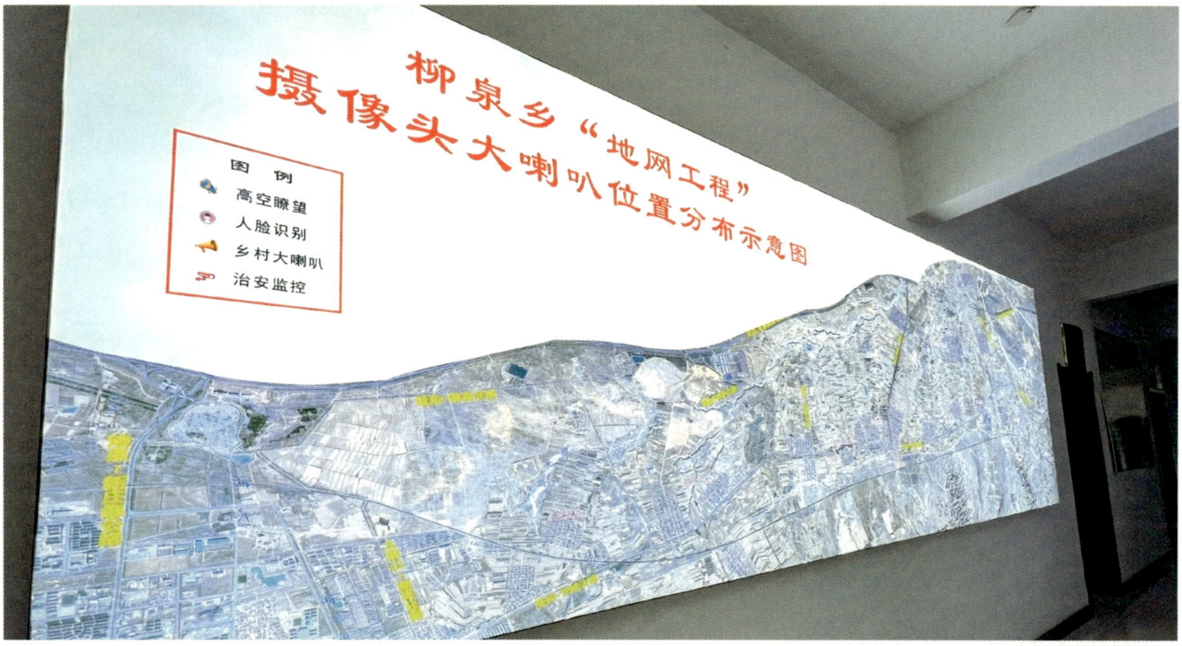

柳泉乡“地网工程”摄像头大喇叭位置分布示意图

各类项目 33 个，累计完成投资 5931 万元 。

【环境整治】

2022 年，柳泉乡结合美丽乡村建设、创城、移风易俗等工作，大力开展农村人居环境整治工作，打造干净整洁、秩序井然、环境优美、和谐宜居新农村。召开农村人居环境整治工作动员会和推进会，传达学习红寺堡区农村人居环境整治工作会议精神，制定印发《柳泉乡 2022 年人居环境综合整治实施方案》，将工作任务分解到每个人身上。指导各村成立农村人居环境整治工作组，建立健全工作机制，对农村人居环境整治工作开展情况进行专项督查，并就发现的问题限期要求整改。实行“一把手”负责制，将人居环境工作纳入各村年终考核中，要求各村严格落实五项职责（目标责任制、考核制、督查制、问责制、奖惩制）。乡政府与各行政村签订《柳泉乡农村人居环境综合整治工作责任书》，各村针对工作任务制订切实可行的工作方案和年度工作计划，分解指标，明确责任、任务、完成时限，确保各项指标落到实处，各项工作任务圆满完成。利用广播、横幅、宣传彩页、村级喇叭、微信平台等多种方式宣传，提升人们卫生意识。转运清理生活垃圾 500 余吨，拆除乱搭乱建 20 余处，投资 1800 万元建设污水处理设施 30 个，铺设污水管网 45 千米；改造卫生厕所 554 座，户厕普及率达 85%；实施水污染防治行动，巩固提升河长制工作成效，统筹推进辖区内 19 条沟河道整治，完成 338 国道两侧修枝抚育 2100 亩，种植各类生态绿化苗木 1.9 万株。

【社会保障】

2022 年，柳泉乡围绕全面建成基本医疗保险、大病保险、大病补充医疗保险、医疗救助“四道保障线”目标，结合家庭签约医生、红寺堡区重特大疾病救助等惠民政策，解决群众看病就医难问题。2022 年所有人员全部缴纳医疗保险，参保率 100%。推动全乡低保动态管理和专项治理，按照低保专项治理“四个一批”工作要求，共纳入保障 279 户 326 人，清退 230 户 296 人。对因特殊原因造成生活困难的群众发放临时救助资金 583 户 220 万元。截至 2022 年底，全乡发放临时救助金、孤儿津贴、高龄补贴、养老资金等共计 213 人 99 万元，残疾人“两项”补贴 1000 万元。组织 86 人参加面点、焊工等专题培训班。全面推进就业务工奖补项目和交通补贴资金共计 937 人 305.2 万元。累计招募公益性岗位人员 203 人，发放岗位补贴 203 万元。

【社会管理】

2022 年，柳泉乡按照《红寺堡区以“135”为抓手加快推进县域社会治理现代化任务分工方案》的要求，制定《柳泉乡县域社会治理现代化试点工作实施方案》，围绕县域社会治理的目标任务，推动社会治理和服务重心向基层下移，发挥“综治中心 +7”运行模式的优势，对重大事项进行综合协调、统一办理、集中处置，共受理分流案件 17 起，办理信访事项 4 件，化解各类矛盾纠纷 43 件。构建支部联治、村组联治、网格联治的“三级联治”网格治理格局，打造柳泉、永新综治中心，创新开展柳泉村积分超市，提高网格员工作积极性。推动扫黑除恶专项斗争学习常态化，每月至少开展 1 次专题学习，传达习近平总书记重要指示批示精神和相关会议精神，并将学习内容纳入党委中心组理论学习和各村党支部主题学习。落实“135”社会治理模式，借鉴新时代“枫桥经验”，提高风险防控能力，推进综治平台信息化建设、扁平化运行。加快“地网工程”平台建设，推进“地网工程”在社会治安、人居环境整治、应急处置中的作用。依托 12345 便民服务平台、宁夏信访智能辅助平台、信访接待大厅接受群众信访诉求，及时化解突出信访问题。全年共接访 197 项，办结 196 项，办结率 99.5%。常态化开展安全生产、养老诈骗、普法教育宣传 50 余次，粘贴海报 300 余份，发放宣传彩页 1500 余份、宣传品 300 余份。

【党风廉政建设】

2022 年，柳泉乡党委书记与班子成员、各村党支部负责人签订党风廉政建设主体责任书，分管领导和各站所签订“一岗双责”责任书。班子成员与分管站所扛起政治责任，落实“两个责任”，2022 年，各站所结合自身工作共梳理廉政风险点 32 个，制定措施 44 个；班子成员结合分管工作，共梳理廉政风险点 33 个，制定措施 41 个。坚持党风廉政建设与中心工作同部署、同落实，把主体责任划分为具体目标和措施，全面夯实主体责任，持续强化监督，不断推进基层党务、政务、村务公开，利用小微权力“监督一点通”服务平台收集问题线索，共收集问题线索 5 件，办结 5 件。开展扶贫领域腐败和作风问题专项治理，乡党委定期召开专题会议研究脱贫攻坚工作 3 次。制定《柳泉乡“廉政警示教育周”实施方案》并开展警示教育活动。为拓宽扶贫项目监督覆盖面，增强公示效果，通过乡村两级公示栏、“魅力柳泉”微信公众号、红寺堡区人民政府门户网站等，收集问题线索，引导广大群众参与“微腐败”监督。共办理人大议案建议 4 件。将政务公开列入重要议事日程，采用线上和线下两种形式发布政府信息，公开面达 100%。聘请专职律师担任法律顾问，全面参与规范文件、重大行政决策、行政合同及重大行政执法决定等事项的合法性审查工作，开展日常性法律服务和专项法律服务，全年开展普法宣传、法律咨询等活动 10 次，举办法律讲座 2 场，出庭应诉 1 次，参与合同起草等重大行政决策事项 20 余次。

【基层党建】

2022 年，柳泉乡撰写专题调研报告 1 篇，讲专题党课 2 次，举办专题培训班 2 期 300 余人。组织班子成员开展专题调研 1 次，提交调研报告 10 篇，讲授专题党课 10 次。围绕党性教育、廉政教育、村集体经济发展、村级治理等，组织村“两委”班子、驻村工作队员到弘德党员教育基地、青云湖警示教育基地、飞地养殖园区、板桥洼渠村、上桥牛家大院等地进行观摩学习。围绕党建引领基层治理示范点创建、“两个重要文件”及村“两委”换届选举等重点工作，先后召开党委会 35 次，研究党建事务 119 项。督查指导党建工作 4 次，发放党建问题清单 31 份。在防控一线成立临时党支部 9 个，设立党员先锋岗 22 个，动员 460 名党员参与防疫工作，组织党员捐款 45252 元。争取自治区自然资源厅帮扶资金、区委组织部项目资金 100 余万元，对柳泉、永新等 3 个村级活动场所进行维修改造。对 18 名村党组织书记后备人才、45 名村级优秀人才，实行“一对一”人才培养联系机制，完成 11 个党员发展指标任务，对全乡 482 名党员落实信教参教季度摸排机制，全覆盖保障支部书记住房公积金、年度体检，2 名“一肩三挑”书记享受 1.5 倍任职补贴，为 66 名村干部、17 名村级事务管理公益性岗位购买人身意外伤害险，鼓励 27 名村干部参加继续教育能力提升计划，组织村干部参加区内外各类培训 36 人次。

【精神文明建设】

2022 年，柳泉乡以发挥社会主义核心价值观对群众教育、移风易俗、精神文明创建、精神文化产品创作生产传播的引领作用，把社会主义核心价值观融入全乡社会事业发展各方面，提高微信公众号“魅力柳泉”的传播力影响力。2022 年，共创建移风易俗示范户 32 户，发放农村妇女创业担保贷款 335 户 3901 万。

【永新村民宿旅游】

2022年，柳泉乡鼓励永新村发展民宿旅游业，抢抓全域旅游新机遇，借助国道338线、罗山大道及定武高速的区域优势，推行民宿旅游扶贫产业，通过“55124”村级治理模式充分保障群众的知情权、参与权、决策权和监督权，形成全村上下和谐共融、共同致富的局面。民宿旅游由2户发展到60户，带动20户脱贫户稳定脱贫。全面改造提升村水、电、路等基础设施服务水平，绿化美化亮化人居环境，打造特色旅游文化品牌，重新修订永新村民宿旅游发展规划，并按照一户一特的要求，融合移民文化、农耕文化、民宿文化、黄河文化，打造乡风浓郁、韵味独特的乡村旅游胜地，从根本上解决群众增收问题，全力打造脱贫攻坚示范村、村级治理模式的典范村及乡村振兴的先行村。获全国乡村旅游重点村镇称号。全年60户智慧民宿累计接待游客1万人次，创收30余万元。

【黄花菜示范基地建设】

2022年，柳泉乡打造产业结构调整示范区，在沙泉村彭阳组1390亩的高效节水项目区种植黄花菜、苜蓿、黄瓜等特色农作物，为全乡推进农业结构调整和农业节水打下基础。制定高效节水管理制度，采用合作社或引进企业管理的方式，聘用专人进行高效节水设施的后续管理，持续推行水肥一体化模式并引入高效节水信息化管理系统，以解决因地势问题造成的灌水不均衡问题，因地制宜优化产业结构，不断改良沙化、盐渍化土地。做优黄花菜产业，加强集中连片补植补造以及申报特色农产品种植合作社、SC认证。在甜水河村、柳泉村、羊坊滩村进行集中连片补植补造黄花菜，新建黄花菜加工车间2座，以提升农特产品的附加价值，提高亩均鲜菜产量，建设高质量黄花菜示范基地。

【豹子滩村】

2022年，豹子滩村常住人口432户1809人，脱贫不稳定户2户6人，边缘易致贫户12户60人。村“两委”班子5人，村党支部书记、主任“一肩挑”1人，后备力量5人，中共党员33名，预备党员2名，入党积极分子5名，致富带头人37名。全村耕地总面积7100亩，种植黄花菜430亩、经果林500亩。肉牛存栏3000头，滩羊存栏4000只。2022年全村总收入1959万元，人均可支配收入达到10731元，村集体经济收入达到25.27万元。

【红塔村】

2022年，红塔村有红塔37支、东泉36支、东泉35支3个村民小组。全村共有常住人口714户3019人。全村共有耕地面积11621亩，主要支柱产业为种植业、养殖业和劳务输出。全村种植玉米6300亩（青贮玉米2000亩）、枸杞170亩、经果林260亩、黄花菜750亩。肉牛1621头，羊3890只。2022年人均可支配收入10919元，村集体经济收入达12万元。

【黄羊滩村】

2022年，黄羊滩村有黄羊滩、红崖湾、蒿川3个村民小组，常住人口850户3376人，其中自发移民234户902人，脱贫不稳定户1户5人，边缘易致贫户3户9人。村“两委”班子8人，村党支部书记、主任“一肩挑”1人，中共党员48名，预备党员2名，入党积极分子5名，后备力量5人，致富带头人33名。全村以经果林种植、肉牛养殖、交通运输业为主，耕地总面积9700亩，种植枸杞526亩、经果林1030亩。肉牛存栏3750头、滩羊存栏6870只。2022年人均可支配收入达到10804元，村集体经济收入达到12万元。有农村小学两所，建有标准化卫生室两个，配备2名村医。村综合文化服务中心

100平方米，硬化活动小广场600平方米、文化舞台120平方米，安装健身器材等设施，为村民休闲娱乐提供好场所。

【柳泉村】

2022年，柳泉村有柳泉、中泉2个村民小组，共有常住人口1061户4085人，脱贫不稳定户3户13人、边缘户3户14人。村“两委”班子7人，村级公益性岗位2人，后备力量5人，中共党员76名（预备党员2名），入党积极分子3名，致富带头人58名。全村有耕地12037亩，产业发展以种植养殖业和劳务输出为主，种植黄花菜1600亩、枸杞35亩、经果林66亩。肉牛存栏3200头、滩羊存栏7680只。2022年农民人均可支配收入达11128元。探索“支部+合作社+农户”的模式发展黄花菜种植、黄牛养殖和铁杆庄稼，实现增产增收，打造柳泉村“牛品牌”。2022年整合新时代文明实践站等基层阵地，开展“六个先锋”示范引领行动，争创自治区文明村。建立以“村党支部+网格员+党员联系户”为主体的村党组织体系。采取“智慧化+网格化”管理模式，在村庄重点路口、区域、巷道安装监控设备68组、大喇叭4组，形成良好的综合治理网格。

【沙泉村】

2022年，沙泉村常住人口714户2730人，村“两委”班子成员7人，村党支部书记、主任“一肩挑”，党组织书记后备力量2名，村级后备力量7名，中共党员69名（预备党员2名），入党积极分子7名，致富带头人39名。全村以种植养殖业、劳务输出为主。现肉牛存栏400头，滩羊存栏12600只。共有耕地6398.3亩，以种植玉米、黄花菜、枸杞、红梅杏等为主。有劳动力1021人，2022年就业420人，稳定就业21人。全村有小学1所、村级卫生室3个、幼儿园1所、小型文化广场2个、公共卫生厕所2座、全日光温棚4座。全村户户通水电，设置垃圾集中堆放点2个，安装村庄照明太阳能路灯约240盏。2022年农民人均可支配收入12600元，村集体经济收入达到25万元。

【水套村】

2022年，水套村户籍人口537户2170人，常住人口492户1856人，脱贫不稳定户2户6人，边缘易致贫户3户13人，突发严重困难户1户3人。村“两委”班子成员5人，村党支部书记、主任“一肩挑”1人，后备力量5名，中共党员34名（预备党员1名），入党积极分子6名，致富带头人43名，村民代表38人，村民监督委员会3人。全村以种植养殖业、劳务输出和运输业为主。有耕地面积9856亩，种植经果林1120亩、牧草486亩、黄花菜100余亩。肉牛存栏量600余头，滩羊存栏量26870只。2022年人均可支配收入12300元，村集体经济收入5万元。

【甜水河村】

2022年，甜水河村常住人口708户2873人。村“两委”班子成员7人，中共党员48人（预备党员2人），入党积极分子7人，致富带头人43人。甜水河村以种植黄花菜、枸杞为主，种植养殖业和劳务输出为辅。共有耕地9560亩，种植经果林1000亩、黄花菜330亩、枸杞780亩、葡萄770亩，建设黄花菜晾晒场1座、日光温棚4座。养殖肉牛2800头、肉羊4950只，成立种植合作社3个、养殖合作社2个、苗木合作社1个。在外务工人员约660人，省内务工人员约500人，省外务工人员约160人。劳务产业年收入2100万元。2022年人均可支配收入11354元，村集体经济收入28万元。

【羊坊滩村】

2022年，羊坊滩村有常住人口432户1809人，脱贫不稳定户2户6人，边缘易致贫户12户60人。有村“两委”班子成员5人，村党支部书记、主任“一肩挑”1人，后备力量5人，中共党员33名，预备党员2名，入党积极分子5名，致富带头人37名。全村耕地总面积7100亩，种植黄花菜430亩、经果林500亩。肉牛存栏3000头，滩羊存栏4000只。2022年全村总收入1959万元，人均可支配收入达到10731元，村集体经济收入达到25.27万元。有标准化村卫生室1所，配备乡村医生资质的村医1名。有全日制小学1所、标准化幼儿园1所。全村主要产业为黄花菜种植、养殖、劳务输出。有耕地7120.04亩，种植黄花菜约960亩、经果林600亩、牧草1190亩。

【永新村】

2022年，永新村有常住人口934户3483人，脱贫人口288户1252人。全村共有“三类监测对象”9户38人，7户30人已消除风险。有村“两委”班子成员6人、后备力量6人、中共党员45名（预备党员2名）、入党积极分子3名、致富带头人32名。永新村以种植业、养殖业为主。有圈棚650座，肉牛存栏2200头。共有耕地10500亩，以种植玉米、枸杞为主。全村共有劳动力2900人，2022年就业700人，稳定就业300人。2022年人均可支配收入12750元。永新村共有小学2所、幼儿园1所、卫生室2所、文化活动广场1处。共安装路灯亮化工程515盏。2022年粉刷墙面24000平方米，所有巷道均已修建花园墙。在大力发展枸杞种植、肉牛滩羊养殖的基础上，抢抓旅游扶贫和全域旅游新机遇，转变思路，创新发展模式，借助国道338线、罗山大道及定武高速的区位优势，探索“党支部+合作社+农户+”的民宿旅游扶贫发展模式，打造共享庭院60户，年收入由最初的6万元增加到80余万元。2022年整合闽宁、中烟及各部门项目资金，完善游客集散及农产品展销中心功能，全面完善水、电、路等基础设施，规划集中养殖场，分批动员农户将家畜集中喂养到养殖场，人居环境不断得到改善。

（马 丽）

街　道

综　述

【概　况】

红寺堡区新民街道办事处成立于2014年，成立初期与红寺堡镇合署办公。2020年3月，与红寺堡镇人民政府分离，独立运行。辖博大、东方、罗山、创业、鹏胜、振兴、紫苑、绿苑8个社区。2022年，新民街道立足辖区城市化发展特点，加大小区党支部组建力度，延伸构建“8个社区党支部+43个网格（楼栋）党小组+43个党员楼栋长”的三级组织链条，将党的组织有机嵌入城市基层治理单元，党的工作延伸到城市治理的各个角落。与共建单位织密党建、综治、民政、城管等“一张网”，实现网格民情民意调查摸排、分析研判、快速反馈，推动需求在网格征集、资源在网格整合、问题在网格解决。罗山社区与警务室共同试点打造罗山花园“智慧小区”，拓宽“党组织+网格+智慧管理”治理思路。

【创先争优活动】

2022年，新民街道制定印发“六个先锋”年度评选方案，通过个人自荐、邻里互荐、社区推荐、线上报名、部门联审等方式累计推选出150名先锋示范户。分别制定社区干部、社区党员、社区志愿者、社区网格员、社区居民积分管理办法，从工作实际、工作作风、履行职责、参与治理等方面制定积分标准，进行奖品兑换，定期举办表彰大会，对积分靠前人员予以公开表彰奖励，同时在评选最美家庭、好媳妇（婆婆）、星级文明户等方面优先考虑，为调动广大党员干部群众参与城市基层治理的积极性和主动性、提升城市基层治理水平作出有益探索。

【党建引领】

2022年，新民街道建立党工委委员包抓社区机制，常态化下沉社区指导调研工作、参加组织生活、听取社情民意，推动解决问题，针对存在的短板弱项及时提请召开党工委会议研究解决，全面提升班子成员政治素养和履职能力。狠抓党支部规范化建设，严格落实“三会一课”、主题党日、组织生活会、民主评议党员等组织制度，筑牢基层党支部战斗堡垒。街道党工委理论学习中心组集中学习29次，明确基层党组织具体责任，形成党工委统一领导、一级抓一级、层层抓落实的工作格局。

【意识形态责任落实】

2022年，新民街道成立以党工委书记为组长的意识形态工作领导小组，贯彻落实党的十九大和十九届历次全会精神，落实意识形态主体责任，围绕街道中心工作，找准立足点，发挥思想引领、舆论推动、精神激励的作用，强化政治导向，完善工作体系，定期分析研判，牢牢掌握意识形态工作主导权，2022年累计研判意识形态领域风险13个，制定防控措施21条。

【党风廉政建设】

2022年，新民街道推进街道反腐倡廉工作，层层压实管党治党政治责任，推进巡察整改落地见效，深化廉政风险防控机制，动态更新干部廉政档案，加强党员干部廉洁教育。开展为期一周的“新民街道领导干部廉政警示教育周”活动，组织全体党员干部观看《零容忍》纪录片，自治区纪委监委、吴忠市纪委监委和红寺堡纪委监委拍摄的警示纪录片2场次。在节假日之前组织街道全体干部及各社区党支部书记召开5次作风建设安排部署专题会议，通过节前明示纪律底线、节日期间明察暗访，筑牢节日廉洁防线。

【党建阵地资源共享】

2022年，新民街道坚持把党建阵地建设作为建设服务型党组织，凝聚党员、干部和群众的重要基础。鹏胜社区党支部“搭平台、整资源、创品牌”综合施策，按照“127”工作模式，探索建立“党建+商圈”融合共建机制；创业社区党支部牵头成立“红色家政服务公司”，筹集4辆垃圾清运车，承接红寺堡区3个老旧小区、8个服务业服务企业小区6188户居民垃圾清运任务，对老旧小区实行兜底服务，对辖区低保户零就业家庭优先提供就业岗位；紫苑社区党支部积极探索城市更新改造工作新思路、新办法、新模式，以不断提升居民获得感、幸福感为目标，聚焦城市更新改造过程中群众最关注的问题（房屋质量、补偿标准等），深入群众宣传政策，逐个化解矛盾冲突，探索出“一管三带”新机制，即管好自己，带好家庭、带好邻居、带好居民小组，促进城市更新改造提档增速。

【联合共建】

2022年，新民街道完善街道“大工委”和社区“联合党委”工作机制，发挥街道“大工委”和社区“联合党委”作用，坚持每季度召开联合党委会议，全区59个联合党委成员单位799名在职党员实现双报到双服务，59个联合党委成员单位在社区党建、基层治理、环境整治、民生服务等方面群策群力、齐抓共管，切实将党史学习教育成果转化为为民办实事的动力，形成合力共建的良好局面。结合党史学习教育，在职党员认领“微心愿”100余个。落实共建要求，召开联合党委联席会议，研究讨论事项171个。发挥共驻作用，开展环境整治300余次，开展自治区第十三次党代会精神、文明实践等宣讲30余次，各社区走访征集“微心愿”400余个，联合党委成员单位主动认领完成。疫情期间，400余名联合党委成员单位党员第一时间支援疫情防控值守一线，齐心协力打好疫情防控阻击战。

【“红色物业”建设】

2022年，新民街道开展“红色物业”建设行动，制定《新民街道关于推进物业管理良性运行优化公共服务体系的实施方案》《新民街道“社区居委会、物业服务企业、业主委员会”三方议事机制》《关于在物业行业中开展春风行动的通知》，规范管理，提升服务。以《关于在全市开展“红色物业”建设行动提升城市基层治理水平的实施意见》为指导，成立物业协会党支部1个，物业公司联合成立党支部1个、独立成立党支部1个，选派党建指导员5名，成立业主委员会党支部5个，12个物业服务企业红色元素覆盖率达到100%，强化党建引领，打通服务群众“最后一千米”。组织辖区物业服务企业开展为期两个月的物业服务“春风行动”，并依据考核结果评选出14个优秀物业服务企业和13名优秀物业工作者。完善物业公开透明收费制度，要求各物业服务公司每半年将物业收支明细进行公示，提升业主监督管理的积极性和对物业服务的满意度。

【城市建设】

2022年，新民街道以文明城市创建为目标，对标示范区创建要求，聚焦城区环境卫生整治重点难点问题，将城区环境整治工作按区块划分为居民小区、城中村、空置地等区域，分类施策，对症下药，提升物业服务质量，配套完善环卫设施，通过空地承包、安装监控、围网造绿等措施，在解决个性化问题的同时，建立长效机制，推动人居环境不断优化。2022年，新民街道推进城市更新改造，新民小区新民片区拆迁660户，完成兴盛片区兴盛小区预征收工作，完成白墩小区76户拆迁工作，完成小康北村片区、朝阳片区预征收准备工作。各片区配套雨水、给水、暖气管网及强弱电预埋管线、路灯、信号灯、电子警察等基础设施。同时成立棚户区改造遗留问题处理专项工作组，对棚户区改造遗留问题按照“一户一策”的思路集中攻坚，依法有序推进，彻底解决新民小区人居环境脏乱差问题。

【民生保障】

2022年，新民街道新增城市低保114户，新增农村低保45户，因家庭生活条件改善取消低保118户。共救助困难群众287户，救助金额91.07万元，其中因疫情影响就业困难56户。完成医疗救助6人，其中4人大病，2人重残。2022年给315名退役军人制发退役军人优待证。慰问辖区困难退役军人16户，慰问物品价值7万元。发放光荣证21张，覆盖率100%。建立新民街道劳务服务中心、8个社区劳务服务站，搭建人才输送劳务服务平台。根据辖区劳动力信息，建立动态务工需求信息数据库，对接周边企业、园区及机构，为劳动者和用人单位提供求职招聘、管理咨询、人力资源输送、人才测评等一站式服务。截至2022年底，为新疆其亚铝、火神山有限公司、保安公司、水务污水处理厂等单位输送近200人。通过劳务公司输送劳务近1500人。组织辖区居民采摘枸杞5200多人次、采摘黄花菜1800多人次。

【平安建设】

2022年，新民街道结合各社区实际和城市管理特点，将8个社区划分为70个网格区，配备网格员76名，在此基础上以楼栋为单元，设立408个楼栋长。制定《关于进一步完善基层网格化管理工作的实施方案（试行）》《新民街道网格员积分管理办法（试行）》，明确各网格的四至范围、人员构成和社会组织情况、城市重点部位和主要服务事项等，确保网格运行实体化，网格作用最大化。

【安全生产宣传】

2022年，新民街道落实安全生产责任制，定期听取各社区安全生产工作汇报，研判安全生产形势，指导协调解决重点难点问题。通过宣传展板、微信公众号、消防安全培训等方式强化安全生产宣传教育，常态化开展线上线下安全生产宣传，排查出C级自建房22间、D级自建房10间。线上线下宣传习近平总书记关于安全生产重要论述13次，开展各类灾害预警宣传23次、各类安全知识宣传12次，包含消防、防溺水、汛期、交通安全等安全知识，结合其他线下宣传活动开展安全知识提问2次、文艺会演1次。配合红寺堡区安委会办公室、应急管理局等开展“安全生产月”宣传活动，活动期间共发放宣传彩页500余份、各类宣传品1100余份，发动辖区居民积极参与现场安全生产知识问答比赛等，提高群众的安全意识。

（靳莹莹）

博大社区

【概　况】

博大社区成立于2019年12月，位于圣悦名邸小区北侧11号楼102室，辖区以商贸市场、居民小区、居民平房区、沿街商铺为主，辖区面积1.45平方千米。管辖区域网格6个，分别为圣悦名邸小区网格、朝阳小区网格、牛羊交易市场、欣荣市场网格、博大商圈网格、蘑菇棚平房区网格。辖区有大型商场2处（博大购物中心、博大家居广场），金融机构3家（中国农业银行、邮政储蓄银行、红寺堡农村商业银行），幼儿园1所（红寺堡镇第一幼儿园），商业街（路）共5条（罗山南路、德水街、扬黄路、团结街、创业东街），沿街商铺397户（家），沿街驻地大型国有企业4家（中国移动、中国联通、红寺堡区种子公司、红寺堡区自来水公司），宾馆旅店6家。辖区总人口1425户4918人，年流动人口占辖区总人口的10.5%。社区现有直管中共党员15名。2022年，博大社区持续深化基层党组织示范引领作用，着力构建社区“党支部+”多元工作新格局，推动博大社区工作呈多元一体、全面准确的方向不断发展。在常态化开展民生保障、文明城市创建、社会治理等工作的基础上大胆探索、先行先试，立足社区实际，全面准确分析各类问题根源，突出服务与发展两大主题，着力破解影响社区发展的各类问题。2022年8月2日、9日，博大社区工会户外劳动者服务（法律）站被《吴忠日报》刊登；2022年9月6日，“红寺堡区首届城市消费节”在博大社区博大商业广场举办，被新华社刊登宣传。党的各项利民惠民政策落实落地，网格化、精细化为民服务工作举措及时更新跟进，辖区居民居住生活环境优化、居民生活质量提高、邻里关系和谐融洽。

（王彦斌）

【党建引领】

2022年，为有效促进社区建设和谐发展，博大社区党支部最大限度地发挥政治功能、组织优势，及时跟进掌握社区资源，驱动红色引擎发挥作用，及时推动解决社区问题，不断满足辖区不同群体居民的需求，引导鼓励居民积极发挥主人翁意识，推动社区居民自下而上参与社区建设。促进居民沟通交流、交融团结，不断提升铸牢中华民族共同体意识。逐步建立了以党支部为核心，辖区各类组织共同参与的工作格局。突出阵地、服务、活动、基层治理的规范化建设，凝聚社区发展合力，社区党建工作的质量和水平不断提高。2022年，新民街道博大社区党支部以喜迎党的二十大为契机，认真学习、准确把握自治区第十三次党代会精神，持续深化党史学习教育，把深入学习贯彻落实党的二十大精神同“学党史、悟思想、办实事、开新局”融汇于“三会一课”、支部主题党日活动全过程，以“基层党建全面提升年”和“党建六项行动”为抓手，持续推进党史学习教育扎实开展。截至年底，博大社区党支部组织社区“两委”班子成员集中开展党史学习18次，社区干部每人撰写学习心得6篇，确保党史知识浸润干部心田、洗礼干部思想、指导开展工作。社区干部带头行动，组织党员义工队、社区志愿服务队开展我为群众办实事活动。全面落实上下贯通、执行有力、左右协同、充满活力的“五联五化”工作体系，严格在职党员社区报到制度，实现党建工作与社区各项工作融合推进。

（张志科）

【民生保障】

2022年，博大社区结合新时代为民服务工作要求任务，不断延伸社区管理服务功能，突出满足为民服务需求，全方位为辖区居民提供服务。推动辖区困难群体低保异地办理、扩面增容工作，扩大临时救助范围、救助对象，确保困难群体应保尽保、应救尽救。2022年，博大社区累计保障辖区困难家庭16户23人，申请救助各类困难对象13批次70户，发放救助金近14万元，为申报救助的77名各类救助对象办理救助手续。“9·20”疫情暴发后，博大社区聚焦辖区隔离对象、生活困难群体申请发放米、面、油救助物资，有效保障辖区困难群体（居民）基本正常生活。结合辖区老年群体需要，争取上报博大社区老年人助餐点项目一个。依托博大社区区位功能优势，探索适合社区发展、符合困难群体实际需要的博大社区夜市地摊新型经济，关心关爱辖区残疾人、留守妇女等特殊困难群体改善生活水平，鼓励辖区居民创业就业，保障增加收入。截至2022年底，博大社区累计开设夜市摊位40余处，经营者个人收入年增加10万—12万元，为困难弱势群体提供就业岗位近50个。统筹网格员、网格协管员，按照分片包干责任，走访辖区900余户居民，发放常态化疫情防控政策知识宣传材料500余份。探索性协助解决蘑菇棚片区居民宅基地遗留问题、朝阳小区片区城市发展更新拆迁问题，推动城市更新发展，提升居民生活品质。截至年底，蘑菇棚土地属性转化、居民宅基地办理工作全面启动且稳步推进。完成朝阳小区片区土地房屋测评测绘、土地房屋权属登记认定、拆迁协议签订等工作。

（王彦斌　马　丽　马玲儿）

【综合治理】

2022年，博大社区弘扬红色文化，筑牢红色基因，构建“多元一体”的县域社会治理新格局。构建党组织领导下的居委会、业主委员会、物业等多方联动的“红色物业”体系，打造垃圾分类示范点，以解决群众身边的关键小事为着力点，破解物业管理难题。为解决户外劳动者、夜市商圈经营者用餐、饮水、休息等面临的实际困难，博大社区积极对接红寺堡区政协、总工会投入资金近15万元建成博大社区户外劳动者（法律援助）服务站，统一配备桌椅、手机充电器、饮水机、微波炉、血压测量仪、图书角、应急药箱等服务设施，彻底解决户外劳动者外出生活的不便、遇事无处化解的实际难题。整合各方力量，打破条块分割的壁垒，形成条块共建共治的格局。压实网格员工作任务，加大辖区入户走访工作力度，全面掌握辖区人员类型、从事工作等基础信息，及时排查化解各类矛盾纠纷，防范处置事关社区居民人身安全、生命安全、财产安全的各类不稳定不安全因素，吸取湖南长沙自建房事故经验教训，在辖区范围内全面开展摸排自建房安全隐患，完成辖区3017间自建房摸排任务，完成潜在隐患自建房初步鉴定任务。

（张志科　赵国霞　虎亚嵘）

创业社区

【概　况】

创业社区成立于2003年11月，管辖总面积1.1平方千米，社区阵地面积1300平方米，社区下辖建兴小区、圣丰花园、教师新村、罗山怡居4个居民小区，林苑小区、环卫小区、小康北村 3 个平房小区。结合社区实际全面推行社区（联合党委）—网格（党支部）—楼栋院落（党小组）三级网格化管理服务架构，将辖区分为 7 个网格，社区书记担任一级网格长，社区干部（联合党委各成员单位干部）担任二级网格员，楼栋长担任三级网格协管员。

【党建引领】

2022 年，创业社区按照“123”工作思路全面带动基层党建工作，社区党支部严格落实“三会一课”制度，组织党员、网格员，利用支委会、支部主题党日、党员大会、党员冬训和社区学习例会开展“理论＋实践”学习，写笔记、谈心得，将理论学习常态化、规范化、制度化。上半年，举办党员冬季轮训班，组织党员集中学习 7 次，组织“两委”班子成员及网格员集中学习 20 次，开展“参观博物馆、重温历史路”“传承雷锋精神、弘扬时代新风”“保护生态环境、追求低碳生活”等主题党日 12 次，交流心得体会 3 次，支部书记讲党课 2 次。按照发展党员标准和程序，把好党员入口关，注重培养入党积极分子，不断壮大党员队伍，坚持成熟一个，发展一个，上半年确定积极分子 2 人，发展对象 2 人，下半年确定积极分子 1 人，发展预备党员 1 人，预备党员转正 2 人。

【联合党委运行机制】

2022 年，创业社区整合资源，推行联合党委运行机制，把辖区内 9 家企事业单位 147 名党员纳入社区联合党委管理，发挥资源优势，共驻共建。截至年底，召开联合党委会议 4 次，完成微心愿 8 个，慰问困难群众 38 户、困难职工 5 户，提供帮扶资金 3 万元，为林苑小区安装铁大门 1 个，协助社区完成创城满意度测评 100 户。

【家政服务】

创业社区党支部自 2020 年牵头成立“红色”家政服务公司以来，共筹集 5 辆垃圾清运车，承接红寺堡区 3 个老旧小区、8 个服务业服务企业小区 6188 户居民垃圾清运任务，对辖区低保户、零就业家庭优先提供就业岗位。2022 年增收 4 万元，清理小区生活垃圾 2300 余吨。

【民生实事】

2022 年，创业社区将环境整治区域划分为居民小区区域、城中村区域、空置地区域，分类施策，对症下药，采取空地承包、安装监控、围网造绿、完善设施的措施，在解决个性化问题的同时，建立长效机制。定期组织党员、社区干部、志愿者团队前往各小区，捡拾垃圾、整理草坪，整治乱停乱堆乱放等，全年参与环境卫生整治工作 120 余人次，清除卫生死角 10 处，整治乱停车辆 500 余辆、乱堆乱放户 100 户。联合新民街道司法所、警务室对辖区进行拉网式矛盾纠纷归类处理，对于能现场解决的问题现场处理，不能现场解决但可能引起群体性上访事件及不稳定因素的问题做好梳理登记，持续动态掌握问题处理进程。全年共排查纠纷 38 起，均安排社区干部走访调处。在建兴创业小区、圣丰花园小区打造 2 个集学习教育、协商议事、文化休闲、物业管理于一体的党群服务驿站。全年摸排房屋漏水住户 22 户。为摸排出的 280 户生活存在困难的居民，争取 180 户临时救助和 100 户暖心包等，帮助渡过难关。完成辖区 3105 位居民新冠疫苗接种工作。

【综合治理】

2022 年，创业社区多次组织小区物业公司、业主委员会召开创城部署会议及小区环境卫生整治会议，加大环境卫生整治力度。联合综合执法局、社区警务室，发动党员、群众主动参与，清理各小区、小康北村、教师新村平房区、环卫小区卫生死角及小广告，整治乱堆乱放、乱倾乱倒等问题，全年集中整治 100 小时，参与人数 300 人次，清理垃圾 40 立方米。组织网格员每日主动集中到点监督维护，鼓励居民主动向社区举报乱倾乱倒、乱堆乱放等不文明行为，推动人居环境整治常态化运行。

【环境美化】

2022 年，创业社区制作各类宣传大展板 32 个、公益广告 60 块。为小区更换 20 个楼道的照明灯，小区内井盖 8 个，绿化小区内裸露地面 900 平方米，维修路面破损 3 处，硬化裸露地面，在小区内补植风景树 200 棵。

【民生保障】

2022 年，创业社区强化智慧助老助残助弱服务，借助“互联网 + 养老平台”完成养老认证 126 人次，享受低保 58 户 99 人（异地申请 6 户 6 人），居住在农村享受城市低保 28 户 53 人。取消 3 户 3 人，调整 12 户 27 人，新增低保申请 11 户 14 人。临时救助上报 5 批 22 人。享受困境儿童 3 人，特困供养人员 2 人，享受高龄津贴 3 人。残疾 79 人，一、二级残疾 36 人，三、四级残疾 43 人。

【新时代文明实践】

2022 年，创业社区整合社区综合文化站、党员活动室、儿童心理咨询室、图书室、党性教育基地等公共服务阵地资源，以文化活动为载体，寓教于乐，营造精神文明建设氛围。结合“庆三八”“迎六一”“端午包粽子”等重要节日活动，开展社区文艺演出、民族政策知识竞赛、送文化、送法律进小区等群众喜闻乐见的新时代文明实践活动 26 场。寻找挖掘推选出 37 户“六个先锋”典型人物，营造积极、健康、文明、向上氛围。联合各联合党委成员单位开展新时代文明实践志愿服务活动 259 次。通过志愿者积分回馈、烟头捡拾兑换等措施，让更多群众产生浸润其中的体验感、乐在其中的成就感、受惠其中的获得感。全年志愿活动兑换积分超市 41 种物品，共计 15254 元。不定期组织各项志愿服务活动慰问孤寡老人、留守儿童，宣扬中华民族扶危帮困传统美德，在辖区范围内形成尊老爱幼、你帮我助的风尚。

【退役军人服务】

2022 年，创业社区推动退役军人服务保障工作精细化、规范化，准确掌握退役军人和其他优抚对象真实情况，推行“一户一档、一人一卡”精准服务，同时做好光荣牌悬挂工作。为辖区 46 名退役军人办理优待证，将其信息录入办证系统，帮助 3 名困难退役军人申请困难救助。发挥“四尊崇”“五关爱”“六必访”机制作用，把退役军人思想政治工作重点放在基层、矛盾问题化解在基层，在服务保障中增进感情、赢得信任、排除隐患，引导退役军人始终听党话、跟党走。

（安文静）

东方社区

【概　况】

东方社区成立于 2014 年 10 月，辖区总面积 2.4 平方千米。社区下辖东方世纪城、瀚海明珠等 5 个居民小区。辖区常住居民 1931 户 7139 人，社区联合党委成员单位 7 家，在职党员 100 名，直管中共党员 32 名。有学校 5 所、医院 2 所、民营企业 9 家、街面商业网点 337 个。社区服务阵地面积 3000 平方米。东方社区始终把创建和谐社区作为一项重要工作摆在突出位置，推进党建、党风廉政建设，落实民生保障，高位推动综合治理工作，和谐社区构建成效显现，辖区社会环境安定有序。

【党建引领】

2022年，东方社区探索“155”工作法，完善《社区党组织联席会议制度》《社区党支部议事制度》等制度，为有效开展社区各项工作提供机制保障。2022年，东方社区党支部共开展主题党日活动12次、支部委员会议16次，组织召开党员大会6次，开展社区党支部书记、老党员讲党课4次。社区共有直管党员29人，鼓励4名年轻同志递交入党申请书，预备党员转为正式党员3人，1名积极分子转为预备党员。为充分发挥党员先锋模范作用，建立志愿者服务队，切实为群众办好事、办实事，围绕人居环境整治、防灾减灾、安全生产、创建全国文明城市等开展系列志愿服务活动。有效发挥党组织和党员在社区建设中的龙头作用，增强党支部的凝聚力和战斗力。党员干部交流学习感悟，撰写相关心得体会15篇。聚焦党的二十大精神等内容，集中一周利用下午1小时进行专题学习，并组织测试，巩固提升学习成效。完善联合党委联席会议推进机制，发挥联合党委成员单位在社区建设中的共驻共建作用，召开联合党委联席会议4次，共同商讨小区环境卫生整治、困难群众慰问等相关事宜，7家单位直管党员100名党员进驻社区报到并参与社区共驻共建，解决城市基层治理难题。

【民生保障】

2022年，东方社区依托社区现有资源，开设一批服务老人、关心老人的老年大学课程。聘请健康讲师为老年人讲授健康养生知识，举办书法、绘画比赛，丰富老年人精神世界，组织老年人参加广场舞比赛，打造东方社区“太极功夫扇”老年人主体活动品牌，激发辖区老年人参与健身活动的热情。借助社区日间照料中心民生保障服务平台，争取资金支持，帮助解决好辖区残疾人、特殊群体、弱势群体家庭生活困难。2022年，东方社区申请临时救助78户，申请大病救助6户，申请低保7户8人，核查低保98户，清退8户16人，慰问困难户110余户。通过社区干部、网格员平时走访，对于辖区长期患病的低保家庭和特困户居民、残疾人家庭，结合相关节日活动要求，开展慰问帮扶活动，主要对辖区孤老、残疾和特困居民进行关心慰问，帮助解决他们在生活中的实际困难。

【综合治理】

2022年，东方社区建立健全信访维稳及平安建设机制，落实“稳定压倒一切”的方针，社区成立信访维稳、平安建设领导小组，有专人负责信访维稳及平安建设等综合治理具体工作。强化社区网格化服务，加大对各种矛盾纠纷排查力度。联合社区警务室关注家庭婚姻矛盾纠纷，及时处理“12345”平台投诉纠纷，调解矛盾纠纷17起，其中“12345”平台投诉矛盾纠纷15起，化解15起，化解率100%。基本上确保小事不出小区、大事不出社区，保证居民安全、稳定的生活环境。利用各种宣传载体，营造辖区社会稳定和谐氛围。依靠网格入户，向居民宣传信访条例、禁毒、防溺水、养老诈骗等相关知识，共发放各类宣传手册1000余份。邀请法律专业人员设立咨询台为广大群众答疑，开展治安知识宣传，重点对留守儿童、青少年加强治安知识宣传，增强其自我防范、自我保护的意识和能力。

【创城工作】

2022年，东方社区按照创城工作要求，结合社区实际安排部署，明确社区、物业责任。将辖区居民片区以网格责任形式分解到人，确保创城工作人尽其责。每月不定时召开工作推进会，梳理存在的问题，讨论解决办法，安排工作。完善协调处理制度，加强与辖区各相关单位之间的协调配合，共同促进创建工作，确保创城工作真正落到实处。通过制作展板、悬挂横幅等营造创城氛围，通过发放宣传彩页、转发公益广告等多种形式宣传，让广大居民参与到创城中来。开展社会主义核心价值观教育、铸牢中华民族共同体意识教育、争做文明小市民等未成年人思想道德建设活动10余次，使广大青少年懂得幸福生活的来之不易。开展文明城市共建共享、文明创建从我做起系列活动。开展评选“六个先锋”系列活动，通过宣传、入户走访等方式评选出“六个先锋”30余户，通过活动，以先锋模范带动身边人、身边事。加强日常保洁管理，搞好社区净化、硬化、绿化、亮化、美化，不断改善环境，督促商铺落实门前“三包”责任，实行标准化卫生保洁，清除垃圾死角，共组织开展环境卫生整治活动80余次。在春节、元宵、端午等节日到来之际，社区工作人员与居民共同开展活动60余次，培育群众积极健康的生活方式。

【文化宣传】

2022年，东方社区发挥传统节日思想熏陶和文化教育功能，培育和践行社会主义核心价值观，组织开展元旦慰问活动、春节慰问活动、三八妇女节活动、微心愿活动、中秋节活动等，使广大群众感受到党和政府的温暖，领略到中华民族的优秀传统文化，调动广大居民的积极性，展示社区居民群众积极向上的精神风貌。

【志愿服务活动】

截至2022年底，东方社区志愿者队伍达到281人，累计服务工时2万小时，开展各类志愿服务达200人次，如带头清理辖区小广告、窗外杂物、卫生死角，进行安全知识讲座，为辖区特殊群体服务，创建文明城市宣传等。在新冠疫情期间，志愿者们积极参与社区疫情防控工作，帮助社区筑牢疫情防控防线，保证疫情防控常态化。

（靳莹莹）

罗山社区

【概　况】

罗山社区位于红寺堡区西北侧，东至燕然路，南至金水街，西至康济路，北至弘德街，辖区面积4平方千米。社区下辖6个居民小区（罗山花园1887户6090人、祥和佳苑469户1722人、鼎盛花园257户930人、国税小区26户93人、罗山府邸444户1126人、盛世佳园577户1727人），住宅楼112栋，13个服务网格，街面商业网点112个，有学校7所、宾馆3个，社区常住居民4117户11359人，直管中共党员59人。社区办公场所为标准化二层建筑，总面积700平方米，基础设施功能齐全。社区便民服务大厅为辖区提供一站式便民服务，社区设有流动书屋、居家养老室、爱心小屋、趣味学堂、党员活动室、罗山讲堂、儿童乐园、居民议事大厅、书画室、棋牌室、健身室等诸多功能服务区功能齐全，布局合理，全天免费开放，满足居民多样化需求。

【党建引领】

2022年，罗山社区加强党建创新，夯实基层党建工作。以党支部为单位，以上门送学、集中宣讲、小板凳等多种宣讲方式，为党员群众开展理论宣讲活动25次，参与人数超过1000人次。建立健全党建管理各项规章制度，社区党组织成员岗位职责明确，做到党员管理制度化。2022年向党组织递交入党申请书3人，转为正式党员6人，预备党员2人。

【党风廉政建设】

2022年，罗山社区落实责任制，明确班子成员在党风廉政建设工作中的任务和职责，制定党风廉政风险防范点，班子成员签订党风廉政建设承诺书，开展党风廉政谈心谈话，明确“主体责任”和“一岗双责”，压紧压实党风廉政建设责任。2022年，累计廉政谈话45人次，开展廉洁教育2场次。

【资源整合】

2022年，罗山社区发挥党建示范引领作用，建立以联合党委为核心的社区基层党建领导体制和治理机制，与9个联合党委成员单位签订共驻共建协议，建立联合党委成员单位包抓小区机制，资源共享，群策群力，齐抓共管，共治共建。2022年以来，联合党委成员单位在社区党建、小区治理、环境整治、民生服务等方面累计提供物资价值10万余元，完成居民“微心愿”48个，帮扶慰问困难弱势群体30余户。同时罗山社区党支部成立7个网格党小组、1个红色业主委员会党支部、1个物业联合党支部，为122栋楼配备楼栋长，使居民的小矛盾不出楼栋。

【民生保障】

2022年，罗山社区落实各项惠民政策，促进各项社会事业稳步发展。落实低保、教育救助、医疗救助等惠民政策，为33户38人办理城镇低保，为31名因疫情影响无法外出务工的困难家庭和因病致贫家庭申请临时救助，为6户住房困难家庭申报廉租房。围绕职业介绍、技能培训、劳务输转、养老保险等社保重点工作，组织辖区居民参加各类职业技能培训和劳务输出招聘会，拓宽居民就业渠道。做好养老认证工作，对辖区178名60岁以上人员进行养老金资格认证和异地人员资格认证工作。做好计生工作管理与服务，社区计划生育受管总人口为1320人，流动人口630余人，登记受孕妇女35人，政策生育率为100%。为141名残疾人建立个人档案，为104名城镇户籍残疾人申请医疗缴费补贴和重度残疾人护理补贴。将辖区具有劳动能力的人群进行摸排梳理汇总，并上报街道办劳务服务站，辖区50人有务工需求，其中摘黄花菜、枸杞的有6人。

【综合治理】

2022年，罗山社区以社会治理为抓手，化解矛盾纠纷，推进平安社区建设。加强群防群治队伍建设，建立以社区民警、居民小组长、社区志愿者为主的工作信息网络，完善信访、矛盾纠纷排查调处机制，维护辖区和谐稳定。采取以网格民警为主，网格员和物业企业为辅的“三结合”防范措施，社区与各物业公司签订社会管理目标责任书，推动治安联防工作深入开展。开展矛盾纠纷大排查、大调处活动，解决涉及群众生活、权益保障、诉求表达等方面的实际困难和突出问题，摸排矛盾纠纷20起，调解20起，上报街道办事处8起。调解解决56起“12345”信访热线。定期对辖区内充电、供气设施、车棚、沿街商业门店等重点领域开展安全生产大检查，为居民提供安全的生活环境。深化警社融合，提升基层社会综合治理能力，通过打造罗山花园智慧小区，提升社区治理水平和治理能力。

【创城创卫】

2022年，罗山社区全力营造创建全国文明城市氛围，共制作创城宣传展板200多块，悬挂横幅90余条，发放创城宣传彩页1500多份。利用微信群、QQ群、微信公众号等媒体平台发布创城知识手册150个，发放创城宣传品800多份。做好社区环境卫生综合整治和老旧小区改造、绿化、亮化工程，协助物业公司对各小区梳理出的问题进行全面整改。针对小区停车位少、绿化差、路面破损的实际，督促改造小区环境和完善基础设施。2022 年辖区 5 个小区物业共投入近 20 万元新增绿化面积 1 万平方米，硬化面积 5000 平方米，增补车位 100 余个，粉刷墙面及楼道 6000 余平方米。动员辖区居民参与创城志愿活动，志愿者参与人数 2000 余人次。根据辖区实际划分责任区域，每位社区干部和一名网格员包抓一个责任小区，做好辖区环境整治、文明引导、宣传教育等工作，对标创建全国文明城市考核指标体系，对居民小区的卫生死角、生活污水等进行清理，提高小区主要道路的打扫频次，确保社区和小区内环境卫生干净。

【志愿服务活动】

截至 2022 年底，罗山社区志愿者达到 500 人，累计服务工时 67370 小时，开展各类志愿服务达 4000 人次，如带头清理小区小广告、窗外杂物、卫生死角，安全知识讲座，为辖区特殊群体服务，创建文明城市宣传等。在新冠疫情形势严峻时，紧急组建 5 支疫情防控志愿服务队，共计 68 名志愿者参与执勤，筑牢疫情防控防线。

（马德莉　雷　芳　康　敏）

鹏胜社区

【概　况】

鹏胜社区成立于 2014 年 10 月，社区管辖面积 1.7 平方千米，下辖综合市场、建材市场、团结商业广场、时代商业广场、鹏胜花园 5 个网格。辖区共有常住居民 1976 户 6097 人。2022 年，鹏胜社区党支部有直管中共党员 20 人，正式党员 19 名，其中女性 12 人，35 岁以下 9 人，联合党委成员单位 6 个。

【党建引领】

2022 年，鹏胜社区持续深化社区党建工作，强化服务意识。通过“学习强国”App、党员微信群、微视频等方式，提高党员学习积极性。2022 年，支部吸纳入党积极分子 5 名，接收预备

2021 年 1 月 15 日，红寺堡区创业社区、鹏胜社区党支部书记吴建波带领支部党员重温入党誓词

党员2名，预备党员按期转正1名。每月按时组织党员干部观看《国家监察》《正风反腐就在身边》《榜样5》《热血忠诚》《走出黑眼湾》等并进行讨论。

【综合治理】

2022年，鹏胜社区形成以社区书记为总负责人、相关干部为包案人的综治工作体系，建立上下联动、横向协同工作机制。联合鹏胜警务室，做到信息共享、纠纷共调，及时化解辖区矛盾。不定期对辖区各行业场所、学校、居民区开展联合突击检查，安全宣传和教育培训共15期，受众达1000人次，开展突击检查整治23次，建设2处线上防灾减灾科普站，同时依托32个楼栋群发布天气预警、地震预警等信息。

【志愿服务】

2022年，鹏胜社区在端午节、中秋节等传统节日组织居民开展各种娱乐活动，增强居民之间的情感交流，拉近社区与居民关系，促进辖区和谐发展。开展以“我们的节日”为主题的文化活动5次，参与人数超过1000人。社区志愿者服务团队自2015年1月成立以来，已形成党员志愿服务队、法律及政策宣传服务队、关爱特殊群体志愿服务队和保护家园志愿服务队，注册志愿者243人，占社区总人口的9%，累计服务工时22713.5小时，开展各类志愿服务2360余人次。

（马　琰　张桓志　田　颖）

振兴社区

【概　　况】

振兴社区成立于2005年3月，社区管辖面积1.6平方千米，社区服务阵地面积约950平方米，有恒馨园小区、御泉明珠小区、金翠苑小区、金翠园A区及金翠园平房区5个小区，辖区内共有2家医院、1个幼儿园、286个商业网点。辖区共有常住居民1654户5981人，其中低保对象50户77人、退役军人46人、残疾人49人。现有社区工作者7名、直管中共党员28名、在职党员103名、流动党员1名。

【党建引领】

2022年，振兴社区紧紧围绕党组织这一领导核心，以党建带创建，以创建促党建，建立并完善《社区党组织联席会议制度》《社区党支部议事制度》等制度，为有效开展社区各项工作提供机制保障。振兴社区按照新民街道党工委关于换届选举的工作程序相关要求，积极开展并顺利完成两委换届选举工作，开展主题党日活动11次、振兴社区支部委员会议18次，组织召开党员大会6次，开展社区党支部书记、老党员讲党课4次，发展入党积极分子5名。开展“我为群众办实事”实践活动28次，有效发挥党组织和党员在社区建设中的带头作用。充分发挥联合党委成员单位在社区建设中的共驻共建的积极作用，召开联合党委联席会议1次，开展残疾人就业培训等7项为民服务实事，7家单位84名党员进驻社区报到并参与社区共驻共建，有效解决了城市基层治理“最后一千米”难题。

【民生保障】

2022年，振兴社区依托社区现有资源，在分步实施好恒馨园老旧小区改造、御泉明珠党群驿站零距离服务于民的同时，积极申报棚改空地美化绿化服务项目等各类民生保障项目。借助社区日间照料中心民生保障服务平台，积极争取资金支持，努力提高现有服务标准，帮助解决辖区残疾人、特殊群体、家庭生活困难者的实际问题。2022年，振兴社区申请临时救助108户，救助资金 9.8 万元，申请大病救助 6 户，申请低保 37 户，核查低保 48 户，清退 2 户 3 人，慰问困难户 150 余户。通过社区微心愿展板、社区网格员摸排、党员干部举荐等形式，征集并实现辖区居民“微心愿”100 余个，为 10 余名住房困难居民申请保障房，解决辖区居民基本生活难题。振兴社区日间照料中心为辖区 60 岁以上空巢老人提供就餐服务，有效解决空巢老人精神、生活方面问题和困难。

【综合治理】

2022 年，振兴社区强化综治制度建设，夯实基层工作。充分利用片区联处联调综治网格员周例会，健全矛盾纠纷排查调处工作机制和工作网格化，形成集社区、物业、业主委员会、社区警务室“四方联调”于一体的矛盾化解工作机制。全年共排查矛盾纠纷 4 起，成功调处 2 起。利用网格员管理制度，在辖区全面开展小区平房、老旧小区房屋裂缝、消防设施配置等安全隐患风险点大排查大检查活动。全年共排查并协调相关部门处理辖区安全隐患 46 处。通过法治宣传，切实提高青少年自我防范、自我保护意识和能力。

【志愿服务】

截至 2022 年，振兴社区志愿者达到 443 人，累计服务工时 22450 小时，参加志愿服务达 3000 人次。志愿者通过带头清理辖区小广告、窗外杂物、卫生死角，进行安全知识讲座，为辖区特殊群体服务，创建文明城市宣传等方式开展志愿服务活动。

（江　雪）

绿苑社区

【概　况】

绿苑社区成立于 2019 年 12 月，辖区面积 1.21 平方千米，下辖 7 个居民小区（其中住宅小区 6 个、平房小区 1 个）和 1 个保障性住房区，9 个网格，3217 户 11128 人。绿苑社区面积 490 平方米。社区有中共党员 37 人、入党积极分子 6 人，递交入党申请书 2 人。联合党委成员单位 10 个，辖区内共有商业网点 280 个、各类单位 7 家（机关单位 2 家，企业 1 家，学校 2 所，幼儿园 1 家，医院 1 家）。绿苑社区党支部始终把“创新服务理念、提升服务水平”作为社区工作主线，深化星级基层党组织创建、星级和谐社区建设，探索党建引领基层社会治理新途径，探索总结出“145”工作模式（即强化一个引领，建强四支队伍，提升五项服务），提升精细化服务水平。发挥联合党委的杠杆作用，链接各类社会资源，构建“多元互动、多方参与、共建共享”的社区治理格局，推进社区治理体系和治理能力全面提升，营造文明、健康、向上的社会环境，社区自治能力不断增强，居民的认同感、归属感和幸福感得到提升。

【党建引领】

2022 年，绿苑社区党支部严格落实“三会一课”制度，组织党员、网格员，利用支委会、支部主题党日、党员大会和社区学习例会进行理论学习，写笔记，谈心得，将理论学习制度化。全年开展讲党课 3 次、主题党日活动 12 次。通过全覆盖抽查学习笔记、心得体会，开展知识测试等，增强学习效果。发挥联合党委作用，提升共建水平，打造利通尚书城市民服务驿站，修复御泉新苑小区破损路面 500 平方米，化解矛盾纠纷 10 余起，完成微心愿 30 个，慰问和救助困难党员、居民以及残疾人 45 人，绿化小区裸露地面20余处。开展志愿者进小区环境卫生整治25次。2022共调处化解矛盾纠纷110余件，其中“12345”平台处理矛盾纠纷案件80多件。

【党风廉政建设】

2022年，绿苑社区落实党风廉政建设责任，实行“一岗双责”制度，签订党风廉政建设责任书，定期公开社区党务、居务。组织学习党章党规，观看廉政警示教育纪录片，并在节假日等重要时间节点提醒党员干部廉洁过节，召开节前会议2次，发送节前廉洁过节信息106人次。

【民生保障】

截至2022年底，绿苑社区共有低保对象79户131人，高龄老人3人。年内对辖区79户低保户进行入户核查，统一建档立卡。给予24户残疾困难家庭低保提档。2022年共申请办理临时救助330户，其中大病救助4户。社区共有事实无人抚养儿童8人。宣传征兵工作，号召有文化、想参军、思想政治素质过硬的青年积极参军。为20名退役军人办理退役军人优待证，发放优待证34人。

【综合治理】

2022年，绿苑社区与各物业公司签订安全生产目标责任书，组织辖区居民集中开展安全生产月启动会，并组织居民观看《生命重于泰山》安全生产宣传片，集中开展“6·16”安全生产月宣传活动，共发放宣传彩页6000余份，张贴宣传海报50余张，排查安全隐患50余处。对辖区30多户自建房屋进行排查，均符合自建房B级以上标准，不存在安全隐患。社区工作人员每月对辖区6个小区进行消防安全检查。2022年以来，绿苑社区组织社区工作人员、物业公司、业主委员会成员、居民代表协商解决11件民生难题。

【物业管理】

2022年，绿苑社区制定《关于在物业服务行业中开展春风行动的通知》，配合街道在辖区开展物业考核2次，对辖区的6个小区综合情况进行检查考核，考核结果公示后上报街道办。

【垃圾分类】

2022年，绿苑社区按照街道办有关垃圾分类工作要求，招募夕阳红志愿者12名，对新招募的夕阳红志愿者进行培训并颁发夕阳红志愿者聘书，发放志愿者衣服及卫生工具各12件，夕阳红志愿者每天对辖区的垃圾进行分拣分类。2022年共计收集各类垃圾4万余斤。结合社区实际开展垃圾分类线上线下宣传活动共计20余次，悬挂宣传横幅6条，开展垃圾分类活动11次。

【新时代文明实践工作】

2022年，绿苑社区营造创城氛围，更换和制作宣传展板76个，打造社区新时代文明实践站，开展理论宣讲、市民教育、文化活动、科普宣传、健身活动、党员教育、普法教育等宣传教育活动86次，通过8个微信网格群经常性转发创建文明城市相关内容。开展环境志愿服务活动121次，捡烟头兑换礼品79人次，“扫黄打非”专题知识宣讲5次，文明上网、文明交通安全知识宣讲7次。更换破损垃圾桶34个，重新喷绘垃圾分类标识41个。结合社区新时代文明实践站，开展先进模范学习、禁毒宣传进万家、“永远跟党走、家国共此时”中秋主题活动，营造节日氛围，提升了社区居民的获得感、幸福感。开展亲子阅读、青少年社会主义核心价值观教育讲座、“我们的节日”等主题活动，拉近邻里感情，提升社区居民文明素质。打造志愿服务站、图书阅览室、青少年活动室、老年人活动室、道德讲堂等阵地，弘扬时代主旋律，营造优良文化环境，丰富居民精神文化生活。

（李婷婷）

紫苑社区

【概 况】

紫苑社区成立于2020年10月，辖区面积1.2平方千米，下辖大墩坑、新民小区，常住居民917户4632人。新民小区655户居民被纳入棚户区改造范围。大墩坑常住居民262户1034人。紫苑社区共有9名工作者，公益岗工作人员6名。下设6个网格、12名网格员。有直管中共党员10名（预备党员1名），入党积极分子5人，联合党委成员单位5家，在职党员38名。辖区有学校2所（第三小学、第四中学）、卫生室1个、加油站1个。

【党建引领】

2022年，紫苑社区严抓党员教育学习，认真学习习近平新时代中国特色社会主义思想、党的十九届六中全会精神、党的二十大精神、自治区第十三次党代会精神等。严抓思想建设，落实意识形态责任制。落实“三会一课”、主题党日、组织生活会等活动。发挥联合党委作用，组织参加联席会议，38名党员到社区报到，参与志愿服务等活动，充分发挥在职党员先锋模范作用。

【民生工作】

2022年，紫苑社区及时掌握辖区情况，关心弱势群体，不定期上门家访。针对辖区特困家庭身患大病、重病者，联系落实帮扶救助政策。年底慰问困难群众28户、困难党员2名，申报低保6户，为121户困难家庭申报临时救助。完成辖区居民新冠疫苗接种工作。

【综合治理】

2022年，紫苑社区加强网格化队伍建设，实行网格化精细管理。辖区共分为6个网格，建立网格微信群，网格员在入户过程中完善常住人

紫苑社区工作者向辖区居民征集居民公约意见

口信息。利用网格员管理制度，在辖区全面开展安全隐患风险点大排查大检查活动，共摸排自建房潜在危险44户、危险1户。宣传安全生产知识，开展老年人防诈骗、消防安全等培训4次，发放安全生产告知书450余份。开展治安巡防工作，社区组建一支治安巡防队，由社区工作者、网格员、辖区志愿者等22人组成，社区治安巡防队与社区警务室紧密结合，在辖区内定时和不定时巡逻。健全矛盾纠纷和信访协调机制，社区干部本着高度负责的态度，提高预警能力，化解不稳定因素，发现不稳定苗头及时上报。全年化解“12345”平台投诉20起。

【文化宣传工作】

2022年，紫苑社区发挥传统节日熏陶和教育功能，培育和践行社会主义核心价值观，弘扬中华民族优秀传统文化。结合各种节点，围绕“我们的节日”在辖区内开展各项宣传。通过举办“冬饺飘香迎新春·浓浓移民感恩情”活动、“巾帼心向党·喜迎二十大”庆三八活动、“喜迎二十大·粽香感党恩”端午节活动，增进社区与居民的感情。开展“古法经络健康知识大讲堂”“反诈知识培训”等专题培训32场次，发放各类宣传资料、宣传品3670余份，惠及居民7800余人次。

【志愿服务】

截至2022年底，紫苑社区志愿者队伍达到91人，开展各类志愿服务50余次，累计服务工时超过74598小时。志愿者带头清理辖区卫生，开展创建文明城市宣传等志愿服务活动，让辖区内的环境卫生变得更加整洁、人文素养得到很大提升。通过开展“我们的节日”系列活动，营造干干净净过大年、平平安安度元宵的文明理念；通过清明节系列活动，开展文明祭祀宣传，倡导现代感恩理念，宣传文明缅怀方式，促进社区文明建设；通过特色节日活动，宣传正能量，倡导新生活方式，拉近邻里关系，变“陌生人社区”为“熟人社区”。

（高小茸）

人物　荣誉

先进个人

红寺堡区第四届“最美红寺堡人”名单及人物事迹

一、“最美红寺堡人”名单

最美志愿者（4人）

道东源　红寺堡区公安分局大河乡派出所辅警
薛国军　红寺堡区御泉明珠小区居民
曹　敬　红寺堡区太阳山镇巴庄村村民
王　兰　红寺堡区柳泉乡永新村村民

最美基层干部（5人）

刘亚科　红寺堡区人民法院审判管理办公室主任
武兴平　红寺堡区纪委监委一级主任科员
李世满　红寺堡区科技特派员
王　平　吴忠市红寺堡区财政局金融股股长
任　军　红寺堡区红寺堡镇弘德村党支部书记、村委会主任

最美建设者（4人）

王让利　红寺堡区市政和环卫服务中心环卫工人
马国君　红寺堡区市政和环卫服务中心公厕保洁员

杨　凤　红寺堡区罗山花园居民

刘军昌　宁夏水投红寺堡水务有限公司党总支委员、副总经理

王宏柱　宁夏鹏胜房地产开发有限公司工程部部长

最美退役军人（2人）

张金海　红寺堡区新民街道东方社区居委会副主任

丁生红　红寺堡镇团结村原党支部书记

最美新闻人（1人）

兰　敏　红寺堡区融媒体中心新闻播音员、节目主持人

最美教师（1人）

马　云　吴忠市红寺堡区第三中学教师

二、"最美红寺堡人"事迹

最美志愿者

道东源　28岁，群众，红寺堡区公安分局大河乡派出所辅警。保护人民群众生命安全是警察的神圣职责。道东源19岁开始献血，9年间献血5200毫升。2016年，他成为中华造血干细胞骨髓库一名志愿者，2022年3月，当他得知一名血液病患者和他的血型匹配时，他毫不犹豫捐献440毫升造血干细胞悬浮液，也成为宁夏第92例、吴忠市第21例、红寺堡区第3例造血干细胞捐献者。2022年获评红寺堡区第四届"最美红寺堡人""最美志愿者"。

薛国军　34岁，群众，红寺堡区御泉明珠小区居民。薛国军是个热心肠，看到小区门口存在安全隐患，便四处奔波筹措资金，为小区前后门加装防护栏，实施"人车分流"改造。当得知小区一对夫妇因疾病无法干重活而仅用低保维持生计时，他尽其所能帮助其解决就业问题。当物业与业主之间因为管道漏水没有得到有效解决而发生矛盾时，他积极协调，主持召开协商会，寻求解决办法，被亲切地称为"好管家"。2022年获评红寺堡区第四届"最美红寺堡人""最美志愿者"。

曹　敬　63岁，中共党员，红寺堡区太阳山镇巴庄村村民。他是一名老党员，始终坚守入党初心，发挥一名党员的先锋模范作用，平时村里有集体活动，他都第一个时间报名参加，从不计较个人得失，累计资助困难大学生20名。疫情期间，深入摸排辖区201户767人。卡点值守、点对点志愿服务都能看到他的身影，用"红马甲"为居民筑起了安全防护墙。2022年获评红寺堡区第四届"最美红寺堡人""最美志愿者"。

王　兰　女，回族，34岁，群众，红寺堡区柳泉乡永新村村民。2013年，她搬迁到红寺堡，开过商店，卖过烧烤。当快手兴起后，她萌生了直播带货的想法，后来直播带货渐渐有了名气。如今她的直播间不仅可以买牛卖牛，为牛寻医治病，还帮助村民直播卖掉60吨萝卜、10吨葱。

虽然她只有小学文化，但在这个信息化时代，她凭借自己的绵薄之力，帮助村民排忧解难，为志愿服务增添力量。2022 年获评红寺堡区第四届“最美红寺堡人”“最美志愿者”。

最美基层干部

刘亚科 43 岁，中共党员，红寺堡区人民法院审判管理办公室主任。自参加工作以来，他始终践行“让人民群众在每一个司法案件中感受到公平正义”的理念，针对审判管理中发现的多发性、顽固性问题，制定了《法官审判权力和责任清单》等 22 项管理制度，先后执结各类案件 2300 余件，评查案件 13200 余件，组织开展庭审观摩、庭审和上网裁判文书评查评比 23 次 360 案，实现了“案结事了人和”的目标，2021 年记个人三等功一次。2022 年获评红寺堡区第四届“最美红寺堡人”“最美基层干部”。

武兴平 55 岁，中共党员，红寺堡区纪委监委一级主任科员。2017 年由红寺堡镇调入红寺堡区纪委监委，为了尽快掌握业务工作，他虚心请教。2020 年，为推动检举举报平台部署应用工作全覆盖，他主动请缨，推动完成 15 个检举举报受理办理子平台和平台派驻版、基层版系统的开通、维护处理等工作。3 年处理信访举报 518 件，化解信访矛盾 8 起，撰写信访分析报告 12 篇，制定案件快速办理流程，提高案件办理效率，用寸步不让的坚守，践行纪检监察干部守土有责的使命担当。2022 年获评红寺堡区第四届“最美红寺堡人”“最美基层干部”。

李世满 49 岁，中共党员，红寺堡区科技特派员。在科技战线奋斗 31 年，半夜出诊是他生活的常态，每次出诊后回家，衣服、鞋子总带有一股牛羊粪的“香味”，但他无怨无悔、不惧脏累。为了提高工作效率，解答养殖户困惑，减少养殖户的损失，他利用微信随时了解村民养殖问题，为村民提供专业指导、咨询服务。在他的努力下，病畜禽的治愈率达到 98% 以上，挽回损失达到 6000 万元，他用全心全意为群众服务的精神品格，谱写出一曲曲最美的生命赞歌。2022 年获评红寺堡区第四届“最美红寺堡人”“最美基层干部”。

王　平 54 岁，群众，吴忠市红寺堡区财政局金融股股长。作为红寺堡区一名开发建设者，1998—2005 年，他参与组织规划实施完成了香园村、红崖村等 9 个村开发建设任务，开发配套农田 3 万余亩，搬迁隆德县移民 1.5 万余人，目睹了红寺堡从无到有。2006 年调入财政局后，他参与国库支付流程制定，组建融资平台，筹措资本金，协调工商、国税等部门，主持编制验资报告和公司章程，于 2008 年注册成立了红寺堡区国有资产管理有限公司，争取葡萄种植贷款 5000 万元，种植葡萄 3.64 万亩。他用实干见证了红寺堡荒漠变绿洲的传奇。2022 年获评红寺堡区第四届“最美红寺堡人”“最美基层干部”。

任　军 50 岁，中共党员，现任红寺堡区红寺堡镇弘德村党支部书记、村委会主任。自担任村党支部书记以来，他带领村“两委”班子一心促经济谋发展，流转土地 6743 余亩，创收 357.4 万元。成立养殖专业合作社 24 个，吸纳群众 870 余户，户均收益达 2 万元。为进一步提高村民收入，他积极对接项目，成立了宁夏弘德村实业有限公司农产品展销中心、电商中心，实现创收 85 万元，他用行动探索出一条适合弘德村发展的康庄大道。2022 年获评红寺堡区第四届“最美红寺堡人”“最美基层干部”。

最美建设者

王让利 女，44 岁，群众，红寺堡区市政和环卫服务中心环卫工人。2022 年 8 月 11 日，她在清扫树池时发现一个手提包，手提包内装有 5 万元现金、银行卡、身份证等贵重物品，她第一时间拍照片发到环卫工人工作群，让大家帮忙寻找失主，她一边干活一边等失主。半小时后，失主返回，她将所有物品归还失主并拒绝了失主的酬谢。她这种拾金不昧的高尚品质值得我们点赞。2022年获评红寺堡区第四届“最美红寺堡人”“最美建设者”。

马国君夫妇 马国君，回族，44岁，群众，红寺堡区市政和环卫服务中心公厕保洁员；杨凤，女，回族，44岁，群众，红寺堡区罗山花园居民。他们是一对夫妇，工作形影不离，燕然北路10号公厕是他们的工作地。9年里，按照公厕“六无五净”的标准“跟进式”保洁，全方位清扫。虽是重复的工作，但因夫妇二人均有残疾，需比平常人付出更多的努力。在他们的共同维护下，公厕无异味、设施无损坏。他们用实际行动诠释了爱岗敬业。2022年获评红寺堡区第四届“最美红寺堡人”“最美建设者”。

刘军昌 40岁，中共党员，现任宁夏水投红寺堡水务有限公司党总支委员、副总经理。作为项目管理技术负责人，他勘测地形、设计方案、监督项目，圆满完成鲁家窑供水水源工程的建设任务，解决弘德工业园区和红寺堡城乡等7万余人安全饮水问题。参与实施城区管网漏损控制信息化建设项目，综合管网漏损率由原来的19.6%降至11.4%，有效节约水资源45万吨/年。组织研发了水处理药剂可视化均匀分配投加装置、红寺堡水务漏损物联网监测系统、水厂加药加氯改造优化系统。申报2项实用新型专利和2个计算机软件著作权，以身作则，全力以赴，徜徉在水利行业的大海里。2022年获评红寺堡区第四届“最美红寺堡人”“最美建设者”。

王宏柱 47岁，中共党员，宁夏鹏胜房地产开发有限公司工程部部长。他爱岗敬业，无私奉献，在促进就业、解决困难职工生产生活、维护职工合法权益等方面作出了贡献。在他的努力下，公司先后荣获吴忠市“优秀施工企业”“吴忠市优质房屋建筑结构工程”“2016年度建管工作暨工程质量治理两年行动先进施工企业”等荣誉。疫情暴发后，他积极响应区委、区政府号召，建设疫情集中隔离点，为提高工作效率，他既当指挥者，又当施工者，连夜赶工，协调资源，经过24小时奋战，完成了隔离点的施工任务，为隔离人员打造了一个个温馨的“家”。2022年获评红寺堡区第四届“最美红寺堡人”“最美建设者”。

最美退役军人

张金海 43岁，中共党员，红寺堡区新民街道东方社区居委会副主任。他心系国防，积极为国家输送新鲜血液，组织民兵训练，开展拥军优抚工作，为辖区退役军人提供优质高效服务。对应征入伍的人员严把文化关、政治关、身体关，做到年龄、文化程度、思想动态、身体状况均清楚，力争为部队输送政治合格、身体健康、文化素质较高的兵员，累计输送新兵80余人，无一例责任退兵。先后荣获红寺堡区征兵工作先进个人2次、武装工作先进工作者2次，用实际行动诠释退伍不褪色的铮铮誓言。2022年获评红寺堡区第四届“最美红寺堡人”“最美退役军人”。

丁生红 回族，60岁，中共党员，红寺堡镇团结村原党支部书记。他在担任村党支部书记期间，严于律己，以身作则，涉及项目、资金等方面都坚持召开村“两委”会议、党员大会、村民代表大会讨论，经过多年治理，所在党支部被评为四星级党支部。他所在的村因地势高浇不上水，他四处筹集资金，解决灌水问题，300亩荒地变良田。他引企业进村，实现了100余名村民稳定就业，29户达到稳定脱贫，90余户非建档立卡户年收入稳定增加2万余元，让更多的群众走上了致富之路，用不屈的脊梁谱写了一名退役老兵的无悔人生！2022年获评红寺堡区第四届“最美红寺堡人”“最美退役军人”。

最美新闻人

兰　敏　女，回族，29 岁，中共党员，红寺堡区融媒体中心新闻播音员、节目主持人。作为一名新闻工作者，非科班出身的她为尽快进入角色，自学新闻业务知识、播音主持技巧，不断提升自己的思想政治水平和新闻业务能力。从业 6 年来，累计播报红寺堡新闻 4500 余条，现场报道新闻 400 余条。策划开设《花儿向阳开》《秒懂》等栏目。先后被评为吴忠市优秀宣讲员、红寺堡区优秀共产党员、优秀记者等荣誉称号。她用心用情用力讲好红寺堡故事，传播好红寺堡声音。2022 年获评红寺堡区第四届“最美红寺堡人”“最美新闻人”。

最美教师

马　云　41 岁，中共党员，吴忠市红寺堡区第三中学教师。三尺讲台，竖起了他高大的形象；两尺教鞭，挥洒着他无悔的人生。他始终坚持在教学一线，为学生成长奠基，用爱心、耐心、细心、恒心培养了一批又一批优秀的学生。2022 年获评红寺堡区第四届“最美红寺堡人”“最美教师”。

红寺堡区优秀中共党员（58 人）

周　璐　红寺堡镇党委委员、副镇长，红寺堡镇疫情防控指挥部办公室主任

罗　凯　红寺堡镇党委委员、副镇长，光彩村党支部书记、光彩村疫情防控临时党支部委员

马晓文　红寺堡镇党委委员、组织委员，红寺堡区弘德集中隔离点工作组成员

海有贵　红寺堡镇和兴村党支部党员、和兴村疫情防控志愿者

马英孝　红寺堡镇团结村党支部副书记、村委会主任，团结村疫情防控卡点点长

苏　荣　太阳山镇民生服务中心主任、太阳山镇疫情防控数据流调组组长

何　君　太阳山镇财经服务中心主任、太阳山镇疫情防控转运组组长

廖文玉　太阳山镇小泉村党支部书记、小泉村疫情防控党员先锋队队长

杨万里　大河乡党委副书记、河西村疫情防控卡点点长

刘彦斌　大河乡副乡长（挂职）、龙源工作组副组长、弘德集中隔离点工作组成员

杨兆卿　大河乡社会事务管理办公室主任、大河乡疫情防控数据流调组成员

马立军　大河乡石坡子村驻村第一书记、石坡子村疫情防控卡点点长

杨　虎　新庄集乡党委委员、新庄集乡疫情防控指挥部办公室主任

陈文虎　新庄集乡副乡长、红寺堡区弘德集中隔离点工作组成员

王　军　新庄集乡南源村驻村第一书记、南源村疫情防控临时生活保障组组长

马玉峰　新庄集乡新台村驻村第一书记、新台村疫情防控临时应急处置组组长

丁　花　柳泉乡党委委员、副乡长，豹子滩村疫情防控工作组副组长

赵　国　柳泉乡三级主任科员、柳泉乡疫情防控分管负责人

王玉杰　柳泉乡红塔村驻村第一书记、红塔村疫情防控工作组副组长

田志才　柳泉乡永新村党支部党员、永新村疫情防控志愿者

马德莉　新民街道办事处疫情防控专职工作人员

马　琼　新民街道办事处综合办公室工作人员、疫情防控数据统计组成员

靳银银　新民街道振兴社区工作人员

庄李李　新民街道绿苑社区党支部党员、人和雅苑小区疫情防控志愿者

曹玉珍　红寺堡区罗山中学政教主任、罗山中学疫情防控后勤保障人员

贺自高　红寺堡区教育局办公室干部，教育系统疫情防控专班成员、后勤保障人员

虎金芳　红寺堡区第四中学教师、第四中学疫情防控后勤保障人员

叶鹏飞　吴忠市公安局红寺堡区分局经济犯罪侦查大队指导员、定武高速红寺堡卡点点长

王元星　吴忠市公安局红寺堡区分局政工监督室干部、红寺堡区交通查控专班工作人员

吴水生　吴忠市公安局红寺堡区分局交警大队民警、红寺堡区滚泉高铁站与滚新路交叉口卡点点长

单启霞　大河乡卫生院党支部书记、疫情防控核酸采样组成员

马廷礼　红寺堡区妇幼保健计划生育服务中心副主任、疫情防控核酸转运组组长

王　勇　新庄集乡卫生院院长、疫情防控医疗组组长

吴　英　太阳山镇卫生院办公室主任、疫情防控核酸采样组成员

杜巧芸　红寺堡区疾控中心检验科主任

杨安安　红寺堡区人民医院检验科工作人员

黑茂林　红寺堡区红丰农业开发有限公司副经理、红丰联合党支部包抓片区疫情防控卡点点长

田晓盛　红寺堡区离退休干部党工委专职副书记、御泉明珠小区疫情防控卡点工作人员

何　苗　红寺堡区委政法委干部、疫情防控指挥部办公室工作人员

武兴平　红寺堡区纪委监委一级主任科员、弘德集中隔离点工作组成员

张耀忠　红寺堡区委统战部一级主任科员、七天酒店集中隔离点工作组成员

买丰林　红寺堡区委政法委办公室主任、金翠园小区疫情防控卡点工作人员

安玉书　红寺堡区委巡察办干部、美华快捷酒店集中隔离点工作组成员

童仲志　红寺堡区工业信息化和商务局党组成员、副局长，商贸企业疫情防控工作组负责人

马国江　红寺堡区司法局一级主任科员、青龙湖宾馆集中隔离点工作专班人员

吴发瑞　红寺堡区综合执法局太阳山综合执法队队长、太阳山疫情防控应急处置工作组成员

丁　强　红寺堡区乡村振兴局干部、大河乡龙源工作组成员、弘德集中隔离点工作组成员

文　晶　吴忠市市场监督管理局红寺堡区分局局长、红寺堡区综合市场片区疫情防控卡点点长

冯　凯　吴忠市生态环境局红寺堡区分局执法队干部、红寺堡区医疗废物协调收集组成员

马渊博　红寺堡区人民法院四级主任科员、罗山花园小区疫情防控卡点工作人员

苏海军　红寺堡区人民检察院四级主任科员、红寺堡区弘德集中隔离点工作组成员

柯　强　红寺堡区档案史志馆馆长、恒馨园小区疫情防控卡点点长

董永祥　红寺堡区卫生计生监督执法所卫生监督员、支援中宁组成员

冯进海　红寺堡区自然资源局党组成员、副局长，鹏胜花园小区疫情防控卡点工作人员

陈志荣　红寺堡区文化旅游体育广电局党组成员、文化旅游体育广电服务中心主任、盛世佳园小区疫情防控卡点工作人员

文学鹏　红寺堡区税务局副局长、金翠园别墅区疫情防控卡点工作人员

马旭升　红寺堡区红十字会办公室主任、铭门雅苑小区疫情防控卡点工作人员

齐旭峰　红寺堡区气象站站长、罗山商城片区疫情防控卡点负责人

2022年红寺堡区公务员及参照公务员法管理事业单位考核优秀等次人员名单

纪委监委（9人）

李玉平　田兴龙　张永宏　张振红　李振西

李金凤　王　佩　马学艳　袁　雪

区委办（2人）

李明明　郭紫薇

区委组织部（2人）

马　赫　田路忠

区委宣传部（1人）

白　桦

区委统战部（3人）

蔡金玉　王　莹　杨　慧

区委政法委（2人）

马广步　罗成龙

区委政策研究室（1人）

王　敏

区委网信办（1人）

马慧玲

区委编办（1人）

郑淑萍

区委巡察办（1人）

马小芹

区人大常委会机关（2人）

马德福　贾　汝

区政府办（3人）

李　君　蔡志扬（挂职）　杨　虎

区政协机关（2人）

袁安莉　马奋山

区发展和改革局（2人）

王　瑞　马　平

区教育局（2人）

哈小军　牛虎山

区科学技术局（1人）

罗　亮

区工业信息化和商务局（2人）

李宗贤 童仲志

区民政局（2人）

韩 明 李 柄

区司法局（5人）

田慧丽 林淑娥 马 静 海晓燕 马登基

区财政局（2人）

马秀荣 滕国军

区人力资源和社会保障局（5人）

邢加伟（挂职）李 琳 石佩琦 张慧敏

杨 燕

区自然资源局（1人）

冯进海

区住房城乡建设和交通局（1人）

海 荣

区水务局（1人）

段 炼

区农业农村局（1人）

李 吉

区文化旅游体育广电局（1人）

王宝杰

区卫生健康局（2人）

张淑艳 代晓蕾（挂职）

区退役军人事务局（1人）

付方玉

区应急管理局（1人）

冯艳丽

区审计局（1人）

祁 清

区统计局（1人）

丁海涛（挂职）

区乡村振兴局（2人）

高建斌 闫 斐（挂职）

区综合执法局（1人）

陈志华

区医疗保障局（1人）

李 庆

区审批服务局（含政务服务中心）（3人）

马金平 苏秀萍 马志莲

团区委（1人）

李玉平

区残联（1人）

海 琴

新民街道办（3人）

摆志斌 赵锦鹏 华 婧

红寺堡镇（7人）

杜丽丽 周非凡 王 强 王尊乐 李小东

吴一凡 姚嘉欣

太阳山镇（3人）

田进明 毛晓东 苏艳萍

大河乡（4人）

袁 婧 李玉德 李小博 黄千瑜（挂职）

新庄集乡（5人）

马晓勇（挂职） 杨旭虎 马 倩 杨晓彤

孙碧遥

柳泉乡（5人）

金 帝 田进福 姚一凡 岳诗源 勉秀英

区人民法院（11人）

杨倩男 马 武 周 莹 马渊博 张晶晶

马行空 武 鹏 笪 憬 田 芳 冶建辉

马泽成

区人民检察院（6人）

马宏武 杨迎春 安靖国 刘敏艳 杨永刚

张淑燕

2022年红寺堡区事业单位及机关工勤岗考核优秀等次人员名单

区委办（1人）

王　虹

纪委监委（1人）

曹建民

政府办（2人）

何　涛　林　芳

组织部所属事业单位（3人）

高正武　王彩玲　郑　楠

法院（1人）

任玉成

发展和改革局所属事业单位（1人）

尹　瑞

吴忠市公安局红寺堡区分局（6人）

马卫东　吴亚军　马天玉　丁　璐　马　平

李世晓

民政局所属事业单位（2人）

田建国　杜　锋

司法局（1人）

买丰林

财政局所属事业单位（6人）

冯宁宁　尹　瑞　罗峰虎　杨晓琴　马克梅

王　霞

自然资源局所属事业单位（10人）

王雅萍　田育蓉　李　东　冯中锋　王飞龙

姚彩霞　程世清　李　岩　韩文学　林志程

住房城乡建设和交通局所属事业单位（12人）

李　娜　李　燕　周鹏鸿　赵海凤　王　鹏

杨玉燕　何玉斌　李　波　王旭东　施慧龙

阮建斌　张增强

水务局所属事业单位（4人）

罗　鑫　马　云　白连洋　于小军

农业农村局（13人）

马海学　刘芳婷　赵连龙　杜　龙　马　科

雍艳霞　马志俊　李应科　霍小龙　韩　鹏

马东亚　陈建文　刘建岐

文化体育旅游局所属事业单位（5人）

王丽萍　燕旭娟　金明珠　马如兰　潘珊珊

应急管理局（1人）

刘展旭

乡村振兴局（5人）

马文文　马秀娟　卢世锋　李桑桑　林晓璇

综合执法局（6人）

马凤霞　黑见光　王　昊　蒋海峰　梁志鹏

彭玉海

医疗保障局（2人）

刘虹麟　李　芳

科学技术局（1人）

康　磊

社会保险事业管理中心（4人）

倪冬梅　赵吉海　盖　斌　张　悦

政务服务中心（4人）

石来东 白林全 马娅梅 杨正强

机关事务管理中心（2人）

尚德聪 赵 剑

档案史志馆（1人）

邵金梅

融媒体中心（2人）

马亚萍 张 锋

卫生健康局所属事业单位（126人）

雷金霞 刘 红 柳 伟 张晓玲 王小龙
蔡丽霞 田 燕 张龙娟 丁利国 吴存喜
杨晓兰 宋 让 秦 婷 万效粉 张爱莹
郭彩玲 马小宾 李 霞 白翠杨 牛顺红
马生忠 纪明贵 杨志斌 张海文 马 红
马梅花 海晓琴 张巧云 田英霞 王淑秀
吴喜娟 张红彦 马少芳 马晓何 燕周燕
司亚妹 王 莉 虎旭春 董小红 李志鹏
赵君志 马秀花 马 欣 李彩红 马 泽
邓春英 吴 英 罗 军 王 蓉 刘冬阳
马芳萍 王 燕 王旺红 马 瑛 龙学军
姚 德 杨小梅 梁新军 白 燕 张玉霞
马守恒 蒋小平 金月梅 刘亚萍 黄香莲
马德才 牛桂花 苟党宝 吕瑞娟 贾春梅
张树雪 密桂龙 买晓琴 张彩霞 李 婷
尹 英 张慧琳 马 华 刘 娟 任志平
扈志龙 罗江波 虎 梅 陈荣福 田小东
马丽萍 马俊红 张 杰 马思兰 杨国琪
马 瑞 单启霞 仇彩萍 王雪琴 许斐凡
张颖慧 马虎秀 杨 阳 魏彩兄 罗晓兰
马廷礼 崔 霞 李 瑾 李德智 单长婧
王淑梅 何 瑛 马龙胜 徐丽娜 李明沛
刘雪红 张晓霞 赵明明 秦吉荣 买向东
马怀梅 杨列过 康 龙 武旭升 马晓琴
马 莉 张 涛 罗 鑫 马 靖 曾台枝
朱金源

教育局所属事业单位（413人）

陈爱霞 崔 正 高军明 何耀梅 惠海珍
兰海云 李光明 李长龙 梁秀琴 马文才
马小霞 马 昕 田 静 王 帆 王 宁
王瑞雪 王迎科 冶自荣 张玉生 赵雯卓
王陇洲 张保平 杨廷宝 张桂梅 吴 波
田进蕊 石玉琴 马希梅 海万宝 张吉平
杨玉珍 马丽荣 沈 冲 马建媛 余旭芳
李 鹤 太耀武 余 涛 马银凤 马金莲
张治国 孙 婷 贾小莉 马 茹 陈 强
万永霞 李 花 李晓斐 梁 蓉 刘永海
买玉芳 武宁宁 杨晓芳 杨泽钊 张文才
庄翊炜 王亚琴 马小军 罗 睿 吴汉东
李 明 马耀琴 郭秀珍 刘东冬 马 茹
马慧玲 高秀玲 虎彩霞 赵凯峰 王艳芳
刘志亮 肖伏霞 邵 辉 马瑞玲 马万俊
马慧霞 罗 宁 安文选 关向娟 王小军
王 伟 马金龙 赵 华 吴建军 马生仁
马虎兰 褚晓润 罗彩虹 童小芳 乔得鹏
吕 军 宋敏敏 李晓梅 杨昕炜 赵国强
马汉兰 王彦平 马树卿 杨艳婷 王圏生
田 璐 田丽花 韩芳龙 马永龙 石晓萍
张海丰 张 艳 宁林平 王志勇 王 彤
张玉英 顾 娟 张喜利 赵 婷 李瑞锋
李 箐 张 鑫 杨慧玲 于 飞 杨国琴

周　倩　马　瑞　毕鹏涛　刘振东　商　雯
邵小芸　张莉莉　王龙生　朱小亚　罗成福
勉海燕　田立锋　李　艳　袁敏科　马金凤
王丽艳　黄园波　兰向琴　任转英　田玉霞
马晓琴　周宏文　李建祥　贯金梅　马文霞
赵　军　张佳娜　齐伟娜　赵钱福　张安宁
陈东亚　李丽丽　张玉蓉　樊　旭　方冬梅
巩鹏程　胡玉梅　黄燕燕　李　华　李嫚璞
刘享男　柳　霄　马明虎　田　海　王　旺
张　丽　赵　瑾　闫　雪　张　磊　杨　柏
冯　娜　李艳艳　孙立军　黑　红　柳明霞
苗燕妮　张学兵　靳　瑶　郭玉芳　王克圆
常山红　贺彦文　马宗利　王　春　王　维
张　强　张　宁　朱世明　马　平　马晓娟
高晓燕　马彦秀　白冬雪　胡　佳　马　吉
任媛元　张泽龙　马文静　王晓燕　姚　香
程贵军　胡海燕　毋全智　王东君　王占奇
张伟强　李　艳　李国财　姜小伟　李　海
李永红　马爱喜　邓　茜　金红霞　马建鹏
石　义　赵　才　马小花　兰彩玲　马　燕
程永锋　胡　娜　瞿彩芳　王　建　杨　澜
王　铭　王敏雄　田　颖　韩崇宗　王郭锋
李　菊　王淑芳　高托旺　金小微　马丽蓉
田玉燕　赵瑞雪　马　鑫　白海霞　蒲亚丽
甘继龙　黄晓彦　舒士芬　王　炯　杨　蓉
王文海　马生海　杨媛媛　杨　旭　张旭峰
车晓玲　陈晓阳　古君龙　康文文　马亮亮
相治虎　周兆娜　孙玲霞　万　丽　王学珍
高燕霞　兰芳芳　索雷芳　王绍唐　杨　忠
韩冬梅　周金林　高焕发　马学鹏　刘茁溪

王盼盼　马金花　海　波　李　思　马小琴
殷　玲　韩　庆　赵兴乐　孟彦旭　暴怀勇
何玲玲　李会忠　李金凤　李秀平　刘莉莉
马海宝　马慧萍　马　睿　马兴瑞　马泽明
庞　娇　撒彦斌　苏佳薇　王进兰　王丽芳
武向阳　夏　军　杨文棣　贠佩珍　张　澍
张正品　赵雅维　周妍匣　马小梅　王耀成
杨安远　何玉红　王玲霞　韩治科　刘彩玲
马彩花　李　英　张佳楠　张彩虹　马冰洁
李　珍　刘金霞　吴　瑞　马玉群　马金鹏
李芳芳　党　军　丁世宇　段惠蓉　冯松强
何旦平　金玉智　李怀银　李军鹏　李志荣
马桂连　马　秀　马智广　彭莉莉　齐增辉
孙　涛　王红霞　吴艳艳　咸克伟　谢艳梅
俞鸿英　张世明　张旭鹏　丁　睿　户瑞良
火晓娟　蒋　露　李怀芳　李慧慧　李俊莲
李　娜　李小娟　罗晓燕　马彩霞　马　珺
马丽娜　勉海龙　毋养省　王　娟　王　俊
吴亚楠　席　瑞　杨　梅　杨秀娥　姚海洋
于媛媛　余雅峰　张泽东　马学娅　王彦林
安夏琰　白玉林　赵丽花　海玉梅　金　振
张爱萍　尚万富　马彩霞　黄娜娜　贺小瑞
魏　臻　魏宁波　罗小怡　马梓棋　李晓成
马艳霞　雷风敏　徐雅萍　袁　伟　相建国
李德生　丁娟梨　马银刚　马俊琴　马　艳
王晓龙　张克卿　杨进平　马星诚　张秉菊
张仓龙　马若龙　王小明　马　军　王元圆
马　琴　惠生奇　张秀艳　叶玉容　陈碧娥
林丽春　林树花　杨　陟

红寺堡镇（9人）

马志文　樊国伟　张维文　杨生虎　王巧玲

余亚萍　高　贺　马国玺　陈　强

太阳山镇（4人）

马　叶　白　亮　何　君　宋小玉

大河乡（5人）

马永存　王　芳　马　娇　杨兆卿　李　彬

新庄集乡（8人）

马　霞　田晓平　何燕梅　王丽娟　马红梅

魏耀福　马旭龙　马玉良

柳泉乡（7人）

穆鹏程　马民云　魏娟宁　张文谭　李淑红

海生虎　于长恒

新民街道办（1人）

瞿庆玲

红十字会（1人）

马旭升

2022 年度红寺堡区获县级以上表彰的先进个人一览表

姓 名	所在单位	奖　项	颁奖单位	颁奖时间
安　峰	吴忠市红寺堡区税务局	吴忠市双拥模范城创建工作先进个人	吴忠市拥军优属拥政爱民工作领导小组办公室	2022 年 7 月
张金海	新民街道办事处东方社区	双拥模范先进个人	中共吴忠市委、吴忠市人民政府、吴忠军分区	2022 年 7 月
卢佳旭	新民街道办事处东方社区	双拥模范先进个人	中共吴忠市委、吴忠市人民政府、吴忠军分区	2022 年 7 月
魏丽珍	吴忠市红寺堡区卫生健康局	抗击新冠疫情期间支援海南	中国共产党海南省委员会、海南省人民政府	2022 年 8 月
杨　勇	红寺堡区人民医院	抗击新冠疫情期间支援海南	中国共产党海南省委员会、海南省人民政府	2022 年 8 月
张国硕	红寺堡区人民医院	抗击新冠疫情期间支援海南	中国共产党海南省委员会、海南省人民政府	2022 年 8 月

续表

姓 名	所在单位	奖 项	颁奖单位	颁奖时间
蔺润润	红寺堡区人民医院	抗击新冠疫情期间支援海南	中国共产党海南省委员会、海南省人民政府	2022 年 8 月
邓文贤	红寺堡区人民医院	抗击新冠疫情期间支援海南	中国共产党海南省委员会、海南省人民政府	2022 年 8 月
杨旭梅	红寺堡区中医院	抗击新冠疫情期间支援海南	中国共产党海南省委员会、海南省人民政府	2022 年 8 月
张月花	红寺堡区人民医院	抗击新冠疫情期间支援海南	中国共产党海南省委员会、海南省人民政府	2022 年 8 月
王 琴	红寺堡区人民医院	抗击新冠疫情期间支援海南	中国共产党海南省委员会、海南省人民政府	2022 年 8 月
龙学军	红寺堡区疾控中心	抗击新冠疫情期间支援海南	中国共产党海南省委员会、海南省人民政府	2022 年 8 月
元 变	红寺堡区人民医院	抗击新冠疫情期间支援海南	中国共产党海南省委员会、海南省人民政府	2022 年 8 月
张颖慧	红寺堡区人民医院	抗击新冠疫情期间支援海南	中国共产党海南省委员会、海南省人民政府	2022 年 8 月
周 燕	红寺堡区中医院	抗击新冠疫情期间支援海南	中国共产党海南省委员会、海南省人民政府	2022 年 8 月
刘学军	新民街道办事处	“9 · 20”突发疫情防控优秀共产党员	中共吴忠市委办公室	2022 年 10 月
马小莲	新民街道办事处	红寺堡区疫情防控先进个人	中共吴忠市红寺堡区委员会办公室、吴忠市红寺堡区人民政府办公室	2022 年 12 月
勉向进	吴忠市红寺堡区人力资源和社会保障局	全区人力资源和社会保障工作先进个人	宁夏回族自治区人力资源和社会保障厅	2022 年 12 月

续表

姓 名	所在单位	奖 项	颁奖单位	颁奖时间
周非凡	吴忠市红寺堡区人力资源和社会保障局	全区人力资源和社会保障工作先进个人	宁夏回族自治区人力资源和社会保障厅	2022 年 12 月
刘亚科	吴忠市红寺堡区人民法院	2022 年度全区法院先进个人	宁夏回族自治区高级人民法院	2023 年 1 月
谢绍君	吴忠市红寺堡区人民法院	2022 年度全区法院先进个人	宁夏回族自治区高级人民法院	2023 年 1 月
李丹丹	吴忠市红寺堡区人民法院	2022 年度全市法院先进个人	吴忠市中级人民法院	2023 年 2 月
洪 海	吴忠市红寺堡区人民法院	2022 年度全市法院先进个人	吴忠市中级人民法院	2023 年 2 月
马晓莉	吴忠市红寺堡区人民法院	2022 年度全市法院先进个人	吴忠市中级人民法院	2023 年 2 月
马彩萍	吴忠市红寺堡区农业农村局	自治区青年拔尖人才	宁夏回族自治区党委人才工作领导小组办公室、宁夏回族自治区人力资源和社会保障厅	2023 年 3 月

先进集体

“9·20”突发疫情防控先进基层党组织名单（20 个）

红寺堡镇同原村党支部
太阳山镇巴庄村党支部
红寺堡区大河乡党委
新庄集乡沙草墩村党支部
柳泉乡羊坊滩村党支部
新民街道罗山社区党支部
红寺堡区太阳山中心学校党支部
吴忠市公安局红寺堡区分局治安大队党支部
宁夏鹏胜房地产开发有限公司党支部
新庄集乡卫生院党支部
红寺堡区妇幼保健计划生育服务中心党支部
红寺堡区弘德集中隔离点临时党支部
红寺堡区纪律检查委员会党支部
红寺堡区人大常委会机关党支部
红寺堡区政府办公室党支部
红寺堡区人民法院党支部
红寺堡区人民检察院党支部
红寺堡区应急管理局党支部
红寺堡区工业信息化和商务局党支部
红寺堡区市场监督管理分局党支部

2022 年度红寺堡区获县级及以上表彰的先进集体一览表

获奖单位	奖　项	颁奖单位	表彰时间
红寺堡区司法局红寺堡司法所	全区标准化司法所	自治区司法厅	2022 年 1 月
红寺堡区司法局新庄集司法所	全区标准化司法所	自治区司法厅	2022 年 1 月
红寺堡区司法局柳泉司法所	全区标准化司法所	自治区司法厅	2022 年 1 月
红寺堡区司法局太阳山司法所	全区标准化司法所	自治区司法厅	2022 年 1 月
吴忠市公安局红寺堡区分局	全区公安机关城市分局执法满意度测评第一名	自治区公安厅	2022 年 1 月
吴忠市红寺堡区人力资源和社会保障局就业创业和人才服务中心	自治区就业创业工作先进集体	宁夏回族自治区就业工作领导小组	2022 年 1 月
吴忠市红寺堡区税务局	全区健康机关示范点	自治区卫健委	2022 年 1 月
红寺堡区人民医院	“千县工程”县医院综合能力提升工作县医院	国家卫健委	2022 年 3 月
宁夏移民博物馆	脱贫攻坚、乡村振兴专题实践教学基地	教育部办公厅、国家乡村振兴局综合司	2022 年 4 月
吴忠市红寺堡区消防救援大队	民族团结进步示范单位	宁夏回族自治区党委统一战线工作领导小组	2022 年 4 月
吴忠市红寺堡区民政局	吴忠市文明单位	吴忠市精神文明建设指导委员会	2022 年 4 月
吴忠市公安局红寺堡区分局治安大队	全国卷烟打假工作先进集体	国家烟草专卖局、公安部	2022 年 5 月
红寺堡区文化旅游体育广电局	“喜迎二十大 奋进新征程”2022 年全区广场舞大赛优秀奖	中共宁夏回族自治区委员会宣传部、宁夏回族自治区文化和旅游厅、宁夏回族自治区妇女联合会、宁夏回族自治区体育局、石嘴山市人民政府、宁夏广播电视台	2022 年 6 月

续表

获奖单位	奖　项	颁奖单位	表彰时间
红寺堡区卫生健康局	自治区“三八红旗集体”	自治区妇联	2022 年 7 月
吴忠市红寺堡区税务局	全国一星级青年文明号	共青团中央、全国青联	2022 年 8 月
红寺堡区林业和草原局	全国绿化先进集体	全国绿化委员会、人力资源和社会保障部、国家林业和草原局	2022 年 8 月
红寺堡区	第二届中国城市高质量发展十佳县（市、区）	中国城市高质量发展与国际合作大会	2022 年 8 月
吴忠市红寺堡区教育局	平安宁夏建设	自治区人民政府	2022 年 8 月
红寺堡区教育局	平安宁夏建设先进集体	自治区党委、自治区人民政府	2022 年 8 月
吴忠市红寺堡区消防救援大队	基层党组织星级达标创建	吴忠市消防救援支队委员会	2022 年 8 月
红寺堡区司法局	第一批自治区健康机关示范点	自治区爱国卫生运动委员会办公室	2022 年 9 月
吴忠市红寺堡区水务局	节约型机关	国家事务管理局、中共中央直属机关事务管理局、中华人民共和国国家发展和改革委员会、中华人民共和国财政部	2022 年 10 月
红寺堡区柳泉乡永新村	第四批全国乡村旅游重点村镇	文化和旅游部、国家发展和改革委员会	2022 年 10 月
红寺堡区红寺堡镇弘德村	全国民主法治示范村（社区）	司法部、民政部	2022 年 10 月
红寺堡区团结小学四（1）中队	2022 年度全国优秀少先队集体	共青团中央	2022 年 10 月
创业社区	自治区健康细胞示范点	自治区卫健委	2022 年 10 月
红寺堡区综合执法局	“9·20”突发疫情防控先进基层党组织	中共吴忠市委员会办公室	2022 年 10 月
红寺堡北海林场	全国十佳林场	中国林场协会	2022 年 11 月
吴忠市红寺堡区妇女联合会	2022 年度妇女宣传舆论阵地建设先进榜	中国妇女报社（全国妇联网络信息传播中心）	2022 年 11 月

续表

获奖单位	奖　项	颁奖单位	表彰时间
红寺堡区新民街道鹏胜社区、新庄集乡红川村	全国综合减灾示范社区	应急管理部	2022 年 11 月
红寺堡区城东休闲公园工会户外劳动者服务站	最美工会户外劳动者服务站点	中华全国总工会	2022 年 11 月
红寺堡区教育局	全国第七届中小学生艺术展演活动地（市）、县（市）级优秀组织奖	教育部	2022 年 12 月
红寺堡区	中国美丽乡村建设示范县	全国新农村建设中心	2022 年 12 月
吴忠市红寺堡区人力资源和社会保障局就业创业和人才服务中心	全区人力资源和社会保障工作先进集体	宁夏回族自治区人力资源和社会保障厅	2022 年 12 月
吴忠市红寺堡区人力资源和社会保障局劳动保障监察执法局	全区人力资源和社会保障工作先进集体	宁夏回族自治区人力资源和社会保障厅	2022 年 12 月
红寺堡区委网信办	“凝聚正能量 共筑中国梦”宁夏网络文明建设精品征集评选活动中荣获优秀组织奖	自治区党委网信办、自治区教育厅、自治区公安厅、自治区总工会、共青团宁夏回族自治区委员会、自治区妇联、人行银川支行	2022 年 12 月
吴忠市红寺堡区消防救援大队	集体三等功	红寺堡区委、区政府	2022 年 12 月
吴忠市红寺堡区消防救援大队	平安单位	平安红寺堡建设协调小组	2022 年 12 月
吴忠市红寺堡区人民法院执行局	2022 年度全区法院先进集体	宁夏回族自治区高级人民法院	2023 年 1 月
新民街道办	2022 年度“大学习、大讨论、大宣传、大实践”中青年干部大比武先进集体	中共吴忠市红寺堡区委组织部、中共吴忠市红寺堡区委宣传部	2023 年 1 月
红寺堡区气象站	吴忠市气象局年度考核优秀等次	吴忠市气象局	2023 年 1 月
吴忠市红寺堡区人民法院立案庭	2022 年度全市法院先进集体	吴忠市中级人民法院	2023 年 2 月
红寺堡区工业信息化和商务局	2022 年超额完成自治区招商引资目标任务	自治区招商引资项目推进考核办公室	2023 年 2 月

附　录

组织机构及负责人名单

（截至 2022 年 12 月 31 日任职）

中国共产党红寺堡区委员会

书　　记　王忠强

副 书 记　杨文福（回族，1 月任职）

　　　　　徐　娟（女，3 月挂职）

　　　　　马玉磊（回族，5 月任职）

常　　委　高长祯

　　　　　马青松（回族）

　　　　　张瑞峰

　　　　　慈小荣（女）

　　　　　马杰君（回族）

　　　　　赵　军

　　　　　卢　山

　　　　　马　涛（回族，5 月任职）

　　　　　段立栓（5 月任职）

红寺堡区人大常委会

主　　任　苏达志（回族）

副 主 任　关保智

　　　　　伍洪亮（回族）

　　　　　马锦花（女，回族）

　　　　　王　琳

红寺堡区人民政府

区　　长　杨文福（回族，1 月为候选人，2 月任职）

副 区 长　马　涛（回族）

　　　　　慈小荣（女）

　　　　　卢　山（挂职）

　　　　　谢二亮

　　　　　杨金花（女，回族）

　　　　　赵薛刚（挂职）

　　　　　丁朝炜（回族，5 月任职）

　　　　　杨吉林（6 月任职）

政协红寺堡区委员会

主　　席　张致强

政协党组副书记

马杰君（兼）

副 主 席　买廷东（回族）

浦彦卿

马春梅（女，回族）

中共吴忠市红寺堡区纪律检查委员会　吴忠市红寺堡区监察委员会

书记、监委主任

张瑞峰

副书记、监委副主任

李玉平（回族）

王　宁（3月调离）

纪委常委、监委委员

黄文辉（回族）

顾骁骥（回族，9月调离）

陈　莉（女）

纪委常委　田兴龙（回族）

监委委员　张宏昌

派驻第一纪检监察组组长

李振西

派驻第二纪检监察组组长

李金凤（女，回族）

派驻第三纪检监察组组长

张志忠（回族，12月调离）

张　雪（女，回族，12月任职）

办公室主任

闫　圆（2月调离）

王进银（女，回族，3月任职）

案件审理室主任

杨玉香（女，回族）

信访案管室主任

王　敏（女，2月调离）

康瑞卿（2月任职）

党风政风监督室主任

张振红

纪检监察一室主任

张永宏

纪检监察二室主任

吴明辉

派驻公安分局纪检监察组组长

杨　兰（女，回族，12月任职）

派驻检察院纪检监察组组长

田兴福（回族，12月任职）

派驻法院纪检监察组组长

孙柏峰

区委办公室

主任、保密办主任、国安办主任、机要局局长、档案局局长

段立栓（7月调离）

李军保（7月任职）

副 主 任　李明明

张进宝（回族）

王　林（回族，2月任职）

杨　民（回族，6月任职）

档案史志馆

馆　　长　陈永康（2月调离）

柯　强（回族，2月任职）

人大常委会办公室

主　　任　任成忠

财经农业教科文卫工作委员会主任

马秉刚（12月调离）

田英选（回族，12月任职）

民族宗教与法制工作委员会主任

马德福（回族）

代表联络与选举工作委员会主任

马晓莲（女，回族，6月调离）

牛海萍（女，6月任职）

政府办公室

主任、信访局局长

黄国民（回族，7月调离）

杨飞鹏（回族，7月任职）

副主任、信访局副局长

李 君

副 主 任 张 洁（女，回族，9月调离）

马 越（回族，8月调离）

冯兴龙（9月任职）

蔡志扬

李妍蔼（女，12月任职）

政协办公室

主 任 魏世雄

副 主 任 海小花（女，回族）

提案和委员联络委员会主任

田 龙（回族）

经济委员会主任

袁安莉（女）

教科文卫体委员会主任

李 燕（女）

社会治理委员会主任

马奋山（回族）

区委组织部

部 长 赵 军

副 部 长 王成虎（回族，2月任职）

周鹏飞（回族）

马 赫（女，回族）

区离退休干部党工委专职副书记

田晓盛

区非公有制经济组织和社会组织党工委专职副书记

杨元沛（回族，9月调离）

刘矿洲（9月任职）

区委党校

校 长 赵 军

副 校 长 刘矿洲（9月调离）

陈永康（2月任职）

区委宣传部

部 长 马青松（回族）

副 部 长 李海福（回族）

马东海（回族）

白 桦（女）

区委统战部

部 长 马杰君（回族）

副 部 长 杨万升（回族，6月免职）

蔡金玉（回族，7月任职）

冯兴龙（9月调离）

马全宇（回族）

谢继杰（9月任职）

区民族宗教事务局

局 长 杨万升（回族，6月免职）

蔡金玉（回族，7月任职）

区委政法委

书 记 马玉磊（回族，5月任职）

副 书 记 马广步（回族）

罗成龙（回族）

冯建军（9月任职）

区委政研室

主　　任　王　毅

副 主 任　王　敏（女，2月任职，3月借调区委督查室）

　　　　　杨　桦（女，回族，9月调离）

　　　　　张　洁（女，回族，9月任职）

区委网信办

主　　任　姚一凡（女，7月调离）

　　　　　曹　鹏（7月任职）

副 主 任　杨　成（回族）

区委机构编制委员会办公室

主　　任　米志和（回族）

副 主 任　郑淑萍（女，2月任职）

区委巡察办

主　　任　王成虎（回族，2月调离）

　　　　　黄文辉（回族，7月任职）

副 主 任　马富贵（回族）

巡察专员　朱万通

　　　　　杨建军（2月调离）

　　　　　马小芹（女，回族，2月任职）

红寺堡区人民法院

党组书记、院长

　　　　　陈秀霞（女，7月为院长候选人，8月任党组书记，12月任院长）

党组副书记、副院长

　　　　　陈西明

党组成员、副院长

　　　　　徐万学

党组成员、政治部主任

　　　　　杨文广（回族）

审判委员会专委、执行局局长

　　　　　马荣清（回族，2月任职）

审判委员会专委

　　　　　范永珍

刑事审判庭庭长

　　　　　陈昌宁

综合审判庭庭长

　　　　　李文科（回族）

立案庭庭长

　　　　　梁　莹（女，6月调离）

法警队队长

　　　　　马金才（回族）

太阳山人民法庭庭长、审判委员会委员

　　　　　张唯栋（回族）

审管办主任

　　　　　刘亚科

政治部副主任

　　　　　赵旭沛（女，6月调离）

办公室主任

　　　　　马东才（回族，8月免职）

红寺堡区人民检察院

党组书记、检察长

　　　　　杨洪霞（女，回族）

党组成员、副检察长

　　　　　张少青（回族）

　　　　　杨丽红（女，回族）

党组成员、政治部主任

　　　　　杨志辉

第一检察部主任

　　　　　马宏武（回族）

第二检察部主任

　　　　　金小白（女，回族，12月调离）

第三检察部主任
　　　　白　龙（回族）
办公室主任
　　　　杨　兰（女，回族，12月调离）

红寺堡区发展和改革局

局　　长　李军保（7月调离）
　　　　　段立栓（7月任职）
副 局 长　马丽娜（女，回族）
　　　　　马小龙（回族）

红寺堡区教育局

局　　长　哈小军（回族）
副 局 长　金　晶（女，回族，3月挂职自治区教育厅）
　　　　　杨　陟（3月挂职）
　　　　　牛虎山
　　　　　冯进海（回族，6月调离）
　　　　　王　璐（女，6月任职）
党组成员　魏国喆

红寺堡区科学技术局

局　　长　马金贵（回族）
副 局 长　黑　燕（女，回族，7月调离）
　　　　　马彩军（回族，7月任职）
　　　　　康　磊（3月挂职）

红寺堡区工业信息化和商务局

局　　长　韩　明（7月调离）
　　　　　李宗贤（7月任职）
副 局 长　童仲志
　　　　　马秀玲（女，回族）
　　　　　王　瑞（女，7月调离）

红寺堡区民政局

局　　长　何　明（7月调离）
　　　　　韩　明（7月任职）
副 局 长　马宗成（回族）
　　　　　杨明芳（回族）
　　　　　杜　峰（3月挂职）
社区建设和社会救助服务中心主任
　　　　　万文超

红寺堡区司法局

局　　长　杨国文（回族）
副 局 长　王成龙（9月调离）
　　　　　顾骁骥（回族，9月任职）
红寺堡司法所所长
　　　　　马登基（回族，3月任职）
大河司法所所长
　　　　　丁　花（女，回族，6月调离）
　　　　　金小白（女，回族，12月任职）
柳泉司法所所长
　　　　　周小燕（女，回族）
新庄集司法所所长
　　　　　禹毅晗（女，回族）
太阳山司法所所长
　　　　　王正康（12月调离）
新民街道司法所所长
　　　　　袁宏歌（女）

红寺堡区财政局

局　　长　马秀荣（女，回族）
副 局 长　赵文伯
　　　　　滕国军
财务综合服务中心主任
　　　　　党积军

国库支付中心主任

冯宁宁（女，2 月任职）

红寺堡区人力资源和社会保障局

局　　长　海万昌（回族）

副 局 长　周　鹏（回族，挂职福建省惠安县工业信息化和商务局党组成员、副局长）

王座思

邢加伟（3 月任职）

就业创业和人才服务中心主任

卢维生（9 月免职）

王成龙（9 月任职）

社会保险事业服务中心主任

李海瑞

劳动保障监察执法局、四级主任科员

李　琳

红寺堡区自然资源局

局　　长　王少奇（回族，7 月调离）

黄国民（回族，7 月任职）

副 局 长　田志栋（6 月调离）

冯进海（回族，6 月任职）

年　波

王俊彬

自然资源综合服务中心主任

万　慧（女）

不动产登记事务中心主任

景天海（9 月调离）

胡　君（9 月任职）

红寺堡区住房城乡建设和交通局

局　　长　李宗贤（回族，7 月调离）

何　明（7 月任职）

副 局 长　高文辉（6 月调离）

摆志斌（回族，7 月调离）

杨　磊（回族）

田志栋（6 月任职）

公路管理段段长

海　锋（回族）

交通运输综合执法大队书记、队长

马进虎（回族，12 月免职）

市政和环卫服务中心主任

陈　成（9 月免职）

张　锐（回族，9 月任职）

红寺堡区水务局

局　　长　王贯举

副 局 长　马彩军（回族，7 月调离）

杨润泽（回族，4 月任职）

黑　燕（女，回族，7 月任职）

水务综合服务中心主任

张　锐（回族，9 月调离）

罗　鑫（9 月任职）

红寺堡区农业农村局

党组书记、副局长

马　瑞（回族，主持工作）

副 局 长　李　吉

冶长斌（回族）

曹　鹏（7 月调离）

海万吉（回族，7 月任职）

刘建岐（3 月挂职）

张桂杰（5 月挂职期满）

农业技术推广服务中心主任

魏小平

农田水利服务中心主任

胡　君（9 月调离）

红寺堡区文化旅游体育广电局

局　　长　海正祥（回族）
副 局 长　李妍蔼（女，12 月调离）
　　　　　王正康（12 月任职）
　　　　　田彦祥（回族，3 月调离）
　　　　　杨　桦（女，回族，9 月任职）
文化旅游体育服务中心主任
　　　　　刘维斌（3 月调离）
　　　　　陈志荣（4 月任职）
文化馆代理副馆长
　　　　　李锦君（6 月任职）
图书馆馆长
　　　　　陈维良
体育馆馆长
　　　　　马广录（回族）
宁夏移民博物馆代理馆长
　　　　　范　荣（女）

红寺堡区卫生健康局

局　　长　张淑艳（女）
副 局 长　郑淑萍（女，2 月调离）
　　　　　安　娜（女，2 月任职）
　　　　　代晓蕾（女，3 月任职）
　　　　　苏林生（回族）
人民医院院长
　　　　　马万堂（6 月免职）
　　　　　黄香莲（女，6 月任职）
人民医院党支部副书记
　　　　　杨　力（回族，4 月任职）
中医医院院长
　　　　　马万堂（12 月任职）
妇幼保健计划生育服务中心主任
　　　　　马启福（回族）
疾病预防控制中心主任
　　　　　计生荣
卫生计生监督执法所所长
　　　　　杨　力（回族，4 月免职）
　　　　　张玉霞（女，4 月任职）

红寺堡区退役军人事务局

局　　长　王兴龙
副 局 长　马海鹏（回族，6 月调离）
　　　　　姚自亮（6 月任职）
退役军人服务中心主任
　　　　　樊　栋（女）

红寺堡区应急管理局

局　　长　马　贵（回族）
副 局 长　姚自亮（6 月调离）
　　　　　马海鹏（回族，6 月任职）
　　　　　冯艳丽（女，回族）
应急管理保障中心主任
　　　　　刘正刚（回族）

红寺堡区审计局

局　　长　黑晓军（回族）
副 局 长　黄占城（回族）
　　　　　苟安泰

红寺堡区统计局

局　　长　周治强（回族）
副 局 长　丁海涛（3 月挂职）
　　　　　张怀德（回族）
　　　　　马　勇（回族）

红寺堡区乡村振兴局

局　　长　高建斌

副 局 长　张继光

　　　　　糟怀仁（回族，6 月任职）

乡村振兴服务中心主任

　　　　　罗　麒（回族）

红寺堡区综合执法局

局　　长　黑茂森（回族）

副 局 长　田兴福（回族，12 月调离）

　　　　　张　辉（12 月调离）

　　　　　陈志华（女，回族）

　　　　　余义强（回族，12 月任职）

红寺堡区交通运输综合执法大队队长

　　　　　马　力（回族，12 月任职）

红寺堡综合执法队队长

　　　　　马　波（回族，6 月任职）

柳泉综合执法队队长

　　　　　杨应林（回族，6 月任职）

新庄集综合执法队队长

　　　　　蒋海峰（6 月任职）

太阳山综合执法队队长

　　　　　吴发瑞（6 月任职）

新民综合执法队队长

　　　　　李学明（4 月任职）

红寺堡区医疗保障局

局　　长　李　虎

副 局 长　王燕华

　　　　　李　庆（3 月挂职）

医疗保障服务中心主任

　　　　　马铭蔚（女，回族）

红寺堡区审批服务管理局

局　　长　蔡金玉（回族，7 月调离）

　　　　　马金平（回族，7 月任职）

副 局 长　康瑞卿（2 月调离）

　　　　　苏秀萍（女，回族，2 月任职）

政务服务中心主任

　　　　　马志莲（女，回族）

吴忠市公安局红寺堡区分局

局　　长　杨　平（回族，6 月调离）

　　　　　丁朝炜（回族，6 月任职）

政　　委　张银福

副 局 长　俞　新

　　　　　丁　灵（回族）

　　　　　杨军军（回族）

政工监督室主任

　　　　　杨百虎（回族）

政工监督室指导员

　　　　　马文瑞（回族）

指挥中心主任、纪委专职副书记

　　　　　张　鹏

警务保障室主任

　　　　　王海波（回族，兼职）

治安大队大队长

　　　　　常　乐

国保大队大队长

　　　　　于　龙（回族）

法制大队大队长

　　　　　吴敬博

禁毒大队大队长

　　　　　虎国福（回族）

经侦大队指导员

　　　　　叶鹏飞

禁毒办副主任

　　　　　田　旭（回族）

刑侦大队

大 队 长　马学成（回族）

指 导 员　田希宏（回族）

交管大队

大 队 长　谢彦明

指 导 员　李晟邦

红寺堡派出所

所　　长　王瑞东

教 导 员　禹万喜（回族）

副 所 长　陈大明

　　　　　赵　强（回族）

大河派出所

所　　长　丁建云（回族）

教 导 员　马玉军（回族）

副 所 长　李雄飞（回族）

新庄集派出所

所　　长　方海彪

副 所 长　李　涛（回族）

柳泉派出所

所　　长　李震宇

教 导 员　张占平

副 所 长　王　阳

弘德派出所

所　　长　和耀龙

教 导 员　王占新

副 所 长　苏　斌（回族）

草原派出所

所　　长　王海波（回族）

副 所 长　杜银波

新民派出所

教 导 员　代永江

副 所 长　金守礼（回族）

吴忠市市场监督管理局红寺堡分局

局　　长　文　晶

副 局 长　马保荣（回族）

　　　　　马志杰（回族）

吴忠市生态环境局红寺堡分局

局　　长　锁金银

副 局 长　糟怀仁（回族，6月调离）

　　　　　高文辉（6月任职）

红寺堡区总工会

主　　席　买廷东（回族）

常务副主席

　　　　　马　军（回族）

副 主 席　马晓霞（女，回族）

　　　　　张小江（兼职）

　　　　　王燕华（女，挂职）

经审会主任

　　　　　王志刚（9月调离）

共青团红寺堡区委员会

书　　记　李玉平（回族）

副 书 记　杨　民（回族，6月调离）

　　　　　王　瑞（女，7月为候选人）

挂职副书记

　　　　　李　娜（女，回族）

　　　　　吕吉德

　　　　　魏燕楠（女，9月挂职期满）

红寺堡区妇女联合会

主　　席　佘　莉

副 主 席　马啸芬（女，回族）

红寺堡区残疾人联合会

理 事 长　海　琴（女，回族，2 月任职）

副理事长　王全民（9 月免职）

　　　　　王志刚（9 月任职）

红寺堡区红十字会

会　　长　谢二亮

常务副会长兼秘书长

　　　　　田　维

监 事 长　黑晓军（回族，兼职）

专职副监事长（候选人）

　　　　　马继平（回族，3 月任职）

红寺堡镇

党委书记　白占玉（回族）

人大主席　牛海萍（女，6 月调离）

　　　　　马晓莲（女，回族，6 月为候选人）

党委副书记、镇长

　　　　　杜丽丽（女）

党委副书记

　　　　　王绍东（回族，2 月调离）

　　　　　马文涛（回族，7 月调离）

　　　　　海丕军（3 月挂职，9 月挂职期满）

　　　　　杨　桦（女，回族，9 月挂职）

纪委书记　马　蛟（回族，2 月调离）

　　　　　李　娜（女，回族，3 月任职）

副镇长　　罗　凯（回族）

　　　　　周　璐（女）

　　　　　勉向进（回族）

　　　　　周非凡（回族，2 月挂职）

　　　　　徐纪初（8 月挂职）

组织委员　马晓文（回族）

武装部部长

　　　　　马亚洲（12 月调离）

　　　　　吴　鹏（12 月任职）

民生服务中心主任

　　　　　杨　倬

农业综合服务中心主任

　　　　　马志文（回族）

财经中心主任

　　　　　张维文（回族）

综治中心主任

　　　　　樊国伟

太阳山镇

党委书记　王　军（回族）

人大主席　田英选（回族）

　　　　　张　辉（12 月为人大主席候选人）

党委副书记、镇长

　　　　　吴克兵

　　　　　谢继杰（9 月调离）

党委副书记

　　　　　田进明（回族，9 月任职）

纪委书记　马　乐（女，回族）

副 镇 长　王晓勇（6 月人选）

　　　　　王立琴（女，回族，12 月为副镇长人选）

组织委员　康　芳（女，回族，2 月任职）

武装部部长

　　　　　马亚洲（12 月任职）

财务服务中心主任

　　　　　何　君（回族）

农业服务中心主任

　　　　　李　虎（回族）

综治服务中心主任

　　　　　马　明（回族，12 月调离）

民生服务中心主任

　　　　　苏　荣（女，回族）

大河乡

党委书记　李学忠（回族）

人大主席　祁旭升

党委副书记、乡长

贾舒君（女）

党委副书记

杨万里（回族）

刘永进（5月调离）

黄千瑜（5月任职）

纪委书记　李玉德（回族，3月调离）

田彦祥（回族，3月任职）

副乡长　王立琴（女，回族，12月调离）

毛晓东（回族，12月为副乡长人选）

闫　圆（3月任职）

刘彦斌（2月挂职）

组织委员　袁　婧（女，9月免职）

王　勇（回族，9月任职）

武装部部长

田玉莲（回族）

农业综合服务中心主任

马青富（回族，7月调离）

李　勇（回族，7月任职）

财经服务中心主任

杨文波（回族）

民生服务中心主任

尤喜多

综治中心主任

尹　军

新庄集乡

党委书记　虎治亮

人大主席　吕振中（12月免职）

马秉刚（12月为候选人）

党委副书记、乡长

周仁科（回族）

党委副书记

杨润泽（回族，3月调离）

马　蛟（回族，2月任职）

纪委书记　马　涛（回族）

副乡长　海万吉（回族，7月调离）

杨旭虎（回族，9月任职）

刘　婧（女）

陈文虎（回族）

组织委员　杨旭虎（回族，7月免职）

乔玲娜（女，7月任职）

武装部部长

杨　虎（回族）

民生服务中心主任

马兴龙（回族）

财经服务中心主任

薛列列（女）

综治中心主任

马玉良（回族）

农业综合服务中心主任

潘　鹏

柳泉乡

党委书记　高晓东

人大主席　张　铁

姚一凡（7月为人大主席候选人）

党委副书记、乡长

金　帝（回族）

党委副书记

涂志强

纪委书记　康　鹏（回族）

副 乡 长　杨飞龙（回族，6月调离）

马珲璞（12月为副乡长人选）

陈志荣（3月调离）

丁　花（女，回族，6月为副乡长人选）

武装部部长

马平贤（回族）

组织委员　袁玲玲（12月调离）

买　博（回族，12月任职）

农业综合服务中心主任

李　勇（回族，7月调离）

马青富（回族，7月任职）

民生服务中心主任

罗小玲（女，回族）

综治中心主任

魏娟宁（女）

财经服务中心主任

海生虎（回族）

新民街道办事处

党工委书记、人大联络办主任

刘学军

党工委副书记、办事处主任

马金平（回族，7月调离）

摆志斌（回族，7月任职）

党工委副书记、纪委书记、监委，派出新民街道监察办公室主任

马文涛（回族，7月调离）

张进林（回族，7月任职）

党工委委员、办事处副主任、武装部部长

张进林（回族，7月免职）

赵锦鹏（回族，7月任职）

党工委委员、组织委员

赵锦鹏（回族，7月免职）

华　婧（女，回族，7月任职）

办事处副主任

马月梅（女，回族）

公用事业服务中心主任

瞿庆玲（女）

民生服务中心主任

胡玉娇（女）

综治中心主任

马　聪（回族，7月调离）

景天海（9月任职）

融媒体中心

主　　任　杨飞鹏（回族，7月调离）

马广智（回族，12月任职）

副 主 任　马广智（回族，12月免职）

权　蓉（女）

杨振绩（12月任职）

吴忠市红寺堡区机关事务服务中心

主　　任　海丕军（回族）

副 主 任　顾莉盼（女，2月任职）

马　聪（回族，7月任职）

王　璐（6月调离）

吴忠太阳山开发区红寺堡产业园企业服务中心

主　　任　张金柱

吴忠市红寺堡区税务局

局　　长　李思杨（回族，4月调离）

安　峰（4月任职）

副 局 长　费晓骥（回族，8月调离）

文学鹏（回族，11月调离）

赵春云（11月任职）

曹自林（11月任职）

武　亮（11月任职）

纪检组长　樊维姣（女，11月调离）

郑　伟（12月任职）

社会经济调查队

队　　长　张玉宝

副 队 长　张海磊（2 月调离）

　　　　　张　环（女，12 月任职）

吴忠市红寺堡区消防救援大队

大 队 长　孟　磊（4 月调离）

　　　　　杨　成（4 月任职）

政治教导员

　　　　　曹东升（4 月调离）

　　　　　秦双龙（4 月任职）

红寺堡区气象站

站　　长　齐旭峰

红寺堡区邮政分公司

总 经 理　马　钰（女，回族）

联通公司

总 经 理　马汉平（回族，8 月任总监，11 月调离）

　　　　　金海楠（回族，8 月任职）

移动公司

经　　理　吴润泽

电信公司

总 经 理　呼延俊林

副总经理　马尚忠（回族）

　　　　　杨建文

总经理助理

　　　　　周　鹏（回族，10 月任职）

国网吴忠市红寺堡供电公司

经　　理　马　超（回族）

书　　记　徐友军

副经理兼分工会主席

　　　　　刘　勃

副 经 理　徐建勇（1 月调离）

　　　　　戴建军（1 月任职）

农行红寺堡支行

党委书记、行长

　　　　　张耀俊（11 月调离）

党委副书记、副行长

　　　　　聂　平（女，11 月任职，主持工作）

　　　　　林　玲（女，1 月任职，挂职干部）

党委委员、副行长

　　　　　李　丽（女）

　　　　　周金霞（女，回族，2 月福建挂职）

党委委员、纪委书记

　　　　　陈文辉（女，9 月调离）

　　　　　何　涛（9 月任职）

邮储银行红寺堡支行

行　　长　马　林（回族）

红寺堡农村商业银行

党委书记、董事长

　　　　　黑晓龙（回族）

党委副书记、行长

　　　　　李　彬（3 月任职）

党委委员、纪委书记、监事长

　　　　　罗永仁

党委委员、副行长

　　　　　赵　武

　　　　　尚　懿

行长助理　秦　涛（3 月任职）

宁夏银行红寺堡支行

行　　长　姚克伟

副 行 长　苏生龙（回族）

主　　任　马丽娅（女，回族）

行长助理　王　放

业务发展科科长

　　　　　马红平（回族）

风险管理科科长

　　　　　李　磊

运营经理　赵彦平（蒙古族，7月任职）

运营副经理

　　　　　任玺刚（回族，9月任职）

吴忠市住房公积金管理中心红寺堡分中心

主　　任　孙　炜

宁夏水投红寺堡水务有限公司

党总支书记、执行董事

　　　　　杨立国（5月调离）

　　　　　罗　鹏（5月任职）

党总支副书记、总经理

　　　　　庄志华（5月任职）

党总支委员、副总经理

　　　　　王志清

党总支委员、副总经理、工会主席

　　　　　杨占江（5月任职）

党总支委员、副总经理

　　　　　刘军昌（5月任职）

供暖公司

经　　理　马　瑞（回族，8月调离）

　　　　　王兴文（回族，8月任职）

副 经 理　海永潮（回族）

　　　　　张建文

　　　　　徐应欣

　　　　　慕风麟

工会主席　高　峰

中国人保财产保险股份有限公司红寺堡支公司

经　　理　穆　宁（回族）

副 经 理　马成青（回族）

　　　　　杜　君（回族）

红寺堡区烟草专卖局

局　　长（经理）

　　　　　党小云

中共红寺堡区委常委会工作报告（节选）

红寺堡区委书记 王忠强

（2022 年 12 月 9 日）

各位委员、同志们：

现在，我受区委常委会委托，向全会报告工作，请予审议。

2022 年是党的二十大召开之年，也是红寺堡创建示范区的关键之年。一年来，区委常委会坚持以习近平新时代中国特色社会主义思想为指导，深入学习宣传贯彻党的十九大及十九届历次全会和党的二十大精神、习近平总书记视察宁夏重要讲话和重要指示批示精神，全面落实“疫情要防住、经济要稳住、发展要安全”重要要求，主动融入自治区“三区”建设大局，聚焦聚力吴忠建设绿色发展先行市目标任务，团结带领全区广大党员干部群众锐意进取、奋勇争先，有效应对经济下行和新冠疫情双重压力，全区各项事业实现了新突破、迈上了新台阶。红寺堡区作为宁夏唯一县区入选全国乡村振兴重点工作激励县，获国务院大督查及专项督查“免督查”奖励，被评为 2022 年中国城市高质量发展十佳城区、2017—2020 年度平安宁夏建设示范县，连续五年被命名为宁夏平安县（区）。

一年来，区委常委会坚持把方向、管大局、促落实，集中精力重点抓了以下工作：

一、旗帜鲜明讲政治、铸忠诚，对标看齐成为坚定自觉

区委常委会坚定不移加强政治建设，以“总书记有号令、中央有部署、我们见行动”的政治担当，推动各级党组织深刻领悟“两个确立”的决定性意义，坚决把“两个维护”落实到行动中。

政治主动对标。坚决维护习近平同志党中央的核心、全党的核心地位，以“总书记怎么说、我们就怎么做”的政治自觉，不折不扣贯彻落实习近平总书记视察宁夏重要讲话和重要指示批示精神，自觉同党中央和自治区党委、吴忠市委保持高度一致，推动党的主张转化为全区党员干部群众的广泛共识和实际行动。始终牢记领袖嘱托，坚定扛稳示范区创建使命担当，制定“十六条”重点任务，研究 155 项重大事项，有力推动示范区创建迈出坚实步伐。

思想主动对表。健全完善常委会“第一议题”制度，及时跟进学习习近平总书记最新重要讲话和重要指示批示精神，做到学思用贯通、知信行统一。研究制定《关于学习宣传贯彻党的二十大精神的实施意见》，深入开展党的二十大和习近平总书记视察宁夏重要讲话指示批示精神“大学习、大讨论、大宣传、大实践”活

动，召开区委理论学习中心组学习会11次，邀请专家授课7次，开展各类宣讲活动151场次，全区广大党员干部在学思践悟中不断增强“两个维护”的思想自觉。

行动主动对齐。区委常委会始终保持贯彻党中央决策部署的行动自觉，做到党中央提倡的坚决响应、党中央决定的坚决照办、党中央禁止的坚决不做，在贯彻执行上级决策部署上不打折扣、做选择、搞变通，保障了政令畅通。完善重大决策事项落实情况“回头看”机制，开展贯彻落实中央和区市党委重大决策部署情况专项监督检查35次。高标准推动各级巡视巡察反馈问题整改落实，完成对3个乡镇、5个群团组织常规巡察，巡察利剑作用有力发挥。

二、千方百计稳增长、促发展，经济运行稳中向好

坚持稳字当头、稳中求进工作总基调，大抓发展，抓大发展，抓高质量发展，推动经济实现质的有效提升和量的合理增长，稳定经济大盘成效明显。

经济基础扎实稳固。深入实施“扩大有效投资年”行动，严格落实“四个一”协调推进和处级领导包抓“两项机制”，120个重大项目顺利实施，项目数量、体量、质量实现新突破。紧盯政策取向和投资方向，上争资金25.8亿元，投资增速持续领跑全市，跻身全区第一方阵。预计全年实现地区生产总值94.37亿元，增长10%；全社会固定资产投资92.09亿元，增长10%；一般公共预算收入2.27亿元，增长19.57%；城乡居民人均可支配收入分别达到29158元、13076元，增长7%、9%。

产业转型提速升级。推动“六新六特六优”产业加快发展，建设高标准农田1.1万亩，粮食产量16.6万吨，新增酿酒葡萄1260亩，改造提升低质低效葡萄园3941亩，打造5个黄花菜高效示范点、13个千亩以上绿色示范点、4个百座日光温室基地，新改建规模化养殖园区7个，特色产业产值达16.24亿元，特色产业对农民收入贡献率突破70%以上。加快构建以绿色食品加工、烟包印刷、轻工纺织、清洁能源和装备制造为主的工业体系，梯度培育规上企业7家、“专精特新”中小企业2家，赛马水泥获评自治区智能工厂、绿色工厂。加快清洁能源产业一体化配套发展，330千伏升压站、800兆瓦光伏发电基地、储能电站等项目顺利实施，采日储能产线项目一期投产，清洁能源产业成为新的经济增长极。坚持优化结构、集聚发展、融合互动，城市消费节、红酒美食节等促消费活动成效显著，电子商务、现代物流、金融服务、餐服商贸等现代服务业健康发展，房地产对三产贡献率达到18.8%。全面推进“旅游+”战略，成功举办2022年全国青少年航空航天模型锦标赛，永新村入选全国乡村旅游重点村名录，星星故乡、乡村民宿等文旅品牌影响力不断扩大。

改革活力持续迸发。坚持以改革破壁垒，以创新增动力，不断激发经济社会发展活力。深入实施“全面深化改革攻坚年”行动，经济、科技、农业等12个领域551项改革任务深入推进。“六权”改革开题破局，实现土地增值收益1.16亿元，新交易水量936万立方米、584万元。持续加大科研资源投入，备案国家、自治区级科技型中小企业19家，兴民纺织等3家企业获批国家级高新技术企业，创新体系效能整体提升。强化产业链招商、以商招商、定点招商模式，开展招商推介活动42次，实施项目24个，到位资金44亿元，“晓鸣速度”成为自治区典范。持续优化营商环境，建立处级领导包抓企业制度，用政策组合拳为企业减税降费2.4亿元，落实强工惠企扶持资金2293万元，极大

提振了企业发展信心。

三、坚定不移提能级、优品质，城乡融合加速推进

坚持城市扩容提质和乡村振兴发展两手抓，统筹推进城乡产业、基础设施、公共服务一体化发展，宜居宜业美丽红寺堡建设扎实推进，群众归属感不断增强。

城市更新步伐加快。紧抓以县城为重要载体的城镇化建设机遇，大力实施城市更新改造行动，新民、朝阳、兴盛、小康北村4个片区和沿街老旧商铺拆迁改造稳步推进。实施基础设施配套项目14个，新（续）建房地产项目18个，新改建市政道路2.9公里，铺设各类管网12.3公里，城市功能更加齐全，服务更加完善。红寺堡交通物流园加快建设，综合客运站建成投运，“客货邮商”实现一体化发展，现代物流业与农业、制造、商贸等衔接更加紧密，城乡功能互补、产业互融、发展互促的格局更加立体。

人居环境提质增效。坚持“四美”目标，落实“五改”要求，深入开展乡村建设行动，编制完成50个村庄规划，实施人居环境整治项目15个，打造人居环境整治示范村20个、闽宁协作示范村4个，高标准建设红川、中圈塘、白墩3个乡村振兴示范村和弘德、中圈塘、永新、杨柳4个高质量美丽宜居村庄，大河乡高标准重点小城镇、新庄集精品富硒农业小镇加快建设。坚持改厕建网同步推进，建成污水管网102.4公里，高标准完成农村户厕改造5120户，农村污水治理率提升至15.6%。试点推行“户分类、村收集、乡转运、县处理”的垃圾治理模式，农村生活垃圾治理率达95%以上。

生态治理成效显著。坚持“四尘”同治、“五水”共治、“六废”联治，高质量完成第二轮中央及自治区、吴忠市环保督察65项反馈问题整改，完成冬季清洁取暖改造1.8万余户，群众生产生活方式绿色转型成效明显。加快黄草墩等3个蓄水池和罗山经果林供水工程建设，全区集中式饮用水源地水质达到Ⅲ类，清水河、苦水河、红柳沟流域水质稳定达到Ⅳ类。统筹山水林田湖草沙一体化保护和系统治理，加快实施罗山西麓生态保护修复工程，完成国土绿化5.57万亩、草原生态保护修复21.69万亩、森林湿地资源管护5.3万亩，森林覆盖率、草原植被覆盖度分别达14.57%、52.69%，人均公共绿地面积达17.38平方米以上，红寺堡区自然资源局荣获“全国绿化先进集体”称号，北海林场被评为全国十佳林场。

四、持之以恒办实事、解民忧，民生福祉更有质感

紧盯移民群众急难愁盼，深入实施“六大提升行动”，持续加大财力倾斜力度，提升普惠性，做实基础性，强化兜底性，人民群众获得感、幸福感、安全感更加充实、更有保障、更可持续。

乡村振兴阔步前行。紧盯“四个不摘”要求，精细化开展“四查四补”，建立处级领导包抓“三类人员”制度，常态化加强监测预警，全面完成14个方面57条问题123项具体措施的整改落实，巩固拓展脱贫攻坚成果同乡村振兴有效衔接有力推进。深化闽宁协作、中央单位定点帮扶，累计争取各类社会帮扶资金1.08亿元，解决群众关心关切问题240余件。设立乡村振兴基金，实行“一行一乡”结对帮扶，有效解决中小微企业及“三农”主体融资难、融资贵问题。持续强化后续扶持，完善利益联结机制，联农带农益农效应充分显现，“四项收入”均实现正增长。

基础教育优质均衡。深入实施教育质量提

升行动，加快教育现代化发展，实施四中实验楼、高级中学教学楼等项目45个，教育基础配套设施更加完善，基础教育资源供给更加充足。深化校地合作共建，成立宁夏大学红寺堡新农村发展研究院，宁夏师范学院附属小学挂牌办学。全面完成“县管校聘”改革，撤并8所较小规模教学点，招录各类教师142人。统筹推进城区中小学划片招生，打造3所标杆示范校，大班额大校额有效化解，普惠性幼儿园覆盖率达96.8%，义务教育巩固率达111.66%。

就业创业持续向好。坚持就业优先导向，强化“四个一批”措施，开发公益性岗位3032个，新增城镇就业1105人。举办“就业援助月”“春风行动”等各类招聘活动28次，点对点向福建、新疆等省区开展劳务输送，实现农村劳动力转移就业4.5万人，创收6.78亿元。充分发挥创业带动就业倍增效应，推进创业孵化园区建设，发放创业担保贷款1.17亿元，培育创业实体362个，全民创业带动就业2300余人。强化失业保险助企稳岗作用，城镇调查失业率控制在5.5%以内。

社会保障扩面提标。探索多元互助养老模式，改造提升敬老院和日间照料中心，城乡居民养老保险参保率达95%以上。聚焦低保、救助、高龄扩面提效，持续开展异地户籍困难群体救助，累计发放各类救助资金1.14亿元。全力保障妇女儿童合法权益，发放妇女创业贷款1.7亿元。徐海侠荣获全国“三八红旗手”。创新“医康结合”模式，落实阳光助残小康计划项目200个，发放残疾人就业创业补助45.2万元。“9·20”“10·20”突发疫情期间，率先实施“爱心直通车”行动，被自治区通报表扬并在全区推广。

健康服务稳步提升。坚持总策略总方针不动摇，持续强化应急救援、核酸检测、隔离管控等能力建设，及时妥善应对“8·17”“9·20”等突发疫情，日核酸检测能力提升至两万管，用最小代价实现了最大防控效果。加快推进中医医院、社区卫生服务中心等项目建设，红寺堡区人民医院启动三乙创建，被纳入国家首批县医院综合能力提升“千县工程”，妇幼保健中心成为国家级机制创新试点单位。居民医保二级医疗机构住院费用政策范围内报销比例提高至87%，城乡居民基本医疗保险参保率达95%以上。加强县域紧密型医共体建设，柔性引进15名技术专家，选送47名技术骨干赴外进修，人民群众身体健康和生命安全更有保障。

五、全力以赴防风险、保安全，社会大局和谐稳定

深入践行总体国家安全观，坚持全面依法治区，积极推进民主法治建设和社会治理创新，平安红寺堡、法治红寺堡建设水平全面提升。

民主法治不断加强。自觉践行全过程人民民主，支持人大依法建立规范性文件备案审查制度，推动“一府一委两院”备案审查全覆盖。支持政协发挥专门协商机构作用，出台《关于进一步明确政协协商于党委政府决策之前和决策实施之中有关事项的实施意见》，推动发扬民主和增进团结相互贯通、建言资政和凝聚共识双向发力。健全完善大统战工作格局，支持各民主党派、工商联和无党派人士参政议政，不断发展壮大新时代爱国统一战线力量。坚持党管武装，深化“双拥”共建，国防动员和后备力量建设不断加强。支持法院和检察院依法独立公正行使审判权和检察权，未成年人检察工作经验在自治区推广。坚持党建带群建，群团组织桥梁纽带作用充分发挥，被团中央确定为全国青年发展型县域试点县。

依法治区扎实推进。深化行政执法体制改革，重大行政执法决定法制审核率达100%。

严格落实行政机关负责人出庭应诉制度，探索建立首诉法人制和败诉核查机制，职责明确、依法行政的治理体系更加完善。深入推进“八五”普法，扎实开展法律“八进”活动，“一村（社区）一法律顾问”全面覆盖，全社会法治观念进一步增强。强化矛盾纠纷多元调解中心效能，实现群众诉求“一站式受理、一揽子调处、全链条服务”，矛盾纠纷调解成功率达98%以上。全面落实公共法律服务“1335”工作模式，办事依法、遇事找法、解决问题用法、化解矛盾靠法的法治氛围更加浓厚。弘德村入选全国第九批民主法治示范村。

基层治理效能凸显。扎实推进全国市域社会治理现代化试点工作，常态化推进政法队伍教育整顿，持续巩固扫黑除恶斗争成果，扎实开展打击整治养老诈骗专项行动，群众安全感明显提升。坚持和发展新时代“枫桥经验”，集中化解信访积案，进京赴银到吴人数同比下降10%，“五治融合”的治理局面更加生动。全面开展安全生产风险隐患治理和防灾减灾救灾工作，食品药品安全区和国家食品示范城市“双创双建”有序推进，全区安全生产形势总体平稳，全年未发生较大及以上生产安全事故，鹏胜社区、红川村荣获全国综合减灾示范社区。

六、坚定不移抓党建、固根本，政治生态持续向好

区委常委会坚定扛牢管党治党政治责任，全面贯彻新时代党的建设总要求和党的组织路线，推动全面从严治党向纵深发展、向基层延伸，风清气正的政治生态持续巩固。

基层党建质量全面提升。深化基层党建“六项行动”和“一抓两整”示范县乡创建，整顿软弱涣散基层党组织2个，创建农村党建工作示范乡镇2个、示范村43个，弘德、永新等村成为党建引领发展样板。持续推动“两个带头人”工程提质增效，公开选任村级事务管理人员82名，村党组织书记“一肩三挑”比例达48%，95%的村集体经济收益超过20万元。深入推进党建引领基层治理，扎实开展“红色物业”建设行动，打造党群服务驿站6个，建成鹏胜时代广场“小个专”示范街（区），非公有制经济和社会组织党组织覆盖率分别达到84.6%、82.9%。巩固拓展国有企业“双向进入、交叉任职”成果，同步推进中小学和公立医院校（院）长负责制，各领域党建齐头并进、稳步提升。

干部人才队伍活力涌现。深入实施干部提能计划，组建7个专项工作组，抽调40名年轻干部到乡村振兴、城市更新改造等重大任务中实践历练，对在基层一线、发展前沿表现优异、成绩突出的16名年轻干部优先提拔使用，有效激发了干部干事创业活力。实施“上挂下墩”计划，推选20名优秀干部到自治区和本级区直部门挂职锻炼，争取12名自治区厅局、清华大学优秀年轻干部到红挂职助力。全面落实人才工作“十二项计划”，实施“双招双引”行动，20余名高端产业人才驻红创业。深入开展“四转变四提升”活动，举办“求示”讲堂2期、领导干部培训班14期，全区党员干部观念作风有效转变、素质能力明显提升、工作质效显著提高。

正风肃纪持续深入推进。始终保持“永远在路上”的清醒和执着，坚持有案必查、有腐必惩，累计处置问题线索112件，立案55件，处分60人，形成有力震慑。全面加强对“一把手”和领导班子监督实效，逐级开展党内廉政谈话262人次。更严更细贯彻执行中央八项规定及其实施细则精神，驰而不息纠治“四风”，深化巩固工程建设政府采购等重点领域突出问题专项治理成果，扎实开展违规收送红包礼金

和不当收益及违规借转贷或高额放贷专项整治，坚决查处了粮食购销领域腐败案件，发现并整改销号问题217个，上缴违纪违法资金290.57万元，净化政治生态取得明显成效。

在抓好各项工作的同时，区委常委会高度重视自身建设。坚持把学习宣传贯彻习近平新时代中国特色社会主义思想和党的二十大精神作为首要政治任务，坚决维护党中央权威和集中统一领导，带头遵守党的政治纪律和政治规矩，严格执行重大事项请示报告制度，坚决做党的创新理论的坚定信仰者、忠诚实践者、不懈奋斗者，在坚定理想信念、践行对党忠诚、勇于担当作为、尽心为民服务、永葆清廉本色上为全区广大党员干部作出了表率。

以上报告是区委常委会一年来的主要工作。这些成绩的取得，根本在于习近平新时代中国特色社会主义思想的正确指引，在于党中央和区市党委的坚强领导，也离不开国家烟草专卖局、惠安县等结对帮扶单位和社会各界的鼎力支持、倾力相助，更是全区各级党组织和广大党员干部群众同心同向、苦干实干的结果。在此，我代表区委常委会，向大家表示衷心的感谢！

在总结成绩的同时，区委常委会也清醒地认识到工作中还存在一些差距和不足，需要在今后工作中不断加强、不断改进、不断提升。

请同志们对区委常委会的工作提出意见和建议。

（红寺堡区委办提供）

政府工作报告

—— 在红寺堡区第四届人民代表大会第三次会议上

红寺堡区人民政府区长　杨文福

（2022 年 12 月 11 日）

各位代表：

现在，我代表区人民政府向大会报告工作，请予审议，并请各位政协委员和列席人员提出意见。

一、2022 年工作回顾

2022 年，我们坚持以习近平新时代中国特色社会主义思想为指导，深入学习宣传贯彻党的二十大精神、自治区第十三次党代会和吴忠市第六次党代会精神，在自治区、吴忠市党委、政府和区委的坚强领导下，在区人大、政协的监督支持下，严格落实“疫情要防住、经济要稳住、发展要安全”的要求，以创建全国易地搬迁移民致富提升示范区为统揽，积极应对挑战，务实笃行担当，全力攻坚克难，圆满完成四届人大一次会议确定的各项目标任务，经济社会高质量发展实现新突破、迈上新台阶。

这是踔厉奋发，经济发展逆势增长的一年。面对经济下行压力，因地制宜推出各项政策措施，组织开展 11 个专项行动，全力以赴稳经济保增长促发展，多项经济指标增速跻身全区第一方阵。预计全年实现地区生产总值 94.37 亿元，增长 10%；全社会固定资产投资 93 亿元，增长 10%；地方一般公共预算收入 2.27 亿元，增长 19.57%；社会消费品零售总额 16.95 亿元，增长 3%；城镇和农村居民人均可支配收入分别达 29158 元、13076 元，增长 7% 和 9%。

这是凝心聚力，富民增收成色更足的一年。始终把巩固拓展脱贫攻坚成果作为重大政治任务，紧盯“两个高于”，坚持责任落实不松劲、政策支持不打折、资金投入不减少、帮扶力量不削弱，建立利益联结机制，推动产业就业双向发力，脱贫户人均工资性收入、转移性收入、生产经营性收入、财产性收入占比分别为 57.2%、19.3%、21.7%、1.8%，四项收入占比更趋合理，人均纯收入达 13801 元，增长 16.4%，增速和绝对值均高于全区平均水平。宁夏移民博物馆被列为全国脱贫攻坚、乡村振兴专题实践教学基地。

这是乘势而上，城市更新大步向前的一年。聚焦“存量更新、内涵增值”发展路径，谋定后动，以功能老化、利用低效的沿街商铺、平房小区为突破口，吸引社会投资参与，全面启动朝阳片区、小康北村片区、兴盛片区更新改造，新改建市政道路 2.9 公里，敷设城市管网 12.3 公里，新续建金水家园、燕然华府等房地产项目 18 个，新增商品住房面积 58.3 万平方米，城区面积拓展至 14.94 平方公里，奋力实现了城市更新改造开局破题、高台起势。

这是勇毅前行，疫情防控极具挑战的一年。在疫情来势更凶、传播速度更快、管控难度更大的严峻复杂形势下，完整准确全面贯彻“三个坚定不移”，投用常态化核酸采样亭23个，新增救护车10辆，日核酸检测能力由5300管提升至2万管，开通民生服务保障热线22部，启用集中隔离场所18个，支援接纳中宁、同心等兄弟县区转入隔离人员1617人，党员干部身先士卒、接续奋战，医护人员、民警和志愿者无私奉献、昼夜坚守，用最小代价实现了最大防控效果，有力守护了人民群众生命安全和身体健康。

这是团结奋斗，示范创建富有成效的一年。锚定示范区创建目标任务，立下“愚公移山志”，狠抓“五个重点”，扭住“一个关键”，把85%以上的财政支出用于发展民生事业，群众获得感、幸福感、安全感更加充实、更有保障、更可持续。永新村被列入第四批全国乡村旅游重点村，弘德村被命名为第九批“全国民主法治示范村”，红川村、鹏胜社区被命名为“全国综合减灾示范社区”，自然资源局荣获“全国绿化先进集体”，北海林场获评“全国十佳林场”。我区荣获全国“高质量发展十佳城区”，连续5年被命名为自治区平安县（区）。促进乡村产业振兴、改善农村人居环境等乡村振兴重点工作成效明显，作为宁夏唯一县区获国务院2000万元表彰激励。

一年来，我们坚持兴产业增效益，经济基础更加稳固。

农业产业量质齐升。守牢粮食安全底线，全年粮食播种面积34.05万亩，总产量达16.6万吨，均超额完成目标任务。发展壮大特色产业，实施特色产业补助、玉豆套种补贴等项目69个，兑付补贴资金2.18亿元。建设高标准农田1.1万亩，新增酿酒葡萄1260亩，打造黄花菜高质量发展示范点5个、千亩以上绿色示范点13个。大力发展设施农业，改造提升乌沙塘、玉池等4个百座以上农业园区，新增设施农业1265亩，蔬菜产量达1.75万吨，增长19.5%。持续推进养殖业“四化”建设，新改建红川等“出村入场”养殖园区7个，肉牛、滩羊饲养量分别达15万头、105万只。千红裕葡萄酒在世界最大规模葡萄酒赛事上斩获金奖。索米亚生态农业科技有限公司被评为自治区四星级绿色食品加工企业，荣登全国亚麻籽油加工企业十强。预计全年实现农业总产值23.2亿元，增长5%。

工业产业转型升级。以绿色食品加工、烟包印刷、轻工纺织、清洁能源和装备制造为主攻方向，推动产业集群发展，轻重工业增加值增速实现双增长。清洁能源产业一体化配套建设加速推进，实施光伏电站等清洁能源综合利用示范项目12个，清洁能源累计建成并网458万千瓦。强化工业企业运行监测和梯度培育，新增自治区“专精特新”中小企业2家、规上企业7家。稳步推进“四大改造”，实施工业企业技术改造项目14个，完成技改投资21亿元，赛马水泥获评自治区智能工厂、绿色工厂。预计全年规模以上工业增加值增长9%。

服务业稳步提速。发挥刺激消费倍增效应，举办房产、汽车、家电、农特产品等促消费活动13场次，发放消费券433万元，带动参与人数10.2万人次，实现销售额2.9亿元。电商公共服务中心完成改造升级，建成区外农特产品专卖店37家，线上线下销售农特产品1.2亿元。房地产市场平稳健康发展，预计全年房地产销售额9.9亿元，增长10%。培育形成市级移民文化体验集聚区，打造红色研学等4条经典旅游路线，全年旅游接待人数26.1万人次，实现旅游综合收入2630万元。预计全年服务业增加值增长6%。

一年来，我们坚持重建管促振兴，城乡融

合更加深入。

巩固衔接取得实效。严格落实“四个不摘”要求，常态化开展“四查四补”，创新推行处级领导包抓“三类监测人员”机制和防返贫动态监测“1234”工作法，新增监测对象218户899人，累计识别监测对象904户3799人，动态消除风险569户2405人。投入财政补助衔接资金12.2亿元，实施巩固衔接项目252个。抓实反馈问题整改，防返贫监测帮扶机制等14个方面57个问题全部整改到位。加强帮扶车间管理，1108人实现家门口就业，“乡村里的上班族”亮相中央电视台《经济半小时》栏目。设立乡村振兴基金1.98亿元，建成普惠金融服务站42家，新增脱贫人口小额信贷3.8亿元，发放“富民贷”9754万元。推广以工代赈新模式，发放劳务报酬1235万元，自治区以工代赈现场会在我区召开。深化闽宁协作、国烟定点帮扶，落实资金1.08亿元，实施基础设施建设、特色产业扶持等项目176个，我区定点帮扶工作受到国家烟草专卖局通报表扬。

城乡建设步伐加快。科学划定“三区三线”，高标准完成国土空间规划和50个行政村“多规合一”实用性村庄规划。投入1.67亿元，实施第二污水处理厂（二期）、新民片区配套等市政基础设施项目14个。分期划片启动朝阳片区、兴盛片区等城市更新改造项目，完成拆迁192户，腾退城市可开发土地205亩。坚持内外兼修、系统治理，深入推进全国文明城市创建，城市“面子”和“里子”明显提升。新综合客运站启动运营。投入2.26亿元，实施村庄绿化、基础设施提升改造等项目126个，改造农村户厕5120座、冬季清洁取暖1.8万余户，改建农房及抗震宜居房211户，敷设供水管网15公里，新改建农村公路43公里、污水管网及配套设施62.8公里。试点推行“户分类、村收集、乡转运、县处理”垃圾治理模式，农村生活垃圾治理率达95%。大河乡高标准重点小城镇、新庄集精品富硒农业小镇加快建设，打造乡村振兴示范村3个、高质量美丽宜居村庄4个、闽宁协作示范村4个、人居环境整治示范村20个。

生态环境总体改善。融入黄河流域生态保护和高质量发展先行区建设，完成高污染燃料禁燃区、声功能区划定，狠抓环保督察反馈问题整改落实，清洁煤配送中心建成投运，$PM_{2.5}$、PM_{10}平均浓度分别控制在26微克/立方米、58微克/立方米以内，优良天数比例稳定在85%以上。严格落实河长制，治理水土流失面积26.4平方公里，加固防洪堤12公里，完成第二污水处理厂尾水水质提升、柳泉乡污水处理站提标改造，新庄集乡污水处理站建成投运，清水河、苦水河、红柳沟流域水质稳定达Ⅳ类，集中式饮用水源地水质达Ⅲ类。投入4.54亿元，实施罗山西麓生态保护修复项目，完成生态修复11万亩，敷设生态供水管网188公里，种植杏树、桃树等生态经济林5100亩。开展国土绿化提质增效行动，完成国土绿化5.57万亩、草原生态保护修复21.69万亩、森林湿地资源管护5.3万亩、沙化土地封禁保护15万亩。实施森林资源管护工程，完成滚新路等12个林木管护区森林抚育1.5万亩。森林覆盖率、草原综合植被盖度分别达14.57%和52.69%。

一年来，我们坚持办实事强治理，民生福祉更加殷实。

民生保障坚实有力。强化就业优先政策，持续稳岗就业，发放创业担保贷款2.87亿元，培育创业实体362个，城镇新增就业1105人，农村劳动力转移就业4.5万人，实现劳务收入6.78亿元。社会保障提质扩面，农村低保覆盖率达10.8%，困难家庭大额临时救助平均增幅达30%，发放城乡低保、临时救助等各类民政救助资金1.14亿元。医疗保险参保率稳定在95%

以上，二级医疗机构住院费用报销比例提高至87%，医保基金支出1.92亿元。公共实训基地、未成年人保护中心、社会组织孵化基地等项目进展顺利。

社会事业全面进步。坚持教育优先发展，投入1.9亿元，实施高级中学教学楼扩建等办学条件提升项目45个，为4.1万名学生发放奖助学金2800余万元。完成中小学教师“县管校聘”改革，招录教师142人。全方位开展校地合作，深化“组团式”帮扶，设立宁夏大学红寺堡区新农村发展研究院，挂牌成立宁夏师范学院附属小学。新增幼儿园学位360个，普惠性幼儿园覆盖率达96.87%，义务教育巩固率达111.66%。中考成绩稳居吴忠市第一，高考成绩位列宁南山区九县（区）第二，“学在红寺堡”吸附效应持续加强。推动卫生健康事业高质量发展，深化健康红寺堡建设及健康水平提升行动，中医医院开工建设，社区卫生服务中心完成改造，人民医院启动三级乙等医院创建，创伤中心完成建设，创伤外科成功申报为区市两级临床重点专科，被国家卫健委纳入首批县医院综合能力提升“千县工程”。促进文化旅游体育事业融合发展，优化完善图书馆、文化馆服务功能，开展各类文体惠民活动1200余场次，打造罗山航模飞行营地、关口移民旧址、吴家沟文旅融合示范点，成功举办2022年全国青少年航空航天模型锦标赛。农民作家马慧娟自传体长篇小说《出路》入选国家“优秀现实题材和历史题材网络文学出版工程”。

社会大局和谐稳定。把铸牢中华民族共同体意识贯穿民族工作始终，民族团结、宗教和顺局面持续巩固。深化“平安红寺堡”建设，社区治理智慧防控水平明显提升，建成“地网工程”示范居民小区28个。常态化开展扫黑除恶斗争，重拳打击电信网络诈骗等违法犯罪行为，破获刑事案件254起，查处治安案件648起，挽回群众经济损失975.1万元。深入推进“八五”普法，坚持和发展新时代“枫桥经验”，创新建立“114百事解”矛盾纠纷多元调解中心，化解信访积案、重复信访件31件。拓展新时代文明实践中心建设，打造红寺堡“好人馆”，实施志愿服务“365行动”，创新推出移风易俗“三新四简两不”举措，文明新风逐步深化。安全生产专项整治三年行动圆满收官，安全生产形势持续稳定向好，防灾减灾救灾能力稳步提升。统筹发展和安全，全力防范化解政府债务、食品安全、金融等领域风险，食品药品安全区和国家示范城市“双创双建”有序推进。

一年来，我们坚持扩投资优环境，发展动能更加强劲。

项目建设成果丰硕。牢固树立“项目为王”理念，全面落实“扩大有效投资攻坚年”行动，实行领导包抓、要素保障、定期调度、集中开工机制，上争资金25.8亿元，开工建设清洁能源综合利用、基础设施提升改造等项目120个。晓鸣股份有限公司智慧农业产业园、采日新能源储能产线等一批重大项目建成投运，交通物流园、建材市场、黄草墩蓄水池等项目有序推进。聚力链式招商，聚焦招大引强，抢抓疫情“窗口期”，开展招商、推介活动42场次，邀请重点企业来红考察84批次，实施招商引资项目24个，到位资金44亿元。

营商环境持续优化。全面推行“一窗受理、集成服务”政务服务模式，建立营商环境投诉举报处理机制，依法依规划转行政审批事项53项，实现“跨省通办”及零材料政务服务事项315项。加强便民服务体系建设，打造24小时便民自助服务区，设立“1+X”菜单式全天候企业服务站，乡镇（街道）民生服务中心、村（社区）代办点建设标准化率达100%，不见面办理率达78.17%。推出“暖企”系列措施，深化

"政银企"协同共商共建机制，引导金融机构创新推出信贷产品10余种，帮助企业新增、续放贷款3.2亿元，发放强工惠企资金2.3亿元，用政策组合拳为企业减税降费2.42亿元，新增市场主体1723家。

改革创新深入推进。"六权"改革持续深化，农业、工业用水全部确权，实现节水1734.9万立方米，交易水量936万立方米，成交金额764万元。处置批而未供建设用地、盘活低效工业用地、收回闲置用地1581.51亩，增值收益1.16亿元。重点企业初始排污权、政府储备排污权实现应确尽确、应储尽储。探索"以地换林""以林养林"新路径，培育经果林3800亩，国有林地确权23.13万亩。村级议事协商创新实验等13项改革试点稳步推进，经济体制等领域改革持续深化。科技创新支撑作用凸显，财政研发投入持续增长，争取资金1780万元，实施自治区科技创新项目35个，建成黄花菜科技示范基地，新增自治区科技型中小企业12家，兴民纺织等3家企业获批国家高新技术企业。

一年来，我们坚持讲政治抓落实，行政效能更加优质。

政治建设不断加强。严守政治纪律和政治规矩，坚决贯彻落实自治区、吴忠市党委、政府决策部署，全面精准落实区委工作要求，开展党的二十大和习近平总书记视察宁夏重要讲话指示批示精神"大学习、大讨论、大宣传、大实践"活动、"四转变四提升"等活动，"四个意识"更加牢固、"四个自信"更加坚定、"两个维护"更加自觉。严格落实中央八项规定及其实施细则精神和自治区加强作风建设"八条禁令"，深入推进违规收送红包礼金和不当收益及违规借转贷或高额放贷专项整治。大力弘扬"严细深实勤俭廉+快"的工作作风，扎实推动"基层减负"，政府系统文件、会议精简20%以上。加强财政预算管理，强化审计监督，"三公"经费持续下降。

效能建设显著提升。深入推进"数字政府"建设和政务公开工作，规范梳理"互联网+监管"事项577项，聘任政务公开义务监督员22名，开展"政府开放日"活动25次。《政策公开讲》栏目被自治区通报表扬，村务公开试点工作在全区率先开展。"12345"政务服务便民热线及区长信箱办理水平稳步提升，办理来信来件6127件，按期办结率达100%，群众满意率达96.1%。按照"不把历史遗留问题再留给历史和不给历史遗留新问题"的要求，建立政府常务会议研究解决"遗难杂证"制度，化解弘德骨科医院烂尾楼等历史遗留问题11个。高度重视重大决策部署督查落实，创新优化督查落实方式方法、推动地区经济社会发展等方面工作成效显著，我区作为宁夏唯一县区获国务院大督查及专项督查"免督查"。

法治建设日趋完善。全面贯彻法治政府建设要求，坚持政府常务会议学法、法律顾问全程列席和部门负责人出庭应诉制度。严格按照法定权限和程序行使权力，严格执行重大事项向区委请示、重大决策向人大常委会报告、重点工作向政协通报，全年提请区委研究重要事项32项，办理各级人大代表议案建议31件、政协委员提案48件。自觉接受监督，虚心听取各民主党派、工商联、无党派人士和人民团体的意见。完善网络问政平台建设，畅通群众反映诉求渠道，推进公正文明执法，及时回应解决社会热点、焦点问题，科学民主依法决策能力进一步增强。

一年来，国防动员和国防后备力量建设不断加强，军政军民更加团结。国家安全、外事侨务、机关事务、新闻媒体、统计、社会调查、网络安全、电力通信、罗山保护、公积金、税务、金融、保密、人防、工会、青年、妇女儿童、残联、红十字会、科协、工商联、档案史志、气象、邮政等方面工作取得了新进展。

各位代表！为者常成、行者常至。回望过去这一年，形势跌宕起伏、工作难中求成、成绩来之不易，这是以习近平同志为核心的党中央坚强领导的结果，是习近平新时代中国特色社会主义思想科学指引的结果，是自治区、吴忠市党委、政府和区委团结带领广大干部群众只争朝夕、真抓实干、共同奋斗的结果，是区人大、政协有力监督、鼎力支持的结果。在此，我代表区人民政府，向辛勤劳动、无私奉献的广大干部群众，向履职尽责、建言献策的人大代表和政协委员，向倾力帮扶、携手共进的福建省惠安县、国家烟草专卖局，向维护稳定、守护安宁的武警官兵、政法干警和应急救援队伍，向关心、支持和参与红寺堡建设的离退休老同志、民主党派、驻红单位、各人民团体、爱心企业和各界人士，特别是向长期奋战在抗疫一线的白衣战士、干部群众、社区工作者、新闻工作者、志愿者、快递员、环卫工人们，致以崇高的敬意和衷心的感谢！

各位代表！物有甘苦，尝之者识；道有夷险，履之者知。在肯定成绩的同时，我们也清醒地认识到，发展道路上依然面临不少挑战和困难。一是发展后劲仍然不足。优化营商环境、推进招商引资、谋划重点项目的思路还不够宽、办法还不够多、举措还不够硬，支撑经济高质量发展的动能不够强劲。二是特色产业体系不优。农业产业链条短、产品附加值不高、品牌竞争力不强，工业体量小、结构单一、新型工业占比少，缺乏核心竞争力。三是改革创新意识不强。土地权、山林权等重点领域改革和部分试点工作存在惯性思维、路径依赖，向改革要红利、向创新要动能的主动性不够，形成的创新亮点少。四是公共服务供给存在短板。医疗卫生、养老护理、文化体育等方面的专业人才短缺，优质公共服务供给与人民群众的需求还有较大差距。对此，我们将不回避、不遮掩、不懈怠，同心同德、全力攻坚。

二、2023 年工作安排

2023 年，政府工作总体要求是：坚持以习近平新时代中国特色社会主义思想为指导，认真学习宣传贯彻党的二十大精神、习近平总书记视察宁夏重要讲话和重要指示批示精神，全面落实自治区第十三次党代会、吴忠市第六次党代会精神，坚持以人民为中心的发展思想，坚持稳中求进工作总基调，完整准确全面贯彻新发展理念，更好统筹发展和安全，积极融入“三区”和绿色发展先行市建设，围绕创建全国易地搬迁移民致富提升示范区主线，聚焦提标扩规农业区、跨越发展工业区、更新改造城市区“三项重点”，大力发展“六新六特六优”产业，深入推进“六大提升行动”，着力保障和改善民生，推动巩固拓展脱贫攻坚成果同乡村振兴有效衔接，为建设现代化美丽红寺堡奠定坚实基础。

2023 年，主要预期目标是：地区生产总值突破百亿元大关，增长 10% 以上，地方一般公共预算收入增长 10% 以上，全社会固定资产投资增长 10% 以上，社会消费品零售总额增长 6% 以上，城镇和农村居民人均可支配收入分别增长 7% 和 11% 以上。

各位代表！2023 年，是全面贯彻落实党的二十大精神的开局之年，是实施“十四五”规划承上启下的关键之年，也是创建示范区的攻坚之年，做好各项工作意义重大。但也要看到，发展面临的环境依然严峻复杂，可以预料和难以预料的风险挑战更多更大，我们提出的主要预期目标相对较高，我们的信心来源于以习近平同志为核心的党中央的坚强领导；我们的责任来源于自治区赋予我区创建示范区的时代重任；我们的底气来源于干群团结一心、持续高昂的干事创业劲头。我们要坚决履行好政治责任，发挥好比较优势，保持好工作力度，坚持用发展的思维解决前进中的问题，用创新的精神培植新征程上的优势，在赶超进位中迈出更大步伐。

（一）集中力量大抓产业，力促经济持续稳定增长

围绕“六新六特六优”产业，立足资源禀赋，优化产业结构和布局，推动产业高质量发展，加快构建具有地方特色的现代产业体系。

提升农业产业效益。严格落实粮食安全党政同责，严守耕地保护红线，加快高标准农田建设，大力发展现代高效节水农业，粮食播种面积稳定在35万亩以上，产量达到16万吨以上。做大设施农业，建设龙源、沙草墩等设施农业园区，力争发展设施农业1300亩以上、产值突破1亿元。做优特色产业，新增黄花菜、中药材等特色产业种植面积5000亩以上。做强畜牧业，推动全产业链融合发展，实施滩羊产业集群等项目13个，提标升级“出村入场”养殖园区3个，力争肉牛、滩羊饲养量分别达到16万头、110万只以上。建设存栏1.2万头奶牛智慧生态循环牧场，实现奶产业新突破。做长产业链条，逐步提高农特产品分拣、包装、冷链等精深加工水平。做响产业品牌，支持农业企业参加农特产品展销等各类推介营销活动，着力提升黄花菜、葡萄酒等品牌知名度、影响力。壮大经营主体规模，培育龙头企业3家、新型经营主体13家以上。力争农业总产值增长5%以上。

提高工业经济动能。强化工业企业运行监测，用心用力帮助企业纾困解难，保障重点企业稳产满产，促进鲁家窑储能电站等项目早日投产达效。健全红寺堡产业园管理机制，以高质量发展化解园区遗留问题，以高水平管理提升园区服务招引能力，促进园区服务功能、经营效益全面提升。持续强化服务水平，推动减税降费等惠企政策精准直达企业，常态化开展“政银企”融资对接活动，充分激发市场主体活力。力争新增规上企业7家，规模以上工业增加值增长11%以上。

提优服务业品质。提升博大、时代广场、团结商业广场综合服务能力，逐步建成城西金水商业街、城北综合客运站商圈，构建城区全方位、深层次、便捷化消费集聚区。持续发挥财政资金杠杆撬动作用，发展夜间经济，壮大假日经济，带动乡村经济，举办城市消费节、美酒美食节等系列贯通线上线下的促消费活动，推动批零住餐等行业回暖复苏。坚持以文塑旅、以旅彰文，聚焦全域旅游创建，发展乡村旅游，实施复合廊道等重点文旅项目，打造星星故乡·罗山生态度假区，持续完善弘德、永新民宿等旅游基础设施和服务功能，争取宁夏移民博物馆创成国家4A级旅游景区，旅游接待人数28万人次，旅游综合收入达到2800万元以上。力争新增限上企业5家，实现服务业增加值增长7%以上。

（二）统筹兼顾城乡发展，加快推动乡村全面振兴

努力建设乡村全面振兴样板区，实施“文明素养提升行动”，推动城乡建设结构再优化、功能再完善、品质再提升，力争创成全国文明城市。高质推进城市更新改造。坚持人民城市人民建、人民城市为人民，努力打造宜居、韧性、智慧城市。稳步推进兴盛片区、朝阳片区、小康北村片区更新改造，新续建兴盛片区棚改安置、东湖御景等房地产项目16个，实施城市集中供热第三热源、太阳山路改造等项目16个，新改建5G基站40个、市政道路4公里以上，敷设城市管网17公里以上，新建停车场5处，更换新能源公交车10辆，建设智能公交站牌62个。按照“一园一带多点”绿化布局，打造城市公园绿地及重要节点景观10处，新增绿地面

积500亩以上。完善垃圾、污水、固体废物处理体系，创新推行“互联网+市政环卫”模式，全面实现垃圾分类常态化、长效化、规范化。加强城市精细化管理，支持智慧城市管理平台提档升级，持续深化网格化治理，健全志愿服务激励制度，新建紫苑、振兴等社区阵地，打造集学习教育、协商议事、文体休闲、物业管理、劳务服务功能于一体的市民服务驿站6个。

持续巩固脱贫攻坚成果。聚焦“守底线、抓发展、促振兴”，严格落实“四个不摘”要求，推行巩固脱贫成果责任到人、划片到户的“网格化”管理模式，紧盯“三类监测人员”，做到应纳尽纳、应扶尽扶。计划投入财政补助衔接资金8.8亿元，实施基础设施、产业发展补短板项目263个，新增脱贫小额信贷1.5亿元以上，发放“富民贷”4000万元以上，稳步提高兜底保障水平，持续巩固“三保障”和饮水安全成果。抢抓国家乡村振兴重点帮扶县机遇，全面落实干部人才“组团式”帮扶工作任务，深化闽宁协作和国烟定点帮扶，大力实施“万企兴万村”行动，持续拓展帮扶实效。紧盯“两个高于”，健全完善利益联结机制，通过发展种养业、扩大务工就业、盘活闲置资源、落实惠农政策等措施，推动农民持续增收。

建设宜居宜业和美乡村。坚持数量服从质量、进度服从实效，继续把公共基础设施建设重点放在农村，计划投入3.2亿元，实施农村人饮、公路改造提升等项目50个，改建人饮入户管道1800户、农村公路49公里以上，改造户厕1000户、冬季清洁取暖1万户以上，铺设农田渠系10公里、田间生产路130公里以上，开挖排碱沟15公里以上，重点实施红柳沟综合治理项目，力争建设跨越红柳沟大桥。持续开展农村人居环境整治提升行动，深入推进村庄绿化美化亮化，打造乡村振兴示范村5个、人居环境整治示范村20个、闽宁协作示范村4个。深化拓展新时代文明实践中心建设，开展农村移风易俗重点领域问题专项治理，重点解决好高价彩礼、人情攀比等群众反映强烈、社会舆论普遍关注的突出问题。

（三）全力以赴挖潜蓄能，充分释放社会发展活力

坚持改革为要、创新赋能，在小切口、小场景上不断突破，以标准化“硬举措”提升营商环境“软实力”，切实提高人民群众和市场主体获得感。

强化有效投资支撑。坚持大抓项目、抓大项目、抓高质量项目的鲜明导向，加大项目谋划编制力度，积极争取中央预算内资金、地方政府专项债券，认真落实项目推进机制，力促中垦天鸿现代化农业养殖示范园等121个项目应开尽开，力争完成投资100亿元以上。抓紧抓牢招商引资，围绕“六新六特六优”产业布局，深挖投资信息，延伸招商触角，拓宽引资渠道，精准实施招商，持续推广晓鸣股份有限公司快速落地服务模式，大力引进附加值高、带动力强、成长性好的企业项目，力争完成招商引资45亿元以上。

深化重点领域改革。以经济体制改革为牵引，深化要素市场化配置改革和税收征管、金融体制等领域改革，加快融入全国统一大市场。深入推进“六权”改革，提高农村宅基地、集体林地、国有农用地确权比例，积极开展用水权、土地权、排污权、山林权、用能权和碳排放权市场化交易，加快构建资源有偿、使用有价、交易有市、节约有效的制度机制。深化“放管服”改革，全力推进“跨省通办”“一网通办”，不断创新行政管理和服务方式，全面优化营商环境。坚持先行先试，持续推进青年发展型县域、农业社会化服务创新等改革试点，积极创建全国婚丧习俗改革试点县区。

优化科技资源配置。推动创新链、产业链、资金链、人才链深度融合，强化科技创新服务，

大力培育创新主体，培育自治区级以上高新技术企业2家、自治区科技型中小企业7家。扎实推进盐碱地治理等部省联动项目，探索建立厅县联动科技创新示范试点，力争建成自治区级现代农业科技创新示范园区。加强与各高校、科研院所深度合作，鼓励柔性精准引进人才，深入推进科技成果转化应用，引进新技术、新成果、新工艺10项以上。推进创新平台建设，建成脱水蔬菜工程技术研究中心等市级以上创新平台2个。力争财政研发投入增长10%以上，撬动全社会研发投入1.2亿元以上。

（四）坚持不懈改善环境，厚植生态绿色发展底蕴

牢固树立“绿水青山就是金山银山”的理念，主动融入黄河流域生态保护和高质量发展先行区建设，统筹推进山水林田湖草沙系统治理，坚决守好改善生态环境生命线。

打好污染防治攻坚战。深化“四尘”同治，持续强化扬尘、餐饮油烟污染、恶臭异味治理和秸秆禁烧管控，加强清洁煤配送中心运营管理，深化挥发性有机物综合治理，巩固空气质量稳定向好态势，不断提升优良天数比率。实施“五水”共治，争取实施大河、西源等农村污水治理项目，加强饮用水源保护，持续提升饮用水安全，严格落实河长制，确保清水河、苦水河、红柳沟流域水质稳定达到Ⅳ类。统筹“六废”联治，巩固农业面源污染防治成果，有序推进畜禽粪污综合治理，加强危废、医废全过程监管，加大环境保护执法力度，确保企业污染防治设施正常运行，切实守好环境安全底线。

打好生态修复持久战。启动编制生态修复规划，加强国家重点生态功能区建设，实施黄河一级支流红寺堡段生态综合治理、罗山周边水土流失生态修复治理等项目30个，完成国土绿化5.2万亩、草原保护修复5万亩、森林抚育6万亩、林草有害生物防控21万亩、沙化土地封禁保护15万亩、湿地保护3.8万亩以上。严厉打击非法开采、盗采矿产资源，从严整治非法占用和转让土地、乱占耕地、毁坏林草等违法行为，继续鼓励和支持社会资本参与林草生态保护修复，做实做细自然资源和生态环境保护修复工作。力争森林覆盖率、草原综合植被盖度分别达到14.61%和53.76%。

打好绿色转型主动战。突出“双碳”目标引领，发展绿色低碳产业，围绕“1+3+5+N”清洁能源产业体系建设总体布局，配合“宁电入湘”大基地项目建设，加大新能源配套产业项目引进力度，推进竞配光伏电站、分布式风电、储能电站建设。督促重点用能企业严格落实错峰生产，推进企业实施节能降碳改造升级，力争技改投资增长15%以上，支持赛马水泥创建国家级绿色工厂。严控“两高”“挖湖造景”项目上马，落实能耗“双控”预警机制，力促工业固废综合利用率达到60%以上，确保单位工业增加值能耗持续下降。大力倡导绿色低碳、文明健康的生活生产方式，让保护生态、节约资源、拒绝浪费、降低污染等生态文明理念深入人心。

（五）倾情倾力保障民生，实现发展成果共建共享

坚持在高质量发展中保障和改善民生，始终保持民生投入只增不降，为群众办实事只增不减，不断实现人民群众对美好生活的向往。

完善社会保障体系。健全公共就业服务体系，加大劳动者权益保障力度，制定劳务中介组织和劳务经纪人奖补政策，拓宽转移就业渠道，力争实现转移就业5.5万人以上。完善创业带动就业保障制度，落实创业贷款、租金减免、税收优惠等政策，健全重点群体就业帮扶机制，促进高校毕业生、退役军人、残疾人、就业困难人员稳定就业。建成公共实训基地，建立职业技能跟踪培训制度，推动解决劳动者技术水

平与岗位不相适应的结构性就业矛盾。扩大城乡居民社会保险覆盖面，参保率稳定在95%以上，精准推进新业态从业人员等重点群体参保。提升医保服务能力，持续加强长慢病患者用药保障，减轻重特大病患者医疗负担，实现跨省异地就医直接结算。实施养老服务设施改造提升项目，推进老年养护院医养结合，探索开展居家养老社会化服务。完善困境儿童保障机制，创建全国未成年人保护示范区。健全完善分层分类社会救助体系，让低保、特困、孤儿、残疾人等困难群体共享改革发展成果。支持工会、共青团、妇联、残联、红十字会、科协、工商联等群团组织工作。

加快社会事业发展。支持教育先行，计划投入1.2亿元，新建罗山中学风雨操场等办学条件提升项目10个。探索学前教育集团化办学模式，加快义务教育优质均衡发展，用好区域、校地"组团式"帮扶力量，深化与惠安县、会宁县互动交流，下大力气提升高中教育水平。健全家庭学校社会协同育人机制，深入推进教育评价改革，稳妥推进中高考改革，持续巩固"双减""县管校聘"改革成果，不断擦亮"学在红寺堡"教育品牌底色。提升卫生健康服务能力，深入开展爱国卫生运动，提高全民健康水平，深化人民医院三级乙等医院创建，建成中医医院，持续完善乡村医疗卫生服务体系，促进医疗资源提质扩容和区域均衡布局。加强突发公共卫生事件应急和重大疾病防控能力建设，不折不扣落实好疫情防控优化措施，不断提高群众防护意识和能力，最大限度减少疫情对群众生产生活秩序和经济社会发展的影响。促进文化旅游体育事业全面发展，加快推进公共文化服务数字化，大力实施文化惠民工程，续建红色文化旅游复合廊道等文旅项目，广泛开展全民健身活动，加强青少年体育工作，打造城乡一体化出门就健身的"十分钟健身圈"，承办自治区第七届农民篮球争霸赛，申办2023年全国航空航天模型锦标赛。

提高安全治理水平。坚持总体国家安全观，深入开展国家安全宣传教育，着力提高防范化解重大风险能力。巩固安全生产专项整治三年行动成果，加强灾害监测预警，持续推进安全生产风险隐患治理和防灾减灾救灾工作。加快创建铸牢中华民族共同体意识示范区，坚持我国宗教中国化方向，依法加强宗教事务管理，续写民族团结新篇章。加强和创新社会治理，优化矛盾纠纷化解一站式服务，健全社会治安防控体系，深入推进反诈和禁毒人民战争，持续深化道路交通秩序整治，全面推进国家食品安全示范城市创建工作。

（六）锲而不舍真抓实干，持续加强政府自身建设

坚持党的全面领导，做到讲政治、敢担当、守廉洁、抓落实、重法治，在建设人民群众满意的服务型政府上实现新突破。

建设忠诚履职政府。始终把政治建设摆在首位，筑牢忠诚"第一底色"，不断提高政治判断力、政治领悟力、政治执行力，确保在政治立场、政治方向、政治原则、政治道路上同党中央保持高度一致。严格履行全面从严治党主体责任，落实意识形态工作责任制，纵深推进政府系统党风廉政建设和反腐败斗争，进一步坚定理想信念，恪守"亲清"政商关系，增强拒腐防变能力。主动服从和服务大局，认真履职尽责，把贯彻自治区、吴忠市党委、政府和区委各项决策部署作为责无旁贷的政治责任，坚决做到党委有安排、政府抓落实、执行出实效。

建设民主法治政府。规范行政决策程序，严格执行"三重一大"集体决策制度，主动接受人大法律监督、政协民主监督、纪委监委专责监督和社会舆论监督，让各项决策更符实际、更合民意。深化行政执法体制改革，完善行政

执法程序，确保公正文明执法。提升财政、审计、统计监督效力，管好用好“钱袋子”，加强政府支出管理，坚决压减一般性和非刚性、非重点、非急需支出。推进数字政府建设，提升政务公开实效，确保政府工作更透明、办事流程更简明，倾力打造重法治、高效率、有温度的人民满意政府。

建设务实为民政府。紧紧抓住人民群众最关心最直接最现实的利益问题，加大财政投入力度，加快补齐民生短板，高质量办好“惠眼行动”等10项民生实事，努力把民生“痛点”作为施政“要点”、变成群众生活“亮点”。坚决反对官僚主义、形式主义，坚持少开会、开短会、发短文和“一线工作法”，营造“高效率、快节奏、敢担当、抓落实”的工作氛围。健全领导包抓、专班推进、暗访调研、跟踪督办等机制，以任务化、项目化、清单化、销号制方式狠抓工作落实，真正把难办的事办成、把能办的事办好、把该办的事办出水平，用实干担当书写人民群众认可的合格答卷。

各位代表！凌空蹈虚，难成千秋伟业；求真务实，方能善作善成。站在转型振兴新起点上，唯有实干才能书写精彩，唯有奋斗才能赢得未来。让我们高举习近平新时代中国特色社会主义思想伟大旗帜，在自治区、吴忠市党委、政府和区委的坚强领导下，与广大人民群众一道，以日夜兼程、风雨无阻的进取心，以逢山开路、遇水架桥的精气神，凝心聚力，攻坚克难，真抓实干，以实际行动贯彻落实党的二十大精神和自治区第十三次党代会精神，为创建全国易地搬迁移民致富提升示范区、建设现代化美丽红寺堡而努力奋斗！

名词解释：

1. 两个高于：脱贫人口收入增速高于当地农民收入增速，脱贫地区农民收入增速高于全国、全区农民收入增速。

2. 三个坚定不移：坚定不移坚持人民至上、生命至上，坚定不移落实“外防输入、内防反弹”总策略，坚定不移贯彻“动态清零”总方针。

3. 五个重点、一个关键：加快产业发展、改善基础设施、优化公共服务、整治城乡环境、促进社会融入。加强党的建设。

4. 专精特新：专业化、精细化、特色化、新颖化。

5. 四大改造：工业企业结构改造、绿色改造、技术改造、智能改造。

6. 四个不摘：摘帽不摘责任、摘帽不摘政策、摘帽不摘帮扶、摘帽不摘监管。

7. 四查四补：查损补失、查漏补缺、查短补齐、查弱补强。

8. 三类监测人员：脱贫不稳定户、边缘易致贫户、突发严重困难户。

9. “1234”工作法：“1”即每年开展一次大排查，摸清返贫致贫风险底数；“2”即建立部门联席会议机制和乡村网格化动态管理两项工作机制；“3”即采取农户自主申报、基层干部排查、部门筛查预警三种申报方式，构筑线上线下防返贫预警监测网；“4”即通过建立帮扶责任人制度、制定有针对性帮扶计划、扎实落实帮扶政策、开展定期回访四个措施消除风险，落地落细精准帮扶政策。

10. 三区三线：“三区”指农业空间、生态空间、城镇空间三种类型空间所对应的区域；“三线”指耕地和永久基本农田保护红线、生态保护红线、城镇开发边界三条控制线。

11. 多规合一：将国民经济和社会发展规划、城乡规划、土地利用规划等多个规划融合到一个区域上，实现一个市县一本规划、一张蓝图。

12. 县管校聘：县级教育行政部门按照职能

分工，依法履行对中小学教师的公开招聘、职务评聘、培养培训、调配交流和考核等管理职能；学校依法与教师签订聘用合同，负责教师的使用和日常管理。

13.千县工程：到2025年，全国至少有1000家县医院达到三级医院医疗服务能力水平，实现一般病在市县解决。

14.地网工程：在主要交通路口、商业街道、重点场所安装布置物联网数据采集设备，实现位置信息服务的城市管理系统。

15.志愿服务“365行动”：“3”即以每月5日“学雷锋志愿服务日”、每周五“文明创建志愿服务日”、每月10日“党团先锋志愿服务日”3个志愿服务日为引领，定期开展志愿服务活动；“6”即围绕重要节点、重大节庆、重点人群、重大活动、重点内容、重大主题，推动志愿服务活动在城乡基层蓬勃开展、常态长效；“5”即紧扣壮大队伍、阵地建设、完善机制、精准服务、整合资源等方面提升志愿服务水平，促进志愿服务精准化、常态化、便利化、品牌化、制度化。

16.三新四简两不：婚事“三新”（阐定义、严上限、控礼金），丧事“四简”（公墓葬、生态葬、节俭办、低碳祭），其他事宜“两不”（不办宴席、办宴不收礼）。

17.六权改革：用水权、土地权、排污权、山林权、用能权、碳排放权改革。

18.四转变四提升：转变学风，提升学思悟践能力；转变文风，提升以文辅政能力；转变会风，提升会务保障能力；转变作风，提升为民办事能力。

19.“三公”经费：政府公职人员因公出国（境）费用、公务接待费、公务用车购置和运行维护费。

20.疑难杂症：“遗”即遗留问题，需要政府研究、召开专题会或政府常务会议才能解决的问题；“难”即难点工作，需要安排资金、多部门配合或者分管领导之间要配合的工作；“杂”即涉及百姓民生和社会发展的小事杂事，没有明确谁去管、怎么管，也可能完全与本部门工作无关的问题，需要提交政府研究、征求意见的事项；“证”即找证办证等事项，需要找寻以前工作中会议纪要、政策文件、合同证明等，但一直未找到，需要政府帮助更大范围找寻，以证明工作有所依据的。或目前工作急需相关部门出具证明、回函、资格证书等，以推动解决长期搁置问题的，需要政府统筹推动的事项。

21.六新六特六优：新型材料、清洁能源、装备制造、数字信息、现代化工、轻工纺织“六新”产业；葡萄酒、枸杞、牛奶、肉牛、滩羊、冷凉蔬菜“六特”产业；文化旅游、现代物流、现代金融、健康养老、电子商务、会展博览“六优”产业。

22.六大提升行动：居民收入、移民致富、教育质量、健康水平、文明素养、城乡面貌提升行动。

23.一园一带多点：“一园”为红柳沟生态园；“一带”为罗山路城市门户景观带；“多点”为新建小区门口、城市小游园及主干道路绿地节点。

24.三山：罗山、贺兰山、六盘山。

25.四尘：煤尘、烟尘、汽尘、扬尘。

26.五水：饮用水源、黑臭水体、工业废水、农田退水、城市污水。

27.六废：建筑垃圾、生活垃圾、危险废物、畜禽粪污、工业固废、电子废弃物。

28.1+3+5+N：“1”即打造一个500平方公里的光伏产业示范园；“3”即重点开发红寺堡镇、太阳山镇、大河乡三大区域；“5”即创新“光伏+”、风光互补、老旧风电场“以大代小”、分布式光伏、市场化交易五种模式；“N”即因地制宜在三大区域按五种模式选择若干个片区开发建设。

29. 宁电入湘：宁夏至湖南 ±800 千伏特高压直流工程，已纳入国家“十四五”电力发展规划，成为9条跨省跨区的输电通道重点工程之一，将途经宁夏、甘肃、陕西、重庆、湖北、湖南等省市。

30. 两高：高耗能、高排放。

31. 双控：能源消费总量控制和单位地区生产总值能耗控制。

32. 双减：减轻义务教育阶段学生作业负担和校外培训负担。

33. 惠眼行动：作为2023年十项政府为民办实事之一，主要为红寺堡区老年白内障患者免费实施手术治疗，使患者重见光明，提升生活质量。

（红寺堡区政府办提供）

红寺堡区人才行动“十二项计划”实施方案

（红党人才办〔2022〕5号）

为深入贯彻党中央和自治区党委人才工作会议精神，全面落实自治区第十三次、吴忠市第六次和红寺堡区第四次党代会精神，组织发动全区各类人才投身创建全国易地搬迁移民致富提升示范区，接续建设魅力红寺堡，区委决定全面实施红寺堡区人才行动“十二项计划”，特制定如下实施方案。

一、总体要求

（一）指导思想。以习近平新时代中国特色社会主义思想为指导，全面学习贯彻习近平总书记关于新时代人才工作的新理念新战略新举措，深入贯彻落实习近平总书记视察宁夏重要讲话精神，坚持党管人才，深入实施新时代人才强区战略，着眼贯彻新发展理念、构建新发展格局、推动高质量发展，全面推进“人才＋重点产业”等人才行动“十二项计划”，着力将红寺堡区打造成宁夏中部干旱带人才高地

（二）目标任务。经过3年左右努力，使我区人才总量有大幅度增加，人才队伍整体素质有明显提升，优秀人才示范带动广泛渗透，重点特色产业发展更加高效，基础教育质量大幅提升，医疗健康水平明显提高，各类人才在经济社会发展中的作用进一步凸显，人才创造活力竞相进发、聪明才智充分涌流。

二、重点任务

（一）实施“人才＋重点产业”提升行动

1. 开展人才助推葡萄酒产业高品质发展计划。抢抓自治区建设宁夏国家葡萄及葡萄酒产业开放发展综合试验区机遇，立足“中国葡萄酒第一镇”特色定位，研究制定《红寺堡葡萄酒产业十五年发展规划》，引领产业高质量、高品质发展。加强与西北农林科技大学李华科研团队合作，促成葡萄酒行业专家学者常年提供技术指导和咨询。持续加强与中国农业大学等高校的合作，强化人才培养实训基地、科研示范基地带动引领作用。鼓励企业引进顶尖营销人才团队，根据市场需求、消费人群特点，制定品牌宣传营销策略，推进葡萄酒市场培育和营销，推动全区葡萄酒产业高端化、绿色化、智能化、融合化发展。（牵头单位：农业农村局，配合单位：科技局、工业信息化和商务局、财政局、人力资源和社会保障局、自然资源局、乡村振兴局、各乡镇）

2. 开展人才引领黄花菜产业品牌化发展计划。建立产业科技示范基地专家大院，组建由宁夏农林科学院、宁夏农业技术推广总站及本土专家组成的专家团队，结合水肥一体化技术、病虫害防治技术、机械中耕除草技术和无污染制干技术等，开展黄花菜种苗繁育技术研究、绿色高产栽培技术研究和指导等，总结编制《宁夏中部干旱带黄花菜高产栽培技术规程》。联合宁夏

盈德黄花研究院有限公司等单位编制《宁夏黄花菜生产技术规程》(地方标准)、《宁夏黄花菜产品标准》(团体标准)和《中国黄花菜产业推荐应用标准集》。加强与高校院所科研团队合作,加快黄花粉、黄花饼干等即食食品研发进程。申报"红寺堡黄花菜"地理标志,引导全产业链企业及合作社积极申报绿色食品,加快产业品牌化发展进程。(牵头单位:农业农村局,配合单位:科技局、工业信息化和商务局、财政局、人力资源和社会保障局、自然资源局、乡村振兴局、各乡镇)

3. 开展人才领航草畜产业高端化发展计划。着眼于产业长远发展,组织载体单位与国家高等院校、自治区农科院、科研单位等紧密合作,采取"柔性引进、刚性干事"的引才举措,推行"人才 + 项目 + 平台"的引才模式,前瞻性引进滩羊育种、雪花羊肉研发等科研团队,联合开展技术研究,共建宁夏滩羊试验示范站,转化推广科研成果,促进我区草畜产业向高端化迈进。充分发挥龙头企业和合作项目平台的聚才作用,为全区培养本土专业性、实用型草畜产业人才,包括科研、教学人员、推广服务人员、养殖能手、技术工人、营销队伍等。组建红寺堡区草畜产业百人专业技术服务团,全面开展牛羊科学饲养、动物防疫等技术指导服务工作。发挥农村养殖业实用人才群体优势,组建产业协会,会员之间开展技术、信息交流,促使各取所需、共谋发展。(牵头单位:农业农村局,配合单位:科技局、工业信息化和商务局、财政局、人力资源和社会保障局、自然资源局、乡村振兴局、各乡镇)

4. 开展人才力促新能源产业一体化发展计划。抢抓"宁电入湘"重大机遇,立足红寺堡区风光资源赋优势,出台《红寺堡区"十四五"新能源发展规划》。依托红寺堡新能源集维中心,在新能源企业发展政策、规划、日常运维、技术咨询、经营管理等方面,分期、分批、分类开展技术培训。支持新能源企业经营管理人才赴国内知名高校参加专题研修及专业培训。加强与宁夏大学、中南大学等高校合作,组建新能源产业专家顾问团,聘请湘投、五凌、中车、宁夏电力设计院等企业专家加入顾问团,共同谋划产业发展布局,合理提供产业发展建议。研究论证和策划包装一批光伏硅材料、风电主机、储能等新能源产业项目,与相关单位前往国内新能源发达省区和领军企业开展"叩门式"招商引智,深入推进新能源产业一体化发展。[牵头单位:发展和改革局,配合单位:科技局、工业信息化和商务局、财政局、各乡镇(街道)]

(二)实施"人才 + 基础教育"提升行动

5. 开展入职教师"启航计划"。以新入职和从教经历 3 年(含 3 年)以下、教学能力有待提升的特岗教师、事业编教师和公费师范教师为培育对象,组织"教育共同体"优质牵头学校利用线下和线上相结合的方式,通过共同体内名优骨干教师以引领和提升培育对象教学能力为目的开展"同向走教"、培育对象向优质学校开展跟岗和达标教学"反向走教形式,提高新教师教学研究意识,熟悉观课议课、教学反思、案例研究等教研方法和途径,助推培育对象快速起航。(牵头单位:教育局,配合单位:财政局、人力资源和社会保障局)

6. 开展青年教师"青蓝计划"。以教龄 3—8 年的中小学青年教师为培养对象,组织各学科工作室以线下走教和线上"三个课堂"相结合的方式,汇集区内名优骨干教师力量面向薄弱学校培育对象开展"示范走教"和"同质走研"活动。中学跨学段向所属生源地小学开展"异质走研",为九年义务教育一体发展提供教研范例,逐步提升青年教师发现教学问题、解决教学问题的反思研究能力,实现从合格到胜任的快

速转变。（牵头单位：教育局，配合单位：财政局、人力资源和社会保障局）

7. 开展骨干教师“领航计划”。以区兼职教研员、各校教学副校长、教务主任、名师工作室主持人、三级骨干教师等为培养对象，共享优质教育资源，推行区、校两级研修培育，开展基于教学反思、指向教学改进的行动研究，总结和凝练个人教学方法，探究学科教学创新，提升培育对象研究能力，打造区级学科教学人才团队，引领我区义务教育从“基本均衡”向“优质均衡”转变。（牵头单位：教育局，配合单位：财政局、人力资源和社会保障局）

（三）实施“人才＋医疗健康”提升行动

8. 开展重点专科能力建设“提质计划”。全面落实国家“组团式”帮扶乡村振兴重点帮扶县人民医院政策，与惠安县医院、晋江市安海医院、宁夏医科大学总医院深度开展组团式帮扶合作，坚持需求导向，诚邀帮扶单位呼吸内科、妇产科、儿科、泌尿外科、神经内科、重症医学科等专家驻点帮扶，聘请帮扶专家担任科室执行主任，开展为期1—2年帮扶，采取团队带团队、师傅带徒弟等方式，培养本土综合管理人才和专业技术人才，逐步建强呼吸内科等临床重点专科。到2025年，力争建成3个自治区级临床重点专科、4个市级临床重点专科、5个县级临床重点专科。（牵头单位：卫生健康局，配合单位：财政局、人力资源和社会保障局）

9. 开展后备人才储备培养“育苗计划”。依托红寺堡区医疗健康总院，建立县域内医疗卫生专业技术人才传帮带机制，组建医疗帮扶团队，按期到各基层医疗卫生机构开展医疗服务，帮助基层加强临床和功能科室建设。引进中级及以上专业技术职称的紧缺型人才，持续做好公立医院后备人才的储备。与北京友谊医院、平谷医院等区内外三级医院建立人才“一对一”培养机制，每年选派30名医疗卫生人员赴对口医院进行为期3—12个月的进修学习。持续开展基层医疗卫生机构中医馆提档升级，鼓励医师参加全科医师转岗培训，有序安排业务人员在医疗健康总院进修学习。（牵头单位：卫生健康局，配合单位：编办、财政局、人力资源和社会保障局）

（四）实施党政人才赋能行动

10. 开展年轻干部政治能力和专业能力提升计划。围绕党性修养、乡村振兴、碳达峰碳中和等专题，以小班额、项目化短平快形式分批次举办年轻干部政治能力和专业能力提升培训班，采取集中授课、产业观摩、主题演讲、信仰之行、专题辩论等措施，提升年轻干部综合能力；建立年轻干部上挂下跨培育机制，分批次选派优秀年轻干部赴自治区相关厅局挂职锻炼，下派年轻骨干到乡村振兴重点村工作组、重点工作专班等一线历练，提升基层治理能力。（牵头单位：区委组织部，配合单位：相关乡镇、部门、单位）

（五）实施基层社会治理人才增量行动

11. 开展“壮百强千增万”乡村人才培育计划。整合人才、就业、产业等项目，采取产业扶持、专家指导等方式，分层次培养区、乡两级致富带头人，通过区乡两级示范引领，带动培育村级致富带头人万人左右；面向自治区公开选任一批青年村级事务管理人才，扩充村“两委”及网格员等基层治理人才队伍，整体提高乡村人才素质，逐步实现人才振兴引领乡村振兴。（牵头单位：区委组织部，配合单位：各乡镇、人力资源和社会保障局、农业农村局、乡村振兴局）

（六）实施优秀人才暖心行动

12. 开展拴心留人计划。坚持需求导向，通过项目合作等方式搭建一批人才创新平台，支持优秀人才来红创业。研究出台《红寺堡区人才公寓保障暂行办法》，高标准装修70套人才公寓，为来红人才提供舒适安居环境。组织非公企业和社会组织领域优秀人才开展免费健康体检。搭建未婚青年交流平台，常态化组织“青春有约·缘在红寺堡”联谊活动，着力解决在红青年人才婚恋需求。建立组织协商调动机制，积极将编制内青年人才配偶调入本区，让广大人才在红寺堡顺心工作、安心发展、舒心生活。（牵头单位：区委组织部，配合单位：区委编办、人力资源和社会保障局、住房城乡建设和交通局、机关事务服务中心）

三、保障措施

（一）加强组织领导。人才行动“十二项计划”在区委人才工作领导小组的领导下抓好落实，具体由发展和改革局、教育局、农业农村局、卫生健康局分别牵头组织实施，要分别成立专班，明确分管领导和具体责任科室或责任人，把实施“十二项计划”作为服务推动示范区创建的重要载体，确定工作重点，列出任务清单，细化工作方案，抓好各项任务落实。

（二）强化投入保障。充分发挥我区柔性引才实施办法及本土人才培养若干措施等政策效应，加大人才经费投入，在重大项目建设和科技研发中，列支专项经费用于人才培养，在“十二项计划”领域人才创新创业，人才引进培育和使用等方面给予倾斜支持。强化企业主体地位，把发挥人才作用与产品研发、管理创新、生产经营紧密结合，发挥人才、技术、资金聚合的最大效应，力求做到引进一个领军人才、带来一个创新团队、做实一个科研项目、发展一个优势产业。

（三）优化发展环境。坚持以灵活政策引才、以事业平台聚才、以良好环境留才，确保我区人才行动“十二项计划”发展环境不断优化。认真落实自治区、吴忠市、红寺堡区关于人才发展的各项政策措施，逐步建立产业、教育、卫生领域人才培养、引进、使用、激励、保障等方面的政策体系。对急需紧缺优秀人才和高层次人才户籍、住房、子女就学等事项推行对一代办服务机制，全面提升服务人才水平。

（四）广泛宣传引导。牢固树立“人才是第一资源”意识，对在人才行动“十二项计划”中作用发挥好、贡献突出的人才或创新团队，在塞上英才、吴忠英才等评先选优过程中予以侧重，推荐表彰一批优秀人才。发挥各类媒体作用，加大先进典型宣传力度，广泛宣传各类优秀人才创新创业典型和先进事迹营造识才敬才爱才的良好氛围。

（中共红寺堡区委人才工作领导小组办公室提供）

2022 年红寺堡区国民经济和社会发展统计公报

吴忠市红寺堡区统计局　吴忠市红寺堡区经济调查队

2022 年，红寺堡区深入学习贯彻党的二十大精神和习近平总书记重要指示批示精神，全面落实“疫情要防住、经济要稳住、发展要安全”重要要求，有力应对各种困难挑战，坚持把稳增长放在突出位置，高效统筹疫情防控和经济社会发展，经济总量再上新台阶，主要经济指标增速排位继续上升，经济运行保持总体平稳增长态势，高质量发展取得新成效。

一、综 合

2022 年末，红寺堡区常住人口为 20.18 万人，总户数 5.65 万户，家庭人口数 3.57 人 / 户。其中：男性 10.54 万人，女性 9.64 万人；城镇人口 8.25 万人，乡村人口 11.93 万人。城镇化率 40.9%。汉族人口 6.92 万人，占比为 34.3%；回族人口 13.24 万人，占比为 65.6%；其他少数民族人口 0.02 万人，占比为 0.1%。出生人口 0.31 万人，人口出生率 15.4‰；死亡人口 0.12 万人，人口死亡率 5.9‰；自然增长人口 0.19 万人，人口自然增长率 9.5‰。

2022 年，实现地区生产总值（含太阳山开发区）100.05 亿元，按可比价计算，增长 5.8%。分产业看，第一产业实现增加值 13.72 亿元，增长 9.1%；第二产业实现增加值 54.13 亿元，增长 5.7%；第三产业实现增加值 32.20 亿元，增长 4.8%，三次产业构成比由上年的 12.4：52.1：35.5 调整为 13.7：54.1：32.2。全区人均地区生产总值 49799 元，比上年增长 4.8%。

表 1　2022 年全区生产总值及增长速度

指　标	绝对值（亿元）	比上年增长（%）
全区生产总值	100.05	5.8
第一产业	13.72	9.1
第二产业	54.13	5.7
工业	46.62	5.1
建筑业	7.51	9.0
第三产业	32.20	4.8
交通运输、仓储和邮政业	0.97	3.2
批发和零售业	4.18	3.3
住宿和餐饮业	0.91	0
金融业	2.11	4.5
房地产业	2.60	3.3
其他	21.14	5.7

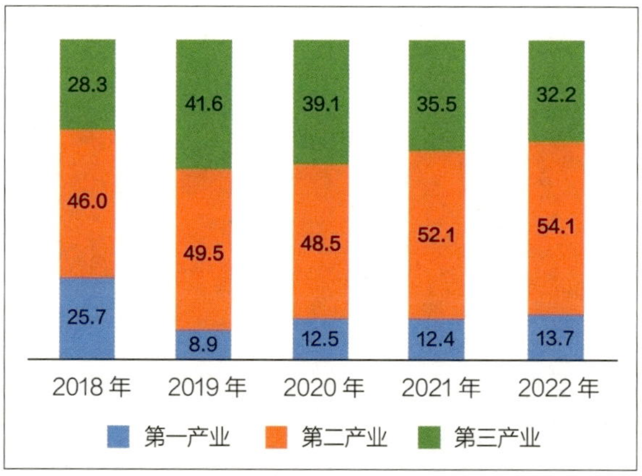

图 1　2018—2022 年三次产业增加值占国内生产总值比重（%）

2022 年，完成财政总收入 5.87 亿元，增长 19.3%，其中：完成地方公共财政预算收入 2.3 亿元，增长 21.1%；政府性基金收入 3.57 亿元，增长 18.2%。

2022 年，财政总支出 37.71 亿元，增长 15%。其中：地方财政公共预算支出 34.03 亿元，增长 13.2%；政府性基金支出 3.68 亿元，增长 34.8%。

2022 年，全区居民消费价格比上年上涨 1.9%，商品零售价格上涨 2.0%，工业品出厂价格上涨 11.1%，工业生产者购进价格上涨 11.4%。

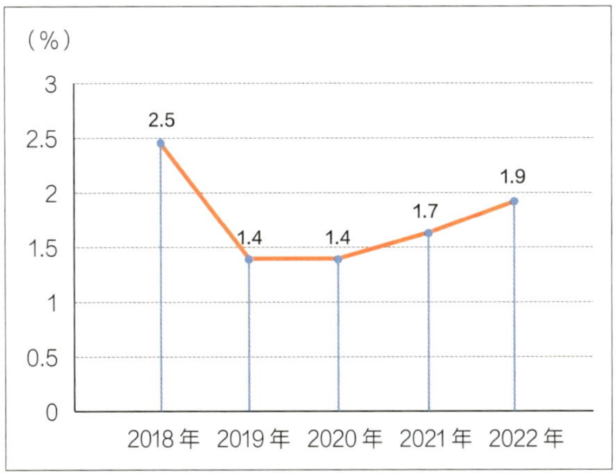

图 2　2018—2022 年居民消费价格涨跌幅度

二、农业

2022 年，完成农林牧渔业总产值 27.27 亿元，增长 9.4%。其中：农业产值 17.66 亿元，增长 15.2%；林业产值 0.28 亿元，下降 11.8%；畜牧业产值 8.88 亿元，增长 1.8%；农林牧渔服务业产值 0.45 亿元，增长 6.5%。农林牧渔业增加值 14.0 亿元，增长 9.0%；农林牧渔服务业增加值 0.25 亿元，增长 1.3%。

2022 年，农作物播种面积 4.45 万公顷，增长 12.6%。粮食播种面积 2.25 万公顷，增长 6.1%。粮食总产量 16 万吨，增长 3.6%，其中夏粮产量 1.1 万吨，秋粮产量 14.9 万吨。

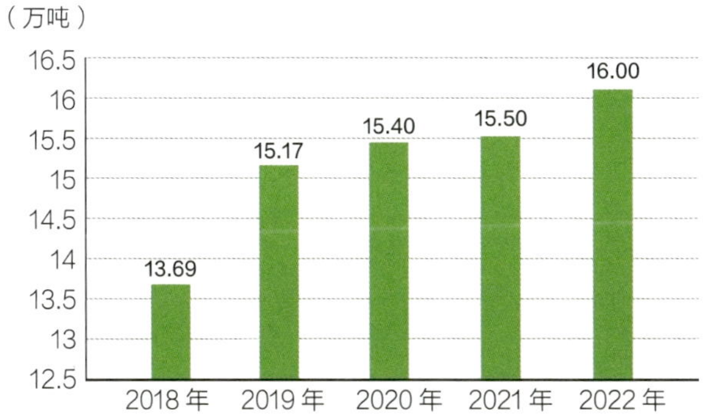

图 3　2018—2022 年全区粮食产量

2022 年末，牛存栏 8.35 万头，增长 12.4%；生猪存栏 1.13 万头，下降 8.7%；羊存栏 43.63 万只，增长 17.9%；家禽存栏 10837 百只，增长 333.8%。全年牛出栏 4.35 万头，增长 3.1%；猪出栏 1.1 万头，增长 6.8%；羊出栏 33.83 万只，增长 3.8%；家禽出栏 3782 百只，下降 29.7%。全年肉类总产量 1.48 万吨。

三、工业和建筑业

2022 年，全区全部工业增加值 46.62 亿元，比上年增长 5.1%。规模以上工业增加值增长 6.2%。在规模以上工业中，分轻重工业看，轻工业增加值增长 82.1%，重工业增长 4.7%。分经济类型看，国有控股企业增加值下降 26.1%；股份制企业增长 7.1%，非公有制工业增长 14.1%，其中私营企业下降 1.2%。分门类看，采矿业增加值增长 8.6%，制造业增长 16.2%，电力、热力、燃气及水的生产和供应业下降 33.1%。

全年全区规模以上工业中，电力行业增加值下降 43.4%，化工行业增长 15.4%，有色行业增长 49.5%，轻纺行业下降 5.1%，建材行业下降 4.1%。全年全区规模以上工业企业利润 10.3 亿元，比上年下降 65.5%。分经济类型看，国有控股企业利润下降 5.4%，股份制企业下降 73.3%。分门类看，轻工业利润下降 185.4%，重工业利润下降 64.8%。

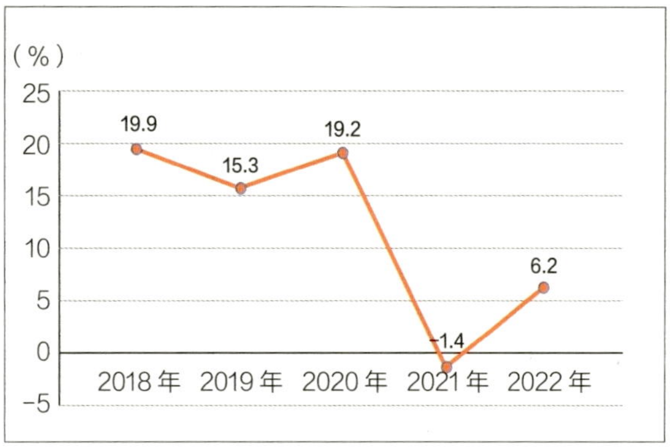

图 4　2018—2022 年规模以上工业增加值增长速度

2022 年，规模以上工业能耗增长 14.3%，单位工业增加值能耗增长 7.6%。

2022 年，建筑业实现增加值 7.51 亿元，增长 9.0%。全区有资质等级的建筑业企业 8 家，全年完成建筑业总产值 6.89 亿元，增长 16.4%；完成主营业务收入 5.84 亿元，增长 68.3%；建筑业企业房屋建筑施工面积 23.80 万平方米，增长 57.3%；房屋竣工面积 19.14 万平方米，增长 35.6%；竣工产值 0.47 亿元，增长 81.9%。

四、固定资产投资和房地产

2022 年，全区全社会固定资产投资增长 15.8%。分投资主体看，国有及国有经济控股完成投资下降 9.9%，民间完成投资增长 35.3%。从投资结构看，第一产业投资增长 166.2%，第二产业投资增长 12.9%，第三产业投资增长 13.8%。工业投资下降 12.9%，占固定资产投资（不含农户）的比重为 33.6%；基础设施投资增长 34.5%，占固定资产投资（不含农户）的比重为 8.8%；民间固定资产投资增长 35.3%，占固定资产投资（不含农户）的比重为 66.4%。全年全区房地产开发投资 16.98 亿元，增长 57.2%，其中：住宅投资 14.53 亿元，增长 60.0%；商业营业用房投资 1.38 亿元，增长 20.0%；其他完成投资 1.07 亿元，增长 87.8%。

表 2　2022 年全区分行业全社会固定资产投资

指　标	比上年增长（%）
全社会固定资产投资	15.8
农林牧渔业	166.9
采矿业	2582.0
制造业	6.3
电力、热力、燃气及水的生产和供应业	-12.0
建筑业	—
批发和零售业	242.5
交通运输、仓储和邮政业	7.3
住宿和餐饮业	30.3
信息传输、软件和信息技术服务业	—
金融业	—
房地产业	-84.4
租赁和商务服务业	-32.8
科学研究和技术服务业	-100.0
水利、环境和公共设施管理业	9.2
居民服务和其他服务业	—
教育	-62.3
卫生和社会工作	51.9
文化、体育和娱乐业	542.3
公共管理和社会组织	-70.3

2022 年，房地产开发投资增长 57.2%。全年实现商品房销售面积 23.29 万平方米，增长 1.2%，其中住宅房销售面积 21.54 万平方米，增长 2.2%。

五、商贸

2022 年，社会消费品零售总额为 16.46 亿元，增速与上年持平。按经营单位所在地分，城镇消费品零售额增长 0.9%，乡村消费品零售额下降 4.0%。按行业分，批发业增长 0.3%，零售业下降

0.4%，住宿业下降17.7%，餐饮业增长2.3%。按限额分，限额以上零售额增长4.9%，限额以下零售额下降1.4%。

六、税收和金融

2022年，共组织税收收入4.63亿元，增长131.0%，其中：中央级税收收入完成2.04亿元，增长156.8%；地方级税收收入2.59亿元。地方级税收收入中，省级税收收入完成0.99亿元，增长349.2%；县级税收收入1.6亿元，增长61.8%。

各银行存款余额65.5亿元，增长13.7%；贷款余额61.3亿元，增长24.0%。存贷比为93.6%。

七、教育、文化、卫生、体育

2022年，共有各类学校153所，其中，幼儿园64所，高级中学2所，职业技术学校1所，普通中学5所，九年一贯制学校1所，普通小学80所（含教学点11个）。专任教师总数3950人，其中，幼儿园887人，普通小学1589人，普通中学803人，九年一贯制学校51人，普通高中494人，职业技术学校126人。在校学生总数51031人，其中，幼儿园7795人，普通小学23803人，普通中学11711人，普通高中6128人，职业技术学校1594人。小学学龄儿童净入学率达100%，初中阶段毛入学率131.3%，高中阶段毛入学率96.2%。小学六年巩固率100%，初中三年巩固率102.5%。2022年全区参加高考考生2152人，本科录取人数992名（其中应用型本科16名），录取率为46.1%；高职专科录取954名。高考共录取1946名，录取率达90.4%。

2022年末，有文化馆1个、图书馆1个、博物馆1个、体育馆1个、文化站6个、图书馆图书报刊总藏量3.21万册，报刊334种，其他刊物875册。广播电视覆盖率100%。

2022年末，有各级各类医疗卫生机构135所，其中县级医疗卫生机构5家、乡（镇）卫生院5所、社区卫生服务站4所、民营医院5家、口腔门诊部1家、个体诊所18家、村卫生室97所。编制床位1041张，实际开放床位980张；在编卫生技术人员425人，其中，卫生技术人员高级职称72人，中级职称150人。执业（助理）医师367人，注册护士779人，全科医师数31人。

2022年，红寺堡区举办各种比赛26次。红寺堡区运动员在自治区、吴忠市各项比赛中获得第一名3人次、第二名2人次、第三名3人次、第四名4人次、第五名4人次、第六名5人次、第七名3人次。

八、人民生活和社会保障

2022年，城镇实有登记失业人口702人。

2022年，城镇居民人均可支配收入28586元，增长4.9%，其中工资性收入21325.8元，经营净收入5561元、财产净收入732.7元、转移净收入966.4元。城镇居民人均生活消费支出17855.7元，下降7.2%。城镇居民恩格尔系数为31.9%。

2022年，农村居民人均可支配收入12942.5元，增长7.9%，其中工资性收入6471.5元，经营净收入4327.6元，财产净收入4.5元，转移净收入2138.9元。农村居民人均生活消费支出10357元，下降10.9%。农村居民恩格尔系数为31.9%。

2022年，参加城镇职工基本养老保险人数为8416人，增长66%；参加城乡居民基本医疗保险人数176268人，增长0.9%；参加城镇职工基本医疗保险人数10070人，增长11.1%；工伤保险参保人数14609人，增长0.03%；城镇职工生育保险参保人数9608人，增长9.5%。

2022年末，有各种社会福利机构2个，床位数362张。

2022年末，居民最低生活保障人数17400人（11707户），其中城镇居民最低生活保障人数1012人（628户），农村居民最低生活保障人数16388人（11079户）。

2022年末，全区80岁以上低收入老年人享受基本生活津贴人数1371人，其中，城镇居民80岁以上低收入老年人享受基本生活津贴人数43人，农村居民80岁以上低收入老年人享受基本生活津贴人数1328人。

注：

1. 本公报所列部分数字为初步统计数据。部分数据因四舍五入的原因，存在总项与分项合计不等的情况。

2. 生产总值、各产业增加值绝对数按当年价格计算，增长速度按可比价格计算。

3. 居民消费价格指数为吴忠市价格指数。

4. 公报中居民收入数据来源于宁夏统计局红寺堡区社会经济调查队，财政数据、金融数据来源于区财政局，就业数据来源于区人力资源和社会保障局，教育数据来源于区教育局，卫生数据来源于区卫生健康局，税务数据来源于区国税局，社会保障数据来源于区民政局、医疗保障局、人力资源和社会保障局。

索 引

说明：1. 本索引以主题分析方法为主，按主题词首字汉语拼音字母书序排列。

2. 主题词后的数字表示内容所在的页码，数字后面的 a、b 表示该页码自左至右的栏别。

D

H

J

K

L

M

N

P

Y

Z